# 艰辛的探索：1952—1976年的邓小平

[高志中 / 著]

DENG
XIAO PING



海峡出版发行集团 | 福建人民出版社
THE STRAITS PUBLISHING & DISTRIBUTING GROUP | FUJIAN PEOPLE'S PUBLISHING HOUSE

**图书在版编目（CIP）数据**

艰辛的探索：1952—1976年的邓小平/高志中著．--福州：福建人民出版社，2014.8（2024.9重印）

ISBN 978-7-211-06979-8

Ⅰ.①艰… Ⅱ.①高… Ⅲ.①邓小平(1904～1997)—生平事迹 Ⅳ.①A762

中国版本图书馆CIP数据核字(2014)第149871号

**艰辛的探索：1952—1976年的邓小平**

JIANXIN DE TANSUO：1952—1976 NIAN DE DENG XIAOPING

**作　　者：**高志中
**责任编辑：**林俊杰
**出版发行：**福建人民出版社　　**电　　话：**0591-87533169(发行部)
**网　　址：**http://www.fjpph.com　　**电子邮箱：**fjpph7211@126.com
**微　　博：**http://weibo.com/fjpph
**地　　址：**福州市东水路76号　　**邮政编码：**350001
**经　　销：**福建新华发行（集团）有限责任公司
**印　　刷：**福建新华联合印务集团有限公司
**地　　址：**福州市晋安区福兴大道42号
**开　　本：**700毫米×1000毫米　1/16
**印　　张：**21.5
**字　　数：**327千字
**版　　次：**2014年8月第1版　　2024年9月第3次印刷
**书　　号：**ISBN 978-7-211-06979-8
**定　　价：**58.00元

# 目　录

# 一、到中央工作

## 1. 奉令进京

1952年7月1日，四川人民企盼已久的成渝铁路全线通车。此时，邓小平主政西南已有两年又七个月的时间了。

到这时，新生的人民共和国成立已有两年又十个月。新中国面临的形势，与两年前相比，发生了很大的变化。经过全党和全国人民的共同努力，民主革命遗留下来的土地改革任务，已在全国大部分地区基本完成；镇压反革命运动取得了完全胜利，扫除了国民党反动派遗留在大陆的残余势力，社会秩序获得了前所未有的稳固；通过一系列的社会改革，彻底涤荡了旧社会的污泥浊水，社会面貌和社会风气发生了根本性的变化；国民经济恢复工作进展顺利，中共七届三中全会提出的“为争取国家财政经济状况的基本好转而斗争”的总目标即将实现；抗美援朝战局早已稳定，和谈在主要问题上已达成协议，新中国被迫进行的这场战争不久可望结束。

这一切充分表明，我国已初步具备有计划地进行大规模经济建设的条件。

考虑到全国即将开始大规模的经济建设，中共中央认为，有必要充实和加强党与政府的中央领导机关，决定从各中央局和各大行政区调一批干部到中央工作。

1952年6月20日，主管党的工作的刘少奇致电中国驻苏大使张闻天，要他了解苏共中央机构的组成情况，并指出：“由于经济建设即将成为我们国家的中心任务，党和政府的中央机构必须加强，中央拟将各中央局书记及其他一些干部调到中央工作，并拟参考联共中央的经验来建立党中央的机构。"①

这年上半年，政务院总理周恩来花了很大的精力领导编制第一个五年计划，迫切需要一个得力的助手协助领导国务院的工作。在他的心目中，邓小平是最恰当的人选。7 月 10 日，周恩来致信毛泽东并刘少奇、朱德、陈云等，提出他准备"将工作重心放在研究五年计划和外交工作方面"，"建议邓小平担任副总理，并于八月来京主持一段时间的政务院工作"。② 毛泽东在当天就作出批示，同意了周恩来的建议。

7 月 13 日，中共中央致电邓小平："同意合并四川四个区并划四川为一个省，以李井泉为四川省委书记兼省政府主席"，"望小平将西南的工作布置后于七月下旬即来中央一商，并在中央先行工作两三个月"。③

与此同时，刘少奇又交代中央办公厅主任杨尚昆和中央组织部副部长安子文，由他们两人主持起草《关于加强党中央办事机构的意见》（以下简称《意见》）。杨尚昆和安子文很快就将《意见》起草出来了。《意见》提出：目前我们的国家正进入建设时期，各方面都要求中央的领导更加集中。但是，一方面党中央的负责同志过少，而工作却十分繁重；另一方面党中央的办事机构已远不能适应这样的要求。因此，拟于明年初将各中央局的书记抽调回来，以加强中央的领导，同时加强中央现有的各部、委、办的组织及其工作，并增设一些新的部、委。刘少奇修改了这个意见，在转呈毛泽东时，他附信说明："整个方案自须待九月以后的中央会议才能决定，但目前是否可以根据这个方案的原则进行一些准备，抽调一些办事人员来中央，特别是加强中央办公厅的机构，帮助中央处理大量的文电和材料。"④

8 月 4 日，毛泽东在刘少奇转呈的这份意见上，作了如下批示：

周，朱，彭，邓小平，贺龙，陈毅，刘伯承，谭震林，李富

---

① 中共中央文献研究室编：《刘少奇年谱（1898—1976）》下，中央文献出版社 1996 年版，第 299 页。

② 中共中央文献研究室编：《周恩来年谱（1949—1976）》上，中央文献出版社 1997 年版，第 247—248 页。

③ 中共中央文献研究室编：《刘少奇年谱（1898—1976）》下，中央文献出版社 1996 年版，第 300 页。

④ 中共中央文献研究室编：《刘少奇年谱（1898—1976）》下，中央文献出版社 1996 年版，第 300 页。

春，彭真，薄一波，马明方诸同志阅，退刘少奇同志办。

（一）此件我认为可行。请你们审阅，如大体同意，即照少奇同志建议开始进行准备，从各地抽调一些人来建立一些机构。

（二）至于整个方案，当然要待九十月间中央全会方能作出决议，付之实施。①

邓小平是顾全大局、组织观念极强的人。接到中共中央的调令后，立即举家迁往北京，就任政务院副总理兼中央财政经济委员会副主任，成为中共中央要调的五个中央局书记中最早来北京的人。随后，西北局第二书记习仲勋、中南局第三书记邓子恢、华东局第一书记饶漱石、东北局第一书记高岗也相继调到中央工作。

8 月 7 日，中央人民政府委员会第十七次会议正式任命邓小平为政务院副总理。

8 月 10 日，周恩来以政务院党组干事会书记的名义，向毛泽东并中共中央报告：鉴于政务院所属委、部最近进行了人事调整，政务院党组干事会应予改组；同时，为了便于照顾整个政府部门的工作，拟扩大原有政务院党组的范围，并更名为中央人民政府党组干事会，直属中央政治局和书记处领导。新的政府党组干事会组成人员，除原来政务院党组干事会成员外，拟再增加邓小平、林伯渠等人，由周恩来任政府党组干事会书记，陈云、邓小平分任第一、第二副书记。8 月 13 日，毛泽东同意了这个报告。

这时，第一个五年计划的编制已有了初步的眉目，中共中央决定由周恩来率中国政府代表团访问苏联，同斯大林和苏共中央交换意见，商谈有关问题。临行前，即 8 月 13 日，周恩来同刚到任的邓小平详细谈了政务院所主管的各项工作和主要任务。在随后举行的政务院第一百四十八次政务会议上，周恩来宣布："在我奉毛泽东主席之命赴苏联访问期间，由邓小平代理总理职务。"②

不久，邓小平又兼任政务院交通办公室主任，同时还继续担任中共中央西南局第一书记。

---

① 《建国以来毛泽东文稿》第三册，中央文献出版社 1989 年版，第 507 页。

② 中共中央文献研究室编：《周恩来年谱（1949—1976）》上，中央文献出版社 1998 年版，第 255 页。

1953年3月10日，中共中央作出《关于加强中央人民政府系统各部门向中央请示报告制度及加强中央对于政府工作领导的决定（草案）》，对中央人民政府的各项工作作了明确的分工：国家计划工作，由高岗负责；政法工作（包括公安、检察和法院工作），由董必武、彭真、罗瑞卿负责；财经工作，由陈云、薄一波、邓子恢、李富春、曾山、贾拓夫、叶季壮负责；文教工作，由习仲勋负责；外交工作（包括对外贸易、对外经济、文化联络和侨务工作），由周恩来负责；其他不属于前述五个范围的工作（包括监察、民族、人事工作等），由邓小平负责。

4月28日，中共中央作出《关于加强对中央人民政府财政经济部门工作领导的决定》，指出：鉴于在过去国家经济恢复时期，政务院财政经济委员会的领导重点，因为当时实际需要和人力限制等原因，曾经较多地放在财政、金融、贸易、铁道和水利等部门，而对于其他各部门工作的领导，一般地未得予以同等的注意；同时，鉴于财委目前所属单位，较过去已经大为增多，而在财政、金融、内外贸易方面的领导任务今后又将日益繁重，因之中央人民政府所属各财政经济部门的领导隶属关系，应暂作如下的调整，以利大规模的经济建设工作的进行：

（一）中央人民政府所属的重工业部、第一机械工业部、第二机械工业部、燃料工业部、建筑工程部、地质部、轻工业部和纺织工业部划归国家计划委员会主席高岗领导；

（二）中央人民政府所属的铁道部、交通部和邮电部划归政务院副总理邓小平领导；

（三）中央人民政府所属的农业部、林业部、水利部和合作总社划归国家计划委员会副主席邓子恢领导，合作总社在业务方面仍应与财委保持联系；

（四）中央人民政府所属的劳动部划归国家计划委员会委员饶漱石领导；

（五）中央人民政府所属的财政部、粮食部、商业部、对外贸易部、人民银行、工商管理局及物资储备局仍属财委主任陈云领导，在陈云休养期间，由薄一波代理。

邓小平从此进入中央领导层，成为党和国家的重要领导人。

邓小平到中央工作后不久，党内围绕新税制问题引发一场争论和斗争。

新中国成立后，人民政府废除了国民党时期的旧税制，很快建立了自己的税制。1950 年 1 月，政务院通过并颁布《全国税政实施要则》《工商业税暂行条例》《货物税暂行条例》等，规定在全国建立统一的税收制度。根据当时国营和合作社经济还很薄弱的实际，税制规定对国营工商业和合作社经济采取某些特殊优惠的政策，如规定国营工商业总分支机构内部调拨货物不纳税；新成立的供销合作社免纳一年所得税，营业税按 2%的税率征收，并按八折优待；新成立的手工业生产合作社免纳三年的营业税和所得税等。

到了 1952 年下半年，由于国营商业和合作社商业在经济中已经占了很大的比重，其总分支机构内部调拨、加工订货及代购代销等经营方式日益扩大，私营企业主看到国营经济总分支机构内部调拨不纳税，也就更多地采取工厂直接售货给零售商或委托零售商代售的方法，以逃避批发营业税。由于经营方式、流通环节的变化，商品中间流转环节减少，使得营业税中的批发营业税减少或很难收上来。①

这时，国家即将开始大规模的经济建设，需要不断增加税收为经济建设提供可靠的资金来源。可是，由于出现上述情况，原定的税难以收上来，国家税收有下降趋势。

针对这种情况，中央人民政府政务院财政经济委员会（简称中财委）对原有的税制作了重大修正。1952 年底，政务院一百六十四次政务会议批准了修正后的税制。修正税制规定：一是试行商品流通税，即从生产到流通环节的各种税负合并为单一的商品流通税，在批发和收购环节一次征收；二是将货物税、营业税、所得税等的一些项目合并简化；三是修订工商税，将工业品批发环节应交的批发营业税移到工厂直接缴纳；四是取消对供销合作社征收营业税打八折的优待和合作社成立第一年免纳所得税的规定。12 月 31 日《人民日报》公布了《关于税制若干修正及实行日期的通告》。同一天，该报还发表题为《努力推行修正了的税制》的社论，强调修正了的税制继续保持“公私一律平等纳

---

① 参见薄一波：《若干重大决策与事件的回顾》上，中共中央党校出版社 1991 年版，第 232 页。

税”的原则，使得国营商业、合作社与私商完全处在同等待遇之下。

在修正税制的过程中，由于操之过急，工作较粗糙，如方案提出来以后没有发到地方财政、税务部门去征求意见，更没有同地方党政领导打招呼，新税制公布前也没有提交中财委党组会议讨论，没有直接向毛泽东进行汇报，听取他的意见。这样一来，修正后的税制出现了一些问题，如把在流通环节难以收上来的工业品的批发营业税移到工厂去征，使一些私营批发商得到了便宜，而工厂的税负则相应增加。同时，由于取消了对供销合作社的一些优待条件，使得供销部门的意见也很大。加之新税制公布时商业系统正在调整一些商品的价格，个别商品也因为实行新税制的缘故而提了价。于是，新税制公布后，在一个短时间里，一些地方曾出现物价波动、抢购商品、私商观望、思想混乱等情况，引起了各方面的不满和批评。

1953 年 1 月 9 日，中共中央山东分局第二书记、山东省人民政府副主席向明等 3 人联名给中共中央写信，反映新税制执行后引起了物价波动、抢购商品、私商观望、思想混乱等状况。信中说：“我们真不懂，新税制为什么要在全民所有制企业和私营企业之间画等号？如果这样，社会主义的国营企业怎么能得到鼓励而发展？资本家的企业从新税制里得到了鼓励更加得意忘形，这样社会主义还要不要实现？所以，我们认为围绕新税制的实行，是一场尖锐的路线斗争。”① 1 月 11 日，中共北京市委和天津市委分别报送了《关于新税制施行的反映报告》和《新税制公布后的市场物价情况和意见》，反映实行新税制后出现了抢购风潮，物价持续上涨，群众议论纷纷。

执行新税制中出现的问题，也很快引起了毛泽东的重视。1953 年 1 月15 日，他给周恩来、邓小平、陈云、薄一波写了一封信，对“匆卒发表”新税制提出批评。信中说：“新税制事，中央既未讨论，对各中央局、分局、省市委亦未下达通知，匆卒发表，毫无准备。此事似已在全国引起波动，不但上海、北京两处而已，究应如何处理，请你们研究告我。”“此事我看报始知，我看了亦不大懂，无怪向明等人不大懂。究竟新税制与旧税制比较利害各如何？何以因税制而引起物价如此波动？

---

① 黄孟复主编：《中国民营经济史·大事记》，社会科学文献出版社 2009 年版，第32 页。

请令主管机关条举告我。”[①] 毛泽东对新税制提出批评后，财政部和国家税务总局派出若干个小组分赴各大中城市检查，并每天与各主要城市通话联系，解决发生的问题。经过努力，采取了补救措施，执行新税制中所发生的较大问题得到妥善解决。

随后，财政部、商业部、粮食部的负责人联名写信给毛泽东和中共中央，就修正税制的目的、新税制对物价的影响和在执行过程中发生的问题等，作了说明。接着，财政部又将税制修正的情况和实行中出现的问题，向毛泽东和中共中央政治局作了一次汇报。毛泽东再次对新税制提出了批评，认为“公私一律平等纳税”的口号违背了中共七届二中全会的决议；修正税制事先没有报告中央，可是找资本家商量了，把资本家看得比党中央还重；这个新税制得到资本家叫好，是“右倾机会主义”的错误。[②]

1953 年 6 月，中共中央召开财经工作会议。会议原定的议题主要是讨论关于五年计划、财政、民族资产阶级三个方面的问题以及财经方面其他一些具体问题。参加会议的有中央各部门负责人，各大区、省市委和财委的负责人（各大区、省市的财委主任都由党的第一书记兼）。大会的经常主持人是周恩来、高岗（中央人民政府副主席、中共中央东北局第一书记、新成立的国家计划委员会主席）和邓小平。

财经工作会议一开始，讨论和批评新税制实际上成了会议的中心内容，而且各方面的批评，集中在具体负责税制修正的中财委副主任兼财政部部长薄一波身上。

按照毛泽东的指示，薄一波于 7 月 13 日下午在扩大的第十五次领导小组会议上作了第一次检讨。他说：“过去财经工作中错误是很多的，枝节地讲不解决问题，我想主要的一条是对党在过渡时期的财经总政策钻研不深，没有彻底解决，而在国民经济恢复的后期，没有总结出方针到政策的整套办法来。”他还承认修正税制没有从总的政策出发加以考虑，没有进行具体的调查研究，没有进行典型试验，主观轻率从事，因

① 中共中央文献研究室编：《建国以来毛泽东文稿》第四册，中央文献出版社 1990 年版，第 27 页。

② 薄一波：《若干重大决策与事件的回顾》上，中共中央党校出版社 1991 年版，第 235 页。

而从方针到具体做法都犯了严重错误。①

可是，薄一波的检讨并未过关，而且会议的气氛反而紧张起来。从7月14日起到7月25日之间，会议连续召开了八次扩大的领导小组会议，对薄一波进行批评。8月1日，薄一波不得不作了第二次检讨。在这个过程中，高岗利用财经工作和新税制中存在的问题，以批薄一波为名，把矛头对向刘少奇，企图先推倒刘少奇，再推倒周恩来，实现其个人目的。高岗和他的极少数追随者，在会上发表无原则的言论，制造党内纠纷，在会外散布流言蜚语，污蔑中央有“圈圈”。高岗无中生有地说刘少奇有一个“圈圈”，周恩来也有一个“圈圈”。高岗将矛头对向刘少奇的同时，还竭力鼓吹他自己能力如何强，历史上如何正确，似乎党内除了毛泽东，就数他高岗有水平了。

高岗在批判薄一波的发言中无限上纲，随意给薄一波扣上“打击别人，抬高自己，投机取巧”，“品质不良”等一顶顶大帽子。他还采取移花接木、李代桃僵的手法，把刘少奇曾经说过的一些话，如1947年土地改革中说过的“村村点火，户户冒烟”，1949年在天津讲话中的一些观点，1950年有关东北富农党员问题谈话中的观点，1951年有关山西互助合作批语中的观点等等，统统安到薄一波的头上加以批判，玩起“批薄射刘”诡计。

财经工作会议期间，中共中央组织部部长饶漱石（同时兼任中共中央华东局第一书记），与高岗一唱一和，策动对薄一波的批判斗争。饶漱石指责中组部副部长安子文未到会是“消极抵抗”，一再逼安子文在会上发言，说什么“在这样大的党内斗争面前，你不应该不表示态度”。饶漱石还不顾毛泽东要加强团结的指示，在财经工作会议领导小组会上，把所谓的“圈圈”问题与“名单”问题（1953年3月初，高岗找到安子文，说毛泽东找他谈话，中央政治局要改组，要加强中央各部机构。安子文未经中共中央授权，草拟了一份政治局委员名单和中央各部主要负责人名单，给高岗看过，也同饶漱石谈过。高、饶明知这样做不妥，却不向中共中央报告，而把“名单”向一些高级干部散发，制造党

① 中共中央文献研究室编：《周恩来传（1949—1976）》上，中央文献出版社1998年版，第137页。

内矛盾）提了出来，进一步增加了会议的紧张气氛。

由于高岗、饶漱石从中作梗，致使财经工作会议开了两个月，还迟迟作不出结论。最后还是毛泽东给主持会议的周恩来出了个主意，要周恩来去“搬兵”，把陈云、邓小平请回来，让他们参加会议。

当时，陈云和邓小平都在北戴河，得到周恩来“搬兵”的通知后，立即回到北京参加了会议。陈云在发言中一方面对薄一波在新税制中存在的缺点作了善意的批评，另一方面又明确指出，中财委内部在工作中间个别不同的意见不会没有，但不存在两条路线的问题。邓小平在发言中则说：大家批评薄一波同志的错误，我赞成。每个人都会犯错误，我自己就有不少错误，在座的其他同志也不能说没有错误。薄一波同志的错误是很多的，可能不是一斤两斤，而是一吨两吨。但是，他犯的错误再多，也不能说成是路线错误。把他这几年在工作中的这样那样过错说成是路线错误是不对的，我不赞成。①

由于陈云、邓小平在会上讲了公道话，使会议气氛发生了变化，结论也就比较好作了。8 月 11 日晚，会议由陈云主持，周恩来做了总结报告。8 月 12 日，毛泽东向出席、列席会议的全体人员作了一次重要讲话。一方面，他批评了新税制的错误，认为新税制是“有利于资本主义，不利于社会主义的错误”；另一方面，他又认为这种错误不是“带路线性”的错误。同时，毛泽东还提出要批评主观主义和分散主义，强调各级领导干部要有谦虚、坚韧的精神。这样，因新税制引起的党内风波得以平息。

## 2. 为共和国理财

1953 年夏季全国财经工作会议后，薄一波提出要辞去中财委副主任和财政部部长的职务。8 月 17 日，中共中央政治局决定由邓小平兼任中财委第一副主任和财政部部长。9 月 18 日，中央人民政府通过了对邓小平的任命。

邓小平就任财政部部长后不久，即参与了对粮食实行统购统销的

---

① 薄一波：《若干重大决策与事件的回顾》上，中共中央党校出版社 1991 年版，第 244 页。

决策。

1953年是我国实施第一个五年计划的头一年，国家从此开始了大规模的经济建设。可是就在这一年，我国出现了粮食供应极为紧张的局面。

新中国成立后，我国的粮食产量是逐年增加的。1952年的粮食产量比1949年增加了44.8%。但是，由于农民生活水平的提高，农村的自给性消耗也在增多。随着工业建设步伐的加快，城镇人口骤增，1953年我国城市人口达到了7826万人，比1949年增加了2061万人。几年来，新中国工业建设迅速恢复和发展，经济作物的面积也迅速扩大，种植经济作物的农民和其他缺粮的农民，都需要国家供应他们粮食。1953年农村吃商品粮的人口增加到了1亿人。

当时，粮食允许自由买卖。农民除了交纳公粮（农业税）外，余粮可以自由上市。经营粮食的，除了国营粮食公司和供销合作社外，还有私营粮商，每年私商收购的粮食要占商品粮的30%左右。私商为了牟取暴利，往往进行粮食投机，或抢购粮食，或囤积居奇，造成粮食市场的不稳定，致使粮食供需矛盾更加尖锐。1952年下半年起，全国许多地方出现抢购粮食的现象。进入1953年，这种情况还在继续发展，并日趋严重。

为了解决日趋严重的粮食问题，1953年10月2日，在毛泽东的主持下，中共中央政治局召开扩大会议。陈云首先作了报告。陈云说，现在情况十分严重，如不采取措施，会更加严重。他对粮食问题的严重情况作了分析：一是收购少，销售多；二是已有大批粮贩子活动于小集镇和乡村之间，不少地方已经开始混乱，粮多的地方开始抬价；三是全国规定供应京津的粮食23亿斤，现在只能供应10亿斤，可是仅过3个月就卖了5亿多斤；四是原定东北调粮42亿斤，因为受灾，只能上调14亿斤，缺口很大。总之，粮食紊乱时间将提早到来，范围也会扩大，从乡村一直蔓延到大城市。

陈云指出：粮食问题涉及四种关系，即国家与农民的关系、国家与消费者的关系、国家与商人的关系、中央与地方和地方与地方的关系。与这四种关系相适应的处理办法是，农村实行征购，城市实行配售，严格管制私商，在坚持统一管理的前提下调整内部关系。上述四种关系中最重要的是第一种关系，只要通过征购把粮食搞到手，其他问题就好处理了。

毛泽东在听取陈云的报告后，表示赞同陈云的意见，并根据邓小平的建议，提出将征粮的布置推迟一个月。当天，邓小平为中共中央起草给各中央局、分局并转各省市委及财委的电报，通知中共中央决定于10月10日至12日召开全国粮食紧急会议。通知指出："在这个会议上，将对粮食问题作通盘的考虑，并拟实行粮食征购的政策。因此，今年征收公粮的时间，必须略为推迟，等到全国粮食会议作出新的决定之后，与粮食征购工作同时进行，较为有利。"①

10月10日，全国粮食会议召开。陈云在讲话中详细地分析了粮食购销形势，并对八种可能采用的解决粮食问题的办法逐一进行比较，然后得出结论：只有又征又配，即农村征购，城市配给，其他的办法都不行。邓小平在会上也讲了话，着重论述了粮食统购统销与巩固工农联盟、与国家有计划经济建设的关系。邓小平说：对粮食实行农村征购，城市配售，所有粮食的买卖集中国家管理的政策必须确定。这有利于巩固工农联盟，有利于农民走社会主义道路，有利于稳定物价，有利于经济建设。②

10月12日，中共中央书记处召开扩大会议，讨论全国粮食会议的有关问题。10月13日，邓小平在全国粮食会议上再次作了讲话，指出：昨天晚上，毛主席强调要搞统购统销，必须结合总路线来讲。就是说，把总路线讲明白，才能使我们全党和全国人民赞成统购统销，并执行得好。这是一个很重要的问题。从今年3月以来，毛主席就要我们全党了解过渡时期的总路线、总任务，要经常注意到怎样去增加我们国家各方面的社会主义因素，完成各方面的社会主义改造。农村搞统购统销，实际上就使农村的资本主义受到了很大限制。要使全党所有干部懂得，这次粮食会议，不只是解决了粮食问题，更重要的是要使他们懂得，还解决了过渡时期总路线问题，就是怎样把小农经济纳入国家计划

① 中共中央文献研究室编：《邓小平年谱（1904—1974）》中，中央文献出版社2004年版，第1136页。

② 中共中央文献研究室编：《邓小平年谱（1904—1974）》中，中央文献出版社2004年版，第1138页。

经济的轨道，纳入互助合作的道路，纳入社会主义道路。要对农民讲社会主义的好处，告诉他们要想真正使生活好起来，只有走社会主义道路。总的来说，就是要在总路线这个灯塔的照耀下前进，来考虑问题。农民有两种积极性，一种是冒资本主义尖的积极性，一种是冒社会主义尖的积极性。我们应该诱导农民冒社会主义尖的积极性，走互助合作的道路。①

10 月 16 日，中共中央政治局再次召开扩大会议，通过经全国粮食会议讨论、邓小平负责起草并修改过的《中共中央关于实行粮食的计划收购与计划供应的决议》，其主要内容是：

（一）在农村向余粮户实行粮食计划收购（简称统购）的政策。

（二）对城市居民和农村缺粮农民，实行粮食计划供应（简称统销）的政策，亦即是实行适量的粮食定量配售的政策。

（三）由国家严格控制粮食市场，对私营粮食工商业进行严格管制，并严禁私商自由经营粮食。

（四）在中央统一管理之下，由中央与地方分工负责粮食管理。

《决议》指出：实行统购统销的政策，“不但在现在的条件下可以妥善地解决粮食供求的矛盾，更加切实地稳定物价，和有利于粮食的节约；而且是把分散的小农经济纳入国家计划建设的轨道之内，引导农民走互助合作的社会主义道路，和对农业实行社会主义的改造，所必须采取的一个重要步骤，它是党在过渡时期的总路线的一个不可缺少的组成部分”。②

11 月 19 日，政务院第一百九十四次政务会议通过了《关于实行粮食的计划收购和计划供应的命令》，并向全国公布。由此，统购统销作为一项基本政策被确定下来，在当时特定的历史条件下，它对于缓解粮食的紧张情况，稳定物价，保证经济建设必需的粮油供应，起了重要作用。

1953 年大规模经济建设开始后，广大干部群众对经济建设的热情

---

① 中共中央文献研究室编：《邓小平年谱（1904—1974）》中，中央文献出版社 2004 年版，第 1139 页。

② 中共中央文献研究室编：《建国以来重要文献选编》第四册，中央文献出版社 1993 年版，第 479 页。

很高，各项建设事业进展很快，但由于缺乏经验，过于追求经济发展速度，结果财政部门在编制 1953 年国家预算时，扩大了基本建设的规模，且不适当地将历年结余的 30 亿元资金列入预算，铺大了预算的底子，致使预算支出膨胀。这年 1 月，财政就出现了赤字。至 3 月底，就把总预算费花光了，到邓小平接任财政部部长前，赤字已达 20 多亿元，不得不运用上年的结余，向银行提款，造成银行信贷资金紧张。为此，银行只得压缩商业部门的贷款。商业部门为了还贷，就纷纷压缩库存，减少收购，于是又造成了市场供应紧张。

面对这种情况，邓小平上任之后，通过调查研究，发现问题的症结所在。他指出："由于经验不足和对苏联的经验研究体会不够，没有结合国家信贷计划，没有考虑到财政方面的季度差额周转资金，而把上年结余，全部列入预算，并且作了当年的投资，这样编制预算的结果，不但使我们经常处于信贷资金不足和财政后备力量缺乏的状态，而且在某些方面的投资上，助长了脱离实际的盲目冒进倾向。"①

在 1954 年 1 月的全国财政厅局长会议上，邓小平提出了财政管理的六条基本方针：(一）预算归口管理；（二）支出包干使用；（三）自留预备金，结余留用不上缴；(四）控制人员编制；(五）运用总预备金须经中央批准；（六）加强财政监督。邓小平强调，这六条方针有一个重大的政治目的，就是要把国家财政放在经常的、稳固的、可靠的基础上。

财政管理的六条基本方针，是邓小平总结建国几年来财政工作的经验教训而提出的，它对于加强"一五"计划期间的财政管理，保证国民经济建设的正常有序进行，起了重要作用。

邓小平在这次会议的报告中还指出，今天国家财政是不稳固的，经不起重大考验的。要认识这种形势，要兢兢业业地改变这种形势。立国的政策应放在有力量应付外侮和应付万一。如果"刮光"了地方上的底子，一旦出现像抗美援朝这样的战争，或发生严重灾荒，或须紧急兴建一个大工程，或有了新的技术发明要采用，就没有后备力量了。那时就只有加税和减少人头费，就要弄得大家哇哇叫。再一个办法，就是减少

① 财政部：《记小平同志在财政部工作的一年》，《回忆邓小平》中，中央文献出版社 1998 年版，第 217 页。

必要的开支，把国家工业化的投资和进行社会主义改造的经费也刮掉，这样影响就更大，就会动摇根本。财政后备力量基础的巩固，必须建立在经济发展上。为此，要把后备力量放在各方面，要在各方面打底子。只有有了后备力量，国家财政才能集中力量保证社会主义工业化和社会主义改造的需要。

执掌财政部后，邓小平一再要求从中央到地方各级财政部门要有全局观念。他在这次全国财政厅局长会议总结讲话中指出："照顾全局，从实际出发，这两个观点缺一不可。"他说："我们的一切工作都会涉及全局与局部的关系、中央与地方的关系、集中统一与因地制宜的关系。大道理与小道理必须弄清楚。全体和局部缺一不可，全体是由局部组成的，如果只有全体，没有局部，则全体也就不成其为全体了。另一方面，全体和局部、中央和地方、集中统一和因地制宜，以什么为主导呢？如果把局部、地方、因地制宜作主导，那就要犯原则错误。一定要以中央、全体、集中统一作主导。"

邓小平要求在中央工作的同志要经常照顾局部和地方，要因地制宜，注意到地方工作有什么困难。财政部的部长、司局长、处长应经常照顾局部，凡是地方提出的困难问题，只要是可能解决的，应热心帮助解决，如是不能解决的，也要讲清道理。在地方来讲，则应照顾全体、中央和集中统一，以中央为主体。这是因为地方是在中央领导下的地方，局部是在全体中的局部，因地制宜是在集中统一下的因地制宜，如果两者之间发生矛盾，地方应服从中央，局部应服从全体，因地制宜应服从集中统一。①

邓小平认为，财政部门是集中体现国家政策的一个综合部门，和其他工作一样，它必须服从过渡时期总路线，即必须保证党在过渡时期总路线、总任务的实现。这是财政工作树立的全局观点的基本要求。因此，要尽量地把财力用到工业化和社会主义改造方面去，要经过两三个五年计划，使我们的国家成为一个伟大的社会主义国家。在掌握开支上，就要拿这个道理去说服人，凡属能解决的应给以解决，凡属不解决也能过日子的，即可不解决。

---

① 《邓小平文选》第一卷，人民出版社 1994 年版，第 198—199 页。

邓小平十分重视把毛泽东对财政问题的指示与实际工作结合起来。在主持编制 1954 年财政预算时，他特地找到财政部副部长戎子和，询问毛泽东对财政工作有什么指示。戎子和回答说，毛泽东对财政工作有不少指示，在编制预算方面概括地说主要是三句话：收入打足，支出打紧，留有余地。邓小平听后，深思了一下，然后坚定地表示：这三句话说得好，明年的预算就按这个方针办。按照这个指示，财政部及时编制出了 1954 年的预算计划。

1954 年 6 月，邓小平在中央人民政府委员会第三十一次会议上作了《关于 1954 年国家预算草案的报告》。

他首先说明了 1954 年国家预算草案是依据国家在过渡时期的总任务，在第一个五年建设计划第一年度国民经济计划胜利完成的基础上编制的。这个预算草案是与 1954 年国民经济发展的要求相适应的。他接着就 1953 年国家预算执行情况和 1954 年预算草案作了报告。

对于 1953 年国家预算执行情况，邓小平肯定了这年国家预算执行的结果是有成绩的，既保证了国家在经济、文化教育和国防建设各方面必需的资金，又由于收入超过，支出节减，不仅没有动用 1952 年的结余，而且本年收支相抵尚有结余。这就给国家充实了信贷资金，巩固了货币信用，增加了财政的周转资金，增强了财政后备力量。

同时，他也如实指出了 1954 年财政工作存在的错误和缺点。如在编制预算时，由于经验不足，把上年结余全部列入预算，并且作了当年的投资，因而使国家信贷和财政季度周转一度处于困难的状态；在某些方面的投资在制定预算时规定得不尽合理，助长了脱离实际的盲目冒进倾向。在收入方面，工商税和企业收入计划订得有些保守，这也影响到国家预算的准确性。他强调，这些错误和缺点，由于中共中央发出了重要的指示和在工作中采取了一系列的有效措施而迅速地获得了改变，预算执行的结果是良好的。

关于 1954 年的国家预算，报告指出，1954 年国家预算的任务，就是要从增加生产、扩大物资交流、提高劳动生产率、降低成本、厉行节约和正确地执行税收计划和税收政策等一系列的措施中，增加收入，积累资金，保证我国第一个五年建设计划第二个年度的国家需要，首先是工业建设的需要，并继续加强国防力量，在发展生产的基础上进一步改善劳动人民的物质和文化生活。为了实现这个任务，就必须将国家预算建立在可靠、稳妥的基础上，坚持收支平衡的原则，并力求达到收多于支和保持相当的后备力量。

邓小平在报告中强调："我们必须在执行预算的过程中，继续不断地努力增加收入和节约支出，争取1954年预算执行的结果，不但不至于动用上年结余，还要求获得更多的结余，以期更进一步地增强国家财政的后备力量。毛主席指示我们：'增产、节约、多留后备力量，是巩固国家预算的可靠的三道防线'，这就是我们在财政工作上必须认真贯彻的方针。"①

由于新税制的问题受到了批评，1953年夏季全国财经工作会议后，财政部的大多数干部都比较小心谨慎，不大敢放手工作。邓小平很快察觉到了这一点。到财政部后不久，他在一次部办公会议上说，大家不要一朝被蛇咬，十年怕井绳。今天同你们约法三章：我到财政部工作，决策方面主要靠你们反映情况。如果你们反映的情况对了，我决策错了，这个责任由我负；如果你们反映的情况错了，我根据你们反映的情况作了错误的决策，这个错误你们负责。这两句话明确地划分了领导者与被领导者的职责，使得广大干部放下思想包袱，大胆工作。

邓小平还要求财政部的干部正确对待批评与自我批评。他说：人家批评我们财政部，如果批评对了，我们就要接受。如果批评得不对，就要及时作解释，弄个水落石出。不要因为人家批评得不对，就不作解释，等到问题成堆，有朝一日和你算总账的时候，就无法搞清楚。财政部一名副部长因新税制问题受到批评，情绪有些消沉。邓小平到财政部后，看出了这个问题，就语重心长地对这位副部长说："我看你受了批评以后，好像有些消极，抬不起头，这可要不得，要挺起腰来，继续做工作，不能垂头丧气，一消极就不好了。"这一席话使这位副部长很受感动，从此振作起来，积极主动地开展工作。

尊重实践，实事求是，是邓小平一贯的工作作风。他出掌财政部后，每次听汇报，总是要求反映情况要真实、确切，数字要明白、清楚，千万不可模棱两可、含糊不清。同时，他一再要求财政部的干部们

---

① 邓小平：《关于一九五四年国家预算草案的报告（摘要）》，《人民日报》1954年6月18日。

多下基层了解情况，多作调查研究，要根据我国的实际情况制定财政政策。他说："不懂得我们国家的情况很复杂，不吸收新鲜事物，光靠我们十几年的工作经验是不行的，就是几十年、一百年的工作经验也是不行的。"①

邓小平担任财政部部长的时间虽然不长，只有一年的时间，但这一年却是新中国成立五年来财政状况最好的一年。这年国家预算执行的结果是，总收入为 262.37 亿元，超过预算的 13.15%；总支出 246.32 亿元，完成预算的 98.74%；收支相抵，结余 16.05 亿元，为"一五"计划的顺利实施提供了可靠的财政保障。

## 3. 维护党的团结

1953 年夏季全国财经工作会议是高岗政治野心的最初暴露，但他并未就此收敛，反而进一步滑向分裂党的深渊。

全国财经工作会议后，中共中央就我国的最高国家行政机关是否采取部长会议的形式、是否增设副主席或总书记的问题，在党内一定范围内征求意见。毛泽东为了减轻自己担负的繁重日常工作，加强集体领导，也提出要将中央的领导班子分为一线和二线，他退居二线。高岗以为提升自己地位、获取更大权力的时机到了，便打着拥护毛泽东的旗号，大肆捏造和散布毛泽东对刘少奇工作不满的谣言，别有用心地说毛泽东打算让刘少奇搞"议会"（人大常委会），周恩来当部长会议主席，由他自己搞政治局。在另外一些场合，他又主张由林彪担任部长会议主席。

1953 年 10 月，高岗以休假为名，到华东、中南地区，在高级干部中进行游说，散布大量的分裂党、攻击刘少奇的言论，说中共六届七中全会通过的《关于若干历史问题的决议》要修改，《决议》中关于刘少奇是党的正确路线在白区工作中的代表的提法不对头，需要重新做结论。他还把中国共产党分为"根据地和军队的党"与"白区的党"两部分，并把自己打扮成是"根据地和军队的党"的代表人物。他认为，现

---

① 财政部：《记小平同志在财政部工作的一年》，《回忆邓小平》中，中央文献出版社 1998 年版，第 218 页。

在党和国家领导机关掌握在以刘少奇为首的“白区的党”手里，需要彻底改组，由“根据地和军队的党”来掌握。他企图用这套言论去煽动根据地和军队出身的干部同他一道搞倒刘少奇、周恩来，由他来当中共中央第一副主席和政务院总理。

高岗首先拉拢林彪，得到了支持他的承诺。他继而又找到了邓小平。在他看来，在各大区和各中央局主要负责人中，只要取得邓小平的支持就好办了。因为他认为，东北是他的根据地，自然是他说一不二；华东的饶漱石现在已和他一唱一和，上了一条船了；中南的林彪已经拉拢住；西北的彭德怀为人耿直；只有西南的邓小平交往不多，心中没底。1953 年秋后，高岗找到邓小平，对邓小平说，在中国谁是列宁的问题解决了，但谁是斯大林的问题还没有解决，你看是谁呀？邓小平看穿了高岗的用意，故意指着挂在墙上的中共中央书记处几位书记的像（即毛泽东、朱德、刘少奇、周恩来、陈云）说，就在这中间嘛！邓小平还明确表示：“刘少奇同志在党内的地位是历史形成的”，“改变这样一种历史形成的地位不适当”。在坚持党性原则的邓小平这里，高岗碰了一鼻子灰。

高岗见拉拢邓小平不成，又去找陈云，说要向毛泽东建议中央多设几个副主席，还提出“你一个，我一个”。邓小平和陈云都感到高岗这种做法是完全违背党的原则的，任其发展下去有分裂党的危险，乃及时将情况向毛泽东作了汇报。后来，邓小平在回顾这段历史时，曾这样说：

> 这个事情，我知道得很清楚。毛泽东同志在一九五三年底提出中央分一线、二线之后，高岗活动得非常积极。他首先得到林彪的支持，才敢于放手这么搞。那时东北是他自己，中南是林彪，华东是饶漱石。对西南，他用拉拢的办法，正式和我谈判，说刘少奇同志不成熟，要争取我和他一起拱倒刘少奇同志。我明确表示态度，说刘少奇同志在党内的地位是历史形成的，从总的方面讲，刘少奇同志是好的，改变这样一种历史形成的地位不适当。高岗也找陈云同志谈判，他说：搞几个副主席，你一个，我一个。这样一来，陈

云同志和我才觉得问题严重，立即向毛泽东同志反映，引起他的注意。①

在高岗四处活动之际，饶漱石也在积极活动。他本来是刘少奇在华中工作时培养起来的干部，但自从到北京担任中共中央组织部部长后，误以为现在是高岗得势，刘少奇可能会“失势”，于是就不择手段通过打击副部长安子文，极力表白他不是刘少奇“圈圈”中的人，以取得高岗的信任。全国财经工作会议后不久，饶漱石未经中共中央同意，就制造各种借口，在中组部内发动了对安子文的斗争。他指责安子文起草的中组部关于反对官僚主义斗争的报告不真实，说中组部是一潭死水，问题严重，要把它“震动”一下。安子文将这些情况如实向刘少奇作了汇报。刘少奇找饶漱石谈了一次话，表示不同意他的这种错误做法，并告诫他要冷静行事，不要再在中组部内部继续争吵。但饶漱石根本听不进去，在中组部召开的两次部务会议上，继续斗争安子文，还倒打一耙，指责安向刘少奇反映问题是“有意挑拨是非，制造分裂”，逼迫安子文作检讨。

1953 年 9 月、10 月间，中共中央召开第二次全国组织工作会议，主要内容原定是总结经验，研究如何加强干部工作，以保证经济建设的顺利进行。可是，饶漱石却在会上煽动个别不明真相的地方党委组织部部长同他一起攻击安子文，并把矛头对向刘少奇。尽管如此，仍没有掀起多大的波浪。饶漱石不死心，在中央书记处汇报会上说：“这次组织工作会议，该来的人没有来，不该来的倒来了一大堆。”毛泽东听出了他的话外之音，就让邓小平问他谁该来，开个名单，统统请来。饶漱石心中有鬼，只点了陈赓的名字。原来，他听说解放战争时期陈赓率部在太行山地区活动时，因后勤供应问题曾对时任晋冀鲁豫中央局副书记的薄一波有过不满，又知道陈赓讲话无所顾忌，以为陈赓来了能放上一炮。其实陈赓根本不是那种人，他来开会后并没有如饶漱石所想的那样发言。

全国组织工作会议出现不正常情况后，毛泽东提议会议暂停，先举行领导小组会议，解决中组部内部的团结问题。在领导小组会上，刘少奇肯定了中组部过去工作的成绩，同时对工作中存在的某些缺点和问题

① 《邓小平文选》第二卷，人民出版社 1994 年版，第 293 页。

主动承担了责任。邓小平也在会上强调：中组部工作的成绩，“是与毛主席特别是少奇同志的直接领导分不开的，但子文同志也有成绩，不能设想只是领导得好，他们做不好而会有成绩的”。①

但是，饶漱石不顾大局，继续诬陷安子文，破坏党的团结。当他受到批评后，继续在毛泽东面前数落刘少奇、安子文等的所谓“错误”。饶漱石还一反常态地对安子文说：我说你对财经会议有抵触，其实不是指的你，而是指的刘少奇。一语道出了他“讨安伐刘”的真实用意。

高岗、饶漱石本来是毛泽东信任的干部，把他们调来中央，本意是为了更好地发挥他们的作用。但是，高、饶到北京后，却错误地估计了形势，个人权欲迅速膨胀，拨弄是非，拉帮结派，打击别人，抬高自己，对党的团结产生了很不利的影响，也引起了毛泽东的警惕。毛泽东原本对高、饶1953年夏季财经工作会议以来的不正常举动就有所察觉，邓小平、陈云汇报有关情况后，他进一步警觉起来，但他还是决定亲自“测试”一下。同年12月，他在一次中共中央政治局会议上提出，准备外出休假，拟请刘少奇临时代为主持中共中央工作，问大家有什么意见。刘少奇谦逊地表示，还是书记处的同志轮流负责为好。与会的其他人都认为还是按惯例由刘少奇主持，只有高岗表示反对，说“轮流吧，搞轮流好”。高岗的面目进一步暴露出来，从而也促使毛泽东下决心解决高、饶的问题。

12月24日，毛泽东主持召开包括高岗、饶漱石在内有29人参加的政治局扩大会议，揭露高、饶的问题。毛泽东在会上说：“北京有两个司令部，一个是以我为首的司令部，就是刮阳风、烧阳火；一个是以别人为司令的司令部，就是刮阴风、烧阴火，一股地下水。”对高、饶的阴谋活动提出了严重警告。会议还根据毛泽东的建议，决定起草《关于增强党的团结的决议（草案）》。会议同时决定，毛泽东休息期间，由刘少奇主持中共中央工作。会议结束的当天，毛泽东离开北京，前往杭州，主持起草中华人民共和国宪法草案。高、饶问题则交由刘少奇、周恩来、邓小平负责处理。

---

① 杨尚昆：《追忆领袖战友同志》，中央文献出版社2001年版，第297页。

1954年2月，根据毛泽东的建议，中共七届四中全会在北京召开。受中央政治局的委托，刘少奇主持了这次会议。四中全会前，刘少奇、周恩来、邓小平曾在1月25日和2月5日，两次找高岗谈话。2月5日，刘少奇、周恩来、朱德、陈云、邓小平又找饶漱石谈话，点出他们的问题。七届四中全会讨论并一致通过了《关于增强党的团结的决议》。刘少奇在会上作了《中共中央政治局向第七届中央委员会第四次中央全会的报告》。报告指出："一部分干部甚至某些高级干部对于党的团结的重要性还认识不足，对于集体领导的重要性还认识不足，对于巩固和提高中央威信的重要性还认识不足；党内相当多的一部分干部滋长着一种极端危险的骄傲情绪，他们因为工作中的若干成绩就冲昏了头脑，忘记了共产党员所必须具有的谦逊态度和自我批评精神，夸大个人的作用，强调个人的威信，自以为天下第一，只能听人奉承赞扬，不能受人批评监督，对批评者实行压制和报复，甚至把自己所领导的地区和部门看作个人的资本和独立王国。"① 刘少奇对高岗、饶漱石的阴谋活动，不点名地批评说，如果其个人主义情绪不受到坚决制止，"就会一步一步地在党内计较地位，争权夺利，拉拉扯扯，发展小集团的活动，直至走上帮助敌人来破坏党分裂党的罪恶道路"。②

会上，朱德、周恩来、陈云、邓小平等都发了言，严肃批评高、饶的分裂活动，希望他们幡然悔悟，改正错误。

邓小平在发言中指出："在新民主主义革命胜利以后，由于我们各方面的工作都获得了巨大的胜利，于是在我们党内，尤其是在我们党的高级干部中，滋长了骄傲自满的情绪，这种骄傲自满情绪如果不及时提醒，必然要使我们丧失敌情观念，必然要破坏我们党的团结，那我们就要丧失斗志，经不住敌人的任何袭击，从而使我们的伟大事业遭到失败。"

邓小平认为，骄傲情绪在党内，主要是在相当一部分高级干部中，正在滋长着，如果不注意克服，就会发展到一种可怕的危险的地步。他强调，骄傲一定会使党的团结受到损害，使革命事业受到损害。对于个人来说，对于我们每一个共产党员来说，它是一种腐蚀剂，它可以引导

---

① 《刘少奇选集》下，人民出版社1985年版，第126页。

② 《刘少奇选集》下，人民出版社1985年版，第127页。

个人主义发展，把一个满腔热忱的勤勤恳恳为人民服务的共产党员的高贵品质丧失掉，而堕落到最卑鄙的个人主义方面去。

邓小平在发言中尖锐地指出："我们常常闻到这样一些味道，例如有的人把某些人或者把他自己夸大到与实际情况极不相称的地步，不愿意受检查，不愿意受批评，自以为是，听不进别人的意见，批评与自我批评的空气稀薄，不注意集体领导，不注意团结，对犯错误的同志不是采取治病救人的态度，不大照顾别的部门、别的地区等等。尤其严重的是，有些同志不注意维护中央的威信，对中央领导同志的批评有些已经发展到党组织所不能允许的程度。"

他还说，"我们常常遇到，某些同志对中央几个主要负责同志的不正确的言论，常常是不经过组织、不合乎组织原则的。全国财经会议以来，对少奇同志的言论较多，有些是很不适当的。我认为少奇同志在这次会议上的自我批评是实事求是的，是恰当的。而我所听到的一些传说，就不大像是批评，有些是与事实不相符合的，或者是夸大其词的，有的简直是一些流言蜚语，无稽之谈。"

刘少奇在天津关于资产阶级问题的讲话，是高岗攻击刘少奇的一项重要内容。对此，邓小平作了客观公正的评析。他说：

> 对资产阶级问题，虽然我没有见到一九四九年初少奇同志在天津讲话的原文，但是据我所听到的，我认为少奇同志的那些讲话是根据党中央的精神来讲的。那些讲话对我们当时渡江南下解放全中国的时候不犯错误是起了很大很好的作用的。虽然在讲话当中个别词句有毛病，但主要是起了好作用的。当时的情况怎么样呢？那时天下还没有定，半个中国还未解放。我们刚进城，最怕的是"左"，而当时又确实已经发生了"左"的倾向。在这种情况下，中央采取坚决的态度来纠正和防止"左"的倾向，是完全正确的。我们渡江后，就是本着中央的精神，抱着宁右勿"左"的态度去接管城市的，因为右充其量丧失几个月的时间，而"左"就不晓得要受多大的损失，而且是难以纠正的。所以，我认为少奇同志的那个讲话主要是起了很好的作用的，而我所听到的流言就不是这样的。[1]

---

[1] 《邓小平文选》第一卷，人民出版社1994年版，第205—206页。

最后，邓小平说，四中全会和全会的决议，对某些犯有严重错误的同志是很重要的，是给了这些同志一个改正错误的机会，是对这些同志最直接的帮助。四中全会的决议是一副消毒剂，每个干部特别是高级干部，要把这个决议当作一面镜子来照照自己，使全党具有更高的信心，更旺盛的士气，去完成社会主义革命阶段的伟大的历史任务。

中共七届四中全会结束后，根据中共中央书记处的决定，这年 2 月中旬，分别举行关于高岗问题和饶漱石问题的两个座谈会。受中共中央的委托，周恩来主持高岗问题座谈会，邓小平、陈毅、谭震林主持饶漱石问题座谈会。邓小平在 2 月 23 日的总结发言中，希望饶漱石本着四中全会的方针，抱着抛弃错误的态度，在座谈会后向中央作彻底的交代，以便改正错误。3 月 1 日，邓小平和陈毅、谭震林向中共中央提交《关于饶漱石问题座谈会的报告》。《报告》说：党在揭露饶漱石的错误时应当吸取的教训，就是党的统一领导和集体领导的原则必须坚持；党内民主必须提倡和发扬；党内的批评和自我批评，特别是高级干部间的批评和自我批评必须发展；党的无产阶级嗅觉必须提高；党的团结必须加强，不让敌人有隙可乘；每个干部的共产主义人生观必须确立；全党的马列主义的教育必须加强。①

随后，在中共中央政治局领导下，中共中央东北局、华东局、山东分局和中共上海市委等又召集专门会议，对高、饶问题进行揭发和批判。在无可抵赖的事实面前，高岗仍拒不悔改，反以自杀（未遂）拒绝党的挽救。1954 年 8 月 17 日，高岗再次服安眠药自杀身亡。

1955 年 3 月下旬，在中国共产党全国代表会议上邓小平代表中央委员会作了《关于高岗、饶漱石反党联盟的报告》，全面揭发了高岗、饶漱石一系列分裂党的阴谋活动，回顾了同高岗、饶漱石斗争的经过，总结了进行这场斗争的重要意义和经验教训。

报告指出：“党内的争论必须在党的组织内公开合法地进行，必须严格禁止宗派的、分裂的、阴谋的活动。我们的党要求任何党员忠实地执行党的一切决议和指示，同时容许在党的会议上有不同意见的争论，以便分清是非，达到正确的结论。党绝对禁止像高岗、饶漱石那样，用

---

① 中共中央文献研究室编：《邓小平年谱（1904—1974）》中，中央文献出版社 2004 年版，第 1159—1160 页。

阴谋家的手段背着党的组织，暗中进行反对这个反对那个的活动。”

报告强调了发扬党内民主的重要性，认为高岗、饶漱石在党的组织生活上总是一方面对上级闹独立性，另一方面总是在他们所领导的工作中建立家长式的统治，否认集体领导，压制民主，压制批评，同时他们也不敢按照党内合法的民主制度来进行批评和自我批评。因此，“必须正确地发展党内民主，坚决地贯彻集体领导的原则，发展党内的批评和自我批评”。

报告最后说，党鼓励每一个党员充分发挥和不断提高自己的才智，但同时党必须经过一定的组织对任何一个党员（哪怕是最负责的党员）的工作实行严格的有系统的监督。没有由上而下的和由下而上的监督，一个好的党员也可能犯严重的错误以至变坏。诚诚恳恳地把自己的工作摆在党组织的监督之下而不是相反地把自己摆在党组织之上，这是共产党人必须遵守的原则。①

这次全国代表会议还通过了《关于高岗、饶漱石反党联盟的决议》，决定开除高岗、饶漱石的党籍。

事隔多年之后，邓小平在回顾这一段历史时，仍然肯定“揭露高饶的问题没有错”。“至于是不是叫路线斗争，还可以研究。”他说：“高岗想把少奇同志推倒，采取搞交易、搞阴谋诡计的办法，是很不正常的。所以反对高岗的斗争还要肯定。高饶问题的处理比较宽，当时没有伤害什么人，还有意识地保护了一批干部。总之，高饶问题不揭露、不处理是不行的。现在看，处理得也是正确的。”②

## 4. 就任中央秘书长

在处理高饶问题的过程中，邓小平表现出了对党高度负责的政治品质和光明磊落的个人品格，深为毛泽东所赞许和器重。

1954 年 4 月 27 日，中共中央政治局举行扩大会议，决定撤销大区一级的党政机构，以减少领导层次，提高办事效率。就在这次会议上，

---

① 中国人民解放军政治学院党史教研室编：《中共党史教学参考资料》第 20 册，第 524—525 页。

② 《邓小平文选》第二卷，人民出版社 1994 年版，第 293—294 页。

邓小平被任命为中共中央秘书长，谭震林、马明方、宋任穷、刘澜涛、林枫、李雪峰、杨尚昆、胡乔木被任命为中共中央副秘书长；会议还任命邓小平兼任中共中央组织部部长，增加马明方、宋任穷为中共中央组织部副部长；撤销饶漱石所任中共中央组织部部长的职务。

这是邓小平革命生涯中第三次担任中央秘书长。第一次是大革命失败后腥风血雨的 1927 年 12 月，当年他还只有 23 岁。第二次是遵义会议召开前夕的 1934 年底，这年邓小平正好 30 岁，随后他以中央秘书长的身份参加了这次会议。第三次就任秘书长时，邓小平刚好 50 岁，正值年富力强之际。

这年 6 月 10 日，邓小平在政协第一届全国委员会常委会第五十五次扩大会议上作《关于一九五四年国家预算草案的报告》和《关于大区一级行政机构撤销问题的说明》。会议通过这两个文件，并提请中央人民政府委员会通过。在作后一个问题的说明时，邓小平指出：中华人民共和国建立以来，设立大区行政机构是必须的。它处理了许多具体而繁琐的工作，从而使中央能够集中精力来考虑和解决重大事情。现在，国家已进入计划建设时期，要求高度的集中和统一，并急需大量的人才。撤销大区可以减少很多层次，同时还可以将人员用于补充中央和省、市，大量地充实工矿企业，满足国家建设的需要。当然，撤销大区有一定困难。过去中央只管六个单位，而现在要管三十多个单位。如果领导不好，是会遇到困难的，并且在工作上会出毛病。所以，在组织形式上可以采取过渡的形式移交，在中共中央成立几个地区工作部，省、市有问题可先到那里。中央各部业务比较繁杂的，也可考虑在地方上设立工作处。大区要一个一个地撤销，时间可以放长一点。在撤销大区的同时，还要考虑合并一些省、市。这样有利于中央管理和经济建设。①

1954 年 9 月召开的第一届全国人民代表大会第一次会议，在我国的民主政治建设历史上有着特殊的意义，它是中国人民通过自己的代表行使国家最高权力的体现。为了开好这次大会，全国进行了广泛的民主选举。邓小平作为中央选举委员会委员兼秘书长，对做好代表的选举做了大量的工作。

---

① 中共中央文献研究室编：《邓小平年谱（1904—1974）》中，中央文献出版社 2004 年版，第 1176—1177 页。

此前的1953年2月11日，中央人民政府委员会第二十二次会议任命邓小平为中央选举委员会委员。这次会议通过了《中华人民共和国全国人民代表大会及地方各级人民代表大会选举法》。邓小平在会上作关于《选举法（草案）》的说明报告时指出："《选举法（草案）》贯穿着一个总的精神，就是如何根据国家的情况，规定一个合乎当前实际的最民主的选举制度。现在的选举制度又是不够完备的，因为它还没有实行完全普遍的、平等的、直接的、秘密的选举。随着我国政治、经济、文化的发展，我们将来也一定要采用这个不但实质上最民主，而且在形式上也最完备的选举制度。"邓小平强调：《选举法》的通过和公布，是我们国家一件具有伟大历史意义的事件。如果说我们国家正开始的第一个五年建设计划标志着我国经济、文化发展的新阶段，那么，《选举法》的颁布标志着我国人民民主政治发展的新阶段。①

同年3月8日，中央选举委员会举行第一次会议，邓小平被任命为中央选举委员会秘书长。他在会上作了关于基层选举工作的报告，强调这次选举要实现的目标主要是三点：第一，把人口调查清楚，把选民登记清楚。这两项工作要一次做完。第二，与反官僚主义、命令主义和违法乱纪相结合，把人民群众所极不满意的分子从各种基层组织的岗位剔除出去，把人民群众所爱戴的联系群众的人选出来。第三，参加选举的人不能少，要做到动员最大限度的选民参加投票。他强调基层所选举出来的人民代表大会代表，一定要能够代表各阶层，有广泛的代表性。妇女代表要占一定的比例。共产党员的名额不能太大，最多不能超过三分之一。干部的名额不能过大，不能把人民代表大会变成干部会。②

经过一年多的紧张工作，完成了新中国第一次普选工作，在21万余个基层选举单位、3.23亿登记选民中进行了基层选举，共选出基层人民代表大会的代表566万余名。1954年6月19日，邓小平出席中央人民政府委员会第三十二次会议。会议通过中央人民政府《关于撤销大区一级行政机构和合并若干省、市建制的决定》以及《关于批准将绥远

---

① 中共中央文献研究室编：《邓小平年谱（1904—1974）》中，中央文献出版社2004年版，第1096页。

② 中共中央文献研究室编：《邓小平年谱（1904—1974）》中，中央文献出版社2004年版，第1100—1101页。

省划归内蒙古自治区并撤销绥远省建制的决定》。会议还通过和批准了各项任免案，决定免去邓小平政务院财政经济委员会副主任及财政部部长职务。邓小平在会上作《关于基层选举工作完成情况的报告》。《报告》指出：在基层选举工作中，广大选民都十分重视自己的民主权利，热烈地参加了选举。在普选运动中，充分地发扬了民主，选民们检查了基层政权的工作和干部的工作作风，使所有干部在群众鉴别下，受到一次深刻的民主教育，对于改进工作，改善作风，起了积极的监督和推动作用。除部分少数民族地区由于条件未具备没有进行基层选举外，占全国少数民族人口四分之三以上的地区都进行了基层选举，并且都结合选举工作，进一步深入贯彻了民族政策，加强了各民族之间的团结。这次普选是我国历史上空前的规模巨大的民主运动，也是我国人民政治生活中具有历史意义的伟大事件。它的胜利完成，直接为县以上各级人民代表大会奠定了基础。①

同年 9 月 3 日，在中央选举委员会举行的第五次会议上，邓小平又作了《关于中华人民共和国第一届全国人民代表大会代表选举工作完成的报告》，总结了全国县级以上单位召开人民代表大会的情况。

1954 年 9 月，第一届全国人民代表大会第一次会议在北京召开。会上，根据国务院总理周恩来的提名，邓小平被任命为国务院副总理。根据中华人民共和国主席毛泽东的提名，邓小平被任命为国防委员会副主席。9 月 28 日，中共中央政治局作出关于成立党的军事委员会的决议。决定毛泽东、朱德、彭德怀、林彪、刘伯承、贺龙、陈毅、邓小平、罗荣桓、徐向前、聂荣臻、叶剑英任中央军委委员，毛泽东任主席，彭德怀主持中共中央军委日常工作。在这年 12 月召开的政协第二届全国委员会第一次会议上，邓小平当选为全国政协常委。

邓小平对文教事业的发展十分关心。1954 年 7 月 9 日，在政务院第二百十一次政务会议会议讨论教育工作问题时，邓小平作了专题发言。他指出："现在我们是搞建设，干部已成为决定性的因素。我们干部的状况是，一方面不够用，另一方面又有浪费。要充分发挥现有干部的作用，同时要培养大批各方面的建设人才。"他还对政务院一些部门

① 中共中央文献研究室编：《邓小平年谱（1904—1974）》中，中央文献出版社 2004 年版，第 1179—1180 页。

的领导人只注意抓生产，抓基本建设，对培养干部重视不够，对自己所管的学校不重视的现象，提出了批评，认为“办好学校，培养干部，才是最基本的建设”。

邓小平还十分关心教师的待遇问题。他说：“现在要普遍提高他们的工资待遇是很困难的，但是真正有本领的教授、副教授，高级工程师，高级医生，以及其他方面的高级专门人才的工资待遇，应该提高。”邓小平提出，将来工资的差距要拉大些，真正有本领的人，对国家贡献很大的人，工资应该更高一些。①

发言中，邓小平还建议文委（即政务院文化教育委员会）在自己管理的范围内提出一个名单，科学家可以选一二百人，不讲名望，就是选那些贡献突出的，真正有本事的，大学教授也可以选一二百人，提高他们的工资待遇。还要订出章程来，这样就可以推动那些思想不通的人。邓小平认为，中小学教员中间，工资也应该有很高的，他付出的劳动多，贡献大。他还提出要请文委主任郭沫若下个命令，先提出一个二百人左右的名单，先解决这些人的问题。他说，这次必须像考试那样，限期交卷，否则就是不热心这个工作。

从这里，我们可以看出邓小平是十分尊重知识、尊重人才的，而且这是他一贯的立场。

邓小平还十分重视农村基层组织建设。1954 年 12 月 6 日，他在全国农村基层组织工作会议的讲话中指出：过渡时期党在农村的任务就是要在一个相当长的时期内完成农业的社会主义改造，把落后的小规模生产的个体经济变成先进的大规模生产的合作经济，最后实现农业的机械化。这是一件艰难而又繁重的任务。因此，要加强党在农村中的堡垒作用，巩固党和发展党，加强党员的教育，提高党员和农民群众的社会主义觉悟，加强农业合作社的政治工作，改造落后乡落后支部，加强农村里的政权工作和各个组织的工作等等。吸收入党的应该是有社会主义觉悟的、能够带头搞社会主义的先进分子，是在农业生产合作社的骨干里面去选择。农村现有的党组织要整顿和巩固，没有党组织的地方要建立。农村党的组织形式要适合于工作要求，适合于政治任务，适合于具

① 《邓小平文选》第一卷，人民出版社 1994 年版，第 209—210 页。

体条件。同时，农村工作必须坚持群众路线，做任何事情都要在群众自觉自愿的基础上进行，反对命令主义。[①]

这期间，邓小平还妥善地解决了福建省的“城工部事件”。

所谓福建城工部事件，是1948年原中共闽浙赣区党委因怀疑所属城市工作部为国民党特务所控制，从而错杀了一批城工部同志，并解散了城工部及其领导的整个组织系统。这是一起不幸的严重事件。

1953年初，在福建“三反”和整党运动结束后，中共福建省委开始对“城工部事件”进行审查。经过近一年的审查工作，福建省委认为，原闽浙赣区党委对城工部案件的处理是完全错误的，决定为“城工部事件”及有关人员进行平反。1954年1月，福建省委派出干部赴北京汇报。2月3日，邓小平及杨尚昆、谭震林、安子文等在中南海听取了汇报。邓小平对这件事十分重视。听完汇报后，他指示福建有关方面，把福建省委的结论报告及22件专案附件翻印后分送中央书记处各书记；并决定由张鼎丞（后因病改由马明方参加）、谭震林、安子文3人具体审理此案并提出意见，最后结论由书记处讨论后决定。

1954年2月12日，经中共中央批准，福建省委成立了审查城工部问题委员会，先后抽调了有审干经验的干部数十人参加审查工作。在邓小平等人的具体关心、指导下，1955年5月，福建“城工部事件”历史遗留问题得到解决。[②]

1955年4月，中共中央召开七届五中全会，邓小平被增补为中央政治局委员。根据中共中央逐步建立分部分级管理干部制度的规定，1955年相继成立了中央工交工作部、财贸工作部、文教工作部、政法工作部等部门，按照政治局的分工，上述各中央工作部门由邓小平主管。

作为中央秘书长，邓小平的工作十分繁忙。他几乎每天都要主持秘书长会议，讨论中共中央交议或交办的各种事情。通常情况是上午9点开会，下午3点又接着开会，大家戏称秘书长会议是“九三学社”。毛

① 中共中央文献研究室编：《邓小平年谱（1904—1974）》中，中央文献出版社2004年版，第1205页。

② 中共福建省委：《永远耸立在福建人民心中的丰碑》，《回忆邓小平》下，中央文献出版社1998年版，第179页。

泽东也参加过秘书长会议，他对邓小平说，工作你们去做，然后都统一用中央的名义。当时，中共中央决定的许多重大事项，大都是经过秘书长会议研究讨论，提出具体方案或拟出决定草案后，再交中共中央审议通过的。①

① 中国青年出版社编：《邓小平与当代中国》，中国青年出版社 1999 年版，第 176 页。

# 二、八大前后

## 1. 筹备八大

邓小平就任中共中央秘书长后，除了处理大量的中央日常事务外，一项重要的工作，就是具体负责筹备召开中共八大。

按照中共七大通过的党章规定，党的全国代表大会通常情况下每三年召开一次。中共七大是1945年召开的，三年后的1948年，正值人民解放战争进入大决战时期，这时显然不具备召开全国代表大会的条件。新中国成立之初，百废待兴，需要继续完成民主革命遗留下来的任务，在蒋介石留下来的烂摊子上恢复国民经济，制止通货膨胀，恢复和发展生产，保障和改善人民生活。这时，新解放区进行的土地改革尚未完成，新生的人民政权还不巩固，反革命分子的颠覆破坏时有发生，中国人民还要全力进行美国人强加的抗美援朝战争。因此，中共还没有时间来召开第八次全国代表大会。

1952年底，镇压反革命的工作取得决定性胜利，全国范围的土地改革基本完成，抗美援朝进入边打边谈阶段，战线已稳定在三八线附近。这时，中共中央开始考虑召开八大的问题。但是，到了1953年，第一个五年计划开始实施，新中国进入大规模的经济建设时期，接着又发生了高岗、饶漱石事件，八大召开的时间又只得后延。

1955年3月，为总结高饶事件的经验教训，按照原定的计划，中共中央召开了一次全国代表会议。3月31日的闭幕会上，毛泽东在结论讲话中代表中共中央宣布：决定在1956年下半年召开党的第八次全国代表大会。讲话中，毛泽东还解释了为什么要抓紧时间召开八大的原因。他说：党的代表大会十年没有开，很不好。到1956年8月十年半了，只好明年开。当然头五年不应该开，头五年兵荒马乱，又开了七大，后五年可以开而没有开。没有开也有好处！高饶问题搞清楚再开，不然他们要利用八大做文章。同时，我们的五年计划也上了轨道，社会主义总路线提出后各方面都清楚了。又经过这次代表会议使大家在思想上更加统一了，再来开八大。

一个月后，即 4 月 21 日，邓小平给毛泽东送来了两个名单。一个是八大政治报告起草委员会名单，一个是修改党章和修改党章报告起草委员会名单。

5 月 12 日，中共中央政治局会议通过了这两个名单。政治报告起草委员会由邓小平和王稼祥、刘少奇、陈云、陈伯达、胡乔木、陆定一等七人组成；修改党章和修改党章报告起草委员由邓小平和杨尚昆、安子文、刘澜涛、宋任穷、李雪峰、胡乔木、马明方、谭震林等九人组成。

1955 年 10 月，中共中央召开扩大的七届六中全会，讨论和通过了《关于召开党的第八次全国代表大会决议》和《关于党的第八次全国代表大会代表名额和选举办法的规定》，确定八大在 1956 年下半年召开，要求各省、市、自治区、中直机关、中央国家机关和解放军分别召开代表大会选举八大代表，代表须在 1956 年 6 月底以前选出。

会上，邓小平代表中共中央政治局作了《关于召开党的第八次全国代表大会的决案草案的说明》。在说明中，邓小平介绍了召开八大的酝酿过程。邓小平说：党的七次代表大会是在 1945 年召开的，到 1956 年召开八大，中间相距为十一年。这是因为 1945 年至 1949 年这四年，我们正处在急风暴雨的革命战争中；1950 年至 1952 年这三年，我们全神贯注地进行完成民主改革、恢复国民经济和巩固人民民主专政这些极为繁重的工作，并且进行了紧张的抗美援朝斗争。1952 年底，中央政治局和书记处在考虑召开全国人民代表大会的同时，就曾考虑召开党的八次代表大会的问题，同时决定了先召开一次党的全国代表会议。1953 年我们国家开始了第一个五年计划的建设。同年下半年，经过全国财经工作会议和全国组织工作会议之后，党中央察觉了高饶反党联盟的问题。党经过 1954 年 2 月的四中全会和 1955 年 3 月的党的全国代表会议，对这个事件作了严肃的处理。在这两年多中，党规定了国家在过渡时期的总路线，第一届全国人民代表大会通过和公布了宪法，第一个五年计划已进行了一多半的时间。同时，经过整党、建党、审查干部工作，总路线的宣传，社会主义改造，所有这些，为召开党的八次代表大会做了政治准备和组织准备。所以，1956 年召开八次代表大会，将会开得更完满一些，这是可以肯定的。

1955 年 12 月初，中共中央政治局在北京召开了一次有各省、市委负责人参加的座谈会，布置召开八大的筹备事宜。会议由刘少奇主持。会上，刘少奇宣布中共中央政治局决定于 1956 年 9 月召开八大，并且传达了毛泽东关于召开八大的指示精神：八大的中心思想是要反对右倾思想，反对保守主义，提前完成我国的社会主义工业化和社会主义改造。要利用目前国际休战的时间，利用这个国际和平的时期，再加上我们的努力，就可加快发展。如果不加快建设，农业和私营工商业未改造，工业未发展，将来一旦打起仗来，我们的困难就会更大。

召开党的全国代表大会，最重要的筹备工作就是准备大会文件。毛泽东在中共七届六中全会上说过，八大标志我们党前进了一步，而开好这次大会，使党更上一层楼，关键在于有好的文件。八大的主要文件有大会政治报告、修改党章的报告、党章修改草案、关于第二个五年计划建议的报告、关于“二五”计划的建议。

为了起草好这几个重要文件，刘少奇、周恩来、邓小平等领导人耗费了大量的心血。

邓小平除参与政治报告的起草外，具体负责党章的修改和修改党章报告的起草。

修改党章和起草修改党章的报告，是互为关联的两件事。邓小平先抓了修改党章的工作。经过起草委员会五个月的紧张工作，到 1955 年 10 月，党章的第一次修改稿，即《中国共产党章程（初稿）》起草出来了。

随后，邓小平对党章初稿从内容到文字，都作了仔细的推敲和逐字逐句的修改，并加写了“人民解放军党组织”一条。后又经过半年的反复修改，于 1956 年 4 月形成了《中国共产党章程（第二次修改稿）》。

1956 年 4 月 25 日至 28 日，中共中央政治局召开有各省、市、自治区党委书记参加的扩大会议，中心议题有两项，一是听取毛泽东作《论十大关系》的报告，二是讨论党章第二次修改稿，并提出修改意见。在28日的闭幕会上，毛泽东专门就党章问题发表了意见。他说：党章应当充分体现纪律性和创造性，体现群众路线。现在党章草案已经发给省委、市委和区党委去讨论了，请你们在这上面多提意见。我认为，党章确实应当充分体现纪律性和创造性，体现群众路线。没有纪律是不行的。但是纪律太死了也不行，妨碍创造性的发挥，这样的纪律是不好的，应当不要。

毛泽东还说：中央究竟是设一个副主席还是设几个副主席，也请你们讨论。少奇同志提出设几个副主席，现在的这个党章草案上是说设一个副主席。还有，是否可以仿照人民代表大会的办法，设党的常任代表。我们有人民的国会，有党的国会，党的国会就是党的代表大会。设常任代表有什么好处呢？就是可以一年开一次代表大会。我们已经有十年没有开党的代表大会了，有了常任代表制度，每年就非开会不可。是不是可以考虑采用这个办法，比如五年一任。这还没有写到党章草案上去，提出来请大家考虑，看是否可以。①

根据毛泽东的意见和政治局扩大会议的讨论情况，邓小平主持党章修改小组对党章第二次修改稿又作了修改，其中重要的一条是加写了从中央到县一级的党代表采用“常任制”。这是党内民主建设上的一个重大创造。

1956年5月，中共中央政治局连续三次开会，讨论党章的修改问题。5月底，邓小平起草了中共中央《关于讨论党章修改稿的通知》，其中特别强调要对如下两个问题展开认真的讨论：

> （一）草稿中规定全国代表大会和地方各级代表大会采用常任制，并且规定各级代表大会每年开会一次，这是一个重大的改变，请你们考虑这种制度是否妥当。
>
> （二）第三章第九条中关于中央机构问题，曾考虑到两种形式。一种是保持原来性质的书记处，设一个副主席；一种是不设原来的书记处，增设几个副主席，并且设立另外性质的书记处或者其他名义的组织。请你们考虑哪一种形式较好。

---

① 《毛泽东文集》第七卷，人民出版社1999年版，第54页。

在充分听取各省、市、自治区党委和中央各部委党组的意见后，同年7月，中共中央决定成立一个专门委员会，负责落实中央机构的设置方案，向中央政治局提出报告。这个委员会以陈云为第一召集人，邓小平为第二召集人，成员中包括彭真、彭德怀、董必武等共20人。

8月5日，邓小平将专门委员会讨论的中央机构设置方案，上报毛泽东、刘少奇、周恩来、朱德，请他们“核发”。这个方案的内容是：党的中央委员会全体会议选举中央政治局、中央政治局常委和书记处，并且选举中央委员会主席一人和副主席若干人；中央政治局和它的常委会，在中央委员会全体会议闭幕期间，行使中央委员会的职权；中央书记处在中央政治局和它的常务委员会领导之下，处理中央日常工作；中央委员会的主席和副主席同时是中央政治局的主席和副主席；中央委员会认为有必要的时候，可以设立中央委员会名誉主席一人。

毛泽东对这个方案比较满意，基本没再作什么改动，只是在“副主席若干人”之后，亲笔加写了“和总书记一人”六个字。至于总书记人选，毛泽东已是胸有成竹，那就是邓小平。

中央机构的设置方案经过毛泽东、刘少奇、周恩来、朱德审阅之后，又经中央政治局讨论并通过。

与此同时，在修改党章的基础上，起草修改党章的报告的工作也在紧张地进行。

关于修改党章的报告最初的执笔人是胡乔木。初稿写出之后，已是8月上旬了，距八大召开只有一个多月的时间。这时，邓小平正在北戴河参与八大政治报告的讨论，并处理筹备八大的各种事宜。拿到报告的草稿后，他在保存原基本框架的前提下，重点对党所处的历史环境的变化，以及这种变化引发的党的组织出现的新情况和新问题，党的建设的总任务等，作了重要的补写，并对文字表述作了反复推敲和修改。经过紧张工作，邓小平很快将修改党章的报告修改稿，提交给修改党章报告起草委员会征求意见。随后，他又将报告报送毛泽东审阅。

毛泽东对报告作了仔细的修改，并在报告的第23页批了两条意见，要求添加“1955年3月的全国代表会议”等四次会议的内容。邓小平又据此对报告作了若干修改，然后提交中共七届七中全会讨论。

在这一时间段内，题为《为实现过渡时期总任务而斗争》的政治报告于1956年7月写成，第二个五年计划的建议初稿也于1955年11月报送中共中央。各省、市、自治区和中央及国家直属机关、解放军党组，相继举行本地区或本系统的党的代表大会，选举产生了出席八大的代表。

为了将八大开成一次真正团结的大会，中共中央曾动员正在苏联休养的王明回国参加八大。为此，邓小平对王明作了耐心细致的工作。

1956年7月31日，他为中共中央起草了一封致王明的信。信中说，党的八大定于9月15日举行，王明将作为北京市选出的代表，如果身体健康条件许可，中央希望他能出席大会。可是，王明没有作出答复。

一个星期后，邓小平又为中共中央拟定了致正率代表团在苏联访问的李富春的电报稿，请李富春专门去看看王明，告诉他召开八大的日期，询问其身体状况及可否参加八大；如因健康关系不能出席，请问他可否对大会提出书面意见。

这样一来，王明不得不表态了。他致信中共中央说："自8月7日接到中央盼我在健康条件许可下能出席八大电示后，我个人医疗、护理方面曾做了更多的努力，但至今身体状况仍不许可我有回国参加八大学习的可能，乃不得不以深沉的愧歉心情向中央和大会主席团请假。"邓小平在接到王明的电报后，根据毛泽东"此件可印发各代表"的批语，将王明的复电印发给了出席八大的代表。

7月30日，中共中央办公厅通知第七届中央委员会的委员和不是中央委员的各省、市、自治区党委第一书记，于8月20日到北京参加七届七中全会，为八大的召开作最后的准备。

8月22日，中共七届七中全会在中南海勤政殿举行第一次会议。出席会议的有中央委员37人、候补中央委员21人，中央各部委负责人和各省、市、自治区党委第一书记42人列席了会议。

毛泽东主持了会议，并作了重要讲话。他说：这次全会的任务，就是准备八次大会。第一，有五个文件，一个是政治报告，一个是党章，一个是党章报告，一个是经济计划，一个是经济计划报告，请大家讨论修改。第二，关于新的中央委员会的选举问题。第三，发言问题，准备有八十人左右发言，原则是不要太长，内容要精彩一点。七次大会我们取得了革命的胜利，并且开始了建设，建设一个伟大的社会主义国家的胜利。这次大会的基本方针是：马克思列宁主义同中国的实际相结合，团结党内、国内、国际一切可以和应该团结的力量，为建设一个伟大的社会主义国家而奋斗。凡是不利于这样的方法（团结一切力量）、这样的目的（建设社会主义）的思想和方针，我们就要批评和反对。这是我们这次大会、也是我们党历来的旗帜。

邓小平对八大有关文件的起草情况作了说明，他要求各代表团必须在 9 月 7 日前全都把意见提出来并且要注意对大会文件的修改，其中有些文件，如党章，必须是哪个字要改就改哪个字。对于大会发言，邓小平提出，发言一般不超过 20 分钟，有 20 分钟发言的，有 3 分钟发言的，有 5 分钟发言的，4 分钟发言的，十几分钟发言的，要多样化，活泼一点。无论如何以 8000 字左右为限度，最多不超过一万字。这次大会发言算起来 8 天，36 小时，争取一百人发言。邓小平还对大会的选举工作作了说明。

邓小平讲完后，毛泽东讲了三个方面的问题。

第一是关于常任代表制。毛泽东说："我们这个党章草案上有个常任代表制。这是鉴于：过去十一年没有开会，有各种原因，其中有一种原因，就是惰性。总而言之，战争那么忙是难开的。现在情况改变了，完全可以经常开。有常任代表，这样可以经常展开批评，民主生活可以发展。"可见，这时的毛泽东还是比较注重党内批评和党内民主的。

毛泽东讲的第二个问题是关于中央的组成。他说：为了国家的安全，为了工作的方便，准备设几道屏障，设总书记。中央政治局准备向新的中央委员会建议，推举邓小平当总书记。想组织一个书记处，这个书记处是一个机关，管日常工作。政治局还设一个常委，常委相当于过去的书记处，还有主席、副主席，过去没有总书记，也没有副主席。

为什么要增设这些职务？毛泽东解释说，我们这么一个大国，6 亿人口，1100 万党员，一个主席，一个副主席，总觉得孤单。"天有不测风云，人有旦夕祸福"，或者是从飞机上掉下来，或者一个炸弹下来，把主席打死了，还有副主席，把一个副主席打死了，还有三个副主席，把两个打死了，还有两个，把三个打死了，还有一个，统统打死了，还有总书记，总而言之是有备无患。

第三个问题是关于七大和八大间的中央委员会及它的政治局实行的路线对不对。毛泽东对此作了充分肯定，认为这11年来，虽然工作中也有错误，但路线是正确的。这条路线在同机会主义路线斗争后产生，是七大所规定的路线，中央执行了七大的路线，而七大的路线是正确的。

8月30日晚，八大预备会议在中南海怀仁堂举行第一次会议，出席会议的代表946人。毛泽东主持了会议。邓小平代表中共中央政治局作了报告，主要是说明下列事项：第一，关于大会的日程；第二，关于大会的规则；第三，关于预备会议期间的工作安排；第四，关于七届七中全会对八届中央委员会选举工作的建议；第五，关于代表团团长、副团长候选人名单；第六，关于代表资格审查委员会名单。会议一致同意邓小平在报告中对上述各项问题所提出的意见。

在邓小平作完报告后，毛泽东作了《增强党的团结，继承党的传统》的讲话，毛泽东满怀信心地表示，这次大会是可以开好的，代表们的水平是能够保证这次大会开好的。

9月10日下午，八大预备会议在中南海怀仁堂举行第二次会议。毛泽东主持会议。陈云代表中共中央对八届中央委员候选人名单和提出的经过作了说明，薄一波、李先念、谭震林分别代表华北、中南、华东代表团作了发言，就这个名单发表了各自的意见。会议通过了候选人名单。9月12日，各代表团对八届中央委员会候选人进行了第一次预选，结果有170人被提名为八届中央委员会候选人。八大预备会议也就于这天结束。

9月13日，中共七届七中全会举行第三次会议，毛泽东再次就大会的文件、中央委员会的选举和中央机构的设立等问题作了讲话。邓小平就八大主席团名单（草案）、秘书处名单草案和大会发言安排等问题作说明，他在谈到大会发言时指出：八大大会发言要精彩、生动、多样性，还要短。要有人讲一讲主观主义，有人讲一讲宗派主义。大汉族主义是宗派主义，大国主义也是宗派主义。什么老子打天下，人家坐天下，这是宗派主义。有的对少数民族包办代替，使人家有职无权，对资本家也是以“三反”、“五反”时那样的态度对待他们，这些都不好。对反革命分子，我们要劳动改造几百万人，要搞人道主义。搞人道主义干什么呢？还不是把他们改造成为有用的人？对资产阶级，对少数民族中的剥削者、上层分子、贵族头人，要多做工作。对好人及其他一些劳动出身的人，要使他们有职有权，真正是去帮助他们，不是去代替他们。①

中共七届七中全会经过讨论，原则通过了政治报告、关于修改党章的报告等主要文件。至此，召开中共八大的各项准备工作已经基本就绪。邓小平在这个过程中发挥了重要作用，并从中显示出他的组织才能和领导水平。

## 2. 修改党章的报告

1956 年 9 月 15 日，具有深远历史意义的中国共产党第八次全国代表大会在北京全国政协礼堂隆重开幕。下午 2 时 5 分，毛泽东宣布："中国共产党第八次全国代表大会现在开幕。"全体代表起立，长时间地热烈鼓掌，庄严的《国际歌》响彻会场。

接着，毛泽东致开幕词，指出："我们这次大会的任务是：总结从七次大会以来的经验，团结全党，团结国内外一切可能团结的力量，为了建设一个伟大的社会主义的中国而奋斗。"

开幕词总结了七大以来党领导新民主主义革命和社会主义革命的成绩，分析了取得胜利的原因，指出了党在今后工作中必须坚持的基本方针，向全党提出了今后社会主义建设的伟大任务和为完成这任务必须采取的态度，描绘了我国社会主义建设的光明前景。毛泽东说："已经得到解放的中国人民的力量是无穷无尽的，我们又有伟大的盟国苏联和其他兄弟国家的援助，我们又有世界上一切兄弟党的支持，又有世界上一切同情者的支持，我们并没有孤立的感觉，这样，我们就一定能够一步一步地把我国建设成为一个伟大的社会主义工业化的国家。"②

毛泽东致完开幕词后，大会在当天的执行主席周恩来主持下，选举了大会主席团、秘书处和代表资格审查委员会，通过了大会日程和会议

① 中共中央文献研究室编：《邓小平年谱（1904—1974）》中，中央文献出版社 2004 年版，第 1310 页。

② 《毛泽东文集》第七卷，人民出版社 1999 年版，第 117 页。

规则。在进行完上述程序后，刘少奇代表第七届中央委员会向大会作政治报告。

大会第二天，邓小平作了关于修改党章的报告。

邓小平在报告的第一部分中分析了党所面临的形势，以及在新形势下出现的新情况和新问题，提出了在新的历史时期党的建设的总任务。这一部分是他亲自加写的，文字虽然不长，却是整个报告的纲。

邓小平说，与七大召开时的情况相比，党的状况完全不同了。中国共产党已经是执政的党，已经在全部国家工作中居于领导地位。党的组织分布到全国每一个城镇和县区，每一个重要的企业，并且分布到各个民族。党员的数目，比七大时候增加了八倍，比 1949 年全国胜利的时候，也差不多增加了两倍，而且多数党员都在各级国家机关、经济组织、文化组织和人民团体中担负了一定的工作。这些情况，要求我们十分注意加强党的组织工作和对于党员的教育工作。

邓小平指出，执政党的地位，很容易使共产党员沾染上官僚主义的习气。脱离实际和脱离群众的危险，对于党的组织和党员来说，不是比过去减少而是比过去增加了。而脱离实际和脱离群众的结果，必然发展主观主义，即教条主义和经验主义的错误，这种错误在党内也不是比前几年减少而是比前几年增加了。他同时认为，执政党的地位，还很容易在共产党员身上滋长着一种骄傲自满的情绪。有一些党员，稍稍有点工作成绩，就自以为了不起，就看不起别人，看不起群众，看不起党外人士，似乎当了共产党员，就比非党群众高出一头，有的人还喜欢以领导者自居，喜欢站在群众之上发号施令，遇事不愿意同群众商量。这实际上是一种狭隘的宗派主义倾向，也是一种最脱离群众的危险倾向。

针对这种情况，邓小平强调："党必须经常注意进行反对主观主义、官僚主义和宗派主义的斗争，经常警戒脱离实际和脱离群众的危险。为此，党除了应该加强对于党员的思想教育之外，更重要的还在于从各方面加强党的领导作用，并且从国家制度和党的制度上作出适当的规定，以便对于党的组织和党员实行严格的监督。"①

在报告的第二部分，邓小平着重阐述了党的群众路线问题。他指

① 《邓小平文选》第一卷，人民出版社 1994 年版，第 215 页。

出，群众路线是我们党的组织工作中的根本问题，是党章中的根本问题，是需要在党内反复进行教育的。

那么，什么是党的工作中的群众路线呢？报告深刻论述了群众路线所包含的两方面的含义：一方面，它认为人民群众必须自己解放自己；党的全部任务就是全心全意地为人民群众服务；党对于人民群众的领导作用，就是正确地给人民群众指出斗争的方向，帮助人民群众自己动手，争取和创造自己的幸福生活。因此，党必须密切联系群众和依靠群众，而不能脱离群众，不能站在群众之上；每一个党员必须养成为人民服务、向群众负责、遇事同群众商量和同群众共甘苦的工作作风。另一方面，它认为党的领导工作能否保持正确，决定于它能否采取“从群众中来，到群众中去”的方法。

报告严正指出，在党的组织和国家机关的许多工作人员中，正在滋长着形形色色的官僚主义的倾向。报告列举了官僚主义的几种表现：一是不少领导机关和领导干部高高在上，不接近群众，不重视调查研究，不了解工作中的真实情况。在执行中央和上级的指示的时候，往往不采取同下级同志和群众商量的办法，不结合当时当地的具体情况，而只是机械地盲目地搬运。二是不少机关的负责同志把自己的绝大部分时间用在处理文电和不必要的过多的开会上面，很少深入基层，深入群众，了解他们的要求和研究他们的经验，这就不可避免地陷入了事务主义和文牍主义的泥坑。三是一些干部有严重的骄傲自满情绪，夸大个人的作用，强调个人的威信，只能听人奉承赞扬，不能受人批评监督，有些品质恶劣的人，还对批评者实行压制和报复，有的人甚至把党和人民的关系颠倒过来，完全不是为人民服务，而是在人民中间滥用权力，做种种违法乱纪的坏事。四是不少党的组织和干部在作出决议、指示以前，既不同群众商量，在执行决议、指示的时候，对群众又不是采取说服教育的方法，而是企图一切依靠命令行事。

报告提出了克服官僚主义的主要措施。第一，必须在党的教育系统中，在党员的教育材料中，在党的报刊中，着重进行党的群众路线的教育；第二，必须有系统地改善各级领导机关的工作方法，使领导工作人员有足够的时间深入群众，善于运用典型调查的方法，研究群众的情况、经验和意见；第三，必须健全党的和国家的民主生活，使党的和政府的下级组织，有充分的便利和保证；第四，必须加强党的和国家的监察工作，及时发现和纠正各种官僚主义现象，对于违法乱纪和其他严重地损害群众利益的分子，及时地给以应得的处分；第五，各地区各部门党的组织，必须运用过去整党工作的经验，采取群众性的批评和自我批评的方法，每隔一定时期，对全体党员进行一次工作作风的整顿，特别着重检查群众路线的执行情况。

邓小平在报告的第三部分，论述了坚持民主集中制的重要性。他说，民主集中制是我们党的列宁主义的组织原则，是党的根本的组织原则，也是党的工作中的群众路线在党的生活中的应用。因此，必须正确地解决党的组织和党员的关系，党的上级组织和下级组织的关系，党的中央组织和地方组织的关系。

报告强调了坚持集体领导的重要性，着重指出，党是一个战斗的组织，没有集中统一的指挥，是不可能取得任何战斗胜利的，一切发展党内民主的措施都不是为了削弱党的必需的集中，而是为了给它以强大的生气勃勃的基础。个人的作用，只有通过集体，才能得到正确的发挥，而集体领导，也必须同个人负责相结合。

邓小平还讲到了反对个人崇拜的问题。他说，同过去剥削阶级的领袖相反，工人阶级政党的领袖，不是在群众之上，而是在群众之中，不是在党之上，而是在党之中。正因为这样，工人阶级政党的领袖，必须是密切联系群众的模范，必须是服从党的组织、遵守党的纪律的模范。对于领袖的爱护，本质上是表现对于党的利益、阶级的利益、人民的利益的爱护，而不是对于个人的神化。我们党也厌弃对于个人的神化。“当然，个人崇拜是一种有长远历史的社会现象，这种现象，也不会不在我们党的生活和社会生活中，有它的某些反映。我们的任务是，继续坚决地执行中央反对把个人突出、反对对个人歌功颂德的方针，真正巩固领导者同群众的联系，使党的民主原则和群众路线，在一切方面都得到贯彻执行。”①

报告中，邓小平还论述了维护党的团结统一的重要性。他指出，正是依靠了党的团结，在革命胜利之后，中国共产党才战胜了巨大的困难

① 《邓小平文选》第一卷，人民出版社1994年版，第235页。

和重重的障碍，迅速地实现了国家的统一，迅速地恢复和发展了国民经济，迅速地进行了并且基本上完成了国民经济的社会主义改造。现在，中国共产党已经在国家工作和社会活动的各个方面，起着领导作用。巩固党的团结，维护党的统一，这不但是党的利益，也是全国人民的利益。邓小平强调，为了保持党在马克思列宁主义基础上的团结和统一，必须大大发展党内的批评和自我批评，鼓励和支持由下而上的批评，禁止压制批评的行为。

报告还对党章草案中关于党员的规定作一些说明，强调了大量地培养和提拔新干部的重要性，并对党章草案对于党的组织机构，以及中央组织、地方组织、基层组织、监察机关、党同青年团关系的规定作了说明。在报告最后，邓小平指出："我们要彻底完成伟大的社会主义改造事业，提前完成和超额完成发展国民经济的第一个五年计划，并且积极准备实现第二个五年计划，使我国的工业、农业、交通运输业和商业，实现巨大的高涨，使我国的科学文化事业和人民生活状况达到新的水平；我们一定要解放台湾。我们一定要为维护世界和平积极贡献我们的力量。为了迎接这些伟大的任务，我们必须用最大的努力来更加巩固我们党，更加巩固我们党同最广大的人民群众的联系。"①

大会通过热烈的讨论，一致通过了这个报告。

邓小平在中共八大所作《关于修改党的章程的报告》，提出了在全国执政的条件下加强党的建设的主要方针。报告提出要重视党内思想教育，提高全党的马克思主义理论水平，坚持全心全意为人民服务的根本宗旨，发扬实事求是、群众路线的优良传统，发展党内民主，健全党内民主集中制，加强对党的组织和党员的监督，防止和反对个人崇拜，都具有深远的历史意义。这个报告，是中共七大以来特别是党执政以来自身建设的经验总结，它集中了全党的智慧，是党的建设史上一篇光辉文献。

## 3. 当选总书记

1952 年到中央工作后，中共中央和毛泽东不断对邓小平委以重任，

---

① 《邓小平文选》第一卷，人民出版社 1994 年版，第 256 页。

邓小平也在工作中表现出了坚强的党性和非凡的领导才能，深为毛泽东所器重，并有意当作接班人培养。在八大上，毛泽东又一再推荐邓小平担任总书记。

在中共七届七中全会第三次会议上，毛泽东专门讲到了中央设副主席和总书记的问题。他说："我在这里还要谈一下关于设副主席和总书记的问题。上一次也谈过，中央准备设四位副主席，就是少奇同志，恩来同志，朱德同志，陈云同志。另外，还准备设一个书记处，书记处的名单还没有定，但总书记准备推举邓小平同志。四位副主席和总书记的人选是不是恰当？当然，这是中央委员会的责任，由中央委员会去选举。但是要使代表们与闻，请你们去征求征求意见，好不好？对于我们这样的大党，这样的大国，为了国家的安全、党的安全，恐怕还是多几个人好。"

听了毛泽东这一段话，邓小平说，我讲两句，对总书记这一职务，中央讲了很久，我也多次提出，只有六个字：一不行，二不顺。当然，革命工作，决定了也没有办法，但我自己是诚惶诚恐的。请同志们好好考虑一下。

毛泽东又说："党章上现在准备修改，叫做'设副主席若干人'。首先倡议设四位副主席的是少奇同志。一个主席、一个副主席，少奇同志感到孤单，我也感到孤单。一个主席，又有四个副主席，还有一个总书记，我这个'防风林'就有几道。'天有不测风云，人有旦夕祸福'，这样就比较好办。除非一个原子弹下来，我们几个恰恰在一堆，那就要另外选举了。如果只是个别受损害，或者因病，或者因故，要提前见马克思，那末总还有人顶着，我们这个国家也不会受影响，不像苏联那样斯大林一死就不得下地（恐怕应是'下不得地'，此话在湖南方言中是不得了的意思，而湖南话中似乎没有"不得下地"一说，引者）了。我们就是要预备那一手。同时，多几个人，工作上也有好处。设总书记完全有必要。我说我们这些人，包括我一个，总司令一个，少奇同志半个（不包括恩来同志、陈云同志跟邓小平同志，他们是少壮派），就是做跑龙套工作的。我们不能登台演主角，没有那个资格了，只能维持维持，帮助帮助，起这么一个作用。你们不要以为我现在在打退堂鼓，想不干事了，的确是身体、年龄、精力各方面都不如别人了。我是属于现状维持派，靠老资格吃饭。老资格也有好处，因为他资格老。但是能力就不行了，比如写文章，登台演说，就不行了。同志们也很关心我们这些人，说工作堆多了恐怕不好，这种舆论是正确的。那末，什么人当主席、副主席呢？就是原来书记处的几个同志。这并不是说别的同志不可以当主席、副主席，同志们也可以另外提名，但是按照习惯，暂时就是一个主席、四个副主席。我是准备了的，就是到适当的时候就不当主席了，请求同志们委我一个名誉主席。名誉主席是不是不干事呢？照样干事，只要能够干的都干。"

毛泽东接着说："请同志们酝酿酝酿，看这样是否妥当。中心的目的就是为了国家的安全，多几个人，大家都负一点责任。至于秘书长改为总书记，那只是中国话变成外国话。"这时，邓小平插话说："我还是比较安于担任秘书长这个职务。"毛泽东于是又说："他愿意当中国的秘书长，不愿意当外国的总书记。其实，外国的总书记就相当于中国的秘书长，中国的秘书长就相当于外国的总书记。他说不顺，我可以宣传宣传，大家如果都赞成，就顺了。我看邓小平这个人比较公道，他跟我一样，不是没有缺点，但是比较公道。他比较有才干，比较能办事。你说他样样事情都办得好呀？不是，他跟我一样，有许多事情办错了，也有的话说错了；但比较起来，他会办事。他比较周到，比较公道，是个厚道人，使人不那么怕。我今天给他宣传几句。他说他不行，我看行。顺不顺要看大家的舆论如何，我观察是比较顺的。不满意他的人也会有的，像有人不满意我一样。有些人是不满意我的，我是得罪过许多人的，今天这些人选我，是为了顾全大局。你说邓小平没有得罪过人？我不相信，但大体说来，这个人比较顾全大局，比较厚道，处理问题比较公正，他犯了错误对自己很严格。他说他有点诚惶诚恐，他是在党内经过斗争的。"①

毛泽东还在讲话中说陈云是个好人，比较公道、能干，比较稳当，他看问题有眼光。不要看他平和得很，但他看问题尖锐，能抓住要点。他还明确表示，政治局常委，准备就由主席、副主席和总书记组成。这就是把过去的书记处变成常委，只是比过去多了一个总书记。还要设一

① 《毛泽东文集》第七卷，人民出版社 1999 年版，第 110—112 页。

个书记处，书记处的人数可能要多几个，书记、候补书记可以有十几个人。很多事情要在那里处理，在那里提出议案。

在毛泽东一生中，如此赞扬一个干部并不多见，这也充分体现了毛泽东对邓小平的高度信任。

选举新一届中央委员会，是八大的最后一项议程。9 月 26 日下午，大会正式选举中央委员会。出席大会的 1026 位代表，以无记名投票的方式，选举了 97 名中央委员会的正式委员。按照得票多少，邓小平在新当选的中央委员会中排在第四位，排在他前面的是毛泽东、刘少奇和林伯渠。

八大闭幕的第二天，即 9 月 28 日，八届中央委员会第一次全体会议在中南海怀仁堂举行。八届一中全会的主要任务是选举中央领导机构。经过无记名投票，毛泽东、刘少奇、周恩来、朱德、陈云、邓小平、林彪、林伯渠、董必武、彭真、罗荣桓、陈毅、李富春、彭德怀、刘伯承、贺龙、李先念等 17 人入选中央政治局委员会，毛泽东当选为中央委员会主席，刘少奇、周恩来，朱德、陈云当选为中央委员会副主席，邓小平当选为中央委员会总书记，毛泽东、刘少奇、周恩来、朱德、陈云、邓小平等六人组成政治局常委会。从此，邓小平成为以毛泽东为核心的党的第一代中央领导集体的成员。这时，他刚满 52 岁。

10 月 5 日上午，邓小平主持召开中共中央书记处会议，讨论中央书记处的工作范围和分工问题。会议确定：中央书记处在中央政治局和政治局常委会领导下进行工作，一切原则、方针、政策和重大政治问题由政治局和政治局常委会决定，书记处按照这些决定处理中央的日常工作。中央书记处在自己的工作中，既要能够尽到“挡风”的责任，又要不犯越权的错误，并且必须尽可能做到使政治局和政治局常委各同志能够及时了解各方面的工作情况。同时，中央书记处应该同国家机关各党组和军委取得经常联系。关于中央书记处成员的分工，会议确定，邓小平负总责，并负责联系中宣部和中央农村工作部；彭真协助邓小平负总责，并负责统战、政法和港澳工作；谭震林负责组织工作和地方工作；李雪峰负责工业交通工作；黄克诚、谭政负责军队工作；王稼祥负责对外联络和国际活动指导工作；刘澜涛负责中央监察委员会和工青妇工作；胡乔木负责人民日报社和筹办中央党刊工作；杨尚昆负责中央调查部和中央办公厅工作。①

## 4. 出访苏联

在筹备中共八大和八大召开后不久，邓小平曾两次出访苏联。

第一次访苏是在 1956 年 2 月，邓小平作为中共代表团的成员，出席了苏联共产党第二十次全国代表大会。

1956 年 2 月，苏共中央决定于本月 14 日至 25 日召开苏共第二十次代表大会，并邀请中国共产党派代表团列席大会。

接到苏共中央的邀请电后，毛泽东连夜召集周恩来、陈云、邓小平、彭真、王稼祥、谭震林等人开会，研究中共中央派团参加苏共二十大的问题。

2 月 10 日，新华社授权宣布，中共中央委员会应苏共中央委员会的邀请，派遣以中共中央政治局委员、书记处书记朱德为首的代表团，赴苏联参加即将举行的苏联共产党第二十次代表大会。代表团的团员有：中共中央政治局委员邓小平，中共中央委员谭震林、王稼祥和候补中央委员刘晓。此时，朱德率中华人民共和国代表团访问罗马尼亚、波兰、捷克斯洛伐克等国后，正在苏联访问。刘晓时任中国驻苏联大使，在新华社发布这条消息时，也已经到了莫斯科。

实际上，邓小平、谭震林、王稼祥一行已于新华社发布消息的前一天，即 2 月 9 日上午，乘飞机离开北京前往苏联，两天后到达莫斯科。

抵达莫斯科后，邓小平一行参观了苏联农业展览馆、和平利用原子能展览会、莫斯科地铁和莫斯科大学，并与先期到达这里的朱德等人会合。

邓小平等人到达莫斯科时，正值《中苏友好同盟互助条约》签订 6 周年前夕。按照原定的计划，朱德将在 2 月 12 日晚发表一次电视讲话，以示纪念。朱德把已准备好的讲话稿给邓小平看，征求邓小平的意见。邓小平认真看后，在肯定了稿子总的内容的同时，提出了两条修改意见：一是不能只讲苏联对中国的支持和帮助，支持和帮助是相互的；

① 中共中央文献研究室编：《邓小平年谱（1904—1974）》中，中央文献出版社 2004 年版，第 1318—1319 页。

二是讲苏联对中国的援助时要注意分寸，不能过大。原稿中有苏联对中国人民“巨大的、全面的、系统的和无私的援助”一句话，邓小平特地删去了“巨大的”几个字。

2 月 14 日，苏共二十大在克里姆林宫举行，邓小平与中国代表团全体成员列席了大会。会上，赫鲁晓夫代表苏共中央作了总报告，内容包括三个方面，即苏联面临的国际形势，苏联的国内状况，关于苏联共产党。报告中，赫鲁晓夫提出，某些国家的无产阶级有可能通过民主选举的方式，在议会中取得稳定的多数，使议会成为代表人民意志的工具，即无产阶级可以不通过暴力革命取得政权。这就是他有名的“和平过渡”理论。

中共代表团在讨论赫鲁晓夫的报告时，邓小平对其中的一些提法表示异议，他认为把“和平过渡”作为国际工人运动的一个战略问题提出来，违背了马克思主义关于无产阶级暴力革命的理论。中共中央对赫鲁晓夫的报告的内容也有不同意见，但为了国际共产主义运动内部的团结，仍由《人民日报》发表社论，表示了支持的态度，但没有涉及“和平过渡”的问题。

苏共二十大的最重要的内容，是对斯大林个人崇拜问题的揭露和批判。会上，苏共中央主席团委员米高扬第一个站出来点名批判斯大林的错误。苏共中央其他一些领导人在发言中也程度不同地表示反对个人崇拜。这种情况很快引起了中共代表团的注意。2 月 20 日，邓小平和朱德、谭震林、王稼祥、刘晓致电中共中央说：“苏共二十大的报告和发言，都强调集体领导和反对个人崇拜；米高扬公开批评斯大林，并对斯大林领导时期作了一些估价；所有苏共中央主席团成员和代表的发言都特别强调列宁主义，引用列宁的话，没有一个人引证斯大林的话。”代表团还表示，“我们拟采取这样的态度：即对斯大林的功过问题不表示意见，但对提倡集体领导和反对个人崇拜表示有其重要性”。①

在大会就要闭幕的时候，赫鲁晓夫于 2 月 24 日夜至 25 日晨，突然召集苏共代表开会，并作了题为《关于个人崇拜及其后果》的秘密报告。这个秘密报告，没有像以往那样，事先向参加苏共二十大的各国共

---

① 中共中央文献研究室编：《邓小平年谱（1904—1974）》中，中央文献出版社 2004 年版，第 1274 页。

产党和工人党代表团通报。中共代表团也是大会闭幕后的第二天才得到苏联方面通报的。

但是，赫鲁晓夫这个秘密报告却没有保守住秘密，不几天，美国中央情报局在波兰找到了这个报告的翻译本。赫鲁晓夫作秘密报告半个月后，美国《纽约日报》详细地发表了这个报告。这样一来，不但在全世界引起了轩然大波，而且在国际共产主义运动内部也引发了大动荡。

中共中央对赫鲁晓夫秘密报告及其影响极为重视。3 月 3 日下午一时半，邓小平、谭震林回到北京。仅过了三个小时，毛泽东就在中南海怀仁堂休息室召集刘少奇、周恩来、邓小平、彭真、康生、聂荣臻、刘澜涛、谭震林开会，由邓小平作关于参加苏共二十大情况的汇报。

3 月 15 日，中共中央书记处举行会议，讨论赫鲁晓夫的秘密报告。邓小平出席了这次会议，并在会上汇报了有关情况。邓小平说：中共代表团在会议期间没有听到反斯大林的秘密报告。在大会闭幕的第二天下午，苏共中央联络部派人拿着报告来到代表团的住处，说受苏共中央的委托，有重要文件向中共代表团通报。当时代表团商量，考虑朱总司令年纪大，由我听通报。实际上不是什么通报，而是由翻译念赫鲁晓夫的秘密报告。我们的翻译边看边口译，念完苏方就拿走了，只念了一遍。当时感觉报告很乱，无条理，就听了一大堆关于斯大林破坏法制、杀人、靠地球仪指挥战争、对战争毫无准备等等，还讲了一个南斯拉夫问题，其他政策性的错误无甚印象。当时我表示此事关系重大，要报中央，没有表态。随后我们就根据记录电报中央了。

邓小平还谈到，此次去莫斯科参加苏共二十大时，苏方没有同中共代表团单独会见，而是在同各国代表团礼节性会见时，对朱老总祝词中支持他们和中共中央发表的社论说了一些好话。但是，看来苏共的大国主义基本上没有改。作秘密报告，事先不打招呼，事后念一遍就完。

会上，毛泽东表示，赫鲁晓夫反斯大林的秘密报告，一是揭开了盖子，这是好的，二是捅了娄子，全世界震动。如何对待这一事，是一个大问题。

自此之后，毛泽东把更多的注意力转到苏共二十大问题的处理上，或召集会议，或进行个别谈话，讨论和研究苏共二十大和斯大林问题。邓小平作为中央秘书长，又出席过苏共二十大，是中国党内最早知道赫鲁晓夫秘密报告的领导人，因而多次参加了这些会议。

3月23日，中共中央书记处召开扩大会议，研究赫鲁晓夫秘密报告及中国共产党的对策问题。毛泽东简要地回顾了中苏两党关系史，并且说，斯大林犯错误，是题中应有之义。赫鲁晓夫同样也要犯错误。苏联要犯错误，我们也要犯错误。问题在于共产党能够通过批评和自我批评克服自己的错误。他认为，斯大林犯过严重错误，但他也有伟大功绩。他在某些方面违背了马克思主义的原则，但他仍然是一位伟大的马克思主义者。他的著作虽然包含了某些错误，但仍然值得我们学习，只不过在学习时要采取分析的态度。赫鲁晓夫这次揭了盖子，又捅了娄子。他破除了那种认为苏联、苏共和斯大林一切都是正确的迷信，有利于反对教条主义。毛泽东还说，不要再硬搬苏联的一切了，应该用自己的头脑思索了。应该把马列主义的基本原理同中国革命和建设的具体实际结合起来，探索在我们国家里建设社会主义的道路。至于赫鲁晓夫秘密报告的失误，我们要尽力加以补救。

会上，刘少奇对斯大林的主要错误作了系统的发言，周恩来就党的历史上几次重大错误同斯大林的关系问题讲了话，王稼祥详细分析了赫鲁晓夫秘密报告中的内在矛盾。

邓小平也作了发言，着重谈了反对个人崇拜的问题。他说，个人崇拜确实要不得，当然不能把斯大林所有的错误都归结为个人崇拜。个人崇拜是错误的结果，而不是错误的原因。个人崇拜是个坏东西，我们党比较注意这个问题。我记得延安整风时就谈到过这个问题。毛主席讲领导方法时，特别强调群众路线，就是反对个人崇拜。我们党是有群众路线传统的。

邓小平又说，赫鲁晓夫报告中讲，那时不能对斯大林提不同意见，谁提不同意见就保不住脑袋。这种说法难以服人。共产党人应当坚持真理，不坚持真理，阿谀逢迎，算什么共产党人。而且在党的最高机构政治局里不能提不同意见，这怎么行！怕死怎么行！赫鲁晓夫说怕丢脑袋，不能以此来原谅他们自己的错误。不能说错误都是斯大林的，没有大家的份儿。功劳是大家的，没有斯大林的份儿。这两个片面性都是不对的。[①]

随后，毛泽东提议发表一篇关于苏共二十大的文章，公开表明中共中央在斯大林问题上的态度。他说：对于赫鲁晓夫大反斯大林，我们党应当表示态度。方式可以考虑采取发表文章的办法，因为发表声明或作出决议都显得过于正式，苏共也还没有公布赫鲁晓夫的秘密报告，而且事态仍在发展之中。毛泽东的这个提议，得到了与会者一致赞成。

会议决定由陈伯达执笔，中宣部和新华社协助写这篇文章。毛泽东要求在一周之内写出文章的初稿。陈伯达很快就把初稿拿出来了。根据邓小平的意见，陈伯达邀集陆定一、胡乔木、胡绳和吴冷西等人讨论了两次。再作修改后，4 月 1 日送毛泽东和其他中央领导人。毛泽东看后又作了修改，并定名为《关于无产阶级专政的历史经验》，以《人民日报》编辑部的名义，于 4 月 4 日公开发表。

苏共二十大赫鲁晓夫的秘密报告传出后，中共中央采取了积极的应对措施，因而对中国的冲击不大，但在受苏联影响很深的东欧社会主义国家中，却由此引发了波兰和匈牙利事件。

1956 年 6 月，波兰波兹南市的工人为增加工资和减少税收，举行大规模罢工和示威游行，当地政府不但拒绝了工人的要求，还出动军警加以镇压，造成伤亡。事件发生后，波兰统一工人党决定在 10 月召开中央全会，准备改组政治局，选举哥穆尔卡为第一书记。这本是波兰统一工人党内部事务，但却为一向以老子党自居的苏共和赫鲁晓夫等人所不能容忍。从 10 月 17 日起，赫鲁晓夫一面令驻扎在波兰及其附近的苏军向华沙及波兰其他地区调动，一面率苏共代表团飞抵华沙，欲强行参加波兰统一工人党的中央全会，引起了波兰群众的强烈不满，苏波两国关系骤然紧张起来。

赫鲁晓夫眼看局势不可收拾，乃不得不请求中共中央出面协调。10 月19 日，苏联驻华大使尤金向刘少奇通报了有关情况。仅仅过了两天，苏共中央又通知中共中央，说波兰情况极为严重，要求中共中央派一个代表团去莫斯科商谈对策。

接到苏共中央通知的当天晚上，毛泽东就召集中央政治局常委扩大

---

① 吴冷西：《十年论战——1956—1966 中苏关系回忆录》上，中央文献出版社 1999 年版，第 18—19 页。

会议，专门研究波兰问题。刘少奇、周恩来、陈云、邓小平、彭真、陆定一、胡乔木、李富春、彭德怀、王稼祥、康生、李维汉、薄一波、李先念等出席会议。讨论结束时，已是午夜时分了。由于情况紧急，毛泽东立即约见尤金，亲自告诉他，同意派一个代表团去莫斯科，并且表明了中共中央对波兰问题的意见。

尤金走后，政治局常委扩大会议继续进行。会议决定由刘少奇、邓小平、王稼祥、胡乔木组成中共代表团于23日赴莫斯科。

10月23日晚，刘少奇、邓小平一行飞抵莫斯科。当天晚上，就在中共代表团住处，代表团同赫鲁晓夫进行交谈。中共代表团首先严厉批评苏联调动军队，指出战争虽然没有真正打起来，但也是一种非常严重的大国沙文主义表现，是冒险的行动。邓小平在会谈中说：在斯大林后期，苏共对各国共产党有强加于人、使用压力的大国沙文主义错误，使社会主义国际关系处于一种不正常状态，这是波兰事件发生的根本原因之一。党与党、国与国之间的关系要有一个原则，必须承认国与国、党与党的独立平等原则。

中共代表团也与到莫斯科的波兰统一工人党代表团举行了会谈。代表团首先对波兰党反对苏联干涉其内部事务表示支持，并介绍了中共中央政治局曾严厉警告苏联不要武装干涉波兰的经过。同时，刘少奇和邓小平也劝说波兰党以大局为重，改善苏波关系，加强同苏联的合作，搞好社会主义阵营的团结。

通过中共代表团的工作，苏共中央对波兰问题的方针发生了转变，撤退了军队，承认哥穆尔卡为首的波兰统一工人党中央，形势缓和下来，问题基本得到解决。赫鲁晓夫对中共代表团说，他们对波兰的怀疑是没有根据的，并且也了解到中国方面的意见，所以改变了方针，准备承认波兰统一工人党新的领导。随后，苏共中央和苏联政府代表团同波兰党政代表团在平等的气氛中举行会谈，并发表联合声明。至此，波兰问题在中共中央的积极推动下，得到了比较稳妥的解决。

一波未平，一波又起。10月下旬到11月上旬，匈牙利首都布达佩斯也发生工人罢工、群众示威游行和骚乱，而且事态越来越严重。

在这种情况下，苏共中央派主席团委员米高扬和苏斯洛夫前往匈牙利首都，同匈牙利当局会商平息事态的办法。在会谈中，苏方表示，苏联党和政府决定从匈牙利撤军。尚在莫斯科调处苏波关系的刘少奇、邓小平等得知这一情况后，立即报告了中共中央，请示对此事采取的方针。

中共中央政治局经过讨论认为，如果此时苏联对匈牙利撒手不管，匈牙利的社会主义就完了。苏军应当留在匈牙利，帮助匈牙利党和政府平息骚乱。中共中央立即将这一意见电告刘少奇和邓小平。

中共代表团接到中共中央的电报后，于 10 月 31 日约见了苏共中央主席团，转述了中共中央的意见。当时，苏共中央主席团几乎所有的成员都认为，匈牙利问题已没有别的办法解决，只有撤军一条路了。于是，刘少奇和邓小平严肃地指出，如果苏联真正从现在撤军，对匈牙利撒手不管，那么你们将要成为历史的罪人。

11 月 1 日晚，中共代表团离开莫斯科回国。在赴机场的途中，赫鲁晓夫在汽车上对刘少奇说，昨天下午中苏两党代表团会谈后，苏共中央主席团开了一夜的会，决定苏军留在匈牙利，帮助匈牙利人民保卫社会主义的成果。不久，匈牙利事件也得以平息。

11 月 2 日，刘少奇、邓小平率中共代表团回到北京。一下飞机，他们就赶赴毛泽东的住地向中央政治局汇报有关情况。据列席会议的吴冷西回忆，“整个会议洋溢着兴高采烈的气氛”。① 这说明，中共中央和毛泽东对刘少奇、邓小平此次率团前往莫斯科处理波匈事件是非常满意的。

## 5. 贯彻八大路线

1956 年，我国的社会主义改造基本完成，中国共产党领导中国人民进入了社会主义建设的新时期。为寻找到一条适合中国情况的社会主义建设道路，以毛泽东为核心的党的第一代中央领导集体作了艰辛的探索，提出了许多时至今日仍具有指导意义的重要观点。邓小平作为这个领导集体的一员，为贯彻中共八大路线，为进行这种探索，做出了重要的贡献。

---

① 吴冷西：《十年论战——1956—1966 中苏关系回忆录》上，中央文献出版社 1999 年版，第 56 页。

从莫斯科回国后不久，邓小平会见了来访的国际青年代表团。代表团中有人问他，中国共产党员的含义是什么，他是这样回答的：

> 中国共产党员的含意或任务，如果用概括的语言来说，只有两句话：全心全意为人民服务，一切以人民利益作为每一个党员的最高准绳。他的目的是要实现社会主义、共产主义。根据马克思列宁主义的原则，中国在过去民主革命没有完成的时候，首先要完成资产阶级民主革命，民主革命完成以后，现在要建设社会主义，将来再由社会主义发展到共产主义。这样就能把中国人民引导到完全脱离剥削和压迫的社会，建设共产主义的幸福生活。这就是中国共产党员的含意和任务。①

代表团中又有人问，谁来决定国际古典的共产主义的原则中哪些适用于中国。邓小平回答说，十一年前，中国共产党第七次全国代表大会确定了这样的原则，即马克思列宁主义的普遍真理与中国革命的具体实践相结合，以此来指导我国的革命，指导我国的建设。他又说，一个国家的问题是多方面的，不论是革命时期还是建设时期，如何使马克思列宁主义与各个时期的具体情况相结合，这是一个需要不断解决的问题。这个问题需要党的代表大会来讨论决定，在代表大会闭会期间由中央委员会讨论决定。问题决定好了，还需要党员善于在实际工作中去解决。首先要几万、几十万骨干懂得这条原则，这条原则才会得到实行。

邓小平告诉这些来自国外的青年人：马克思列宁主义的普遍真理与本国的具体实际相结合，这句话本身就是普遍真理。它包含两个方面，一方面叫普遍真理，另一方面叫结合本国实际。丢开任何一面都不行。因此，必须研究本国的特点。离开本国的特点去硬搬外国的东西，这条普遍真理就不能实现。

邓小平又说，在普遍真理与具体实际相结合这个问题上，我们党过去吃过许多亏，以后就一直抓住反对主观主义这一条。反对主观主义有两个方面，即反对教条主义和反对经验主义。教条主义，就是只知道马克思列宁主义的词句，不从具体情况出发来运用，它使我国的革命遭受过失败和挫折。经验主义，就是只看到一些具体实践，只看到一国一地

---

① 《邓小平文选》第一卷，人民出版社 1994 年版，第 257 页。

一时的经验，没有看到马克思列宁主义的原则。两者都必须反对。

上面这些话，虽然是回答外国友人的提问，但它却清楚地表明，坚持马克思主义同中国的具体实际相结合，是邓小平的一贯立场。

1956 年秋冬，由于受国际上波匈事件的影响，也由于国内急促而深刻的社会改造和经济建设中未能完全克服的冒进，致使经济和政治生活中出现了一些不安定的情况。在城市，有少数学生、工人罢课与罢工；在农村，发生了农民闹退社、闹缺粮的风潮。在知识界，“双百”方针提出之后，思想日趋活跃，并对文化、教育、科学等问题发表不同意见。社会上，也有对党和政府工作中存在的缺点和不足，以及干部作风上的问题，提出公开的批评，其中有一些是比较尖锐的意见。这种情况，是中国共产党执政以来未曾遇到过的。面对新的情况和新的矛盾，有的党员和干部缺乏充分的思想准备，不知如何面对；有的以老眼光对待新问题，认为社会上出现的不安定情况都是阶级斗争的反映，企图以简单粗暴的办法进行压制。

在进入社会主义建设阶段后如何正确区分和处理人民内部矛盾，就成为中国共产党必须面对的问题。对此，毛泽东、刘少奇及邓小平等中共中央领导人作了许多深入的思考。

1957 年 2 月 18 日，邓小平和谭震林、胡乔木接见中国新民主主义青年团各省、市书记。邓小平在讲话中专门谈到了如何对待闹事问题。他指出：最近党中央和毛主席在考虑解决这个问题。我们国家的社会主义改造完成后，现在还有两种矛盾：第一种是敌我之间的矛盾，这种矛盾现在大大减弱了；第二种是人民内部的矛盾，这种矛盾现在突出了，反映在各个方面。社会生活总会有矛盾，有矛盾就要调整。我们把不断地解决问题当成调整人民内部矛盾的一种方法比较有利，因为人有“气”总要出。出的方法有两种：一种叫集中出，一种叫分散出。小出“气”了，就不大出“气”了；有“小闹事”，就没有“大闹事”了；有“小民主”，就不“大民主”了。这个道理全党都要想通。人民内部的事情要用人民内部的解决方法来对付，不要用对敌斗争的方法。在人民内部主要是用教育的方法，特别是对青年。纠正群众的错误，也只有用群众自我教育的方法，自己讨论的方法。①

2月26日，邓小平主持召开中共中央书记处会议。在讨论人民内部矛盾问题时指出：主席说，少数工人请愿、罢工是正常现象，要承认是合法行为，是调节社会生活，调节人民内部矛盾的方法。此起彼伏地做好工作，可以避免大规模的爆发。党员应该站在群众方面反对官僚主义。在阶级斗争过后，大量的是人民内部矛盾，过去没有讲这个问题。②

1957年2月27日，毛泽东在最高国务会议上发表《如何处理人民内部矛盾》（后来正式发表时改题为《关于正确处理人民内部矛盾的问题》）的重要讲话，系统地分析和阐明了正确处理各方面人民内部矛盾的方针和方法。他指出，矛盾是普遍存在的，社会主义社会也充满矛盾；社会主义社会的基本矛盾仍然是生产力与生产关系的矛盾，经济基础与上层建筑的矛盾，但这种矛盾与以往的社会基本矛盾性质上是不同的，是非对抗性矛盾，可以通过社会主义制度本身的自我调节来解决。他还指出，社会主义存在两种不同性质的矛盾，一种是对抗性的敌我矛盾，一种是非对抗性的人民内部矛盾；敌我矛盾只能用强制的、专政的方式去解决，而人民内部矛盾只能通过团结——批评——团结的方式、说服教育的方式来解决，决不能用解决敌我矛盾的方法来解决人民内部矛盾。因此，大规模的、急风暴雨式的阶级斗争已经结束，正确区分和处理人民内部矛盾，已成为国家政治生活的主题。

毛泽东的这篇讲话，集中回答了当时党和人民普遍关心的社会主义制度建立后的社会矛盾问题，为正确解决各种社会矛盾提供了科学方法。会后，毛泽东沿津浦线南下华东，刘少奇沿京广线途经河北前往中南，邓小平经山西前往西北，调查人民内部矛盾问题，分途传达贯彻讲话精神。

3月中旬，邓小平离开北京，开始西北之行。

山西是邓小平西北之行的第一站。到太原之后，他认真听取了中共

---

① 中共中央文献研究室编：《邓小平年谱（1904—1974）》下，中央文献出版社1994年版，第1346页。

② 中共中央文献研究室编：《邓小平年谱（1904—1974）》下，中央文献出版社1994年版，第1347—1348页。

山西省委的工作汇报，仔细批阅了反映厂矿、学校和机关的干部、群众思想动态的材料。在此基础上，邓小平分别给太原市中等以上学校部分师生和厂矿企业、省市机关部分干部作了两场报告。报告的主旨是如何解决人民群众与领导者之间的矛盾：一方面是教育担任领导职务的共产党员、政府工作人员、经济和文化部门工作人员，认真听取群众的批评意见，努力克服脱离实际、脱离群众的主观主义、宗派主义、官僚主义作风；另一方面是教育群众提高觉悟，树立以集体利益和个人利益相结合为原则的社会主义精神。

在给教师和学生所作的报告中，邓小平首先透彻地分析了国际形势。针对波匈事件导致部分群众对社会主义产生的某种失望情绪，邓小平对社会主义和资本主义两大阵营的政治经济状况作了对比，以事实说明社会主义的优越性，要求广大师生坚定社会主义信念。他又指出，我们要学习世界上一切好的东西，包括美国好的东西，但是，关键性的东西，我们从美国是学不到的。

在谈到国内供需紧张时，邓小平指出，问题的根源在于经验不足，一股热心，建设搞快了，产生了错误。但这是前进中的错误。成绩是主要的，缺点是次要的。错误在所难免，重要的是善于从错误中吸取教训。他同时强调，党和政府应该经常注意民主，加强民主生活，使人民有提意见的地方，有说话的地方，对于群众闹事，我们要站在人民之中，当作人民内部的问题来处理。那些少数根本不讲道理的人，最后总是要被孤立的。

在给厂矿企业和省、市级机关干部所作的报告中，邓小平着重谈了转变干部作风和教育干部的问题。他说，党的领导好坏，关键在于我们能否依靠群众，能否克服主观主义、官僚主义、宗派主义，从思想上经常洗脸、扫地。现在群众原谅我们脱离群众的现象，这是因为党在群众中有崇高的威信。但仅仅依靠党的威信，总有一天会靠不住的。他要求干部们“面对群众，发现问题，依靠群众，解决问题，要天天看到人民群众，不要天天看领导”。他说：“我们全党如果都是这样，我们党就不会灭亡。”他还提醒各级干部重视群众闹事问题，要正确区分两类不同性质的矛盾，绝不能用阶级斗争的办法解决人民内部矛盾。他指出，只要坚持群众路线和经常的政治思想工作，群众闹事的现象是可以避免的。

离开太原后，专列沿同蒲铁路南下。在太原时，中共山西省委第一书记陶鲁笳在汇报中曾告诉邓小平，省委考虑到社会主义改造完成后，需要进一步调动广大群众的积极性，发展生产，繁荣经济。为使城乡经济活跃起来，首先要沟通流通渠道，在充分发挥国营商业骨干作用的同时，注意协调发挥供销合作商业的补充作用，允许保留个体小商贩，并发挥他们的积极性，注重发展集市贸易。农民在完成国家的统购任务后，允许其把剩余的农副产品拿到自由市场上出卖，以调动农民从事商品生产的积极性。出于这个目的，省委确定在太谷进行商业体制改革试点。邓小平对这件事很感兴趣，当专列进入太谷时，他将中共太谷县委第一书记靳广杰请上了车，了解情况。

靳广杰汇报说，太谷通过商业体制改革，搞好了集市贸易，活跃了城乡经济，促进了多种经营的发展，农民手里有钱了，县里也有钱了。县里修戏院、铺马路、建自来水站，用的就是这部分钱。邓小平饶有兴致地听取了太谷县委的汇报，肯定了他们的做法。他对靳广杰说："你们的这个经验很好，应该推广到农村搞试点。"

离开太谷，专列沿同蒲路继续南下，在"苏三起解"故事的发生地洪洞停了下来。邓小平在中共晋南地委第一书记赵雨亭、洪洞县委第一书记王绣锦等陪同下，参观了北方第一座农村小型水电站——明姜水电站，随后又看了广胜寺、洪洞县看守所（即曾经关押过苏三的明代监狱）等古迹。在县委机关大院，邓小平与正在参加县三级干部会的全体干部合影留念，随后听取了洪洞县委关于如何实施《1956—1967 年农业发展纲要》的汇报。

随后，邓小平离开洪洞，来到了临汾。当他看到当地利用龙祠泉水种植的反季节蔬菜——黄芽韭长势喜人时，非常高兴地说，要进一步开发龙祠水资源，把绿化搞上去。专列在运城的解州略作停留，邓小平下车参观了著名的关帝庙，然后驱车离开山西前往西安。①

抵达西安后，邓小平视察了"一五"计划期间建设的 156 项重点工程中的昆仑机械厂、红旗机械厂、庆安机械厂等大型航空军工企业，还

① 参见胡富国：《山西人民永远怀念小平同志》，《回忆邓小平》下，中央文献出版社 1998 年版，第 75—79 页。

乘飞机鸟瞰了西安市区。

4 月 4 日，邓小平到甘肃视察工作。4 月 5 日，他在兰州向参加有关会议的甘肃省领导干部作了关于形势的报告。

报告针对我国经济发展中出现的一些新情况、新问题，阐述了解决问题的原则，强调充分发扬民主，加强和改进党的领导，积极进行切实有效的思想政治工作，搞好经济建设。邓小平在谈到国际国内形势时指出：去年在国际方面，发生了波兰和匈牙利事件。我们利用波匈事件，批判了事件暴露出的大国沙文主义、狭隘民族主义和教条主义、修正主义错误，结果使社会主义阵营更加团结，使我们的事业从思想上、政治上更加巩固。世界形势总的是好的。就大势而论，争取二十年左右的和平环境是可能的。我们的政策就是争取这个和平环境搞建设。国内大势也不坏。社会主义改造、基本建设、农业生产，都取得了很大成绩。当然有些缺点，基本建设搞多了些，工资发多了一些，工人阶级的队伍扩大得多了一些。但不管怎样，去年总是建设了许多东西，总是办的好事。

邓小平说：搞建设我们还没有入门，能不能在比较短的时间学会搞建设，不犯大的错误，关键在于党的领导，关键在于党能否依靠群众，不断地克服自己队伍中的主观主义（特别是教条主义）、官僚主义和宗派主义。近年来，在我们共产党员中，包括部分高级干部，对“群众”两字模糊了，或者看不见了，与群众的联系少了。过去我们为什么能打胜仗，就是靠不脱离群众，现在忘记这一点，是非常危险的，是致命伤。不要以为我们共产党是金字招牌，如果脱离群众，党的威信是靠不住的。脱离了群众，任何英雄也办不成事情。共产党员要与群众同甘共苦，这是我们的老章程。

对于如何正确处理人民内部矛盾问题，邓小平在报告中指出：去年社会主义改造基本完成了，阶级斗争、阶级矛盾基本解决了，人民内部矛盾变得突出了。处理人民内部矛盾比阶级斗争更复杂，如果继续用阶级斗争的方法处理人民内部矛盾，就非犯错误不可。他还强调在党与非党关系上必须坚持“长期共存、互相监督”，在文学艺术和学术研究上必须坚持“百花齐放、百家争鸣”，指出：党内多数同志不理解这十六个字，心里边想不通，不大赞成。这很危险。没有民主党派的监督，没有人民的监督，共产党单独处理问题，总是要出毛病的。世界上的事物是变化多端的，社会是越发展越复杂，没有“百花齐放、百家争鸣”，我们的思想就会简单化，就跟不上世事、社会的发展变化，我们的党就会衰退。①

当天，邓小平还视察了正在建设中的兰州炼油厂工地，参观了兰州市有关文化设施，听取了省、市领导的工作汇报，并抽空探望了老朋友邓宝珊（时任甘肃省省长）。

4 月 6 日，邓小平结束对甘肃的考察，返回西安。

4 月 8 日，邓小平召集陕西省、西安市和陕西各地区领导干部，就经济建设和党的建设问题，发表了讲话。

讲话中，邓小平主要讲了两个问题，一是今后的主要任务是搞建设，二是共产党要接受监督。

对于第一个问题，邓小平说：“我们前一个阶段做的事情是干革命。从去年农业、手工业和资本主义工商业的社会主义改造基本完成时起，革命的任务也就基本上完成了。今后的任务是什么呢？革命的任务还有一部分，但是不多了。今后的主要任务是搞建设。我们党的第八次全国代表大会提出的任务，就是要调动一切积极因素，调动一切力量，为把我国建设成为一个伟大的社会主义工业国而奋斗。这就是我们今后很长时期的任务。这个任务不知道要多少年才能完成。搞建设这件事情比我们过去熟悉的搞革命那件事情来说要困难一些，至少不比搞革命容易。在这个问题上，我们全党还是小学生，我们的本领差得很。搞革命不能说我们没有本事，我们把革命干成功了，搞建设我们还说不上有多大的本事。”②

邓小平说，否认成就是不对的，既要肯定过去建设所取得的成就，但切不可过分夸大，切不可把事情说得太美满了。说得太美满，看得太简单，这一点反映到了宣传工作上，就是把我们的国家描绘得如何漂亮，好像现在什么困难也没有了，剩下的就是享福了。实际上我们的困难很多，我们面临的问题比过去更加复杂。我们的国家还是一个贫穷的

---

① 中共中央文献研究室编：《邓小平年谱（1904—1974）》下，中央文献出版社 2004 年版，第 1353—1354 页。

② 《邓小平文选》第一卷，人民出版社 1994 年版，第 261 页。

国家，落后的国家。要把这么一个贫穷落后的国家建设成为社会主义的先进的工业国家，需要长期的刻苦的努力。如果不好好学习，不总结经验，我们也会在建设问题上栽跟头。

邓小平还讲到如何在比较短一点的时间内学会建设，而且在这中间不犯大错误、不栽大跟头的问题。他认为，要做到这一点，重要的一条是要善于向他人学习，尤其要善于接受苏联的经验教训，这样就可以少受损失。同时，也要学习世界上一切先进的经验，世界各国，包括美国在内，有先进的东西都要学。同时，还要善于总结自己的建设经验，自己的经验也很重要，不要小看。这是我们自己走出来的路，真正总结起来，益处更大。总之，既要善于学习国际的经验，也要善于学习自己的经验。

邓小平指出，建设问题解决得好不好，关键在于党是不是善于学习，学习得好就可以避免犯大错误，就可以少花一点钱办很多的事；关键在于党能否依靠群众，不断地克服自己队伍中的主观主义、官僚主义和宗派主义，特别是教条主义。在建设中如果犯主观主义、官僚主义和宗派主义，会使党脱离实际和脱离群众，从而不能达到勤俭建国的目的，也不能调动一切积极因素来搞好建设。

讲话中，邓小平对国营企业中存在的浪费现象作了尖锐的批评。他举例说，原来是省上的一个煤矿，成本低，交给中央的煤炭管理局后，成本就高了。在地方上还算一算账，归了中央管理，账也不算了，认为反正亏本不碍事，国家贴得起。邓小平说："苏联并不是这样的，美国、法国等资本主义国家也不是这样的，甚至国民党也是不敢这样搞的。国民党贪官污吏多得很，但是办企业比我们好。中国的民族资本家很多都是艰苦奋斗出来的，他们办企业比我们高明。"他还建议组织国营企业去上海看一看，改变一下观念，学习、效法民族资本家管理企业的宝贵经验。

邓小平提出了在经济建设上两条重要的指导思想：第一，面对国家的现实。他说，经验本来是好东西，如果不善于学习，就会变成坏东西。苏联的许多经验是好的，但是如果采取教条主义的方法去学习就坏了。我们的国家很穷，很困难，任何时候都不要忽略这个问题。第二，面对群众的需要。建设工作应该面对群众，发现问题，解决问题，各项工作都应当面对群众。总之，搞建设不要脱离实际，不要脱离群众的实际生活水平。

对于共产党要接受监督的问题，邓小平一开头就讲了一段发人深省的话："我们党是执政的党，威信很高。我们大量的干部居于领导地位。在中国来说，谁有资格犯大错误？就是中国共产党。犯了错误影响也最大。因此，我们党应该特别警惕。宪法上规定了党的领导，党要领导得好，就要不断地克服主观主义、官僚主义、宗派主义，就要受监督，就要扩大党和国家的民主生活。如果我们不受监督，不注意扩大党和国家的民主生活，就一定要脱离群众，犯大错误。因为我们如果关起门来办事，凭老资格，自以为这样就够了，对群众、对党外人士的意见不虚心去听，就很容易使自己闭塞起来，考虑问题产生片面性，这样非犯错误不可。"①

邓小平指出，共产党的监督，主要来自三个方面。第一，是党的监督。对于共产党员来说，党的监督是最直接的。要求党的生活严一些，团的生活也严一些，也就是说，党对党员的监督要严格一些，团对团员的监督要严格一些。第二，是群众的监督。要扩大群众对党的监督，对党员的监督。第三，是民主党派和无党派民主人士的监督。要扩大他们对共产党的监督，对共产党员的监督。有了这几方面的监督，共产党就会谨慎一些，消息就会灵通一些，脑子就不会僵死起来，看问题就会少一些片面性。他说，共产党员谨小慎微不好，胆子太大了也不好。一怕党，二怕群众，三怕民主党派，总是好一些。谨慎总是好一些。

邓小平特地强调了群众监督的重要性，他认为，实行群众监督可以把群众的积极性调动起来，会提出很多好的意见。不但厂矿企业的行政领导者要接受群众监督，就是农村办合作社，也要扩大民主，实行民主办社。在学校，也要扩大民主生活，教职员工会、学生会，要发挥作用，教职员、学生的意见要能充分表达。只有加强上下团结，事情才更好办。他告诫在座的干部：群众参与的事情，即使遇到困难，即使有的搞错了，他们也能忍受，很少埋怨；相反，实行命令主义，搞对了群众也不满意。所以，扩大各方面的民主生活，扩大群众的监督，非常

① 《邓小平文选》第一卷，人民出版社 1994 年版，第 270 页。

重要。

各党派的“长期共存、互相监督”和思想上的“百花齐放、百家争鸣”方针提出后，党内不少人思想不通，甚至有人产生抵触情绪。邓小平明确指出：

> 这十六个字的方针对我们国家有深远的影响，对我们党有极大的好处，对发展马克思列宁主义有很大的好处。如果我们不注意，不搞“百花齐放、百家争鸣”，思想要僵死起来，马克思主义要衰退，只有搞“百花齐放、百家争鸣”，各种意见表达出来，进行争辩，才能真正发展马克思主义。发展辩证唯物主义。这一点，斯大林犯过错误，就是搞得太死了，搞得太单纯了。在苏联，马克思主义在一个时期衰退了。“长期共存、互相监督”也是这样，有监督比没有监督好，一部分人出主意不如大家出主意。共产党总是从一个角度看问题，民主党派就可以从另一个角度看问题，出主意。这样，反映的问题更多，处理问题会更全面，对下决心会更有利，制定的方针政策会比较恰当，即使发生了问题也比较容易纠正。所以，对这十六字方针应当想通。①

针对社会上特别是部分年轻人中存在的只有大民主才能解决问题的片面认识，邓小平明确表示不赞成搞大民主。他说，群众有气就要出，我们的办法就是使群众有出气的地方，有说话的地方，有申诉的地方。群众的意见，不外是几种情况。有合理的，合理的就接受，就去做，不做不对，不做就是官僚主义。有一部分基本合理，合理的部分就做，办不到的要解释。有一部分是不合理的，要去做工作，进行说服。总之，要让群众能经常表达自己的意见，在人民代表大会上，政协会议上，职工代表大会上，学生代表大会上，或者在各种场合，使他们有意见就能提，有气就能出。

最后，邓小平郑重地告诫在座的干部们：“共产党有没有资格领导，这决定于我们党自己。人家承认不承认是另外一回事，不承认也不要紧。如果你合格，人家不承认也合格；如果不合格，人家承认了也还是不合格。归根到底在于我们自己。现在，共产党能不能领导学校，能不

---

① 《邓小平文选》第一卷，人民出版社 1994 年版，第 272—273 页。

能领导科学？现在本事还不大嘛！照毛主席的话，就是又能领导，又不能领导。政治领导，宪法上规定了，看起来还可以，但不是所有的共产党员都行。如果共产党用宗派主义、主观主义、官僚主义的态度领导人家，再说共产党能领导也领导不起来。用正确的方法正确的思想去领导，就会领导得起来，团结得起来。至于哪一个部门的科学，当然是不懂的了。不懂，就团结大家来搞嘛。总之，共产党的领导够不够格，决定于我们党的思想和作风。”①

邓小平西安讲话中提出的许多重要观点，是他对经济建设和党的建设问题反复思考取得的重要成果，是中共第一代中央领导集体探索中国自己社会主义建设道路的重要内容。从这里，我们可以看出邓小平中国特色社会主义理论的最初萌芽，他提出的许多宝贵的意见，至今仍不失为应当遵循的指导思想和基本原则。

中共八大之后，作为主管青年团工作的中央领导人，邓小平对做好青年工作付出了许多心血。1957 年 1 月 6 日，邓小平对起草青年团三大报告作出指示，针对一部分青年中存在的追求享受等思想问题，强调要把青年人的情况分析一下，对有这种思想的人要改造，没有这种思想的人，比如少年儿童，也要加强教育，消除这种思想对他们的影响，建立共产主义理想。1957 年 1 月 12 日，他到清华大学作长篇演讲，澄清了学生中存在的糊涂认识，教育广大青年要以清醒的头脑看待国内国外发生的事情，肩负起建设未来的使命。

在强调共青团要坚持党的领导的同时，邓小平要求团的工作要照顾青年的特点，密切联系广大青年群众，代表青年利益，反映青年问题，最大限度地把青年团结和组织起来，反映青年群众的要求和意见，当好党的助手。1957 年 2 月 18 日，他在接见团的省、市委书记时，专门谈到青年团要代表和反映青年的利益和要求的问题，并指出：“反映”，要把所有问题都反映出来；“代表”，就要分析一下。青年团要力求反映青年的情绪和要求。历史的经验证明，只有始终坚持党的领导，紧密团结青年，代表和反映青年的利益和要求，共青团才能完成好党交给的工作任务。

---

① 《邓小平文选》第一卷，人民出版社 1994 年版，第 274 页。

1957年5月，青年团的第三次全国代表大会在北京召开，邓小平代表中共中央出席并致祝词。邓小平明确提出了青年团的任务："就是在党的领导下，用共产主义的精神教育青年一代，团结全体青年积极参加建设社会主义的劳动，以便尽快地把我国建设成为一个伟大的社会主义工业国，为将来实现共产主义准备条件。"① 他要求青年团员，一定要以对祖国、对人民的无限忠诚，同党一起站在这个伟大斗争的最前列，密切联系全体人民群众和青年群众，在不同的岗位上进行长时期的艰苦的奋斗。

这期间，邓小平还妥善处理了1956年春荒时广西发生的饿死人事件。

广西在1956年因发生严重灾荒，先后共有14700多个农民外逃；全省可以确定因缺粮饿死的有550余人。其中以平乐专区的平乐、荔浦两县和桂西僮族自治州的横县为最多，这三个县查明确系饿死的有300多人。

发生这一严重事件的客观原因，是广西省（1958年改称广西壮族自治区）在1955年遭受了严重的水灾和旱灾，受灾耕地1256万亩，成灾的628万亩，粮食减产10亿斤，致使1956年发生了严重的春荒；加以春雨连绵，早熟作物减收50%左右。主观上，是一些领导干部对本来严重的灾情没有引起高度重视。1956年1、2月间，广西就发生了逃荒和非正常死亡现象，广西有关方面没有加以警觉。3月间，灾情继续发展，湖南省两次致电广西，告知灾民成批流入湖南。这时，广西省的党政领导机关才发出救灾指示，并且指定22个重灾县成立生产救灾委员会全力救灾。但是，由于没有深入了解下情，以致平乐、荔浦、横县这几个灾情严重县反而没有包括在这22个县中。其他灾区的灾情迅速缓解，但是这几个县的灾情在4月间却趋于严重，非正常死亡现象大量增加。直到这时，广西省委对于这几个县的灾情才加以注意，派人到平乐、荔浦和横县检查灾情，大力协助救灾。②

---

① 《在青年团第三次全国代表大会上邓小平同志代表中共中央致祝词》，《人民日报》1957年5月17日。

② 《去年广西因灾饿死人事件是怎样发生和怎样处理的?》，《人民日报》1957年6月18日。

此事件发生后，广西省党政监察部门曾先后四次会同有关部门派人到灾区逐乡逐区调查灾情和死亡者的情况，并研究省、专区、县各有关方面对此事件应负的责任。中共中央监察委员会、监察部也于 1956 年 12 月派人到广西，会同省党政监察部门进行了全面检查。

1957 年 5 月 15 日，中共中央书记处听取了广西事件的情况汇报。会议由周恩来主持，邓小平等中央和有关部门领导以及广西省委领导参加。

接着，中共中央书记处于 5 月 20 日召开会议，讨论处理这一问题。会议由邓小平主持，彭真等中央和有关部门的领导以及广西省委的领导参加。

邓小平在会上说，这次事件是在国家有钱有粮的情况下发生的。而且事件发生后，省委对有关失职人员一直拖着不处理，患得患失，你推我，我推你，不仅缺乏群众观念，连“人民”两个字的观念也没有了。根源是主观主义、官僚主义，造成了严重的后果。邓小平指出，问题的性质是严重的，主要责任在省委。中央决定要严肃处理，早处理早主动。这样，才能使群众心服。邓小平接着说，你们回去要召开县委书记会议，好好总结经验教训，使广西的工作作风来个根本转变。书记一人包办的作风是很坏的。“人民”二字在心中有没有位置？没有受处分的同志也要进行自我批评。省委自己要作出一个决议来教育全党，这是开国以来第一次处理的一件大事，应引以为戒。①

为了严肃党纪，教育全党，中共中央对中共广西省委、平乐地委书记以及平乐、荔浦、横县三个县委的有关负责人作了严格处分。国务院也对广西省人民委员会、平乐专署和荔浦县人民政府的相关负责人分别作了严格处分。

---

① 赵富林：《壮乡人民永远怀念敬爱的邓小平同志》，《回忆邓小平》下，中央文献出版社 1998 年版，第 297 页。

# 三、从整风到“反右倾”

## 1. 整风运动

1956年是我国确立社会主义基本制度之年。原定需要三个五年计划左右才能完成的社会主义改造，在不到一个五年计划的时间里就基本完成了。伴随着三大改造的急骤完成，党内在建设社会主义问题上开始出现急于求成的倾向。1955底，毛泽东在为《中国农村的社会主义高潮》一书所写的序言中就指出，现在的问题，已经不是农业、手工业、资本主义工商业社会主义改造速度方面的问题，这些问题都已经解决。现在的问题“还是右倾保守思想在许多方面作怪，使许多方面的工作不能适应客观情况的发展”，因此，“不断地批判那些确实存在的右倾保守思想，就有完全的必要了”①。

根据批判右倾保守思想精神，《人民日报》发表题为《为全面地提早完成和超额完成五年计划而奋斗》的1956年元旦社论，明确提出了反对右倾保守的任务和多、快、好、省的要求。社论强调，保守主义思想是“右倾机会主义性质的，是妨碍我们社会主义事业的”。在批判“右倾保守思想”的影响下，不少部门相继修改了原来的发展战略目标，把原定为1967年实现的指标，提前5年，改为1962年实现。工农业的高指标，导致了基本建设投资的一再增加，造成了资金、建筑材料和机器设备的严重不足，致使生产和基本建设秩序混乱，国民经济出现了全面紧张的局面。这时，一些社会矛盾也表现得比较突出，有些地方甚至发生工人罢工、学生罢课的事件。在半年内，有一万多工人罢工，一万

---

① 中共中央文献研究室编：《建国以来毛泽东文稿》第五册，中央文献出版社1991年版，第487页。

多学生罢课。从1956年10月起，广东、河南、安徽、浙江、江西、山西、河北、辽宁等省，还发生了部分农民要求退社的情况，在个别地方，农民还到政府请愿，自行解散合作社。这时，社会上对政府的批评意见，对现实不满的言论，也多了起来。

新中国成立以来，各项事业是一路高歌猛进，全国上下都为中国正在朝着社会主义目标前进而欢欣鼓舞。可是，在社会主义制度刚刚建立，就出现了这样的问题，是人们始料未及的。许多干部原以为到了社会主义工作将更好做，事情会更顺利，虽然中共中央也曾提醒各级干部，建设社会主义的道路长，工作更艰巨，但他们对一下子出现的各种问题，还是缺乏足够的思想准备，还是习惯于用过去的老办法、老经验来面对新情况，解决新问题，甚至用类似处理敌我矛盾的办法处理罢工、罢课事件，造成了矛盾的激化。

与此同时，许多党员担任了各级领导干部，虽然中共中央一再要求广大干部必须密切联系群众，时刻不忘为人民服务的宗旨，但仍有一些干部脱离群众，工作方法简单粗暴，或多或少地存在主观主义和官僚主义的习气，加深了人民群众的不满。

这种情况，引起中共中央和毛泽东的严重注意。前面提到的毛泽东《关于正确处理人民内部矛盾的问题》的讲话，就是在这种情况下发表的。1957年3月6日至13日，中共中央在北京召开有党外人士参加的全国宣传工作会议。会上，毛泽东宣布："百花齐放，百家争鸣，这是一个基本性的同时也是长期的方针，不是一个暂时性的方针。"他还明确表示，领导我们的国家应该采取"放"的方针，就是放手让大家讲意见，使人们敢于说话，敢于批评。此时，毛泽东认为，要解决干部中存在的官僚主义等问题，有必要向党外人士敞开大门，发动他们帮助共产党整风。

4月27日，中共中央正式发出了《关于整风运动的指示》。四天后，这个指示在《人民日报》上公开发表。指示说：现在，我们的国家已经从革命的时期进入社会主义建设的时期，但是，"党内有许多同志，并不了解或者不很了解这种新情况和党的新任务。同时，又因为党已经在全国范围内处在执政的地位，得到了广大群众的拥护，有许多同志就容易采取单纯的行政命令的办法去处理问题，而有一部分立场不坚定的分子，就容易沾染旧社会国民党作风的残余，形成一种特权思想，甚至用打击压迫的方法对待群众。几年以来，在我们党内，脱离群众和脱离实际的官僚主义、宗派主义和主观主义，有了新的滋长。因此，中央认为有必要按照‘从团结的愿望出发，经过批评和自我批评，在新的基础上达到新的团结’的方针，在全党重新进行一次普遍的、深入的反官僚主义、反宗派主义、反主观主义的整风运动，提高全党的马克思主义的思想水平，改进作风，以适应社会主义改造和社会主义建设的需要”。①

《中共中央关于整风运动的指示》的公开发表，标志着整风运动的正式启动。

4月30日，毛泽东在中南海颐年堂召开最高国务会议第十二次（扩大）会议，议题就是关于全党的整风运动。出席会议的有党和国家领导人、各民主党派负责人、无党派民主人士，共44人。毛泽东说：“几年来都想整风，但找不到机会，现在找到了。凡是涉及到许多人的事情，不搞运动，搞不起来。需要造成空气，没有一种空气是不行的。现在已造成批评的空气，这种空气应继续下去。这时提整风比较自然。整风总的题目是要处理人民内部矛盾，反对三个主义。”他又说：“整风会影响党外。规定非党员自愿参加，自由退出。最近两个月就是这个方式，就是整风的办法。我攻你，你攻我，有意见就说，党内外打成一片，此即整风。已经整了两个月。”②

为了使整风运动得以深入，中共中央决定发动、鼓励党外人士帮助党整风。5月4日，毛泽东为中共中央起草了《关于继续组织党外人士对党政所犯错误缺点展开批评的指示》，其中说：“最近两个月以来，在各种有党外人士参加的会议上和报纸刊物上所展开的，关于人民内部矛盾的分析和对于党政所犯错误缺点的批评，对于党与人民政府改正错误，提高威信，极为有益，应当继续展开，深入批判，不要停顿或间断。其中有一些批评得不正确，或者在一篇批评中有些观点不正确，当然应当予以反批评，不应当听任错误思想流行，而不予回答（要研究回

① 中共中央文献研究室编：《建国以来重要文献选编》第十册，中央文献出版社1994年版，第222—223页。

② 中共中央文献研究室：《毛泽东传（1949—1976）》上，中央文献出版社2003年版，第671页。

答的时机并采取分析的态度，要有充分说服力），但是大多数的批评是说得中肯的，对于加强团结，改善工作，极为有益。即使是错误的批评，也暴露了一部分人的面貌，利于我们在将来帮助他们进行思想改造。”

中共中央还明确指示：“党外人士参加我党整风座谈会和整风小组，是请他们向我们提意见、作批评，而不是要他们批评他们自己，此点也请你们注意。如有不便之处，则以不请党外人士参加整风，而由党邀请党外人士开座谈会请他们畅所欲言地对工作上缺点错误提出意见为妥。”①

为了贯彻这个指示，各地各系统都相继举行座谈会。上海最先行动，这份指示发出的第四天，《解放日报》就邀请22位中小学教师举行座谈，请他们谈工作中遇到的各种问题。《解放日报》在5月10日的第二版上，以《大胆揭露矛盾，帮助党内整风》为题，用整版的篇幅刊登了这次座谈会的发言摘要。

毛泽东看到这些发言的内容后，对座谈会上揭露出来的种种问题很重视，他在这份报纸的边上批示：“少奇、恩来、陈云、小平、彭真同志阅。这一整版值得过细一看，不整风党就会毁了。”写完这段话，毛泽东言未尽意，又在旁边加写道：“请你们注意看上海解放日报，南京新华日报，上海文汇报，北京日报，光明日报，集中看人民内部矛盾和我党整风消息，这是天下第一大事。”②

为了发动党外人士帮助党整风，中共中央统战部邀请各民主党派负责人和无党派民主人士举行座谈会。随后又召开了工商界人士座谈会。对这些座谈会的发言，《人民日报》都作了及时报道。

这两次座谈会从5月1日一直开到5月中旬，前者开了13次，70余人次发言；后者开25次，108人次发言。在此期间，国务院各部门的党组，各省、市委和一些高等学校党委，也相继召开党外人士座谈会，请他们帮助党整风。这些座谈会的发言，也分别登载在各地的报纸

---

① 中共中央文献研究室编：《建国以来重要文献选编》第十册，中央文献出版社1994年版，第246—247页。

② 中共中央文献研究室编：《建国以来毛泽东文稿》第六册，中央文献出版社1992年版，第468页。

上和高校的校报上。

在鸣放过程中，党外人士对党和政府提出了大量的批评、意见和建议。据当时担任中共中央统战部部长的李维汉后来回忆，党外人士提出的批评、意见和建议，“其中大部分是正确的、很好的意见，有的批评可以说是切中时弊”。①

然而，到了5月中旬，“轮流坐庄”“海德公园”等言论也“放”出来了。毛泽东在听取李维汉汇报时，开始皱眉头了，并且说：“他们这样搞，将来会整到他们自己头上的。”他还指示：要硬着头皮听，不要反驳，让他们放。在汇报中，李维汉提及一位高级民主人士称党外有些人对共产党的尖锐批评是“姑嫂吵架”，毛泽东立即回答说：“不对，这不是姑嫂，是敌我。”②

5月14日晚，毛泽东主持召开中央政治局扩大会议，作为政治局常委和中央总书记，邓小平参加了这次会议。参加会议的还有刘少奇、周恩来、朱德、陈云、彭真、李维汉、康生、陆定一。这次会议没有留下记录，估计是讨论整风运动的情况。

同一天，邓小平为中共中央起草《关于报道党外人士对党政各方面工作的批评的指示》。指示稿指出：最近各地党外人士正在开展对于党、政各方面工作的批评，这是很好的现象，这不但会大大帮助我党的整风，消除党同党外人士的隔阂，而且可以在群众中暴露右派分子的面貌。我们各地的报纸应该继续充分报道党外人士的言论，特别是对于右派分子、反共分子的言论，必须原样地、不加粉饰地报道出来。这对于教育群众、教育中间分子，有很大的好处。但在报道中，有三类言论必须加以领导和控制，即：（一）对于市场物价容易发生影响的消息和言论；（二）违背国家外交政策，易为帝国主义挑拨和利用的消息和言论；（三）涉及个别肃反案件具体事实的消息和言论。③

第二天，毛泽东开始写《事情正在起变化》的文章，并于6月12日署名“中央政治研究室”印发给党内高级干部阅读，使他们早点心中

① 李维汉：《回忆与研究》下，中共党史资料出版社1986年版，第829页。

② 李维汉：《回忆与研究》下，中共党史资料出版社1986年版，第833—834页。

③ 中共中央文献研究室编：《邓小平年谱（1904—1974）》下，中央文献出版社2004年版，第1363页。

有数。文章以严肃的语气告诫道：

> 最近这个时期，在民主党派中和高等学校中，右派表现得最坚决最猖狂。他们以为中间派是他们的人，不会跟共产党走了，其实是做梦……现在右派的进攻还没有达到顶点，他们正在兴高采烈。党内党外的右派都不懂辩证法：物极必反。我们还要让他们猖狂一个时期，让他们走到顶点。他们越猖狂，对于我们越有利益。人们说：怕钓鱼，或者说：诱敌深入，聚而歼之。现在大批的鱼自己浮到水面上来了，并不要钓。①

文章写好之后，他先是批给了刘少奇、周恩来、朱德、陈云和彭真阅看，然后让中央办公厅主任杨尚昆将文章印发“中央一级若干同志并印送各省市委、内蒙党委”。在文章印好之后，他又特地提醒：“不登报纸，不让新闻记者知道，不给党内不可靠的人，大概要待半年或一年之后，才考虑在中国报纸上发表。”

这篇文章，标志着毛泽东对于整风运动在思想认识上发生了重要变化。

## 2. “我就有点着急”

5 月 16 日，毛泽东为中共中央起草了《关于对待当前党外人士批评的指示》。这个指示，一方面肯定了党外批评意见的主流，指出：“自从展开人民内部矛盾的党内外公开讨论以来，异常迅速地揭露了各方面的矛盾。这些矛盾的详细情况，我们过去几乎完全不知道。现在如实地揭露出来，很好。党外人士对我们的批评，不管如何尖锐，包括北京大学傅鹰化学教授在内，基本上是诚恳的，正确的。这类批评占百分之九十以上，对于我党整风，改正缺点错误，大有利益。”另一方面，对如何对待右派言论作了部署：“最近一些天以来，社会上有少数带有反共情绪的人跃跃欲试，发表一些带有煽动性的言论，企图将正确解决人民内部矛盾、巩固人民民主专政、以利社会主义建设的正确方向，引导到错误方向去，此点请你们注意，放手让他们发表，并且暂时（几个星期

---

① 中共中央文献研究室编：《建国以来毛泽东文稿》第六册，中央文献出版社 1992 年版，第 470—471 页。

内）不要批驳，使右翼分子在人民面前暴露其反动面目，过一个时期再研究反驳的问题。”①

随着这个指示的发出，“中共中央对整风鸣放工作的指导发生了一个变化，有了两种方针。一种是对待善意批评的，无论怎样尖锐，都要让其充分地放，而共产党则要彻底地改。这类的批评占百分之九十以上。另一种是对付极少数人的恶意言论的，也要放手让他们放，但暂不批驳，使他们在人民面前暴露其反动面目。”②

由于毛泽东《事情正在起变化》的文章和中共中央 16 日的指示当时都没有公布，并且传达的范围非常小，社会上一般都不知道。各种座谈会仍在继续举行，一些错误言论甚至个别是反动的言论，也就鸣放出来了。在 5 月中旬 6 月初中共中央统战部召开的各民主党派负责人座谈会上，就有人提出了“政治设计院”的主张，认为政协、人大、民主党派、人民团体，应该是政治上的四个设计院；还有人提出要成立“平反委员会”，以“鼓励大家有什么委屈都来申诉”；也有人说：“‘党天下’的思想问题是一切宗派主义现象的最终根源，是党和非党之间矛盾的基本所在。”此时，北京一些高校也出现了大字报，其中有些大字报要求取消党委负责制，彻底开放一切禁书，反对开设必修政治课等。

这种情况，是发动整风运动之初未曾预料到的。毛泽东后来回忆说：“右派猖狂进攻时，哪个不着急？我看大家都有点急。我就是一个着急的，着急才想主意。”③

对此，邓小平也着急。他在 5 月 23 日的中共中央政治局扩大会议上说：“现在的问题是：这个运动可不可怕？现在我们确实有些担心，比如我们党校有相当的高级干部，都是省委、地委的同志，他们在那里很担心。这个担心是有理由的。你说共产党看到那个骂娘的事情心里不着急呀，我看也难设想，我就有点着急。开始几天，人心里面有点急。

---

① 中共中央文献研究室编：《建国以来重要文献选编》第十册，中央文献出版社 1994 年版，第 272—273 页。

② 中共中央文献研究室：《毛泽东传（1949—1976）》上，中央文献出版社 2003 年版，第 694 页。

③ 中共中央文献研究室：《毛泽东传（1949—1976）》上，中央文献出版社 2003 年版，第 696 页。

后来看到那个反动的东西愈多，心里就安定了，舒服了。有些人担心是不是会出乱子。总的估计是出不了乱子。”①

5月20日，中共中央发出《关于加强对当前运动的领导的指示》，对于反右派运动作出部署，指出：“现在的情况是，在上海、北京等运动已经展开的地方，右翼分子的言论颇为猖狂，但有些人的反动面目还没有暴露或者暴露的不够。”“左翼分子前一时期不宜多讲话，共产党员则采取暂不讲话的方针。”“在一个短期内，党员仍以暂不发言为好。”指示还要求各级党委同党的基层干部和党外可靠的左派分子打个招呼。

5月23日和27日，邓小平分别在中共中央政治局扩大会议和中共中央召开的各省市自治区党委书记会议上作关于整风运动的报告。邓小平指出：整风运动的目的，首先是要克服党内官僚主义、宗派主义、主观主义，纠正脱离群众的现象。其次是要团结党外人士的大多数，孤立右派。这是随着运动的发展增加的新的内容。再其次是加强党的领导，加强人民民主专政，加强社会主义建设。目前开展的党外人士批评运动，实际上就是党内整风运动的开始，是运动的第一阶段的重要部分，凡是放得开的地方，已经产生了好的效果。首先，运动暴露了党和政府工作中大量的毛病，暴露了党的组织和党员在思想作风和工作方法上的严重的错误和缺点，就是所谓三大主义。中央估计，90%以上的意见是诚恳的，是有益处的，是好的、对的，是击中要害的。这些意见对我们整风有很大的帮助，对我们改进工作、联系群众有很大的帮助。所以，我们必须严肃地对待党外人士的批评，虚心地听取他们的批评。他们指出的凡是对的，我们应该认真地改正。其次，凡是运动开展得好的地方，在争取和团结中间分子方面也收到了好的效果。批评我们的，大多数是中间分子，有的骂我们也骂得很凶，但不是想把我们这个政府打倒，无非是过去有一肚子气。如果把凡是骂我们的、没有讲一点好话的人都叫做右派，那危险得很，那就要犯错误。再其次，暴露了右派分子。右派的典型言论必须登报，登出来就会教育共产党，就会教育中间分子，也

---

① 中共中央文献研究室：《毛泽东传（1949—1976）》上，中央文献出版社2003年版，第696—697页。

会教育左派。①

6 月 7 日，邓小平出席辽宁、吉林、黑龙江三省省、市、地党员干部会议，作关于整风运动的报告，传达中共中央关于整风运动的指示精神。在谈到整风运动的任务时，邓小平说：首先是真正改正我们党自己的错误。执政党要经常警惕脱离群众的危险，任何时候都必须把改正错误放在第一位。改正错误的目的，是加强和巩固党在各方面的领导，提高党的威信。其次是争取大多数，关键是争取中间分子。我们要以是否拥护共产党的领导，划分左、中、右。要善于团结中间分子，不要伤害中间分子。第三是孤立右派。右派不仅仅有资产阶级思想，而且有政治目的，对共产党、对人民民主专政是仇视的。第四是锻炼战斗力。②

6 月 8 日，《人民日报》在头版显著位置发表了题为《这是为什么?》的社论，正式发出反击右派的信号。

同一天，毛泽东为中共中央起草了《关于组织力量准备反击右派分子进攻的指示》。6 月 10 日，他又起草了《中共中央关于反击右派分子斗争的步骤、策略问题的指示》。这两个指示，再次分析了当时的形势，对反右派斗争进一步作出部署。

对于反右派运动的是非，1981 年 6 月，中共十一届六中全会通过的《关于建国以来党的若干历史问题的决议》作了这样的结论："这一年在全党开展整风运动，发动群众向党提出批评建议，是发扬社会主义民主的正常步骤。在整风过程中，极少数资产阶级右派分子乘机鼓吹所谓'大鸣大放'，向党和新生的社会主义制度放肆地发动进攻，妄图取代共产党的领导，对这种进攻进行坚决的反击是完全正确和必要的。但是反右派斗争被严重地扩大化了，把一批知识分子、爱国人士和党内干部错划为'右派分子'，造成了不幸的后果。"

邓小平在 1980 年 1 月回顾这场运动时，曾这样说："这个时候出来一股思潮，它的核心是反对社会主义，反对党的领导。有些人是杀气腾腾的啊！当时不反击这种思潮是不行的。问题出在哪里呢？问题是随着

---

① 中共中央文献研究室编：《邓小平年谱（1904—1974）》下，中央文献出版社 2004 年版，第 1367—1368 页。

② 中共中央文献研究室编：《邓小平年谱（1904—1974）》下，中央文献出版社 2004 年版，第 1371 页。

运动的发展，扩大化了，打击面宽了，打击的分量也太重。大批的人确实处理得不适当，太重，他们多年受了委屈，不能为人民发挥他们的聪明才智，这不但是他们个人的损失，也是整个国家的损失。所以，给右派分子全部摘掉帽子，改正对其中大多数人的处理，并给他们分配适当的工作，就是一件很必要的、重大的政治措施。但是不能由此得出结论，说一九五七年不存在反对社会主义的思潮，或者对这种思潮不应该反击。总之，一九五七年的反右本身没有错，问题是扩大化了。"①

1957 年 7 月 4 日，邓小平出席有在京中共中央委员、候补中央委员和中央、国家机关各部委、解放军各大单位和北京市及各高等学校负责人参加的会议，作关于整风反右问题的报告。在强调反右派斗争的必要性时，邓小平指出：这次反右斗争比以往任何一次政治思想改造运动都深刻得多，是一场思想斗争和政治斗争。资产阶级思想反映到政治、军事、经济、文化各方面，甚至反映到党内来，应当引起重视。右派的思想言论还有市场，特别是在青年学生中市场更大。因此，反右斗争必须继续深入。通过这个斗争，可以教育党团员和人民群众。在谈到反右派斗争的方法时，邓小平强调：不应采取简单口号的办法，而应说理，因为这是思想意识形态的斗争，要在这方面取得大的收获，就得花费一定的时间。②

7 月 8 日，邓小平出席中共中央书记处召开的各省、市、自治区党委负责人电话会议，作关于整风反右问题的报告。在谈到对前一阶段的整风反右运动的估计时，邓小平指出：现在运动开始走向深入，已经收到很大效果。群众起来了，中间分子逐步向我们靠拢，右派分子逐步孤立。对于如何开展下一阶段整风反右运动，邓小平指出：现在要注意两个方面的问题，一方面对右派要狠，来不得温情主义；另一方面必须充分揭露事实，坚持说理原则，防止简单粗暴的方法。所谓"狠"，就是要有充分的论点和事实。用简单粗暴的方法达不到这个目的。反对温情主义同反对粗暴是一致的，"狠"同说理的原则是一致的。他还说："前一时期，我们集中力量对左派、中间分子做工作，现在对右派也要做工

---

① 《邓小平文选》第二卷，人民出版社 1994 年版，第 243—244 页。

② 中共中央文献研究室编：《邓小平年谱（1904—1974）》下，中央文献出版社 2004 年版，第 1376—1377 页。

作，要向右派指明出路。对右派斗争的方式要以小型会议为主。采用群众大会的方式，容易简单化。要坚持说理，越是说理越有利。”①

7月12日，邓小平出席有中央和国家机关各部副部级以上干部、在京中央委员、候补中央委员参加的会议，作《关于当前整风情况和今后工作的意见》的报告。在谈到整风运动的情况时，邓小平指出：运动的性质总的来说是“灭资兴无”。“灭资兴无”有两种方法。一种方法是把思想垄断起来，不允许资产阶级思想出笼，只允许无产阶级思想一花独放。这种方法只会把思想搞僵化，并在政治上带来严重的后果。另一种方法是“百花齐放，百家争鸣”。这种方法能够经过争辩做到明辨是非，使真理在与谬论的斗争中发展起来。这种方法效果来得慢一些，但最靠得住。我们整风的目的在于开展正确与错误的争辩，发展真理。反右斗争也是为了这个目的。整风和反右结合起来，我们整风的内容就更加丰富了。思想斗争不要采取人人过关的方式，要实事求是，有什么错误就批判什么。在谈到对右派的处理问题时，邓小平提出：对右派分子点名要慎重，不要忙于做组织结论，组织处理过早坏处很多。报告中，邓小平还讲到改进工作方法的问题，强调指出：右派分子的很多意见虽然是错误的，但大多数人的意见是针对我们的缺点提出来的。对他们提出来的缺点，我们要认真改正，不能搪塞了事，马马虎虎。只有我们认真改正缺点，才有利于争取中间分子。以后要人家提意见，人家才敢提。②

邓小平向来关心、尊重人才，爱护知识分子。即使在反右派斗争期间，他也是尽可能地保护知识分子。运动中，北京协和医学院有一批知名专家被划为右派。邓小平曾对解放军总后勤部卫生部副部长兼军事医学科学院院长钱信忠说，你在军事医学科学院反右派斗争中掌握政策，比较实事求是。决定钱信忠为组长负责一个工作组（成员包括中宣部和北京市委的有关部门负责人），进驻协和医学院，要他们在反右派斗争中防止扩大化。后经工作组做耐心细致的思想工作，将一批错划为右派

① 中共中央文献研究室编：《邓小平年谱（1904—1974）》下，中央文献出版社2004年版，第1378—1379页。

② 中共中央文献研究室编：《邓小平年谱（1904—1974）》下，中央文献出版社2004年版，第1380页。

的专家改正过来，挽回了可能造成的不良影响。[①]

1957年7月，中共中央在青岛召开省市委书记会议，决定将整风运动分为大鸣大放阶段；反击右派阶段；着重整改阶段；研究文件，批评反省，提高自己阶段。就这样，大规模的反右派斗争基本告一段落，整风运动进入整改阶段。

1957年9月20日至10月9日，中共中央召开扩大的八届三中全会。会上，邓小平代表中共中央作了《关于整风运动的报告》，对这年5月开始的整风运动和反右派斗争进行了总结。当时，农村展开以资本主义和社会主义道路大辩论为中心内容的社会主义教育运动，工厂企业也开展了整风，一些地方在这个过程中乱扣右派帽子。为此，邓小平在报告中明确提出，在农民和其他劳动人民中，一概不提反右派斗争的口号，不戴资产阶级右派分子的帽子，从而避免反右派斗争延伸到工人农民当中。邓小平在报告中还就整风运动、体制、农业和减少脱离生产人员等问题，作了总结发言。

邓小平说，在运动中，党内党外提的批评意见很多。这些批评和意见，绝大部分是正确的，有的虽较偏激，也并不是没有益处。他在报告中列举了工作中反映得比较突出的毛病，如许多规章制度不合理，不切实际，相互矛盾；许多领导机关和领导干部有严重的脱离实际、脱离群众的现象等。他说，这些现象，不改不行，必须坚决改。

邓小平认为，把6亿人口团结起来，同心同德，建设社会主义，是一个伟大而艰巨的任务。为了实现这个任务，就需要坚持群众路线，正确处理人民内部矛盾；就需要造成一个又有集中又有民主的，又有纪律又有自由的，又有统一意志、又有个人心情舒畅、生动活泼的政治局面。这样的政治局面可以使党和国家较为巩固，较为能够经受风险，较易于克服困难，有利于社会主义革命和社会主义建设的发展，有利于较快地实现我国的工业化和农业的现代化。要造成这样的政治局面，就必须克服宗派主义、官僚主义、主观主义。

为了整顿作风，改进工作，邓小平提出了三点要求：

---

① 钱信忠：《忆小平同志关心医务卫生工作》，《回忆邓小平》上，中央文献出版社1998年版，第279页。

一是克服宗派主义和特殊化的倾向。共产党员要大公无私，要同群众打成一片，同甘苦，共呼吸。党员同非党群众、党外人士要有亲密的联系，要多交朋友。干部同群众生活不要相差太多，取消形成干部特殊化的规定和制度，提倡艰苦朴素的风气。领导干部要接近下层、接近群众，干部要参加体力劳动。工农生活、城乡生活不要相差太多。生活水平的提高必须考虑到全国大多数人的情况，因此，在目前应该坚持实行合理的低工资制，尽量使大家都有饭吃。

二是改变制度上和组织上的一些不合理的规定，适当地调整党政之间和上下之间的集中统一和分工负责的关系。该集中的必须集中，该分散的必须分散，该下放的必须下放。过分集中的现象和分散主义的现象都要纠正。

三是在人民内部扩大民主生活，继续健全民主制度。处理人民内部的矛盾，必须坚持和风细雨的方法，坚持“团结——批评——团结”的方法。各级领导人员必须充分尊重人民群众的民主权利，经常倾听人民群众的呼声和要求，认真考虑各种合理的不同意见和反对意见，诚心诚意地接受群众的批评和监督，坚决地改正自己的缺点和错误。①

在报告中，邓小平还讲到了企业实行党委领导下的职工代表大会制度的问题。他说，党委领导下的职工代表大会，是企业扩大民主、吸引职工群众参加企业管理、克服官僚主义的良好形式，是正确处理人民内部矛盾的有效方法之一。从此，企业职工代表大会制度建立起来并一直延续至今。

中共八届三中全会后不久，应苏共中央和苏联政府的邀请，毛泽东率中国党政代表团前往莫斯科，参加十月革命胜利四十周年庆祝活动，同时出席在莫斯科召开的社会主义国家共产党和工人党及六十四国共产党和工人党代表会议。这是毛泽东第二次出访苏联。邓小平作为代表团的成员，再度来到莫斯科。

抵达莫斯科的当天，即 11 月 2 日，中国党政代表团就收到了苏方起草的各国共产党和工人党代表会议宣言稿。中方认为，这个稿子中仍保留着赫鲁晓夫在苏共二十大时的一些片面观点，照着这样的观点发表

---

① 邓小平：《关于整风运动的报告》，《人民日报》1957 年 10 月 19 日。

宣言，对国际共产主义运动是有害的。于是，毛泽东决定，中方也起草一个宣言稿，并由邓小平主持讨论和修改，最后由他亲自审定。

从11月6日起，中方由邓小平牵头，苏方由苏共中央主席团成员苏斯洛夫负责，开始讨论双方各自起草的宣言稿。经过讨论，双方一致同意以中共代表团起草的稿子为基础，再进行修改和补充。

在修改宣言稿的过程中，双方争论最大的是关于和平过渡的问题。对于这个问题，毛泽东与赫鲁晓夫也多次谈过，并且表示不赞成赫鲁晓夫提出的和平过渡的可能性越来越大、无产阶级有可能通过议会斗争取得政权的观点，但赫鲁晓夫固执己见。为此，毛泽东提出，他与赫鲁晓夫都不再谈这个问题，而由邓小平同苏方有关人员来谈。邓小平在同苏斯洛夫的会谈中，代表中方严肃批评了苏方关于“和平过渡”的片面提法，并正式提出了中方关于和平过渡问题的书面提纲。

到中央工作的几年间，邓小平的才干得到充分的发挥，也深为毛泽东所信任。在莫斯科期间，赫鲁晓夫宴请中国党政代表团时，毛泽东曾用庄重的语气对赫鲁晓夫说：“我准备辞去国家主席的职务了。”

对于不当国家主席，毛泽东在这年年初就正式提出来了。4月，苏联最高苏维埃主席团主席伏罗希洛夫来华访问时，毛泽东曾托其给赫鲁晓夫带过口信。于是，赫鲁晓夫问毛泽东：“有人接替吗？”

毛泽东回答说：“有，我们党内有好几位同志，他们都不比我差，完全有条件。”说到这里，他扳动了一个手指头，继续说道：“第一是刘少奇。这个人在北京和保定参加了五四运动，后来到你们这里学习，1921年转入共产党，无论能力、经验还是声望，都完全具备条件了。他的长处是原则性强，弱点是灵活性不够。”

“第二个是邓小平。”毛泽东又扳了一个手指头，接着说，“这个人既有原则性，又有灵活性，是难得的人才。”

赫鲁晓夫连连点头，说：“是啊，我也感觉到这个人很厉害。”①

## 3. 发展中国的石油工业

石油工业部是邓小平任总书记后分管的部门之一。他对于我国石油

① 李越然：《中苏外交亲历记》，世界知识出版社2001年版，第169页。

勘探重点由西向东转移，开发大庆油田，改变石油工业滞后于国民经济发展的状况，发挥了重要作用。

我国的石油工业基础十分薄弱。解放前，只有甘肃的玉门、新疆的独山子和陕西的延长三个小油田。解放后，石油工业虽有发展，1957年全国石油产量达到了145.7万吨，比1949年增长了11.4倍，其中天然油达86万吨（增长了11倍多），人造油59.7万吨（增长了11倍），但仍远远不能满足国民经济发展的需要。第一个五年计划期间，粮食、棉花、钢铁、原煤等等，都超额完成了计划指标，唯独石油工业的计划没有完成。至1957年，全国尚未发现新的油田，已探明的天然油储量只有0.56亿吨，石油年产量也只有86万吨，仅能满足全国石油消费量的38%，国家所需的大量石油不得不依赖进口。

作为分管石油工业的中央领导人，邓小平花了很大的精力来抓这项工作。

1957年4月6日，邓小平在视察甘肃时，特地去了祁连山脚下的玉门油田，察看了钻井场、采油井、油气分离站和炼油厂。当晚，他又参加了油田职工文娱晚会，同科级以上干部见了面，号召广大职工为国家生产又多又廉的石油。

1958年1月，邓小平参加了中共中央在广西南宁召开的工作会议。会议从1月11日至22日一共开了12天。南宁会议结束后，他回到家乡四川，视察了四川石油勘探局川南矿区。

2月1日，他视察了黄瓜山气矿，在一间草棚搭起的会议室里，邓小平听取了勘探情况的汇报，然后沿泥泞的小路，察看了气井放喷情况，当气矿负责人拿着两小瓶原油样品送给他时，他高兴地说："总算看到四川有了石油了。"

第二天，邓小平又到了川南矿区产量最高的隆昌十号气井，察看了炭墨生产设施。邓小平来到草棚为屋顶的炭墨试验室，仔细询问了试验情况和设备条件。当得知这里生产的炭墨质量可与美国、苏联的同类产品媲美时，他高兴地说："这很好！应该有个雄心壮志，赶超国际先进水平。世界先进水平也不是高不可攀的。炭墨质量关系到橡胶质量和其他产品质量，你们一定要在产品质量上创名牌，要在国际上争先进。"

他还说："草棚也可出科学，出先进水平。"①

回到北京后，邓小平又于2月27日和28日，连续用两个下午的时间，听取石油工业部的工作汇报。参加汇报的有石油工业部原部长李聚奎、新任部长余秋里、地质勘探司司长唐克。李聚奎汇报了石油工业的形势和基本情况，唐克汇报了各地区的勘探开采情况，重点介绍了第二个五年计划的石油勘探部署。邓小平对汇报听得很仔细，不时作些记录，并且有时提问，有时插话。

汇报结束后，邓小平对发展石油工业作了许多重要指示。

第一个五年计划期间，我国石油产量中差不多有一半是人造石油。由于一时没有发现大的油田，石油界对是发展天然油为主还是发展人造油为主一直有不同意见。一种意见认为，我国的油页岩资源丰富，搞人造油的风险小，把握大，应重点发展；另一种意见则认为，人造油的成本高，难以大规模发展，还是应想办法重点发展天然油。对此，邓小平表示，中国石油工业要发展，要天然油与人造油并举，并以天然油为主。他说："听说你们石油工业有搞人造油与天然油的讨论。石油工业怎样发展，我看是两条腿走路。人造油是要搞的，并且下决心搞，但中国这样大的国家，从长远看，当然要靠天然油。"

在此之前，我国石油的勘探重点在西部，而经济较为发达的东部地区则基本上没有勘探。可是，当时西部地区已探明的石油储量有限，而且由于交通条件的限制，西部即使能开采出大量的石油，也难以运送到急需石油的东部地区。因此，在东部地区找到大的油田在当时显得尤为重要。为此，邓小平反复讲了石油勘探的战略重点和战略布局问题，提出石油勘探工作应从战备方面来考虑，把战略、战役、战术三者结合起来，要选择突击方向，在建设西部天然石油基地的同时，要把石油勘探的重点放到东部地区。他说："第二个五年计划期间，东北地区能找出石油来，就很好。把钱花在什么地方，是一个很重要的问题。总的来说，第一个问题是选择突击方向，不要十个指头一般平。全国如此之大，二十、三十个地方总是有的，应该选择重点的地区先突击，选择突击方向是石油勘探的第一个问题。不然的话，可能会浪费一些时间。"

---

① 中国石油天然气总公司：《邓小平同志与我国石油工业的发展》，《回忆邓小平》中，中央文献出版社1998年版，第432页。

邓小平要求石油部门加快经济比较发达、交通条件好的地区的石油勘探工作。他说："就经济价值而言，华北和松辽都是一样的，主要是哪个地方先搞出来。""真正把有希望的地方，如东北、苏北和四川这三块地方搞出来，就很好。对这些地方，应该创造条件，在地质上创造一个打井的基础，可以三年搞成，也可以五年搞成，应该提出一个方案来。""对于松辽、苏北等地的勘探，都可以热心一些，搞出一些初步结果。""柴达木地区在第二个五年计划时期还用不上，塔里木可以不忙。搞油和打仗一样，过分分散就不利。"

发展石油工业首先要发现石油，要发现石油就必须加大勘探力度。新中国成立以来，我国的石油勘探业有了很大的发展，干部、工人和技术人员总共达到了 4.5 万人。但是，石油勘探力量仍很薄弱，尤其是勘探设备少，技术水平低。为此，邓小平以商量的口吻对石油工业部的领导说："第二个五年计划期间，你们打钻子（按：即石油钻井进度）加一番行不行，现在你们的地质队和地球物理队可不可以翻一番？石油钻机要自己做，可以和机械工业部商量一下，你们也要促进一下。套管、钻杆，应当努力设法在国内解决。"

邓小平还指示石油工业部加强科学研究，要求科研工作走在前面，钻了一口井，资料就不能浪费，要好好地研究。①

按照邓小平的指示，石油工业部在编制石油工业的第二个五年发展计划时，具体研究了如何把石油勘探的战略重点转移到东部地区的问题。随后，石油工业部撤销了西安石油地质调查处，在这个处的基础上，成立了东北、华北、鄂尔多斯和贵州四个石油勘探处。这年 5 月，中共石油部党组又作出决定，除保留华北石油勘探处建制外，在东北、鄂尔多斯和贵州三个勘探处的基础上，成立松辽、银川、贵州三个石油勘探局，并新建了华东石油勘探局。同时确定，从 1958 年起，在全国建立十个石油勘探战略区，除原有的准噶尔、柴达木、河西走廊、四川和鄂尔多斯外，开辟松辽、苏北、山东、贵州、吐鲁番五个新区，并以松辽、苏北为重点。

随后，石油工业部从西北各油田和部机关抽调了大量的人员，充实

---

① 《余秋里回忆录》，解放军出版社 1996 年版，第 510—512 页。

新组建的松辽石油勘探局，先后调集了5个地质详调队、6个地质研究队、9个磁重力队、2个大型钻井队、1个中型钻井队以及其他配套队伍，共32个队，一千多职工，分属黑龙江、吉林、辽宁3个大队，奋战在松辽平原上。经过石油工人的艰苦努力，1958年在松辽平原的地质浅钻中发现了油砂，证明这一地区肯定含油。1959年9月底，在国庆十周年到来之际，位于黑龙江省肇州县大同镇的松基三井喷出了棕褐色的原油。同年11月，黑龙江省人民委员会决定将松基三井所在地大同镇改为大庆区。后来，石油工业部把这个新发现的油田命名为大庆油田。

## 4. 在“大跃进”运动中（一）

1957年9月、10月间的中共八届三中全会，是一次十分重要的会议，给我国国民经济和人民生活产生重大影响的“大跃进”运动，就是由此拉开序幕的。

八届三中全会通过并且公布了农业发展纲要四十条的修正草案，并决定以讨论纲要为中心，在农村开展一场以农业生产建设为中心的大辩论。10月27日，《人民日报》就纲要发表题为《建设社会主义农村的伟大纲领》的社论，认为许多人习惯于根据小农经济的生产条件来看农业合作化以后的新情况，对过去没有见过的事情，常常是不敢想、不敢作，信心不足，顾虑重重。“为了克服各种各样的保守思想，最有效的方法，就是在农村中以四十条纲要为中心，进行一次生产建设问题的大鸣、大放、大争。”与此同时，按照八届三中全会通过的《中共中央、国务院关于今冬明春大规模地开展兴修农田水利和积肥运动的决定》的要求，在农村掀起了一个规模空前的农田水利建设的高潮，这实际上成为“大跃进”的先声。

“大跃进”的一个重要特征，就是各种各样的高指标，而这些高指标的提出，又与毛泽东在莫斯科提出的“十五年赶上并超过英国”的口号有着密切的联系。

这年11月6日，苏共中央总书记赫鲁晓夫在十月革命40周年庆祝大会上不但大谈社会主义和资本主义和平竞赛的问题，而且还明确地提出了苏联“在十五年不仅赶上并且超过美国”的目标。这给毛泽东以很大的启发，在征得国内其他领导人的同意后，提出了十五年赶超英国的目标。

11 月 17 日，毛泽东在邓小平、彭德怀、乌兰夫、陈伯达、杨尚昆、胡乔木和中国驻苏联大使刘晓等陪同下，来到莫斯科大学礼堂，接见等候在这里的 3500 多名中国留学生。毛泽东发表了热情洋溢的讲话，他说：“我们的目的就是让全国六亿四千万人一起动手，人人振奋，移风易俗，改造我们的国家。要做到这一点，当然不是很轻易的，问题很复杂。你们看过农业发展纲要四十条没有？现在新的四十条出来了。我们要在第二个五年计划内使全部合作社在生产和消费上都超过富裕中农。我曾和不少的省委书记、地委书记谈过话，问他们能否做得到？他们都说完全可能，有的还说能超过。我们现在生产力还很低，钢只有五百二十万吨。过了第二个五年计划后，将有一千二百万吨。再过一个五年计划，钢的产量可以到二千二百万到二千四百万吨。到第四个五年计划完成时，就会有四千多万吨。我问过波立特同志，再过十五年英国的钢产量可以到多少？他说现在是二千万吨，再过十五年顶多达到三千万吨。那么，再过十五年，苏联超过美国，中国超过英国，那时候世界的面貌就要大大改变了。要完成这个任务还需要十五年，或者为了保险起见，再加一个小尾巴，说：再经过三个五年计划或者再多一点的时间，我们要在钢产量上超过英国。”① 这是毛泽东首次公开提出十五年赶超英国的目标。

在第二天举行的各国共产党和工人党代表会议上，毛泽东再次提出了中国要用十五年左右的时间在钢产量等方面赶上英国的问题。他说：“同志们，我讲讲我们国家的事情吧。我国今年有了五百二十万吨钢，再过五年，可以有一千万到一千五百万吨钢；再过五年，可以有二千万到二千五百万吨钢；再过五年，可以有三千五百万到四千万吨钢。当然，也许我在这里说了大话，将来国际会议再开会的时候，你们可能批评我是主观主义。但是我是有相当根据的。我们有很多苏联专家帮助我们。中国人是想努力的。中国从政治上、人口上说是个大国，从经济上

---

① 中共中央文献研究室：《毛泽东传（1949—1976）》，中央文献出版社 2003 年版，第 757—758 页。

说现在还是个小国。他们想努力，他们非常热心工作，要把中国变成一个真正的大国。赫鲁晓夫同志告诉我们，十五年后，苏联可以超过美国。我也可以讲，十五年后我们可能赶上或者超过英国。因为我和波立特、高兰同志谈过两次话，我问过他们国家的情况，他们说现在英国年产两千万吨钢，再过十五年，可能爬到年产三千万吨钢。中国呢，再过十五年可能是四千万吨，岂不超过了英国吗？那末，在十五年后，在我们阵营中间，苏联超过美国，中国超过英国。”① 从此，“超英赶美”成为“大跃进”运动的著名口号和重要目标。

11 月 21 日，毛泽东离开莫斯科回国。11 月 25 日，《人民日报》为各国共产党和工人党莫斯科会议通过《莫斯科宣言》发表题为《伟大的革命宣言》的社论，把中国将用十五年的时间超过英国的信息在国内透露出来。社论说：“赫鲁晓夫同志在庆祝十月革命四十周年的演说中说，在十五年以后，苏联将在按人口计算的产量方面超过美国。可以预期，在同一期间，或者稍多一点时间，中国可能在钢铁和其他重要工业产品的产量方面赶上或者超过英国。到那个时候，社会主义阵营将在和平竞赛中把帝国主义阵营更远地抛在后面。”

12 月 2 日，中国工会第八次全国代表大会开幕，毛泽东出席了大会的开幕式，刘少奇代表中共中央致祝词。刘少奇在祝词中说：“我国工人阶级和我国人民在今后十年到十五年内的基本任务，就是要在优先发展重工业的基础上，实行工农业同时并举的方针，把我国建成为一个具有现代工业、现代农业和现代科学文化的社会主义强国。为此，就必须把社会主义革命进行到底，在经济战线上和在政治、思想战线上都取得社会主义对资本主义的彻底胜利；同时，必须继续有计划地全面地推进社会主义建设，实现国家工业化和农业现代化。在十五年后，苏联的工农业在最重要的产品的产量方面可能赶上或者超过美国，我们应当争取在同一期间，在钢铁和其他重要工业产品的产量方面赶上或者超过英国。”②

于是，钢和其他重要工业产品的产量赶上和超过英国，就成为工业

① 《毛泽东文集》第七卷，人民出版社 1999 年版，第 325—326 页。

② 《在中国工会第八次全国代表大会上，刘少奇代表中共中央致祝词》，《人民日报》1958 年 12 月 3 日。

领域"大跃进"的重要目标。

为了进一步发动"大跃进"，毛泽东从莫斯科回国后，相继在浙江杭州和广西南宁主持召开中共中央工作会议，对 1956 年的反冒进作了新的批评，部署工农业生产加快速度的问题。

南宁会议后，全国就已经出现了"批右倾争跃进"的浪潮。2 月 2 日，《人民日报》发表社论《我们的行动口号——反对浪费、勤俭建国》，提出"我们的国家正面临着一个全国大跃进的形势，工业建设和工业生产要大跃进，农业生产要大跃进，文教卫生事业也要大跃进"，把"大跃进"的口号推向各行各业。

紧接着，中共中央又在成都召开有部分中央领导人和地方负责干部参加的工作会议。会上，毛泽东对主持 1956 年反冒进工作的中央领导人，再次作了不恰当的批评。

由于中国原本是一个经济文化落后的半殖民地半封建国家，新中国成立后，各项事业发展很快，出现了一片欣欣向荣的景象。但是，从根本上讲，生产力落后、人民生活水平低的状况还没有根本改变，已经建立的先进的社会主义制度与落后的社会生产力之间的矛盾仍然突出。因此，如何在尽可能短的时间里迅速提高生产力水平，把我国建设成为一个强大的社会主义现代化国家，就成了全国人民的共同企盼，邓小平自然也是如此。1958 年 2 月 13 日，他在四川省、地、县、社四级干部会上的讲话中指出："在建设社会主义问题上，有两种方法的斗争。一种是搞得快一些，一种是搞得慢一些。毛主席和党中央的方法，就是根据客观可能的条件，加快建设。搞建设也要有革命家的态度，要积极创造条件搞快点。只要是可能的，只要不是主观主义的就应该快。这是我们的正确态度。"① 在成都会议的发言中，邓小平又说："反冒进是不好的，挫伤了群众和干部的积极性。我对于这场斗争，在一个短期之内是有过模糊认识的，没有意识到党内有什么两条路线的不同，在某些问题上和一些同志有共同的看法，也曾设想过基本建设和某些事情是不是慢

① 中共中央文献研究室编：《邓小平年谱（1904—1974）》下，中央文献出版社 2004 年版，第 1415 页。

一点好，是不是谨慎一点好。”①

3 月 24 日至 4 月 8 日，全国第四次教育行政会议在北京召开，目的是反右倾保守思想，促进教育事业“大跃进”。4 月 7 日，邓小平接见了会议的部分代表，听取了会议的汇报。当时，中共河南省委提出“十年规划一年完成”的口号，计划“一年普及中小学教育，一年实现无文盲省”，邓小平听后非常耐心地说：河南提一年普及可以，迟一年两年也不是不光荣。不提也不叫不光荣。指标提出了，就要从各方面想措施，积极努力，使其实现。没有实现也不要紧，得出教训，以后稳妥一些就是了。只要方向是对的，心是热的，措施是积极的，少提两年也没有关系，慢一些不算机会主义。江苏没有提也许更好些。不要鼓励指标，而要强调措施。在人们头脑普遍发热的“大跃进”岁月里，邓小平这一番话，就显得难能可贵。

1958 年 5 月召开的中共八大二次会议，是发动“大跃进”运动的最后一次总动员。会上，刘少奇代表中共中央作了工作报告，并通过了鼓足干劲、力争上游、多快好省地建设社会主义的总路线。邓小平代表中共中央作了关于各国共产党和工人党的莫斯科会议的报告，主要内容是说明莫斯科会议和莫斯科宣言的重大意义。

“大跃进”发动起来后，迅速波及各个领域。这年上半年，各地广泛开展了反保守、反浪费的“双反”运动，大中小学校掀起了一股过分强调勤工俭学之风，使学生的主要时间没有用于课堂学习而是体力劳动，严重地影响了教学质量。对此，邓小平在这年 6 月 2 日主持召开的中共中央书记处会议上指出：一般学校还是以学习为主，不叫半工半读。现在的学习制度一破坏，质量好多年恢复不起来。因此，要稳当一些。这不是反对勤工俭学，而是怎么搞较为有利。最近学生成绩下降，值得注意。② 同年 10 月上旬，邓小平在天津大学视察时又说：学校有三个作用，学习、生产和研究。三个东西互相联系、互相促进，学习、生产促进研究，研究反过来促进生产。大学搞半工半读可以，但基础课

---

① 中共中央文献研究室编：《邓小平年谱（1904—1974）》下，中央文献出版社 2004 年版，第 1421 页。

② 中共中央文献研究室编：《邓小平年谱（1904—1974）》下，中央文献出版社 2004 年版，第 1431 页。

程要学够，不能减，时间不够可以减少一些不重要的课程，再不行，可以延长学制。学校的第一个目的是学习。教师这一行本身要年轻化，但不要认为老教师没有用。[①]

这年 7 月 19 日，邓小平在中共中央军委扩大会议的讲话中，专门讲到了在社会主义建设中如何正确对待马克思主义基本原理与中国实际的关系问题。他指出：我们必须尊重马克思主义的共同原则、普遍规律。但是光这样不行，还必须把马克思主义的普遍规律和我们自己的特点、实际结合起来。普遍规律是大同，否认大同就是修正主义，否认自己的特点和实际，就是否认小异，就是教条主义。犯修正主义错误，我们建不成社会主义；犯教条主义错误，我们的事情同样会遭受失败。他还说：学习苏联是不错的，应该学。但是我们不能总跟在人家后面走，要有自己的创造。要敢想、敢说、敢干，富有创造性。如果外国没有的话，我们就不能说；外国没有的图，我们就不能画；外国没有的字，我们就不能写，那么我们就永远不能超越别人，就不能对世界做出我们的贡献。[②]

同年 8 月中下旬，邓小平参加了中共中央在北戴河召开的政治局扩大会议。这次会议讨论并通过了《中共中央关于在农村建立人民公社问题的决议》。《决议》分为六个部分：（一）关于人民公社是形势发展的必然趋势；（二）关于人民公社的规模；（三）关于小社并大社、转为人民公社的步骤和要求；（四）关于并社中的经济政策问题；（五）关于公社的名称、所有制和分配；（六）关于建设社会主义与实现共产主义的关系。《决议》最后满怀信心地说："看来，共产主义在我国的实现，已经不是什么遥远将来的事情了，我们应该积极地运用人民公社的形式，摸索出一条过渡到共产主义的具体途径。"[③] 从此，全国农村出现了合并农业合作社、建立人民公社的浪潮。仅一个多月的时间，共建立了二

---

① 中共中央文献研究室编：《邓小平年谱（1904—1974）》下，中央文献出版社 2004 年版，第 1460 页。

② 中共中央文献研究室编：《邓小平年谱（1904—1974）》下，中央文献出版社 2004 年版，第 1442—1443 页。

③ 中共中央文献研究室编：《建国以来重要文献选编》第十一册，中央文献出版社 1995 年版，第 446—450 页。

万多个“一大二公”的人民公社。

对于“大跃进”运动，邓小平在1981年对起草《关于建国以来党的若干历史问题的决议》发表意见时，讲过这样一段话。他说：“讲错误，不应该只讲毛泽东同志，中央许多负责同志都有错误。‘大跃进’，毛泽东同志头脑发热，我们不发热？刘少奇同志、周恩来同志和我都没有反对，陈云同志没有说话。在这些问题上要公正，不要造成一种印象，别的人都正确，只有一个人犯错误。这不符合事实。中央犯错误，不是一个人负责，是集体负责。在这些方面，要运用马列主义结合我们的实际进行分析，有所贡献，有所发展。”①

1958年既是“大跃进”的一年，也是中央领导同志极为忙碌的一年。除了召开大量的会议外，他们在这一年，特别是北戴河会议后，还多次前往各地视察。作为中央领导集体核心成员的邓小平当然也不例外。

北戴河会议一结束，邓小平和李富春、李雪峰、刘澜涛、杨尚昆、蔡畅和赵尔陆等人，于9月10日至29日先后到黑龙江、吉林、辽宁三省视察工作。

黑龙江是邓小平此次东北之行的第一站。邓小平等视察了富拉尔基重型机器厂等工矿企业，参观了哈尔滨近郊的金星人民公社、双城县的幸福人民公社，听取了中共黑龙江省委的工作汇报，并在黑龙江省干部大会上发表了讲话。在参观幸福公社时，邓小平指示农村要大大增加生猪饲养数量。他说，只有把农林牧副渔统统发展起来，才能增加生产和增加收入，才能使人民公社巩固发展。在哈尔滨十八中、十九中视察时，邓小平听取了学校关于学生参加劳动情况的汇报，他指出，中小学学生参加劳动要同年龄相适应，要多样化，以便培养学生多方面的兴趣。他还告诉学校的领导人员：学生参加社会服务和生产活动，无论如何不应当削弱学校的基础课程。②

结束黑龙江的考察后，9月18日，邓小平一行来到了吉林。邓小平先后到长春市、吉林市和四平市视察，考察了长春第一汽车制造厂、

---

① 《邓小平文选》第二卷，人民出版社1994年版，第296页。

② 《邓小平李富春视察辽吉黑三省时，强调说东北要大挖潜力支援全国》，《人民日报》1958年10月1日。

长春地质学院、长春电影制片厂、南关区街道、丰满发电厂、吉林肥料厂、吉林染料厂、吉林电石厂、吉林造纸厂、四平市六马路小学和市盲人铁工厂等单位，详细了解工农业生产和群众生活等情况。

9月19日，邓小平来到长春第一汽车制造厂，仔细察看了铸工、发动机、总装配车间。在听了厂领导的工作汇报后，他对“一汽”取得的成绩给予了充分的肯定，鼓励全厂干部职工再接再厉，为支援全国建设做出新的贡献。他还对“一汽”走群众路线的领导方法很感兴趣。他说，在企业管理方面，我们的“宪法”就是在党委统一领导下的两参一改三结合（即干部参加生产劳动，工人参加企业管理，改革企业中不合理的规章制度，在技术改革中实行领导干部、技术人员、工人三结合）。长春汽车厂按照这个“宪法”办事，真正把群众发动起来了，工人参加了行政管理，也参加了工厂设计和技术管理。

邓小平还对“一汽”未来发展及产量情况作出指示。他说，现在我们国家正处在经济大发展时期，国家要进行大规模经济建设，载重车今后用量很大，你们要挖掘潜力多搞一些。听说你们的产量要向十万、二十万、三十万辆水平发展，这很好。发展汽车工业，就得要大批量，只有生产批量上去了，价格就会降下来。

在吉林肥料厂、染料厂、电石厂和造纸厂视察时，邓小平鼓励企业向尖端技术发展。他对肥料厂负责人说，要想办法少用电，多增产。在染料厂，他指出，要向多品种、尖端方面发展，在质量上要更快地达到世界先进水平。当得知吉林造纸厂要建一个电极材料绝缘纸分厂时，邓小平高兴地说：“这很好，有了这种纸我们就可以不依赖进口了。你们造纸工业就应当向造纸工业的尖端方面发展，完成了这个任务才是你们造纸工业的光荣！”

9月20日，邓小平等在中共吉林省委负责人的陪同下，来到永吉县了解农业生产情况。他在该县岔路河公社的一块水稻田旁边停下来，问随行的生产队干部：“试验田亩产多少斤？”当时，各地都在大放“卫星”，亩产动辄号称几千斤，上万斤，甚至数万斤，这里的干部也想放一颗“卫星”给总书记看看，就回答说：“四万斤。”邓小平听后吃惊地说：“能有这么高吗？能打十分之一，就已经很了不起了。”接着，他对陪同的省市领导说：“广大群众建设社会主义的积极性很高，精神很可贵。但是，指标要实际一些。这块试验田的产量能否兑现，咱们秋后可算账哟！”

回到长春，听取了吉林省委负责人关于农业工作汇报后，邓小平说，发展农业生产，必须充分运用现有条件，不能单靠拖拉机。拖拉机将来是要有的，农业必须实行机械化，这是农业技术改革的方向，但是单指靠拖拉机，一两年内是做不到的。必须从现有的基础出发，想出各种各样的办法，力争高产。要注意改革耕作制度，改变广种薄收、耕作粗放的习惯。要合理利用土地，集中力量提高单位面积产量。必须发展多种经营，农林牧副渔全面发展，这样才能使广大农村更快地富裕起来。①

结束对吉林的视察后，邓小平一行于 9 月 24 日来到辽宁。

当天，邓小平就来到我国最大的钢铁企业鞍山钢铁公司。这是他第二次来鞍钢。

邓小平第一次到鞍钢是三年前，即 1955 年 11 月。当时，他作为中央秘书长，陪同刘少奇从大连来鞍钢考察。三年过去了，鞍钢发生了很大的变化。一到鞍钢，邓小平就听取了中共鞍山市委和鞍钢负责人的汇报。这个时候，为了完成北戴河会议确定的 1958 年钢产量 1070 万吨的目标，全国各地都在搞大炼钢铁的群众运动，纷纷土法上马，建小土高炉。鞍山市也动员全市人民兴建了近三千座小土高炉，生产出土钢十多万吨。邓小平对这种违背科学规律的做法内心是不赞成的，但在当时的形势下也不便公开反对，只能用委婉的方式表明自己的看法。当鞍山市委负责人汇报说要在小炉子上放“卫星”时，邓小平明确表示：要在大炉子上想办法，小炉子放“卫星”不算数。在鞍山，邓小平特地再谈了挖掘潜力增加生产的问题，指出：潜力有两种。一种是改革规章制度，改进作风，调动群众的积极性。一种是改进技术，产生新的推动力量，这就是技术革命。后一种潜力更大。鞍钢应大搞技术革命，大企业、现代化企业要自力更生，搞技术革新和技术革命。但是，技术革命不容易，不是一天两天能做到的。首先得敢想，来个思想上的革命。没有思

---

① 张德江：《情洒松辽大地，心系吉林人民》，《回忆邓小平》下，中央文献出版社 1998 年版，第 102—103 页。

想革命就不可能有技术革命。①

在辽宁视察期间，邓小平还到了盖平县的太阳升人民公社。这是辽宁最大的一个公社。这里原本有 7 个 2000 多户的农业合作社。这年 7 月，这 7 个社合并为一个大社。这个大社长宽都有 40 来里，总共有 18000 多户 95000 多人。开始时定名为“太阳升共产主义农场”，下设 11 个作业区，98 个生产队。北戴河会议后，“太阳升共产主义农场”改名为太阳升人民公社。在视察时，邓小平谈到了合理密植、发展养猪、公社的远景规划、房屋改建等问题，并为“盖平县人民公社”和“盖平县报”题名。

## 5. 在“大跃进”运动中（二）

从东北回到北京不到一个月，邓小平又前往河北、广西和西南地区视察。

10 月中旬，邓小平前往河北视察。在河北视察期间，邓小平先后来到了天津（时属河北）东郊新立人民公社，石家庄郊区振头、留营人民公社，徐水县的漕河、高庄人民公社等，并参观了天津、石家庄市的一些工厂企业。当时，人民公社刚刚建立，一些地方急于搞向共产主义的过渡，在同中共保定地委及所属的安国、徐水、定县、正定等县的县委负责人座谈时，邓小平指出：共产主义优越性要宣传，但要说清楚哪些是现今可以办的，哪些是将来可以办的。在谈到分配、奖励等问题时指出：工资拉平，是平均，不是平等。现在讲各取所需还早着呢。奖励问题是个理论问题，可以肯定，社会主义、共产主义靠物质奖励是靠不住的，但物质奖励现在还有积极作用。②

10 月 22 日，邓小平与中央书记处候补书记兼中央办公厅主任杨尚昆来到了广西的工业基地柳州，视察了东风钢厂（原东风通用机械厂）和永丰利刀具厂。

---

① 中共中央文献研究室编：《邓小平年谱（1904—1974）》下，中央文献出版社 2004 年版，第 1455 页。

② 中共中央文献研究室编：《邓小平年谱（1904—1974）》下，中央文献出版社 2004 年版，第 1462 页。

邓小平原本第二天前往柳州附近的鹿寨县视察钢铁生产情况，但广西壮族自治区党委和柳州地委的负责人告诉他，罗城县（今属河池市）四把乡一带也建成了一个规模较大的钢铁基地，罗城正在赶超鹿寨，他便改为前往四把乡视察。

当时，不但粮食生产放“卫星”，钢铁产量也放“卫星”，广西是全国放钢铁产量“卫星”较早的地方，而罗城又是全广西第一个放出日产铁千吨“卫星”的县。9 月 29 日，罗城县宣布，当日产铁 1052 吨，一下子轰动全国。

到了四把乡，呈现在邓小平面前的是林立的小土高炉，滚滚的浓烟。他来到土高炉前，一个一个地查看，看得很认真，很仔细，可越看心里越不是滋味，土高炉炼出来的多是一些木炭和矿石夹杂在一起的烧结铁。邓小平问随行的冶金专家：“这些铁的质量怎么样？”一位专家指着地上堆放的两堆产品说：“这种质量还比较好，那种算是烧结铁。”他对陪同视察的地方领导说：“各族群众建设社会主义的积极性很高，精神很可贵。今后，要炼出像专家说的那种质量较高的铁来。至于这种烧结铁，还不能算是铁。”①

10 月 24 日，邓小平乘飞机从柳州前往昆明，先后视察了昆明钢铁厂和昆明机床厂等。在昆明机床厂，邓小平对陪同的省委领导和厂领导说，云南要努力发展机械工业，更多地制造一些机器。在机床装配车间，邓小平仔细观看了该厂生产的 5 米直径的齿轮滚床、7 米直径立式车床和 20 米长、5 米宽龙门刨床，当了解到这 3 台大型机床的性能后，连声称赞“好！好！”并鼓励该厂技术人员和工人说：“你们厂技术设备、技术力量较强，目前国家很需要机床，为加速国家经济发展，你们要发动群众生产更多的机床，为国家作贡献。”②

在云南期间，邓小平听取了中共云南省委的汇报，要求云南发展有色金属工业，使云南变富，人民收入增多，并利用有利条件，在农业生产上发展多种经营。他在同省委负责人谈话中说：云南条件很好，在农

---

① 中共中央党史研究室科研局：《再造中华辉煌——邓小平纪事》，中共党史出版社 1994 年版，第 407 页。

② 中共云南省委：《云南各族人民的思念》，《回忆邓小平》下，中央文献出版社 1998 年版，第 365 页。

业上一定要多种经营，搞多样性。不搞多种经营，还是不会富裕的。每个县都要有规划，都要有自己的重点。要千方百计地使农村交换的东西增多，这样人们收入就会增加，就会富起来。对于人民公社问题，邓小平说：现在还在积累经验。现在不能肯定徐水（该县在人民公社化运动中被确定为向共产主义过渡的试点县，在全国有很大影响，引者）是成功的，但也可能是好东西。总之，要多种试验。鞋袜都穿一样的，食堂做什么就吃什么，行不行？恐怕有问题。不然，为什么叫"各取所需"呢？在任何情况下，不是一个办法可以解决问题的，把人们搞得那么死板不行。这里有个人、集体、全民的关系问题。不能由省或县搞一个办法，一律实行。分配要适当，对穷的地方要补贴一点，富的地方要拿出一点，总是共同翻身。[①]

视察云南之后，邓小平于 26 日到了四川。当天下午，他视察郫县德元公社和成都郊区金牛公社。在谈到农民生活问题时，邓小平指出：农民原有的自留地交给公社使用后，自己在生活上也还要有一些机动的余地，使自己增加一些食用的蔬菜。农民的房子要修建得宽大一点，周围多留空地，种些竹子、树木，既美化环境，又能增加收入。每家每户都能有一个庭院，住起来心情就更加舒畅。可以利用竹子制造一些经济、适用、美观的家具。民居和地方特色小吃，都是文化，应该保留并得到发展。组织群众生活是国家职能的一个重要方面，也是一门很大的学问，各级党委应该给予足够的重视，对人民群众的吃穿住和娃娃的教育问题，都应该更好地加强领导。总之要把农民生活安排得更好一些。在谈到人民公社问题时，邓小平认为以一乡一社，县组织联社较好。搞联社，便于组织社与社之间评比，在社与社之间调剂贫富，抽肥补瘦，也可以避免经济结算不便的缺点，还可以充分发挥基层的积极性。公社的食堂要办得好一些，使农民感到比过去在自己家里还吃得好，这样才能显示出公社和集体化的优越性。显示优越性，这应该是我们经常考虑的问题。公社的托儿所一定要办好，要有一套管理办法，要修点房子。保育工作同大学教授一样重要，肩负着对后代的抚养和教育，因此，应

① 中共中央文献研究室编：《邓小平年谱（1904—1974）》下，中央文献出版社 2004 年版，第 1464 页。

该由有知识、有爱心、为群众所充分信任的人担任保育工作。[①]

10月29日，邓小平在中共四川省委负责人的陪同下，先游览了著名的古战场剑阁县的剑门关，随后来到附近的汉阳公社四合大队了解情况，还听取了剑阁县委的汇报。

在四川视察期间，邓小平还到了德阳，听取了当地负责人的汇报。德阳是新兴的工业基地，当年在这里国家投资建设了一批重点企业。邓小平对德阳工业的发展发表了许多指示。他说，德阳的工业是国家的大工业，要加紧建设，要打破常规，边建设边生产，投资按原计划要节约。生产准备中，工人培训要抓紧。大工厂不要搞全能，有些配件、附件和包装等都由地方办厂。他还建议将附近几个县划给德阳，以便解决德阳的副食品、劳动力和其他资源问题。

1958年11月2日至5日，邓小平来到贵州视察指导工作。到贵阳的当天，他就到市郊的花溪视察，仔细询问了群众的生活情况，如房子怎么修、托儿所怎么办、娃娃怎么带、人家不愿入托怎么办？在田间又仔细询问了农民的伙食情况。之后，他在同花溪区的负责人谈话时，又针对当时全国出现的浮夸风进行了批评。

11月3日，邓小平到达遵义视察。当天听取了中共遵义地委负责人汇报全区农村工作情况，视察了红旗人民公社和遵义县大风暴人民公社的食堂、托儿所及秋耕情况。11月4日，又到贵州铁合金厂进行实地视察，了解遵义的矿产资源。在视察中，邓小平针对贵州经济比较落后的状况，多次强调要改变观点，发展生产，增加经济收入，提高人民生活水平。

当时，人民公社实行"吃饭不要钱"的半供给制，忽视多种经营。针对这种情况，邓小平在遵义湘江宾馆召开的中共贵州省委常委会议上指出："要千方百计地搞多种经营，搞点有色金属，搞点经济作物，必须搞有交换价值的东西。要搞铝县、铜县、铀矿县、烤烟县、麻县、木材县，总要搞一些特色。"邓小平还说："交通要搞，每一个公社要通公路。""要搞水电站，先搞小的，每个水电站兼顾灌溉。只要水抓到了，

---

① 中共中央文献研究室编：《邓小平年谱（1904—1974）》下，中央文献出版社2004年版，第1464—1465页。

综合利用是容易的。”“水利概念要改变，农田用小水利来解决，山地以蓄水为主，拼命存水。”

人民公社化以后，各地还搞组织军事化，行动战斗化，生活集体化。为了适应这种要求，社员生活也实行公共食堂化，几十、几百甚至上千个社员在一个公共食堂吃饭，不但众口难调，而且千篇一律，生活极不方便，饭菜质量也很差。可是，当时对公共食堂的评价甚高，认为这是具有“共产主义幼芽”性质的新生事物。对此，邓小平在与中共遵义地委负责人谈话时，谈了自己的看法。他说：办食堂，现在办啥吃啥，可不可以有点机动？各人有各人的口味，自己搞点咸菜，做点腊肉，加一个菜不可以吗？是生活越搞越单调？还是越搞越丰富？共产主义是把大家搞成一个口味，还是各人有各人的口味？穿衣服也一样，发钱自己买，愿买什么就买什么。生活不仅是衣食住行，还有学习和文化娱乐也是生活。邓小平这一番话，实际上对忽视人民生活、盲目追求所谓“生活集体化”的“左”的思想，作了婉转的批评。

通过在各地的视察，邓小平逐渐发现了“大跃进”和人民公社化运动过程中存在的一些问题。在贵州视察期间，他就已有所察觉的问题提出了自己的一些看法。针对“大跃进”中强迫命令风泛滥，邓小平在同中共贵州省委几位主要负责人谈话时指出：“公社房子是一家一幢好，还是老少归队（来）盖好，要交群众讨论。不能下命令，不能县委几个人一想就办。”“对家庭问题要慎重，不能由共产党来下命令，徐水县老少归队的办法，你不能说非那样才算共产主义，有家并不妨碍共产主义，这同共产主义是两回事，有个家庭并不妨碍共产主义。搞生活集体化、解放妇女是对的，娃娃主要是社会教育。这两条是对的。托儿所，不一定排除晚上回家，这些问题要考虑，同规划布局有关。”“小孩入托要完全靠自愿。”“幸福院，自己有儿女的恐怕不进。月托 5 元，全托 8 元，这相当高，和天津、北京一样，还办不到。”

20 多年前，邓小平以中央秘书长的身份，参加了著名的遵义会议。这次故地重游，他专程参观了阔别 20 多年的遵义会议会址。[①]

---

① 刘方仁：《黔山留下伟人迹》，《回忆邓小平》下，中央文献出版社 1998 年版，第 345—346 页。

## 6. 参与初步纠“左”

在邓小平视察广西和西南三省的同时，毛泽东也离开北京外出视察。10月中旬，他在天津约河北省委、天津市委的领导谈钢铁生产和人民公社问题，并约保定地委和徐水、安国、定县、唐县的县委第一书记汇报工作。在听取汇报中毛泽东感到，在人民公社化运动中，许多人“急急忙忙往前闯”，出了不少乱子。为此，他决定召开一次中央工作会议，以解决人民公社化运动中已经出现的一些问题。

11月2日至10日，有部分中央领导人和省委书记参加的中央工作会议在郑州召开。邓小平在结束对贵州的视察后，立即赶赴郑州参加会议，并主持起草社会主义建设纲要四十条。

会议开始后，毛泽东多次找到会的省委书记谈话，做高级干部的“降温”工作。他亲自给与会者讲解斯大林的《苏联社会主义经济问题》，并就商品生产和商品交换发表意见。毛泽东说：“我们有些人大有要消灭商品生产之势。他们向往共产主义，一提商品生产就发愁，觉得这是资本主义的东西，没有分清社会主义商品生产和资本主义商品生产的区别，不懂得在社会主义条件下利用商品生产的作用的重要性。这是不承认客观法则的表现，是不认识五亿农民的问题。”① 毛泽东强调，劳动、土地及其他生产资料统统是农民的，是人民公社集体所有的，因此产品也是公社所有。忘记了这一点，就有脱离农民的危险。

郑州会议讨论并通过了《十五年社会主义建设纲要四十条》和《郑州会议关于人民公社若干问题的决议（草案）》，并决定这两个文件由邓小平阅办。

正当这两个文件经中央政治局确定后准备下发的时候，毛泽东感觉这两个文件还是迟一点下发为好。11月12日，他写信给邓小平，说：“想了一下，那个关于人民公社若干问题的决议（草案），还是稍等一下（大约两个星期左右），带到武昌会议上再谈一下，得到更多同志的同意（可能有好的意见提出来，须作若干修改，也说不定），然后作为正式文

---

① 《毛泽东文集》第七卷，人民出版社1999年版，第437页。

件发出，较为妥当。这并不妨碍各省同志按照他们带去的草案立即在干部中传达、讨论和实行。是否如此，请你同北京同志们商量酌定。既然如此，郑州会议就是一个为武昌会议准备文件的会议，因此不要发公报。”①

随后，邓小平和刘少奇、陈云等政治局常委返回北京，连续召开中央政治局会议，通报郑州会议精神，讨论会议制定的两个文件，组织学习斯大林的《苏联社会主义经济问题》。

郑州会议之后，中共中央政治局又于 11 月 21 日至 27 日在武昌召开扩大会议，参加会议的除了部分政治局委员、候补委员外，还有各省、市、自治区党委第一书记，中央有关部委的负责人。在会上的讲话中，毛泽东提出，破除迷信，不要把科学当迷信破除。凡迷信一定要破除，凡真理一定要保护。必须老老实实，不要弄虚作假，要压缩空气。他还再次批评了取消商品生产和商品交换的观点，强调不能剥夺农民。对于人民公社和向共产主义过渡问题，毛泽东强调：全民所有制和集体所有制两种形式要分清，不能混淆。社会主义和共产主义又是一个界限，也必须分清，不能混淆。

在郑州会议和武昌会议的基础上，1958 年 11 月 28 日至 12 月 10 日，中共中央在武昌召开八届六中全会。会上，毛泽东对人民公社作了充分的肯定。他说，人民公社的出现，是一件大事。因为找到了一种建设社会主义的形式，便于由集体所有制过渡到全民所有制，也便于由社会主义的全民所有制过渡到共产主义的全民所有制，便于工农商学兵相结合，规模大，人多，便于办很多事。这表明，毛泽东虽然觉察到公社化过程中出现了不少问题，但他认为这是前进道路上的问题，是发展过程中遇到的新情况，通过具体的政策调整便可以解决。

讨论通过《关于人民公社若干问题的决议》，是此次中央全会最重要的议题。12 月 9 日，邓小平就《关于人民公社若干问题的决议（草案）》的主要内容逐一作了说明。

邓小平在肯定人民公社化运动“总的情况是好的”的同时，又指出，人民公社是一个新问题，不能疏忽大意，要不断总结经验，加强领

---

① 中共中央文献研究室编：《建国以来毛泽东文稿》第七册，中央文献出版社 1992 年版，第 519—520 页。

导。目前党和人民群众中，对人民公社的看法参差不齐，关于人民公社的政策和做法也有一些不一致，对社会主义和共产主义也有一些不正确的、庸俗的解释，因此有必要澄清思想，统一认识，端正做法，使人民公社化运动得以健康发展。

在谈到向全民所有制和共产主义过渡问题时，邓小平指出：社会主义是高标准的，共产主义的标准更高。我们必须划清集体所有制和全民所有制的界限，必须划清社会主义和共产主义的界限。目前的人民公社基本上是集体所有制的性质，不能说就是全民所有制，只是含有全民所有制的若干成分。我们的任务是建成社会主义，逐步增加共产主义的因素，为过渡到共产主义准备条件。我们必须根据这个质的规定性来制定方针和政策。

对于商品生产和商品交换问题，邓小平说：发展商品生产和商品交换，是发展社会主义经济所必需的。目前我国商品生产和商品交换不是多了，而是少了，应当利用商品生产和商品交换的形式来促进生产的发展。邓小平还说：按劳分配原则在社会主义建设时期具有积极的作用，不能加以否定。凡涉及人民群众生活的事情，应当和群众商量，不能凭主观愿望办事。公共福利事业，如公共食堂、幼儿园、托儿所等，应当用把它办好的方法，吸引群众参加，绝不能用强迫命令的办法。在兴办公共福利时，个人生活资料永远归个人所有，这一点要公开向群众宣布。总之，在集体生活中的个人选择自由，从社会主义到共产主义，不是越来越小，而是越来越大。①

12 月 10 日，中共八届六中全会通过了《关于人民公社若干问题的决议》。这是人民公社历史上一个重要的文件。《决议》的重要之处，在于从理论上和政策上纠正了混淆集体所有制和全民所有制、社会主义和共产主义界限，急于向全民所有制和共产主义过渡的错误。《决议》强调：农业社变为人民公社，不等于已经把农村中的集体所有制变成了全民所有制，要在全国农村实现全民所有制，还需要一个相当长的时间；由集体所有制变为全民所有制，并不等于社会主义变成共产主义，由社会主义变为共产主义，比集体所有制变为全民所有制，需要经过更长的

① 中共中央文献研究室编：《邓小平年谱（1904—1974）》下，中央文献出版社 2004 年版，第 1472—1473 页。

时间。企图过早地否定按劳分配的原则而代之以按需分配的原则，企图在条件不成熟的时候勉强进入共产主义，无疑是一个不可能成功的空想。

以郑州会议和中共八届六中全会为标志，中共中央开始纠正“大跃进”和人民公社化运动中的“左”倾错误，邓小平为此做了许多工作。

1959 年 1 月 6 日，邓小平主持召开中共中央书记处会议，讨论基本建设和 1959 年计划问题。在谈到建设材料严重不足时，他指出：这是个大问题，各方面都出现了。工业出乱子，可能把整个国家计划搞垮。这牵连一系列的问题，钢影响机械，机械影响一系列。在谈到企业管理问题时指出：现在确实很乱，要调整，要恢复过去好的制度。没有制度的要建立制度，一行一业地搞。总之不能不要制度。①

1958 年“大跃进”中，在“教育革命”的口号之下，正常的教学秩序被打乱，教育质量严重下降。1959 年 1 月 8 日，邓小平在主持召开中共中央书记处会议讨论教育工作时指出：教育，现在总的是在调整前提下巩固。中央有关部门该管的要管起来，不要推。学制、课程、制度要管。中小学应该有全国统一的课本。权力下放是前提，但权力下放并不是不要集中。两条腿走路的方针应该肯定，要贯彻执行，但这不妨碍建设一些重点学校。大、中、小学都要有重点学校，提高文化、科学水平主要靠它们，要抓好。这就牵扯基建、设备、招生的保证。基本建设投资、教授分配，要照顾重点，在不削弱重点的前提下照顾一般。清华、北大等学校的教学质量只准提高，不准降低。条件不具备，不准再多招学生。几十所全国重点院校恢复统考，保证好学生招进好学校。②

在“大跃进”运动中，一切工作都搞所谓的“大办”，并且在农业生产上组织所谓“大兵团作战”，将各社队的劳动力集中一起调拨使用，造成劳动力的大量浪费；并且经常组织所谓的“挑战”“夜战”“会战”，使劳动力得不到休息，造成体力下降效率降低。对于这个问题，在 1 月 9 日的中共中央书记处会议上，邓小平指出：农业主要是个劳力安排问

---

① 中共中央文献研究室编：《邓小平年谱（1904—1974）》下，中央文献出版社 2004 年版，第 1478 页。

② 中共中央文献研究室编：《邓小平年谱（1904—1974）》下，中央文献出版社 2004 年版，第 1479 页。

题，这一环不抓好，其他都会落空。农村工作轻重缓急要排队，劳力的使用要非常合理。现在还有些主观，单打一，劳力浪费了，应有大兵团作战，但不要什么都大兵团，结果把责任制搞掉了。总之，劳力要用到最得益处的地方。今年劳力中浮肿病不少，一定要实行八小时劳动，最忙十二小时，否则要出大乱子，要适当估计到体质减弱的情况。①

1月26日至2月2日，中共中央召开省、市、自治区党委第一书记会议。会议讨论1959年国民经济计划和当前工业、农业、商业、交通运输、轻工业、人民公社、市场等方面的问题。邓小平在会议上作了报告，指出要下决心调整一些过高的指标，无论基本建设、生产，凡是不急切的，或者影响不大的，坚决压下来，坚决不搞。工业、农业、商业，各方面都有这个问题。强调一切问题的关键是要贯彻一盘棋的方针，就是全国要统一安排基建，统一安排主要产品的生产，统一安排原材料和两个部类（一个生产，一个生活）的主要物资分配。除统一安排外，还有个“让路”问题，这也是个大局和局部的关系问题。1959年的计划要尽可能做到按比例发展，但是一切都面面照顾到，一万个行业都照顾到，每一种都不缺，办不到，不可能。还会有缺门，还会有些东西不足，还得有意识丢掉一些次要的，才能保证主要的。要让有条件的地方先上去，其他地方要让一点路。报告中，邓小平还提出：工矿企业要加强经营管理、经济核算和责任制。规章制度只能废除那些必须废除的，不能统统否定，有的废除了之后要新建，没有规章制度不行。大生产应着眼于搞技术革命，不是搞人海战术。劳动力安排要适当，要把劳动力放到得益大、见效快的地方。人民公社的关键还在于生产，就是多种经营，增加收入。生产搞好，收入增加了，就稳如泰山。公社的财务管理和经济核算要加强，要有点制度。他还说，1958年在宣传方面确实有不实事求是的浮夸现象，宣传要鼓干劲，但要实事求是，力戒浮夸。②

2月20日，邓小平出席中共上海市委工业会议开幕式并作了讲话。

---

① 中共中央文献研究室编：《邓小平年谱（1904—1974）》下，中央文献出版社2004年版，第1480页。

② 中共中央文献研究室编：《邓小平年谱（1904—1974）》下，中央文献出版社2004年版，第1485—1486页。

他说：去年是全面大跃进，各方面发展很快。但真正冷静地来看一下，农业还没有翻身，工业也没有翻身。总的说来，科学技术、工农业水平，我们还是落后的。我们国家“一穷二白”的形势，还没有基本解决，当然有所改变，但是还没有基本改变。根本改变还差得远，还需要十五年或者更多一点时间，才能真正把我国建成一个工业强国。所以我们要干的事情还很多。我们要利用对我们有利的国际形势，争取时间，好好地搞建设。我们对成绩要有足够的估计，但是同时也不能言过其实，迷惑自己。去年下半年宣传工作有点浮夸，有不少是言过其实的。有一些事情本来做得不错，但是擦上了一层厚厚的粉，不光外国人，连我们本国人也不相信。这样的例子在报纸、刊物、电影中都有。公开宣传要谨慎，宁可做的多说的少，不要说的多做的少。①

为了继续纠正“大跃进”和人民公社化运动中出现的问题，中共中央于1959年2月召开第二次郑州会议，邓小平出席了这次会议。

紧接着，中共中央政治局又于3月25日至4月1日在上海召开扩大会议，即上海会议。这次会议主要讨论人民公社问题和落实1959年的国民经济计划指标。1958年的“大跃进”与高指标是联系在一起的，没有高指标，就没有“大跃进”。邓小平在会上专门讲了降低指标的问题。他说：现在提出一个计划问题，计划要放在切实可靠的基础上，中央、地方都觉得有些问题，主要是肩膀上的担子重得很，应该实事求是解决。总的就是原材料不足，主要又是钢材不足。他又说，大家一致赞成这样一个办法，把计划定在确实可行的基础上，宁可超过，大家心情舒畅一点。②

上海会议一结束，中共中央接着召开八届七中全会。

会上，邓小平作了《关于经济工作和国家机构的人事配备的说明》。说明中，他先谈了对年前武昌会议确定的1959年计划指标的修改情况。在上海会议上，对原定的1959年的计划指标作了较大的削减，如基本建设项目由1500个降为1000个，基建投资由360亿元降为260亿至280亿元，生铁、钢材、发电量、发电设备、金属切削机床等指标都有

---

① 中共中央文献研究室编：《邓小平年谱（1904—1974）》下，中央文献出版社2004年版，第1490页。

② 李锐：《大跃进亲历记》下，南方出版社1999年版，第443—444页。

不同程度的下降。

然后，邓小平着重谈了降低指标的原因。他说，为什么要作这样一些变动呢？这是因为经过第一季度的实践，看来我们原来定的某些生产指标大了一点，基建项目多了一点，而原材料的生产发展是有限度的，不可能保证这样大的生产指标和基建规模，如不实事求是地加以变动，势必在原材料和设备不如量、如质、如期保证的情况下，使本来不多的原材料分散使用，结果引起连锁反应，各方面都完成得不好，重点不能得到保证，一般也不能不受影响。

邓小平接着指出：现在看得很明白，如果不根据客观的可能来制定计划，就难免在执行过程中作一些不适当的安排，造成一些人为的困难，其结果不是搞得更多，很可能是搞得更少。必须充分发挥人的能动性，但它是受客观实际可能限制的。如果我们不比较充分地认识客观的可能，制定一个积极可行的计划，并且充分发挥人的能动性去完成和超额完成这个计划，那我们就会像 1957 年那样，犯保守主义的错误。我们都想多搞一点，这是可以理解的，这种热情是可宝贵的，但是，如果我们过分夸大人的能动性，制定一个人们难于实现的计划，那我们也会犯主观主义的错误，同样不利于事业的发展。①

在这次会议上，毛泽东明确提出要将权力集中在常委和书记处。他说：权力当然不只集中在常委和书记处，但是总要有一个核心机关，经常注意问题。中央的主席是我，常委的主席是我，所以我毛遂自荐为元帅。书记处的总书记就是邓小平，你就当个副元帅。行不行？毛泽东为元帅，邓小平为副元帅。你们赞不赞成？如果赞成，就照这样办。毛泽东在讲话中还说："一朝权在手，便把令来行。"唐朝人的两句诗。邓小平，你挂帅了，一朝权在手，便把令来行，你敢不敢呀？② 可见，毛泽东对邓小平寄予厚望，将他作为接班人之一加以培养。

---

① 李锐：《大跃进亲历记》下，南方出版社 1999 年版，第 476—477 页。

② 中共中央文献研究室编：《邓小平年谱（1904—1974）》下，中央文献出版社 2004 年版，第 1501 页。

## 7. 心系西藏的稳定与发展

1959年上半年，邓小平一方面花了很大的精力协助毛泽东纠正“大跃进”以来的“左”倾错误，另一方面为维护西藏的稳定和发展作了大量的工作。

主政西南之时，邓小平为实现西藏的和平解放发挥了巨大的作用。到中央工作后，他依然关心着稳定西藏的工作。

根据1951年5月《中央人民政府和西藏地方政府关于和平解放西藏办法的协议》(即“十七条协议”)规定，人民解放军进入西藏以后，主要任务是执行协议，巩固国防。1952年，中共西藏工委在执行协议中就西藏统一治理问题、统一战线的性质和任务问题（其中包括对达赖、班禅两个集团问题）等产生了不同认识。鉴于西藏工委认识上的分歧，1953年10月，中共中央指定中央统战部部长李维汉和副部长刘春在北京召开西藏工作座谈会。中共西藏工委的负责人参加了会议。在其后召开的中央书记处会议上，邓小平作了讲话，并耐心细致地对西藏工委的同志做了工作，使与会同志提高了认识，达到了团结与统一，为执行协议、稳定西藏工作局势奠定了思想基础。①

1956年上半年，内地基本完成了对农业、手工业和资本主义工商业的社会主义改造。4月22日，西藏自治区筹备委员会成立。当时，西藏工委一些人也急欲在西藏地区进行改革，以尽快改变西藏社会经济的落后面貌。基于这一美好的愿望，西藏工委进行了改革的宣传和准备工作，而西藏地方政府中的分裂分子则抓住这一问题大作文章，攻击工委的做法是破坏协议。工委的急躁做法和西藏地方上层分裂分子的挑拨煽动，使西藏工作一度陷于被动。中共中央和毛泽东发现了这一问题后，指示邓小平和中央书记处及时处理。1956年12月底，邓小平专门电示西藏工委书记张经武：中央已于9月4日发出了关于西藏地区在第二个五年计划期间不进行民主改革的指示，根据这一方针，明年工作部署不是紧的问题，而是压缩的问题。因此，干部要送些回去，党员也不

---

① 中共西藏自治区委员会：《邓小平同志与西藏革命和建设事业》，《回忆邓小平》下，中央文献出版社1998年版，第380页。

要发展了，干部也不要吸收了，未成立的摊子也不要成立了。①

1957 年 3 月 5 日、6 日、8 日、9 日，中共中央书记处专门讨论西藏工作，邓小平到会作了讲话。他说：西藏至少六年内不实行民主改革的方针，这是毛主席提出、经过中央政治局常委多次讨论才决定的。不改革的主要原因是西藏现在不具备改革的条件，即使实行了改革，经济建设等一系列工作也跟不上，多用钱也办不了好事。同时，就国际关系来说，暂不改革，也有利于争取若干年的和平环境从事建设。实行这个方针，西藏统治集团可能翘尾巴。但是只要有军队在，军事、外交、交通权力在我，它闹也不怕。如果小打，坚决还击；如果大打，就改得快些。邓小平还针对中央一些部委急于为西藏办事的情况指出：在西藏做好事，兴办新的事业、企业，要从政治上考虑，同时要掌握限度。今后对西藏工作的领导，只有中央同工委的关系，所有中央部门没有单独向西藏发指示的权力。②

此次中央书记处会议后，西藏工委根据中共中央的精神和邓小平指示，从 1957 年春天起着手精简机构，缩减人员，除保证青藏公路畅通的人员外，将干部、工人、学员从 4.5 万人一下减少为 3700 人。驻藏人民解放军也减少了 70%。地方工作只限于城镇和交通沿线县份，全区 60 多个宗教办事处大部分撤销，一批农奴出身的干部被送到咸阳西藏公学进行学习。

1958 年 9 月 8 日，邓小平在北京召见西藏工委书记张国华谈话，明确指出了中共中央的政策和策略，要求西藏工委和军区采取冷静、理智的态度，叛匪威胁党政机关和主要交通就打，有把握就打，没有把握就不打，双管齐下，先把交通要道保住。6 年不改，但出了乱子由他们负责。时隔不久，邓小平又召见了西藏工委和军区负责人，作出指示：“人不犯我，我不犯人。巩固自己的阵地，维护交通。”“六年不改还有四年多时间，长得很，收缩对了，现在主动，小据点加强一点，提高警惕，生产时把枪放在旁边。”他还一再告诫西藏工委：“西藏当局万变不

① 中共中央文献研究室编：《邓小平年谱（1904—1974）》中，中央文献出版社 2004 年版，第 1333 页。

② 中共中央文献研究室编：《邓小平年谱（1904—1974）》下，中央文献出版社 2004 年版，第 1350 页。

离其宗，现在不要发动群众，只搞整顿队伍，交朋友和学习，在社会上也不要大搞社会主义教育。"①

邓小平还十分注意做西藏上层人士的团结工作。1954 年 9 月，阿沛·阿旺晋美出席第一届全国人民代表大会第一次会议，见到了邓小平。邓小平对阿沛·阿旺晋美在 1952 年拉萨发生伪"人民会议"事件时坚决站在西藏工委一边，做了许多工作，促成用政治方式妥善处理这次事件，给予了充分肯定。他对阿沛·阿旺晋美说，西藏情况很复杂，帝国主义者和分裂主义分子不会就此罢手，他们还会寻找新的机会，制造事端，进行捣乱和破坏。你既要保持警惕，又要大胆工作。很重要的一条是要团结大多数上层人士，要争取达赖喇嘛支持你的工作。你也要主动地尊重和支持达赖喇嘛，帮助他工作。

1956 年 11 月，达赖喇嘛和第十世班禅大师应印度政府邀请，去印度参加纪念释迦牟尼涅槃 2500 年法会，并在印度各地参观访问。到达印度后，达赖立即受到一些帝国主义分子和流亡国外的极少数西藏分裂主义分子的包围，他们不断地给达赖灌输"西藏独立"思想，挑拨、鼓动达赖喇嘛留在印度"领导西藏独立运动"。在这种情况下，达赖产生了政治动摇，不想回西藏，随行官员的思想也被他们搅得混乱异常，形势十分不好。这时，周恩来利用访问印度的机会，同达赖几次谈话，耐心教育他，讲明利害关系，劝说他返回西藏。经过阿沛·阿旺晋美等人同少数分裂主义分子的激烈斗争，达赖于 1957 年 2 月回到西藏。

第二年 5 月，阿沛·阿旺晋美出席一届全国人大四次会议时，邓小平会见了他，并对他说，在印度发生的事情不是偶然的，有历史根源，也有现实原因。这是帝国主义者长期以来操纵西藏的分裂主义分子，策划分裂西藏的继续。这次他们对达赖喇嘛进行策反，达赖喇嘛本人一度发生动摇，更增加了斗争的严重性和复杂性。这种分裂与反分裂的斗争还会继续，将是长期的斗争。因为那些搞分裂的人不会就此罢休。邓小平还对阿沛·阿旺晋美说，在印度期间，你同他们面对面地展开了针锋相对的斗争，维护祖国统一的立场很坚定，斗争很坚决，他们恨你是必然的。我听到你在印度时的处境很困难，很为你担心。你安全回来了我

① 中共西藏自治区委员会：《邓小平同志与西藏革命和建设事业》，《回忆邓小平》下，中央文献出版社 1998 年版，第 382 页。

很高兴，在今后工作中你在坚持爱国立场、走革命道路的同时，要保持警惕，但也不要怕，中央和解放军总是支持你，也会保护你。你也要善于保护自己，办法就是争取团结更多的人，尤其要争取达赖喇嘛。团结的人越多，反对分裂的人越多，他们对你就越奈何不得，你就越安全。①

然而，西藏上层反动集团把中央人民政府宽大、忍耐的态度视为软弱可欺，在国外势力的支持下，置《中央人民政府和西藏地方政府关于和平解放西藏办法的协议》于不顾，不断制造分裂活动。1959 年 3 月 10 日，西藏上层反动集团认为时机成熟，在外国势力支持下，公然发动了以拉萨为中心的武装叛乱。驻藏人民解放军在西藏广大人民的支持下，迅速平息了叛乱。邓小平作为党的总书记，参与了中共中央有关平叛的一系列正确方针的制定。

随后，中共中央提出了“边平叛边改革”的方针。1959 年 4 月，邓小平把西北民委主任汪锋从西安召回北京谈话，指示汪锋及西藏工委尽快研究西藏的基本情况和民主改革中的有关政策问题，并遵照毛泽东的指示，着重研究平叛后对西藏上层实行的赎买政策。即确定赎买对象和范围，对未叛乱的农奴主及其代理人所占有的土地、耕畜、农具和多余的房屋，予以赎买，并初步确定以上各项的赎买金额和支付办法。同时还确定了民主改革的阶级路线，即依靠劳动人民，团结一切可以团结的力量，有步骤有分别地消灭封建的农奴制度。从此，在西藏全区掀起了平叛、民主改革的群众运动。

## 8. 正确宣传毛泽东思想

1959 年 4 月，第二届全国人民代表大会在北京召开。大会选举刘少奇为中华人民共和国主席。邓小平再次被任命为国务院副总理。

1959 年 7 月 2 日至 8 月 1 日，中共中央政治局在庐山举行扩大会议，接着，8 月 2 日至 16 日，中共中央又在庐山召开八届八中全会(这两个会议合称庐山会议)。政治局扩大会议原定的议题是总结“大跃

---

① 阿沛·阿旺晋美：《坦诚教诲，终生难忘》，《回忆邓小平》上，中央文献出版社 1998 年版，第 80—81 页。

进”以来的经验教训，继续纠正“左”的错误。7 月 14 日，彭德怀给毛泽东写了一封信，谈了自己对“大跃进”和人民公社问题的若干看法，结果引发了毛泽东对彭德怀的错误批判。庐山会议中断了纠“左”的进程，使“大跃进”和人民公社化运动中许多已被指出、有待纠正的错误重新发展起来。会后，全党开展了一场“反右倾”的斗争，并展开了新一轮的“大跃进”。

庐山会议召开时，邓小平因腿部受伤住院治疗没有上山，也就未能参加会议。会后，时为第二机械工业部部长的宋任穷同铁道部副部长吕正操、煤炭工业部部长张霖之、化学工业部部长彭涛等一起到北京医院看望他。大家你一言我一语地向他讲述了庐山会议后期批判彭德怀的一些情况。邓小平沉思片刻后说：彭德怀同志历史上是有功的，在平江起义、抗日战争、解放战争和抗美援朝斗争中都有很大的功劳，不论他有什么错误，这些功劳都是应当充分肯定的。在批判彭德怀的调子越来越高的时候，邓小平敢于仗义执言，讲公道话，“表明了他对庐山会议批判彭德怀同志这些事的态度，这对彭德怀同志无疑起了一定保护作用”。①

此时，正值新中国成立十周年。应苏联《真理报》之约，邓小平发表了《中国人民大团结和世界人民大团结》一文。文章指出，人民群众创造新生活的热情和他们的首创精神，是发展社会主义事业无穷无尽的源泉；中国人民同世界人民的团结一致，是中国的革命和建设事业取得胜利的必要的国际条件。这篇文章同时也发表在《红旗》杂志 1959 年第 19 期上。

庐山会议后，二届全国人大第九次常委会议于 9 月 17 日任命林彪兼任国防部部长。9 月 26 日，中共中央军事委员会发出《关于军委组成人员的通知》，邓小平再次被任命为中央军委委员。

1960 年 1 月，邓小平离开北京，前往广州参加中央军委扩大会议。1 月底，他在杨尚昆的陪同下，前往海南岛，视察榆林港海军基地和鹿回头农场。接着，又驱车前往海南东部的万宁县（今万宁市）境内的兴隆华侨农场。当农场领导向他介绍归国华侨在国民经济困难时期不向困

---

① 宋任穷：《小平同志永生》，《回忆邓小平》上，中央文献出版社 1998 年版，第 46 页。

难低头，艰苦建场勤劳创业的情况时，邓小平深为赞赏。他对农场领导说：兴隆是个地灵人杰的美丽地方，兴隆农场的发展前景十分远大。[①]

2月2日，邓小平结束对海南的视察，从海口渡海前往湛江。2月3日下午视察了阳江县岗列公社岗列大队万头猪场。当晚赶到新会，参观了新会劳动大学、工具改革展览会和农业机器制造厂。随后，前往江门，视察江门糖厂。2月4日途经佛山到广州。在广州附近的从化温泉休息了几天之后，又回到广州参加中央有关会议。

2月17日至18日，邓小平前往郑州，先后视察了郑州纺织机械厂、郑州国棉四厂、管城区红旗人民公社、北郊人民公社、黄河花园口。在视察管城区时，他在询问了解放后市民的生活状况和无业人员安置情况后说：我们打倒了蒋介石，解放了全中国，人民翻了身，这仅仅是第一步，现在更重要的是让大家尽快地富起来，要多想富起来的办法。我国人多地广，不能光靠国家，你们下边要多想想办法。我们这次来，主要是寻求如何发展经济的办法，尤其是城市。在视察红旗人民公社电机厂时，邓小平看到了放在厂门口的电机，高兴地说："不简单，真不简单！过去这是外国人搞的，现在我们这样的小厂也可以搞。"

庐山会议之后，办不办公共食堂一度被上升到是否坚持社会主义阵地的高度，庐山会议前一度散伙的食堂再次强行恢复。在郑州管城区红旗人民公社和北郊人民公社视察时，他特地询问了公社的公共食堂情况，了解群众是否自愿参加食堂，有没有不参加的情况。红旗公社负责人说："经过我们动员，大部分人愿意参加，有30%的人不愿参加。"邓小平听后说："说实话好啊。社员到食堂吃饭要靠自愿，如果过一段时间人家认为我们办得不好，要允许人家退出，如果办得好，赶也赶不走。"

在视察两个公社时，邓小平还看到公社新建设的厂房和办公大楼，并询问这些建筑材料和资金是从哪里来的。公社干部告诉他，贷了部分款，木料、砖瓦都是从群众那里筹集的。邓小平听了后立即说："要记清账，不要记糊涂账，到一定时候要还给群众，不能让群众吃亏。"他还对公社干部说：搞生产，做计划，要考虑群众的意见，要符合当地的

---

① 阮崇武：《情系天涯》，《回忆邓小平》下，中央文献出版社1998年版，第303页。

实际。积累和分配问题要妥善解决，既要不断扩大再生产，又要安排好群众生活。在视察中，他还要求公社干部要有好的作风，轮流到大食堂吃饭，去体验生活，要关心群众疾苦，不要浮在上面听汇报。①

在郑州视察两天后，邓小平到了安徽，首先在蚌埠车站听取了中共安徽省委第一书记曾希圣的汇报，然后抵达合肥参观了包公祠等古迹。到达安徽的第二天，即2月19日，邓小平到革命老区金寨县视察。到金寨后，接见了金寨县党政领导，详细询问了革命老区人民的生产、生活情况。金寨县地处大别山腹地，山高地少，土地贫瘠，加上当时兴建梅山、响洪甸两座水库，淹没了10万亩良田，因此全县人民的生活非常困难。邓小平听了汇报后，心情十分沉重。他说，战争年代金寨人民对中国革命有很大的贡献，在社会主义建设的今天又淹掉了10万亩良田，地方党委、政府要关心老区人民的生活、生产，要千方百计地帮助他们渡过困难时期。

返回合肥后，邓小平又视察了合肥工业大学，听取了校领导关于学校科研成果的介绍后，参观了学校科学研究展览馆。

2月24日，邓小平在曾希圣的陪同下，专程到淮南视察。在新建成的望峰岗选煤厂，邓小平仔细地参观了生产过程。到洗选车间时，由于车间所处位置较高，他的腿伤还没有痊愈，大家都劝他不要上去，但他坚持要上去。视察完选煤厂，邓小平还不顾众人的劝阻，下到井下看了采煤情况。

第二天，邓小平还特意到了当年淮海战役取得决定性胜利的地方——宿县双堆集，并同当地的群众进行座谈。他深情地说："双堆集人民为淮海战役的胜利做了大量的工作，作出了牺牲。"谈话结束后，他又来到烈士纪念碑前，向在淮海战役中牺牲的烈士致哀。②

2月25日，邓小平来到济南，听取了中共山东省委的汇报。27日，专列途经天津，他又听取了中共河北省委的工作汇报。

一个月后，他再次到了天津，参加毛泽东在这里召集的政治局扩大

① 李长春：《邓小平同志在河南》，《回忆邓小平》下，中央文献出版社1998年版，第241—242页。

② 卢荣景：《来自黄山之巅江淮之滨的颂歌》，《回忆邓小平》下，中央文献出版社1998年版，第172页。

会议。

天津会议只开了两天，即3月24日、25日。在第一天的会议上，毛泽东提出城乡公共食堂、城市人民公社等17个问题，要大家讨论。3月25日上午，邓小平主持了会议，讨论这些问题。下午，邓小平将讨论情况向毛泽东作了汇报。

邓小平汇报时，提出一个托拉斯的问题。他说："中央说了，今天也说了，大家赞成这个意见，就是生产关系要有个改革，实际上也是上层建筑要有个改革。目标就是速度加快，更节约，综合经营，综合利用。我们研究，恐怕要走托拉斯道路。就是主席提过的，一行为主，搞其他多行，搞托拉斯。"毛泽东说："资产阶级发明这个托拉斯，是一个进步的方法。托拉斯制度实际上是个进步的制度，问题是个所有制，资本主义国家是资本家所有，我们是国有。"邓小平接着说："在三年规划里面初步考虑了这个问题，考虑全国搞大大小小各种各色的托拉斯。这是个改组，恐怕快一点搞有利。"①

林彪主持中央军委之后，就大搞个人崇拜。在1959年9月的中央军委扩大会议上，他使用贬低马克思、列宁的手法，制造对毛泽东的个人迷信，说马克思、列宁著作很多是低级的，学马列同读化学不一定要找到发明化学的人、学几何不一定要找欧几里得一样，不一定要读马列的原著；学毛泽东著作是高级的，学毛著是学习马列主义的"捷径"，可以一本万利。1960年2月，中央军委在广州举行扩大会议，林彪在会上提出，学毛著就是要背警句，要挑最好的，背上那么几十句就差不多了。他还用编串子的办法，把毛泽东1939年为中国人民抗日军政大学的题词（即"坚定正确的政治方向，艰苦朴素的工作作风，灵活机动的战略战术""团结、紧张、严肃、活泼"）起名为"三八作风"。

针对林彪将毛泽东思想庸俗化、把学习毛泽东思想简单化的错误倾向，邓小平在这次会议上毫不隐讳地谈了自己对这个问题的看法。他说："对毛泽东思想的宣传问题，我曾经在山东、天津谈过，后来在中央也议了。昨天在毛主席那里还谈了这个问题，他赞成这个意见：第

---

① 中共中央文献研究室：《毛泽东传（1949—1976）》下，中央文献出版社2003年版，第1065页。

一，现在的主要问题是把毛泽东思想用得庸俗了，什么东西都说成是毛泽东思想。例如，一个商店的营业额多一点就说是毛泽东思想发展了，打乒乓球也说是运用了毛泽东思想。第二，马克思列宁主义很少讲了。这种情况，不少报纸都不同程度地存在。为什么要提出这个问题呢？因为按照我们对毛泽东思想的正确理解，一个是要坚持马克思列宁主义，保卫马克思列宁主义；一个是要发展马克思列宁主义。毛泽东思想同马克思列宁主义是一回事。毛泽东思想坚持了马克思列宁主义的普遍真理，并且在马克思列宁主义的宝库里面增添了很多新的内容。所以，不要把毛泽东思想同马克思列宁主义割裂开来，好像它是另外一个东西。”①

当时，有人提出，要以毛泽东思想为纲学习政治经济学。邓小平对这种说法不以为然。他认为，毛泽东在政治经济学上是有发展的，但是，讲初期的发展时期的资本主义，总是马克思和恩格斯，总是《资本论》；讲帝国主义，总还是列宁的《帝国主义是资本主义的最高阶段》；讲社会主义，列宁和斯大林都有，毛泽东也有重要的发展。所以，不能只是讲以毛泽东思想为纲学习政治经济学，“否则人家问你研究帝国主义以哪个著作为纲，你怎么答复？扯不清楚。当然，对于帝国主义的论述，毛泽东有发展，例如关于帝国主义是纸老虎的论断。但是，《资本论》和《帝国主义是资本主义的最高阶段》已经把关于资本主义和帝国主义的基本的理论问题解决了”。邓小平明确指出：“对待毛泽东思想是一个很严肃的原则性的问题，不要庸俗化，庸俗化对我们不利，对国际共产主义运动也不利。”

邓小平还讲到了集体领导问题，他强调：“我们党是集体领导，毛泽东同志是这个集体领导的代表人，是我们党的领袖，他的地位和作用同一般的集体领导成员是不同的。但是，切不可因此把毛泽东同志和党中央分开，应该把毛泽东同志看作是党的集体领导中的一个成员，把他在我们党里头的作用说得合乎实际。毛泽东同志是尊重集体领导的。他昨天讲，提法要合乎实际，不合实际就站不住脚。我们应该本着这种精神，去做好毛泽东思想的宣传工作。”②

---

① 《邓小平文选》第一卷，人民出版社 1994 年版，第 283 页。

② 《邓小平文选》第一卷，人民出版社 1994 年版，第 284 页。

在林彪大造对毛泽东的个人崇拜的情况下，邓小平这番话的意义也就非同寻常。可惜，他的这些正确意见并未为党内所普遍认同，毛泽东本人对林彪的做法不但没有制止，而且还有些欣赏，以至于个人崇拜在党内逐渐盛行开来，最终产生了严重的后果。

# 四、纠“左”的努力

## 1. 深入农村调查研究

庐山会议后，随着新的“大跃进”的启动和农村人民公社一系列“左”的政策的出台，造成了比1959年上半年更为严重的经济困难。

这些困难主要表现在：第一，积累和消费的比例失调，从1958年至1960年三年，积累率分别达到了33.9%、43.9%和39.6%，大大超过了第一个五年计划期间本已较高的平均积累率24.2%的水平。如此高的积累只能以降低人民生活水平为代价。第二，工农业比例失调，重工业畸形发展，从1957年至1960年，重工业增长了2.3倍，而农业则下降了22.8%。由于基建规模过大，增加大量职工和投资，造成社会购买力和可供商品的比例失调，出现了巨大的财政赤字和市场紧张。第三，农业生产遭到了极大破坏，粮食和其他主要农作物大幅度减产，1960年底，全国粮食库存量降到了573亿斤，比1955年的804亿斤减少了29%。农业的减产，粮食库存的减少，形成了全国性的粮食危机，农民生活尤为艰难。

严重的困难，使领导人的头脑冷静下来。1960年6月，毛泽东写了《十年总结》一文，试图对十年的社会主义革命和建设经验做一个初步的总结。他在文章中指出，时至今时，党内管农业的同志，以及管工业、商业的同志，“在这一段时间内，思想方法有一些不对头，忘记了实事求是的原则，有一些片面思想（形而上学思想）”。他还承认自己“也有过许多错误”，“有些是和当事人一起犯的”。他提醒全党：对于社会主义时期的革命和建设，还有一个很大的盲目性，还有一个很大的未被认识的必然王国，对此，要以第二个十年的时间去调查它，去研究它，从中找出它的固有的规律，以便利用这些规律为社会主义革命和建设服务。①

毛泽东的这篇文章，囿于当时的主客观条件，还不可能对1958年“大跃进”和人民公社化运动以来的“左”倾错误，进行全面的反思、深刻的剖析和彻底的清理。但是，毛泽东在全党面前公开承认自己也犯了错误，强调一段时间以来思想方法不对头，忘记了实事求是原则，号召全党上下认真总结社会主义革命和建设的规律，这对于全党冷静地思考“大跃进”和人民公社化运动以来经济生活中存在的问题及其原因，并对随后进行的政策调整，是有重大的指导意义的。

与此同时，作为中共中央领导集体的主要成员，邓小平也开始对1958年以来的经验教训进行反思。1960年5月25日，他主持召开中共中央书记处会议，讨论将于上海召开中共中央政治局扩大会议的有关问题，决定汇集有关工交企业发生工伤事故和农村发生浮肿病、饿死人情况的材料，以便在中央政治局扩大会议期间同有关省、市、区第一书记进行研究，吸取教训。邓小平在讲话中指出：庐山会议后，关于一个指头问题（1958年1月，毛泽东写了《工作方法六十条》，其中提出，判断工作中的成绩与缺点的时候，要处理好九个指头与一个指头的关系，成绩始终是九个指头，缺点和失误是一个指头，引者），有的得了教训，有的没有得到教训。这反映领导方法问题。雄心壮志是好的，但还要有细致的工作，粗枝大叶的风气不是小问题。粮食问题原因何在？肯定有相当大的虚报，工作不谨慎，多吃粮。浮肿同劳动强度有密切关系。工伤事故这样多，不要忽略有敌人破坏，但更主要的是管理制度问题。制度严不等于同群众路线矛盾。三年补充计划，宁肯稍为慢些，也要把布局布好，留有余地。布局不只是战局问题，还有长远发展的问题。② 他在同年5月28日的书记处会议上又说：过去大家都讲老实话，工作做得不坏。从1958年开始，有些人不讲老实话。各项指标，按确有把握的再打九折。总的说，决不是计划不够，而是是不是太满的问题。现在

---

① 中共中央文献研究室编：《建国以来重要文献选编》第十三册，中央文献出版社1996年版，第419—421页。

② 中共中央文献研究室编：《邓小平年谱（1904—1974）》下，中央文献出版社1998年版，第1552页。

只以为形势好，有些阴暗面看不到。① 在6月3日的书记处会议上，邓小平对一些地方的浮夸风作了尖锐的批评，指出：过去过于乐观了，估计不恰当，安排不恰当。基本上是浮夸、虚报，不是保险系数打得过大的问题。现在大的公社报假，就成问题。要吸取教训，头脑清醒些。②

6月10日，刘少奇主持召开有各大区和省、市、自治区以及中央一些部门负责人参加的座谈会，听取国务院副总理薄一波、谭震林、李先念、李富春分别就当前工业交通、农业、粮食及生活安排、第二个五年计划后三年的补充计划等问题所作的情况介绍。邓小平在发言中指出：老实说，主要当家的就是我们在座的。作为领导者，我们应该不要忘记除了九个指头以外一个指头甚至于少于一个指头的问题。领导者头脑要热，但是更要冷。我们热这方面是够的，但是冷这一点是不是还有一部分同志不够？最近一个时期出现的现象，如果我们不注意，哪怕不到一个指头，它可以发展到一个指头，甚至多于一个指头。到那个时候再来提醒，再来检讨，我们就要受损失。我们一定要估计到，有这样一部分同志，相当程度地丧失了我们党的实事求是的优良传统。考虑后三年计划，我建议还是“右倾机会主义”好一点，留有余地才能多快好省。6月18日，邓小平在毛泽东主持的中共中央政治局扩大会议上讲话时又指出：我们的干部还有一个心理状态，就是对项目明知有困难，但是嘴上不说，一定要争到手；从局部着想，明明知道不可能，却说可能。这是对贯彻总路线这样严肃事情的庸俗理解和处理。直到今天，相当多的中央部的领导同志、相当一部分的省市同志没有转过来。中央的同志更是责任所在，主席进行自我批评，我们也要进行自我批评。③

1960年秋天，受中共中央委托，周恩来主持起草了《中共中央关于农村人民公社当前政策问题的紧急指示信》(简称“十二条”)，提出了十二项解决当前困难的具体措施。11月3日，毛泽东对《指示信》

① 中共中央文献研究室编：《邓小平年谱（1904—1974）》下，中央文献出版社2004年版，第1554页。

② 中共中央文献研究室编：《邓小平年谱（1904—1974）》下，中央文献出版社2004年版，第1555页。

③ 中共中央文献研究室编：《邓小平年谱（1904—1974）》下，中央文献出版社2004年版，第1558—1559页。

作了几处重要修改。当天，中共中央用电报将《指示信》发给了生产大队、生产队党总支和党支部以上各级党的组织。“十二条”的下发，标志着中共中央开始纠正农业领域的“左”倾错误。

1960年12月24日至1961年1月13日，中共中央在北京召开工作会议。毛泽东在最后一天的会上，就农业问题、工业问题、建设方针、国际形势等阐明了意见，着重讲了调查研究的重要性。他说：搞社会主义建设不能急，要搞几年慢腾腾的，不要图虚名而招实祸。我们的同志多少年来不做调查研究，只要不做这种工作，我们的工作就没有基础。调查研究极为重要，情况明才能决心大。他还说，今年内搞个实事求是年。我们是有实事求是传统的，但解放以来，特别是最近几年，我们不摸底了。大概是官做大了。我这个人就是官做大了，从前在江西那样的调查研究，现在就做得少了，今年要做一点，开完会后，就要去一个地方做点调查研究工作。他要求与会的高级干部，回去后大兴调查研究之风，都要去作调查研究，把实事求是的精神恢复起来。①

中共中央工作会议后，接着又于1961年1月中旬召开了中共八届九中全会，全会确定对国民经济实行“调整、巩固、充实、提高”的八字方针。会上，毛泽东又讲到了调查研究的问题，说这几年我们吃了不调查研究的亏，重申1961年要成为实事求是年、调查研究年。

为讨论农村人民公社工作条例和进一步解决农业问题，中共中央决定在广州和北京分别召开工作会议。广州会议于3月10日举行，由毛泽东主持，出席会议的有中南、华东、西南三大区的中央局书记和各省、市、自治区党委书记，简称“三南”会议。北京会议由刘少奇、周恩来主持，出席会议的有华北、东北、西北三大区的中央局书记及各省、市、自治区党委负责人，简称“三北”会议。

3月13日清晨，毛泽东致信刘少奇、周恩来、陈云、邓小平、彭真及“三北”会议全体人员，指出：“大队内部生产队与生产队之间的平均主义问题，生产队（过去小队）内部人与人之间的平均主义问题，是两个极端严重的大问题，希望在北京会议上讨论一下，以便各人回去后，自己并指导各级第一书记认真切实调查一下。不亲身调查是不会懂

① 《毛泽东文集》第八卷，人民出版社1999年版，第233—237页。

得的，是不能解决这两个重大问题的（别的重大问题也一样），是不能真正地全部地调动群众的积极性的。也希望小平、彭真两位同志在会后抽出一点时间（例如十天左右），去密云、顺义、怀柔等处同社员、小队级、大队级、公社级、县级分开（不要各级集合）调查研究一下，使自己心中有数，好做指导工作。”

毛泽东在信中写道：“我看你们对于上述两个平均主义问题，至今还是不甚了了，不是吗？我说错了吗？省、地、县、社的第一书记大都也是如此，总之是不甚了了，一知半解。其原因是忙于事务工作，不作亲身的典型调查，满足于在会议上听地、县两级的报告，满足于看地、县的书面报告，或者满足于走马看花的调查。这些毛病，中央同志一般也是同样犯了的。我希望同志们从此改正。我自己的毛病当然要坚决改正。”“我的那篇《关于调查工作》[①] 的文章也请同志们研究一下，那里提出的问题是作系统的亲身出马的调查，而不是老爷式的调查，因此建议同志们研究一下。可以提出反对意见，但不要置之不理。”[②]

毛泽东原打算派陶铸去北京通报“三南”会议的情况，并带去给刘少奇等人的信和《关于调查工作》一文。但他很快就改变了主意，决定从15日起将“三南”与“三北”会议合并在广州召开。3月14日，参加“三北”会议的四名中央政治局常委和其他与会人员，分乘两架飞机来到广州。15日，“三南”与“三北”会议合并在广州召开。会议经过讨论，通过了《农村人民公社工作条例（草案）》（即“农业六十条”）。

在广州中央工作会议上，邓小平就书记处的工作作了认真的自我批评。在3月19日的中南、华北小组的会议上，邓小平说，1957年以前搞民主革命，搞社会主义改造，从中央到下面干部比较熟悉，搞得很顺畅，但1956年高级合作化时，出现了高潮，提出了多快好省，形势很

① 此文毛泽东写作于1930年5月，是针对当时党内存在的严重的教条主义倾向而写的，已经散失多年，一直寻找而未得。1959年中国革命历史博物馆建馆，到各地征集革命文物，在福建龙岩地区发现了这篇文章的石印本。1960年底，中共中央政治研究室的人从中国革命历史博物馆借来。毛泽东的秘书田家英得知此书后，将其送到了毛泽东手中。后来编辑《毛泽东著作选读》时更名为《反对本本主义》。

② 《毛泽东文集》第八卷，人民出版社1999年版，第250—251页。

好，头脑就不够冷静了。1958年以来，如果搞得谨慎一点，有些话慢点说，可能会好一点。从中央到地方都有缺点，中央应该负担主要责任。他诚恳地说，中央的具体工作由书记处主持，作为中央常委和主席的助手，工作没有做好，日常工作做得不坏，但方针政策方面出的好主意不多，没有直接的调查研究，有些问题发现了没有采取有效措施加以解决，没有认真去调查和处理。

在23日的中央工作会议全体会议上，邓小平着重谈到了加强调查研究的问题。他说：在我个人来说，在书记处来说，日常工作做得不算很坏，但是在重大的决定方面出的好主意不算很多，主要就是缺乏调查，调查研究不够，材料的来源主要是看报告。因此，出的主意、一些意见很难有把握。作为助手，作为主席、常委、政治局的助手，这一方面工作是做得不好的。过去我们书记处不是对所有问题都没有发觉，对若干地方出现的问题本来是有察觉的。察觉了之后，应该有个办法，去调查研究。无非是自己去调查研究，或者是派人去调查研究。出现这些问题不能及时解决，不能够正确地解决，这一方面我们没有尽到责任。作为重要的教训，个人也好，整个书记处也好，我想大家恐怕都应认真汲取。调查研究是一个根本的工作方法。调查研究也会有错误观点，但总是把握大一点。情况明了，因此办法也就对一些，决定也就对一些。①

为了改变各级干部的工作作风，贯彻落实条例，广州中央工作会议的最后一天，中共中央就认真进行调查研究问题致信各中央局，各省、市、自治区党委，要求高中级干部联系最近几年工作中的经验教训，认真学习毛泽东的《关于调查工作》一文。并指出，最近几年农业、工业方面的具体工作中，发生的缺点和错误，主要是放松了调查研究工作，这段时间，夸夸其谈，以感想代替政策的恶劣作风，又有了抬头。中共中央要求从现在起，县以上的党委领导人员，首先是第一书记，要将调查工作作为首要任务，并订出制度，造成空气。在调查中，不要怕听言之有物的不同意见，更不要怕实践检验推翻了已经作出的判断和决定。只要坚持调查研究、实事求是的作风，目前所遇到的问题就一定能够顺

---

① 中共中央文献研究室编：《邓小平年谱（1904—1974）》下，中央文献出版社2004年版，第1624页。

利地解决，各方面的工作就一定能够得到迅速的进步。①

在此之前，邓小平就前往福建、河南等地开展调查。

这年 2 月 2 日，邓小平和杨尚昆等在福州进行了一天的考察。在福州石雕工艺厂参观时，邓小平详细询问了产品销往东南亚等地的情况。由于该厂的生产车间与居民住房挨在一起，临离开工厂时，邓小平环顾简陋的厂房，十分关切地询问工人生活如何，是不是住在工厂宿舍，商品供应紧张是否影响生产等。他还来到福州市郊的黎明人民公社调查，并向陪同的干部和在地头劳动的社员了解蔬菜生产情况和郊区群众生活的情况。

这年 3 月，邓小平再次到河南考察。当时河南的灾情比较严重，中共河南省委为恢复和发展生产，领导群众渡过灾荒，正在开展整风整社。针对河南的情况，邓小平说，战胜困难的关键在于调动积极性，一个是干部的积极性，一个是群众的积极性。整社中退赔一定要兑现，这样才能调动群众的积极性。三类社要整，一、二类社也要整。一、二类社是大多数，要调动大多数人的积极性。对于干部的处理，宁肯不及，不要过头，不要随便戴帽子。批判后，重要的问题是鼓气，不要灰溜溜的。要多种蔬菜，多养猪，搞好群众生活。在谈到工业生产管理时，他说要派干部加强领导，把原来的好制度恢复起来。不立不破，多立少破，一步步地搞，既要坚持不断革命论，又要坚持革命阶段论。要制定合理的工资制度，认真搞好奖励，井下工人的奖励可以高于井上的。工厂的标准是产品质量好，这是工厂好坏的集中表现。②

广州会议结束后，邓小平在回北京的途中，特地在湖南株洲停留 1 天，视察了国营 331 厂和 601 厂。

3 月 25 日，邓小平回到北京。27 日，他主持召开中共中央书记处会议，传达广州中央工作会议精神。邓小平在讲话中说：现在看，公社本身应有几个发展阶段，过去走得太快了，教训是深刻的或是沉痛的，实事求是的精神受了损害。为什么不实事求是？就是方法出了问题。过

① 中共中央文献研究室编：《建国以来重要文献选编》第十四册，中央文献出版社 1997 年版，第 225—226 页。

② 李长春：《邓小平同志在河南》，《回忆邓小平》下，中央文献出版社 1998 年版，第 242 页。

去几年调查研究很少，搞了许多虚假现象。这是这几年的根本教训。老实说，过去战争期间，解放后几大改造，还是注意调研的，工作也是深入的。最近几年，工作好了，就舒服了，不搞调研了。中央也是按级听汇报，群众的呼声听不到，听到也不重视。许多事就是那么一下子干下去，又不经过试验后再推开，都是一哄而起。这次会议政策上是解决平均主义，方法上是搞调查研究。县以上领导机关要把调查研究恢复起来，作为永远的、根本的工作方法。①

3 月 29 日，邓小平主持中共中央书记处报告会，传达广州中央工作会议精神。他在讲话中说：农村人民公社是从高级社发展起来的。发现“共产风”后，第一次郑州会议就着重提出按劳分配、多劳多得、反对平均主义的问题。但对这些问题两次郑州会议都没有解决。以后武昌会议正式搞了个决议。两次郑州会议是反“左”的，武昌会议也是反“左”的，但都没有贯彻，大家还是在那里搞“共产风”。庐山会议本来是反“左”的，但中间出了彭德怀同志这个问题。因为这个问题一插，我们工作中应该注意的问题被忽略了。所以，庐山会议后刮的这一种风更厉害了。这也是个教训。1958 年以前我们党调查研究、实事求是的作风还是保持的，1958 年以后我们的实事求是的作风削弱了，“浮夸风”就是实事求是的对立面。“五风”是从“共产风”、“浮夸风”这两个风生出来的。这几年缺点不小，有的地方不是一个指头，有的地方也不是两个指头，而是三个指头，或者四个指头。②

随后，邓小平于 4 月 7 日到了京郊的顺义农村，在这里整整进行了 15 天的调查。

到顺义之后，邓小平以蹲点、座谈、访问形式，详细了解农村实际情况。4 月 12 日，邓小平召集公社、管理区干部座谈会和公社、大队书记座谈会。此前，一些干部群众曾对“一平二调”（即平均主义和无偿调拨）等问题提出过批评，但在“反右倾”运动中，却被当作攻击总路线、“大跃进”、人民公社“三面红旗”而受到批判，所以在会上吞吞

---

① 中共中央文献研究室编：《邓小平年谱（1904—1974）》下，中央文献出版社 2004 年版，第 1625 页。

② 中共中央文献研究室编：《邓小平年谱（1904—1974）》下，中央文献出版社 2004 年版，第 1626—1627 页。

吐吐不敢直言。邓小平说：“一平二调”搞得大家都没劲头了，要尽快制定“三包一奖惩”（包工、包产、包成本，超产奖励、减产惩罚）和“四固定”（将土地、劳动力、耕畜、农具固定到生产队使用）责任制。现在包产过大的单位应当适当划小。包产单位小一些，便于互相比较生产条件，你瞒不过我，我也瞒不过你，包产指标就容易落实了，要让他们在同等条件下搞生产竞赛。定生产指标要力求合理，还要留有10%的余地，照顾到有产可超，这样他就会有奔头了，就拼命去干了。

人民公社在分配上实行的是所谓工资制与供给制相结合的制度，实际上大多数人民公社并无多少工资可发，真正起作用的是供给制。供给制就是公社对全体社员免费提供基本生活保障，通俗的说法是“吃饭不要钱”，社员不分劳动力强弱和劳动好坏，都在公共食堂吃一样的“大锅饭”，结果严重地挫伤了社员的生产积极性。在谈到克服分配中平均主义时，邓小平说：要认真执行“按劳分配多劳多得”的原则，承包单位之间、社员之间无论如何不能拉平，要克服分配上的平均主义，这样才能调动起社员的积极性。评工记分必须搞得严密一些，死分死计、死分活记都不能很好地体现同工同酬。比如二等劳力干一等劳力的活，还记二等工分，这就存在着平均主义，就会打击二等劳力的积极性，这种不合理现象必须克服。一定要实行定额包工，多劳多得是天经地义的事，是社会主义分配原则。

对执行按劳分配中可能出现的问题，邓小平又指出：现在农民脑子里想的是多产多吃，但是生产下降了，吃不到300斤口粮，就不能吃300斤。小灾少吃点，中灾再少吃点，大灾更要少吃。自然灾害是这样，人为灾害更应该是这样。即便某个承包单位减产很多，确需调剂口粮，也只能补够最低标准（保命数）。总之不要拉平，人与人之间劳动有强弱，干活也有好坏，出勤多少也不一样，为了奖勤罚懒，不仅在劳动报酬的工分上有差别，口粮差别也要相当明显，这样就能克服平均主义，农民就放心了，就能刺激生产者搞好生产和克服各种自然灾害的积极性。邓小平同时认为，实行按劳分配后，对那些没有劳力或缺少劳力的五保户、困难户不能将他们丢掉不管，集体对五保户要给予照顾，对困难户要适当补助。

在座谈中，邓小平了解到，木林公社的上辇大队在粮食分配时采取的方法是：40%卖给国家，剩余60%的一半按工分分配，一半的20%作为大队机动粮，10%按人头分，10%奖励给劳动好的社员。同时，小队开荒“十边地”的粮食归小队积累，拿出一部分按工分分配。这种分配方法得到社员一致拥护，粮食单产1959年540多斤，比1958年提高60多斤，副业收入3万多元，社员生活水平明显提高。邓小平对这种做法很赞赏。他说：上辇村的余粮分配办法很好，很有道理，国家集体个人几方面都照顾到了，就应该是这样，定好超产部分，几成卖给国家，多为国家做点贡献，而且群众心中也有了底，生产积极性就会高，生产就能搞上去。县委要搞几个这样的好典型，总结推广下去。

农村的公共食堂在建立人民公社之初就已经出现，当时主要是大量的劳动力被抽去从事大规模的农田水利建设，农民回家吃饭不方便，就在工地上建立临时的集体食堂。随后，随着“大办钢铁”、“大办交通”等各种各样“大办”的展开，客观上需要更多妇女走上生产第一线，而办公共食堂在某种程度上使农民家里不再需要妇女专门做饭，于是公共食堂有了进一步发展。等到人民公社建立时，公共食堂被赋予了“共产主义萌芽”的含义，认为它建立后就能实现家务劳动的社会化，有助于消灭社员的私有观念，加速向共产主义的过渡。这样一来，公共食堂就成为人民公社的题中之意。于是，在全国迅速实现人民公社化的同时，也很快普及了食堂化。

当时，为推广公共食堂，曾为此总结了许多的优越性。其实，它与供给制一样，社员对其意见很大。公共食堂不但饭菜单一，吃饭不自由，粮食、劳力浪费严重，而且还成为部分干部卡压群众的手段，有的素质不高的干部，动辄对社员以不给饭吃相威胁。尤其是1959年粮食供应紧张之后，公共食堂更是成为社员意见的中心，也成了广大干部的一块心病。办食堂群众怨声载道，不办会背上一个破坏社会主义阵地的罪名，庐山会议后的“反右倾”中，一些干部就因停办公共食堂而被打成“右倾分子”。食堂问题不妥善处理，人民公社问题就得不到真正解决。

4月15日，邓小平在北小营召开的上辇大队、北小营大队、仇家店大队支部书记、生产队长参加的座谈会上，反复询问参加座谈会的干部：公共食堂是吃好还是不吃好？当时，“农业六十条”草案中仍强调

"一切有条件的地方，生产队应该办好公共食堂"，可对什么是"有条件"并无具体规定。因此，会上多数人都不敢说食堂不好，而是违心地大讲公共食堂的好处。邓小平对干部们说：公共食堂是个大问题，现在群众议论很多，要注意一下。随他来视察的卓琳因为已在上辇村社员孙旺家住了一个星期，了解情况，就对邓小平说："上辇吃食堂是假的。由食堂分粮食，社员自己回家做饭吃才是真的。"邓小平对上辇大队的干部说："你们村的干部对'共产风'、平调风顶得好，锅、碗、瓢、盆没有被刮跑，锁没有砸，门没有拆，是很好的事。吃食堂光荣，不吃食堂也光荣。吃不吃食堂要由群众决定。"

邓小平在牛山公社白庙大队考察食堂时，看到食堂停伙，了解到当地社员没有吃的，觉得问题严重。在桑园大队召开的社队干部会上，他明确指出："吃食堂是社会主义，不吃食堂也是社会主义。以前不管是中央哪个文件上说的，也不管是哪个领导说的，都以我现在说的为准。根据群众的意见，决定食堂的去留。"①

邓小平还考察了城镇集市和庙会，了解到农贸市场萧条，供应紧张，便提出要把手工业及家庭副业都发展起来，增加市场上买卖的品种和数量，把农村集市繁荣起来，满足生产和生活需要，增加农民收入。他还召开供销社干部座谈会了解供销情况，明确提出要把有劳力、有原料、社员生活和生产急需的苇编、柳编、荆编、烧石灰、打木具的传统手工业发展起来。

人民公社化运动前，自留地、家庭副业都是社员收入的重要来源，也是向市场提供蔬菜、副食品的重要渠道。人民公社化运动中，自留地归了集体，家庭副业不准搞，社员家里的猪鸡鹅鸭差不多绝了迹。庐山会议前纠"左"时，中共中央虽然下发过文件，要求恢复社员的自留地和家庭副业，庐山会议后一反"右倾"，又将其当作资本主义的东西反掉了。农业合作社时，农民遇到灾荒，还可通过自留地和家庭副业来缓解。现在，这条路没有了，更加剧了生活的困难。邓小平在调查中特别强调，社员的家庭副业不能丢，应该是六畜兴旺，尤其是养猪很重要。他还对顺义的干部说：你们县是一个传统的养猪县，社员喜欢养猪，而

---

① 参见中共北京市委：《邓小平同志对北京市的关怀与激励》，《回忆邓小平》下，中央文献出版社 1998 年版，第 10—14 页。

且有丰富的经验，若是把这个传统丢了很可惜。一头猪不仅能赚二十多元钱，肥料还能养二三亩地，不施化肥，也能增产，社会效益就高了。

5 月 4 日，邓小平和彭真在顺义县一起听取中央五个调查组及中共北京市委第二书记刘仁的汇报。

刘仁具体汇报了丰台区南苑公社大红门大队关于供给制的调查。刘仁说，1960 年大红门大队供给制支出 19 万元，占总分配金额的 35%。按劳动工分应得与享受供给金额比较，占便宜的共 151 户，其中应该享受的户 6 户（五保户、困难户各 3 户），不够五保户、困难户的老弱孤寡 12 户，劳力少、人口多的 30 户，劳力弱的 20 户，不出勤或出勤少的懒汉 55 户，富农 4 户，地主 15 户。地主、富农之所以占便宜，主要是其子女上学的人多。如果把供给制改为只补助五保户、困难户，劳动分配将发生很大变化。全大队五保户 3 户，每户每年只需 200 元，困难户 3 户，每户每年 300 元，两者合计 1500 元，只占现有供给制支出的 3.6%。把原供给制支出 19 万元减去 1500 元后，用于按劳动工分分配，劳动日值（10 分）可以从现在的 0.8 元提高到 1.33 元。社员们说：这样改了，可以大大提高劳动积极性，促进生产，劳动日值更会提高。

刘仁又说，干部社员分析了现行供给制有四大毛病、三个好处。毛病是：第一，工分值降低，影响劳动积极性；第二，出懒汉，有的人懒着少出工、不出工；第三，出学生，等于集体供养学生，假期也不干活，学完都跑出去找事干，农业用不上；第四，增加干部工作困难。三个好处：一是铁饭碗，人人有饭吃；二是能培养第二代，不会因吃不上饭退学；三是劳动力老了不怕没人管，可以进敬老院。

邓小平听后当时就表示：三七开供给制不搞了。补助五保户、困难户。基本制度是按劳分配，三包一奖、评工记分，彻底改掉死分死记。只要按劳分配，方法可以多种多样。彭真接着说：就这样定了，回去就抓紧认真落实。①

5 月 10 日，邓小平和彭真联名致信毛泽东，反映调查了解到的情况，并就农村若干重大政策问题发表了意见。信中着重讲了五个问题：

一是关于社队规模。信中说，北京近郊和各县生产大队和生产队规

---

① 《缅怀彭真》，中央文献出版社 1998 年版，第 239—240 页。

模都已调整，多数是万把人一个社，大队一般是以村为单位，生产队一般是50户左右，生产队之下一般建立作业组。社队规模的调整，使农民心里有了底，效果很好，它大大提高了社员的生产积极性。

二是关于粮食征购和余粮分配。在调查中，邓小平和彭真了解到，干部和群众对这个问题有两种意见，即多数生产队赞成对包产部分的余粮购九留一，对超产部分购四留六。有少数生产队愿意包死。他们认为，"因为连续两年歉收，目前社员爱粮如珠，对国家征购后的余粮，大队、生产队不宜留得多了，应该把绝大部分按劳动工分、按出售肥料分给社员，鼓舞他们像经营自留地一样，在集体经营的土地上精耕细作、积极施肥"。

三是关于供给制。邓小平和彭真的看法是："现在实行的三七开供给制办法，带有平均主义性质，害处很多。它不仅使劳动力多、劳动好的人吃亏，也不能适当解决五保户和困难户的问题。"

当时看好供给制，除了它的"共产主义因素"外，还有一个重要的原因，认为它有利于照顾贫下中农，可事与愿违，邓小平、彭真在给毛泽东的信中说："许多典型材料证明，这种供给制，不但不一定对贫雇农和下中农有利，甚至是对地富和上中农更有利。因为贫雇农和下中农一般结婚比较迟，子女少，劳动比较好，在他们中间占这种供给制便宜的人，比例较小；而地主、富农一般抚养人口比较多，劳动比较差，又有使子女上学的习惯，在他们中间占便宜的人，比例较大。因此，在这次辩论中，干部和群众普遍主张取消这种供给制，而主张只对五保户生活和困难户补助部分实行供给。"

四是关于三包一奖和评工记分。信中提出，根据一些典型调查的材料，凡是几年来年年增产的单位，多是大体上坚持执行了三包一奖评工记分制度的，有些单位并且建立了比较系统的定额管理制度。一些实行"死分死记"或"死级活评"的单位，因为没有执行按劳分配的原则，一般都减了产。现在，有很多生产队，由于调整了社队规模，废除了老的供给制，实行了新的供给制（即只供给五保户和困难户），再加上执行和改进了三包一奖、评工记分的办法，劳动积极性和劳动效率显著提高。

五是关于公共食堂。邓小平和彭真认为，食堂的问题比较复杂，不能像供给制一样，一刀两断地下决心。尤其要走群众路线，让社员慢慢考虑、好好讨论，完全根据群众自愿，他自己感到怎样合算就怎样办。今后，要办食堂的，一般应当把食堂的经济核算同生产队分开。食堂不要大了，应办小型的，或者是自愿结合的。①

信中还讲到他们了解到的耕畜和农具的所有制问题，供销社和手工业、家庭副业等问题的情况，并谈了解决这些问题的看法。

毛泽东对这封信很重视，很快作出批示："此信发给各中央局，各省、市、区党委，供参考。"邓小平和彭真的这些建议，在随后出台的"农业六十条"（修正草案）中都得到了体现。

1961年5月21日至6月12日，中共中央在北京召开工作会议。会议的主题是讨论和修改广州会议制定的"农业六十条"（草案），同时讨论精简城市人口、压缩粮食销量、对几年受到错误批判和处分的党员干部进行甄别平反等问题。

会上，与会人员对几年出现的失误和错误作了认真的分析。毛泽东在会上再次强调，一定要搞调查研究，一定要贯彻群众路线。他说："社会主义谁也没有干过，没有先学会社会主义的具体政策而后搞社会主义的。我们搞了十一年社会主义，现在要总结经验。"② 刘少奇更是明确指出："这几年发生的问题，到底主要是由于天灾呢，还是由于我们工作中间的缺点错误呢？""总起来，是不是可以这样讲：从全国范围来讲，有些地方，天灾是主要原因，但这恐怕不是大多数；在大多数地方，我们工作中间的缺点和错误是主要原因。""我们在执行总路线、组织人民公社、组织跃进的工作中间，有很多的缺点错误，甚至有严重的缺点错误。"③

在此次中共中央工作会议上，邓小平在发言中指出：我们总的估计应该是这样，三年来毛病出的很大，问题相当多；但也应该说，我们做了很多好事情，各方面都有一些积极因素。不过，如果我们有经验，把工作做得扎实一些，至少有相当大一部分缺点是可以避免的。去年搞了1840万吨钢，虽然影响了其他方面，但当时正在反对国际上的修正主

---

① 中共中央文献研究室编：《建国以来重要文献选编》第十四册，中央文献出版社1997年版，第325—329页。

② 《毛泽东文集》第八卷，人民出版社1999年版，第276页。

③ 《刘少奇选集》下，人民出版社1985年版，第337页。

义，大家很高兴。现在回头想一想，还是得不偿失。去年为了保钢铁，钢铁勉强上去，其他都上不去，还挤了农业、轻工业，把必要的市场供应也挤了。现在是否还可以用前一个时期的办法来解决今天的问题？我看不行了。对于严重困难出现的原因，邓小平同意刘少奇的分析，指出：在生产关系方面，不但农村紧张，城市也紧张，这里面也有个所有制的问题。究竟是天灾，还是由于人祸？少奇同志也说过，在一些地区恐怕我们工作上（包括若干政策）的毛病是主要的，天灾不是主要的。从粮食上暴露出来的问题，实际上是农轻重问题，是重工业速度问题。要加以调整，填平补齐，把力量用到轻工业和农业方面来。压缩城市人口，大家要从全局考虑问题，小道理只能服从大道理。

在此次中央工作会议上，周恩来、陈云都提出，为了克服目前严重的困难，必须大幅度精简城镇人口，邓小平对此表示赞同。他说：现在提出要从城市压人下去，这不仅是解决粮食问题，对工业本身也有好处。不减人，工业生产秩序搞不好。减人的关键是以中央各部门为主，冶金、煤炭、机械及其其他各行各业，凡是多的人都要减。总之，每一个工业部门、事业部门，包括学校、机关，不要想在几年之内一下子搞得很快。要这样想问题，才能有决心把机构拉下来，把人压下来。①

会议的一项重要成果，是对《农村人民公社工作条例（草案）》中关于公共食堂和供给制的内容作了重大修改，对生产大队的山林、社员的房屋和干部纪律作出了明确规定，最后形成了《农村人民公社工作条例（修正草案）》。这个文件的出台及其修改完善，是毛泽东、刘少奇、周恩来、邓小平等中共第一代中央领导集体和各级领导干部，在广泛调查研究的基础上作出的，表明中共中央在农村政策上有了重大突破，它对于扭转农村困难局面发挥了重要作用。

## 2. 促成“工业七十条”

1961 年开始，我国正式放弃了高喊了三年的“大跃进”口号，国民经济进入了调整时期。由于严重的经济困难主要肇因和表现为粮食供

---

① 中共中央文献研究室编：《邓小平年谱（1904—1974）》下，中央文献出版社 2004 年版，第 1641—1642 页。

应的严重不足，因此，在实行“八字方针”的初期，曾将调整的重心放在农业方面，对工业方面的调整决心并不是很大，虽然也精简了一些多余的职工，将之充实到农业生产第一线，但企事业单位仍有大量的富余人员，人浮于事的现象仍十分严重，工农业间的矛盾仍很尖锐。

之所以在国民经济的调整之初没有下决心对工业问题动大手术，主要是当时认为，通过增加农业生产尤其是粮食生产的劳动力，加上有了“农业六十条”纠正“共产风”问题，农民的生产积极性就能调动起来，农业生产就能很快恢复和发展，实现这年1月八届九中全会确定的1961年粮食产量4100亿斤的指标是有可能的。而4100亿斤的计划指标，是建立在1960年粮食产量3700亿斤的基础上的。当时认为，如果实现了这4100亿斤的指标，粮食紧张的问题就能基本得到解决，工业仍可以有一个比较大的发展。

可是，1961年上半年国民经济计划的实行情况却很不理想，就连1958年以来千方百计保住的重工业也没有实现增长，甚至连1960年的水平也保不住，其他许多工业产品的产量更是大幅度地跌落下来，经济形势比预想的还要严重。

“大跃进”以来，年年号称粮食增产丰收，但粮食的年产量到底是多少，始终没有弄清楚，而是在大致的估计数字下安排第二年的生产和生活。1961年夏，在周恩来的督促之下，经济和计划部门终于查清了1958年以来粮食实际产量的底数：1958年的粮食产量并不是1959年庐山会议“核实”的5000亿斤，而是4000亿斤；1959年也不是公布的5100亿斤，而是3400亿斤；1960年不是估计的3700亿斤，而是2870亿斤；1961年夏收又比上年减少了160亿斤，估计全年的粮食产量只有2700亿斤。

到这时，农业的情况见底了，工业问题的症结也完全暴露出来，年初计划的粮食指标已根本不可能实现，而按照这个指标所制订的工业指标自然无法兑现，工业如果再不作大步后退，后果将会不堪设想。

调整工业的一项重要内容，就是精简1958年“大办工业”以来盲目招进的大量富余职工。

当年，由于农业生产放“卫星”，想当然地认为中国的粮食问题已经解决，以至在1958年的北戴河会议上还讨论了“粮食多了怎么办”

的问题。于是，党内有些人认为，现在农业已走在工业的前面，有必要来一个大办工业的高潮。在这样的背景下，一方面从中央到地方都不断扩大基本建设规模，兴建和扩建了大批的工矿企业，结果造成了工农业比例的严重失调，导致大批的企业没有原材料，开工不足，出现了大量的富余人员。可是另一方面，由于大办工业，农村用于农业生产第一线的劳动力特别是青壮年劳动力大为减少。这样，粮食产量连年下降，而城镇吃商品粮的人口却不断增加，加剧了粮食供应的紧张形势。

为了迅速恢复农业生产，1961 年 4 月 4 日，中共中央批准了中央精简干部和安排劳动力五人小组报送的《关于调整农村劳动力和精简下放职工的报告》，要求在 1960 年 8 月末全国职工实际总数约 5100 万人的基础上，到 1961 年底精简下放 800 万人左右，其中不带工资减回农村的 400 万人（包括已经精简的 250 万人），带工资下放到农村的 400 万人（包括已下放的 150 万人）。

在 1961 年 5 月至 6 月的中共中央工作会议上，周恩来作了关于粮食问题和压缩城市人口的报告。报告指出：今年农业形势虽有好转，但粮食形势还是继续紧张，库存已经减到最低限度。1960 年至 1961 年粮食紧张，重点在于城市，这是一个特点。他从产、购、销、调、存几个方面，对全国粮食情况作了分析后认为，从现在的情况看，农业生产不可能很快恢复，每年要供应城市 500 亿斤粮食是困难的。解决粮食问题的根本办法，就是从城市压缩人口下乡。如何压？最重要的方针，就是人从哪里来，回到哪里去。周恩来说，我们的职工人数还可以压低，压低并不影响我们的建设，反而可以节约劳动力，提高劳动生产率。三个人的饭三个人吃，不要五个人吃。

陈云非常赞同周恩来的意见，在发言中对动员城市人口下乡的重要意义作了进一步的说明。陈云进而分析说，现在问题的实质，就是城市人口如果不下乡，就只好再挖农民的口粮。虽然有了紧急指示信"十二条"和"农业六十条"，但是，如果粮食的征购任务不减少，这些政策就起不到应有的作用。因为农民最后还是要看国家征购多少粮食。如果征购还是那么高，农民还是吃不饱，那么，他们的积极性仍然不会高。"所以，面前摆着两条路要我们选择：一个是继续挖农民的口粮；一个是城市人口下乡。两条路必须选一条，没有什么别的路可走。我认为只能走压缩城市人口这条路。”①

这次会议讨论了如何减少城镇人口和压缩城市粮食销量的具体措施，并在会议的最后一天通过了由周恩来起草的《中央工作会议关于减少城镇人口和压缩城镇粮食销量的九条办法》。会议还明确提出，要在1960年底1.29亿城镇人口的基数上，三年内减少城镇人口2000万以上，1961年内争取至少减1000万人，1962年至少800万人，1963年上半年扫尾。同时，1961年至1962年度，城镇粮食销量争取压缩到480亿至490亿斤，比上年度减少30亿至40亿斤。

“农业六十条”下发后，得到了广大农民的拥护和普遍赞扬，一致认为这是一个顺民心、达民意、解民困的好文件，他们的生产积极性大大提高。因此，在广州会议后不长的时间，农村的形势就得到了较快的好转。

与农业相比，1960年底提出“调整、巩固、充实、提高”的八字方针后，工业方面调整的力度并不大，始终处于被动的局面。

邓小平是党内较早地发现“大跃进”中工业企业方面存在问题的领导人。1959年1月26日，他在各省、市、自治区党委书记会议上的讲话中，就提出：“工矿企业，在生产方面，同样还要提出加强经营管理，经济核算，责任制。规章制度，只能废除那些必须废除的，有的废除之后要新建，不能统统否定规章制度。特别是大生产里边一系列的问题，就更要有充分的科学的根据，随便乱动不得。大生产应该着眼于搞技术革命，不是搞人海战术。”② 可惜，邓小平的这个指示并未得到切实的贯彻执行。

到1960年底，工业方面的问题较多地暴露出来。根据中央书记处的意见，国务院副总理李富春组织国家计委、经委、一机部、中央高级党校、中国科学院经济研究所和北京市委等单位的有关人员，成立调查组，到北京第一机床厂就工业方面的问题开始进行系统调查。1961年初，毛泽东发出全党大兴调查研究之风的号召后，国家计委、经委又组织人员到石景山钢铁公司、城子煤矿、华北无线电厂、天津永利久大化工厂、太原钢铁厂、济南钢铁厂等单位做调查。中央政治研究室也对天

① 《陈云文选》第三卷，人民出版社1995年版，第161页。

② 薄一波：《若干重大决策与事件的回顾》下，中共中央党校出版社1991年版，第954页。

津第一钢厂和天津机床厂做了调查。5 月 3 日到 6 日，国家经委邀集各中央局经委主任和北京、天津、辽宁、黑龙江、江苏等 11 个省市主管工业的党委书记，由薄一波主持，在北京举行座谈会。5 月底 6 月初，这些调查材料和座谈会材料陆续反映到中共中央。"这些材料说明，当时工业生产大幅度下降，基本建设工程大批被迫停工，设备损坏严重，事故很多，人心不定，煤矿工人大批逃跑，企业管理混乱，生产指挥系统有不少处于瘫痪或半瘫痪状态。"①

这种严重的局面如果不加以扭转，国民经济调整将变成一句空话。5 月 20 日，中共中央书记处会议在听取了薄一波关于工业座谈会情况的汇报后，认为有必要搞一个工业方面的文件。薄一波提出，现在光发个原则性的指示，一是难写，二是发了也不解决问题。邓小平当即表示："要写各项政策，如责任制、技术政策、工资政策等。"②

在 1961 年 5 月至 6 月中央工作会议的最后一天，毛泽东在讲话中谈到要用"农村六十条"教育干部时，指出："城市也要搞几十条。"毛泽东的这个意见，实际上为制定工业企业工作条例定了音。

6 月 17 日，中共中央书记处召开会议，讨论钢铁生产和中央工作会议的传达问题。会上确定由薄一波主持起草工业条例。"大跃进"以来，钢铁和煤炭始终是发展工业的重点，当时号称要"钢铁元帅升帐"。虽然 1960 年初以来提出全力保钢，但钢和煤的产量仍是连续下滑，而钢煤的生产情况又涉及整个工业发展的全局。对此，负责计划工作的李富春提出：要由负责同志分头调查，解决重点企业的问题，并建议华北的石家庄钢厂、太原钢厂、天津钢厂由他自己和书记处书记李雪峰负责；东北的鞍钢、本溪钢厂由薄一波负责。邓小平赞成李富春意见，并且说：工业比农业复杂得多，究竟如何搞？现在心里无底。只有结合调查研究，条例才能搞得出来，可从各部抽人，必要时找少数大厂的人一块来参加；头十天左右，先把情况好好摸一下。

邓小平对工业条例的起草抓得很紧。在 7 月 3 日的中央书记处会议

---

① 薄一波：《若干重大决策与事件的回顾》下，中共中央党校出版社 1991 年版，第 952 页。

② 中共中央文献研究室编：《邓小平年谱（1904—1974）》下，中央文献出版社 2004 年版，第 1641 页。

上，他问李富春，初稿何时可以拿出来，李富春说7月25日可拿出初稿。

7月初，薄一波主持的工业条例起草小组写了条例初稿，总题为《国营工业企业管理条例》，共十章。第一章标题为“国营工业企业的性质、任务和体制”，以下九章，分别讲计划管理、责任制度、技术管理、经济核算等具体问题，基本上属于工业企业的内部关系和各种管理制度问题。由于是分头写的草稿，各章体例也不一样，也分不出有多少条。

随后，起草小组带着写出的草稿，分赴哈尔滨、长春征求意见，并根据一些企业负责人所谈的情况，在修改中既注意写了企业内部的问题，也注意写了企业外部的问题。经过修改，形成了初稿，题为《国营工业管理工作条例（草案）》，共15章，80条。7月16日，条例草案报送中共中央书记处。

在得知条例的起草进度后，邓小平决定亲自下去摸摸情况。

7月14日，邓小平来到沈阳，当天就听取了中共中央东北局负责人的汇报。他指出：总的看来，有几个问题很值得注意。这几个问题无非是农轻重关系和城乡关系问题，看来只照顾一头不行。（一）以钢为代表的重工业，产量从1800万吨减到1000万吨是个限度。保鞍钢是个战略问题，保鞍钢三分之二生产能力是个界限。现在讲农轻重，“农、轻”是上，“重”是下。要保证逐步地上，逐步地下。过去“重”一马当先，现在不要又在另一方面过分突出，要正确处理农轻重的关系。（二）物价问题。不能随便提价，会有连锁反应。自由市场的价格高可以，但国营市场的价格必须维持在一定的水平，不能乱提，宁可脱销。（三）供求关系和物资分配问题。物资缺少，分配当中要照顾农村又要照顾城市。日用品不照顾城市不行，因为城市人口集中。城市也是工人阶级的问题，不能弄得一肚子怨气，这也是个工农联盟问题。（四）粮食问题。农村要多吃一点，但是如果没有一定数量保证城市的需要，出了乱子会比农村严重。总之，工农关系、城乡关系、农轻重关系问题要通盘考虑。现在看，用三年时间进行调整是不够的。[1]

第二天，他又听取了中共辽宁省委负责人的汇报。在谈到工业问题时，邓小平说，对现有工业，要按设计能力定员定额。生产人员要和教

---

① 中共中央文献研究室编：《邓小平年谱（1904—1974）》下，中央文献出版社2004年版，第1648—1649页。

育、卫生、副食、生活服务等属于市政工作范围的人员分开，否则，就谈不到经济核算。企业多余人员作为编余处理，老弱病残由劳保福利解决。这样，企业领导人才能专心管企业，不分心。总之，企业问题的解决要从几定着手。定员、定额、责任制、技术政策、工资政策，这些问题解决了，企业才好领导管理。城市人口的定额和城市规模的确定也要由此着手。①

7月16日，邓小平在听取汇报中谈到了工业干部问题，认为整顿企业要把选择干部作为重要内容。在整顿中要配备好核心，每一级都要有核心。关于干部的政治条件，过去只从成分上了解是不妥当的，主要是看本人，看现在，技术干部主要看技术。有些技术员实际做了工程师的工作，长期未晋级，这个问题在企业试点工作中要解决，要正其位。企业的调整必须解决骨干问题，必须有两个德才都比较好的干部作核心，特别是厂和车间两级必须如此。选骨干，不能光看能说会道，要选踏踏实实、实事求是、老老实实工作的人。浮夸风，一部分与上面有关，也确有一部分人是个人主义思想问题。对从苏联回来的人，也要加以了解，使用不当的应加以改正。过去他们的作用未得到充分发挥，没有用好。总的态度是，企业整顿要把选择干部作为重要内容，要从总结经验出发，整顿制度，整顿秩序，整顿作风。②

随后，邓小平又听取了中共沈阳市委的汇报，并同在中共辽宁省委和沈阳市委的负责人谈话时，再次提出要搞工业宪法，要从定员、定任务等入手，建立严格的责任制，在管理制度、领导制度等方面积累经验。

在沈阳的调查结束后，邓小平又去了黑龙江，除了听取中共黑龙江省委的汇报外，还特地前往大庆油田视察。

自邓小平提出石油勘探的重点东移，1959年9月松辽平原上的松基3井出油后，石油工业部抽调大批队伍在这里开展石油大会战。邓小平还为大会战一次就批了两亿元人民币的经费，这在当时是一笔巨大的

---

① 中共中央文献研究室编：《邓小平年谱（1904—1974）》下，中央文献出版社2004年版，第1649页。

② 中共中央文献研究室编：《邓小平年谱（1904—1974）》下，中央文献出版社2004年版，第1650页。

款项。邓小平来时，正值会战的高潮，数万石油工人在极其艰苦的条件下，以“天当房子地当床，棉衣当被草当墙”的精神，克服了许多难以想象的困难。邓小平对此很感动，同时他很关心工人们的生活，这也是他在大庆视察期间询问得最多的问题。他关切地问陪同的石油部和中共黑龙江省委领导：现在职工生活如何，一个月伙食费多少钱？石油部的领导回答说，过去一个工人平均一个月十三四块钱就够了。最近来了一批进口面粉，每斤三角二分，这样花钱就多了，低工资工人很紧。邓小平当即要求黑龙江省对进口面粉不要加价，按国内价格调拨给油田。视察中，他一再指示黑龙江省委和油田的领导，要切实解决工人的生活困难，要想方设法让工人们能吃饱肚子，改善生活。

7月29日，刚刚结束东北调查的邓小平在北戴河主持中共中央书记处会议，听取薄一波关于工业条例起草情况的汇报和说明，并组织大家对条例进行反复讨论。与会者认为，搞工业管理条例，现在还搞不出来，还是只搞企业管理条例，主要写企业内部问题，名称就叫《国营工业企业管理工作条例》。有关国家与企业、企业与企业、人民公社与企业等关系方面的问题，必须写也可以写一些，但大部分要放到中央关于工业问题的指示中去写。《红旗》杂志副总编辑邓力群在讨论中建议在条例中加一段序言。邓小平对此表示赞成，并指示他负责序言的写作。之后，邓力群找田家英、胡绳、吴冷西、王力等，共同写了一个序言稿。

中共中央书记处会议之后，起草小组就在北戴河进行条例的修改。根据中央书记处的意见，修改后的稿子，题目定为《国营工业企业管理工作条例（草案）》，压缩了篇幅，共分十章、六十五条，于8月10日报送中央书记处。8月11日到14日，在邓小平主持下，中央书记处在北戴河连续举行了4天会议，对条例草案稿逐条讨论，边议边改，最后定为七十条，分十章，总字数约25000字。

8月15日，邓小平、彭真、李富春、薄一波联名向毛泽东和中共中央政治局常委会写了一封信，并附上条例草案稿。信中除简要介绍企业现存的问题、条例起草经过和主要内容外，还特别说明条例草案稿还不很成熟，不很完备，难免有不妥之处，待提到中央工作会议讨论修正后，再用草案形式发到各重要企业，一面试行，一面讨论提意见，以便进一步修改。同一天，中央办公厅将条例草案稿和邓小平等4人的联名信，印发给即将参加在庐山召开的中央工作会议的各中央局和各省市区负责人，请其事先阅读，提出意见。①

8月23日至9月16日，中共中央在庐山召开工作会议，主要议题是粮食问题、市场问题、两年计划和工业问题、工业企业管理问题、高等学校工作问题、干部轮训问题。毛泽东说自己“对工业没有发言权”，所以没有在全体会议上讲话，只是在政治局常委扩大会上讲了几次话。在会议的第一天，毛泽东召集中央和各中央局的负责人开会安排会议议程时，不无感慨地说：对于社会主义，我们现在有些了解，但不甚了了。搞社会主义我们没有一套，没有把握。他还说：这次会议如何开，也没有把握，用江西话说就是“蒸酒煮豆腐，不敢称师傅”，只有“寡妇养仔，众人之力”，大家出主意。

邓小平原本是留在北京主持中央日常工作，会议开了四五天后，毛泽东和周恩来考虑即将讨论的几个条例和文件都是由邓小平主持起草的，他对情况更为熟悉，乃决定让他上山参加会议。

9月5日，邓小平在会议上发表讲话。他首先谈了当前国民经济比例严重失调的严峻形势，谈了贯彻调整方针的迫切性。讲话主要讲了以下五个方面的问题：

（一）对最近三年的估计。“三面红旗”是正确的。但我们头脑太热，违反了客观规律，违反了社会主义建设法则，使本来可能的事变成不可能了，被迫退下来。

（二）三年调整的目标。到1963年，粮食在中等年景的条件下不再进口；棉花产量2000万担，平均每人8尺至10尺布；煤生产2.9亿吨至3亿吨；钢达到1000万吨好钢；日用品数量增多，质量提高；副食品、外贸、市场等情况都应有好转；三分之二的工业开工；市场物价比较稳定；各种收入比较多了。

（三）方法问题。还是抓重点、打歼灭战的方法能够解决问题。在抓重点的方法下面，一步一步稳步地走，一步一步地建立新的比例关系。我们的重点还是要更多一点放在煤炭上，使它第一不退，第二能够

---

① 薄一波：《若干重大决策与事件的回顾》下，中共中央党校出版社1991年版，第956—957页。

上去，由它来带动整个国民经济活起来。我们讲退够，是积极的，要有一条线。退到保命的限度也就够了，不能再退了，再退就是溃退。

（四）集中统一和分级管理问题。这个时期分散多了，权力要集中统一到中央和中央局，先试两三年看。如果见效，就再继续下去。集中统一的前提是要领导正确，中央和中央局要搞得对头，错误要犯小一点，少一点，犯了以后早一点察觉。越在困难的时候，越要从全局出发。同时，在集中统一下要给下面一点活动余地、一点机动，计划指标要留有余地。

（五）统一认识。气要鼓，要在一个目标下积极地干，不要搞得灰溜溜的。要提倡我们党的实事求是的传统作风。要敢讲话，讲真话，脚踏实地做事情。在困难的时候，要勇敢地承担责任。力争国民经济调整三年初见效，七年大见效。①

这篇讲话成为这次中央工作会议的总结。

对于“工业七十条”，多数与会者认为这是一个好文件，对于兴利除弊、整顿工业企业、搞好企业管理十分必要。有了这个条例后，工业企业的工作就有章可循了。但是，会上也有人持不同意见，认为条例草案对“大跃进”的正面经验总结得不够，肯定得太少，党的领导问题不突出等。还有人担心，实行这个条例，又将回到“大跃进”以前的老路上去。

中共中央书记处认真研究了会上提出的不同意见，凡能吸收的都尽量加以吸收，并对条例初稿再次作了修改。尽管如此，仍有人不肯表态。最后毛泽东的秘书田家英出了个主意：在颁发条例的同时，另写一封指示信，全面论述“大跃进”的成就，并对制定这一条例的目的、意义、重要内容进一步加以说明。中央书记处采纳了这一建议，并指定田家英组织人员起草指示信稿。

9月16日，彭真将指示信和修改后的条例草案报送中共中央政治局常委会成员，并附信说明：“六个大区的同志已阅，均无意见，认为很好。”

第二天，毛泽东作出批示：“指示及总则已阅，很好。”他还圈掉了

① 中共中央文献研究室编：《邓小平年谱（1904—1974）》下，中央文献出版社2004年版，第1657—1658页。

条例标题中的“管理”二字。这样，这个条例就正式定名为《国营工业企业工作条例（草案）》。

“工业七十条”条例草案规定，国营工业企业是社会主义的全民所有制的经济组织，又是独立的生产经营单位，它的根本任务是全面完成和超额完成国家计划，增加社会产品，扩大社会主义积累；企业的各个方面、各个环节，都要实行严格的责任制度；企业的技术工作，由总工程师负全部责任；每个企业都必须实行全面的经济核算，勤俭节约，讲究经济效果；企业职工的劳动报酬，要贯彻按劳分配原则，反对搞平均主义；企业的职工代表大会制，是吸收广大职工群众参加企业管理和监督行政的重要制度；每个企业行政上只能由一个主管机关管理，不能多头领导；等等。

“工业七十条”草案的公布和试行，对于贯彻执行国民经济“调整、巩固、充实、提高”的八字方针，恢复和建立正常的生产秩序，提高企业的管理水平、技术水平和生产水平，起了重要作用。

1957 年反右派斗争以来，政治运动一个接着一个，给文教、科研、文艺各个领域的知识分子以很大的冲击。在“农业六十条”“工业七十条”出台的同时，知识分子政策的调整也相继展开，“科学十四条”“高教六十条”“文艺八条”等文件先后出台。作为总书记，邓小平为各方面的调整做了大量工作。

在这几个条例中，最早出来的是“科学十四条”。早在 1960 年冬天，负责科研工作的聂荣臻就开始组织对科技战线较大范围的调查研究，发现在知识分子政策上存在不少问题，必须赶快制定这方面的政策。1961 年 4 月，聂荣臻主持拟定了《关于自然科学研究机构当前工作十四条的意见初稿》，并采取多种方式征求党内外科学家对十四条的意见。6 月 20 日，他向中共中央和毛泽东写了《关于当前自然科学工作中若干政策问题的请示报告》，报告的后面附上以中共国家科学技术委员会党组、中国科学院党组名义写的《关于自然科学研究机构当前工作的十四条意见（草案）》（简称“科学十四条”）。

“科学十四条”的主要内容是：(1) 提供科学成果，培养研究人才，是研究机构的根本任务；(2) 保持科学研究工作的相对稳定；(3) 正确贯彻执行理论联系实际的原则；(4) 计划的制订和检查，要从实际出发，适应科学工作的特点；(5) 发扬敢想、敢说、敢干的精神，坚持工作的严肃性、严格性和严密性；(6) 坚决保证科学研究工作的时间；(7) 建立系统的干部培养制度；(8) 加强协作，发展交流；(9) 勤俭办科学；(10) 百花齐放、百家争鸣；(11) 团结、教育和改造知识分子；(12) 加强思想政治工作；(13) 大兴调查研究；(14) 健全领导制度。

聂荣臻的报告在交给中共中央半个月后，政治局开会讨论这个报告。

此时，毛泽东正好在外地，没有参加会议。会议由刘少奇主持，周恩来、邓小平、彭真、李富春等政治局的大部分成员与会。会上，聂荣臻首先做了汇报，陈述了制订“科学十四条”的理由和过程，说明了制订这个条例的必要性。随后，中国科学院副院长张劲夫简要汇报了“科学十四条”在中国科学院试点后的情况和反映。

聂荣臻和张劲夫的汇报刚完，李富春第一个表示这个文件很好，文件中所提的问题和情况带有普遍性，不仅科学研究中是这样，高等院校里边也存在这种情况。他还建议将此文件发给工业系统参考。李富春指出，对人的政策，主要是红与专的问题，这方面有偏向，空洞地要求红。

邓小平在发言中表示，这是一个好文件，可以试行，很有必要。试行后在实践中加以补充，使其成为科学工作的宪法。

周恩来说，这个文件，财经、文教等系统也都可以发。要向我们的干部讲清楚，我们为科学家服务了，科学家就为社会主义服务得好。总而言之，都是为了社会主义。

彭真对频繁地给科技人员进行政治排队不以为然，建议干脆写明确，两三年内，各研究所都不排这样的队。

主持会议的刘少奇说，现在的问题是有偏向，要承认。有偏向就要纠。这几年党成为执政党是好事情，是成绩。乱指挥，人家也听你的。但这样继续搞下去要跌下台的，再不能这样搞了。我们的任务是进一步掌握科学技术的规律性，不要瞎指挥，不要不懂装懂。既然有偏向，就要纠偏。正确的当然不纠，有偏就纠，无偏不纠。

7 月 19 日，中共中央将“科学十四条”作为中央文件下发给各中央局，各省、市委，自治区党委，中央各部委和国家机关各党组，要求在自然科学工作中必须贯彻执行，对于其他有知识分子的单位，也应参照执行。

在端正知识分子政策的同时，邓小平还强调要大批地提拔年轻的技术干部。这年 11 月，他在中央书记处会议上听取冶金工业部的七年规划汇报时，就专门讲了这一问题。他说，“这几年来，我们对技术干部关心不够，对他们的使用有问题。有许多新生力量，能力未得到很好发挥。好多大学毕业生，工作了几年还当见习技术员，为什么不能大胆提拔当工程师？留学生回来后，使用得又怎样？我们再没有钱，也要把这批人提上来。不在其位，不谋其政嘛。把年轻人提起来，放到重要岗位，管的业务宽了，见识就广了，就能更好地发挥作用。要重视二十几岁、三十几岁的年轻人。世界上的科学家，成名的很多是在三十岁左右。现在再不重视培养提拔年轻人就晚了，到了我们这个年纪就不行了。”

号召知识分子走又红又专的道路是完全正确的，但 1958 年在知识分子中开展“红专”关系大辩论以来，许多单位和部门实际上将“红”与“专”对立起来，将那些一心开展专业研究的知识分子当作“白专”典型看待，严重挫伤了广大知识分子的积极性。针对这种情况，邓小平在谈到提拔工程师问题时，明确指出：“这次提拔工程师，不是个别的，有多少提多少。我看全国能够提拔几万个工程师。要经过精选、评议。提拔的条件主要是根据专业技术水平，政治条件是不反对共产党，忠于祖国。共产党员专业技术不合格的也不能提。”他还要求充分发挥技术人员的特长，不要让他们去搞与专业技术无关的行政工作。①

1958 年“拔白旗、插红旗”运动中，学生动手编讲义、编教材成为时尚。一时间，各校撇开老教授、老专家，匆匆忙忙地编出了一大批所谓的“红色讲义”“红色教材”。

1959 年底，邓小平曾提出要抓好高等学校教材问题。1961 年初，中共中央确定“调整、巩固、充实、提高”的八字方针后，中央书记处又多次讨论这一问题，邓小平为此提出可“先立后破、未破不立”，强调要编出一套好的、有价值的文科教材。

从 1961 年 4 月起，就在“科学十四条”起草的同时，中宣部副部长周扬领导了高等学校文科教材的编写工作。这次文科教材编写的面很

---

① 《邓小平文选》第一卷，人民出版社 1994 年版，第 291—292 页。

广，包括文、史、哲、经、政、教（育）、外（语）七大领域，还涉及艺术类的戏剧、音乐、戏曲、电影、美术、工艺美术、舞蹈等七类专业，编写的种类达到297种。当时，几乎所有的哲学社会科学的著名学者，都参加了教材的编写工作，由此形成了强大的编写阵营。

就在文科教材编写工作启动的时候，教育部也开始了《教育部直属高等学校暂行工作条例（草案）》（即“高教六十条”）的起草。为了写好这一文件，教育部召开两次座谈会，邀请部分高校的负责人和教授征求意见。6月下旬，写出了送审稿。

1961年7月底，邓小平在北戴河主持召开中央书记处会议，听取教育部负责人关于条例草案起草的说明，对草案初稿进行讨论，并决定成立一个由陆定一主持的小组，根据会议讨论的意见进行修改。邓小平对修改条例发表了许多意见，如草案中对毕业生的政治要求，原来是“全心全意为人民服务”，邓小平认为这个要求太高，可能做不到，于是改为“愿意为人民服务”。条例草案经过修改，定为十章六十条。这十章的标题是：（一）总则；（二）教学工作；（三）生产劳动；（四）研究生培养工作；（五）科学研究工作；（六）教师和学生；（七）物质设备和生活管理；（八）思想政治工作；（九）领导制度和行政组织；（十）党的组织和党的工作。

1961年8月5日，中共中央书记处决定，由陆定一负责将条例修改后立即发给参加8月中央工作会议的与会人员，以便事先阅读，准备意见；由教育部负责派三个工作组到北京、上海、天津，各选一所高等学校，分头宣读条例草案，征求意见。随后，教育部选定了北京大学、复旦大学、天津大学作为征求意见单位。9月15日，中共中央通过了这个条例，经毛泽东核准，发给教育部直属的26所高等院校试行，同时也将条例发给了其他所有高等学校，至于这些学校是否试行和如何试行，由各校主管部门决定。

与此同时，在周恩来的亲自领导下，文艺政策也作了很大的调整。1961年4月底，中宣部组成了一个有关文艺政策调整的文件起草班子，在充分讨论的基础上，初步形成了十个方面的框架：（一）政治与艺术的关系；（二）题材风格多样化；（三）普及提高；（四）中外文学遗产的继承；（五）加强艺术实践，保证创作时间；（六）加强文艺评论；（七）重视培养人才；(八) 精神鼓励和物质鼓励；(九) 加强团结，调动一切积极因素；(十) 改进领导。这便是后来有名的“文艺八条”的雏形。

## 3. 在七千人大会上

由于“大跃进”和人民公社化运动连续三年多的失误，国家的生产建设和人民的生活出现了严重困难。各级领导干部头脑逐渐地冷静下来，对“大跃进”以来各项方针、政策和决策进行了认真的反思，得出了要对国民经济进行全方位调整的共识。到 1961 年底，调整工作已初见成效，农村形势继续好转，工业滑坡的现象也开始停止。

但是，形势的发展并不平衡，城市的局势依然严峻，工业并没有扭转被动的局面。尤其重要的是，党内各级领导干部对于调整工作重要性和紧迫性的认识仍不统一。由于连续几年的“大跃进”和 1959 年庐山会议后全党“反右倾”的影响，还有相当多的领导干部对于“大跃进”还没有从思想上转过弯来，还在等待形势好转后继续大干，搞新的“跃进”，不愿意将基本建设规模和工业指标压缩下来；有的领导干部虽然也认为调整极为必要，但对庐山会议后的“反右倾”仍心有余悸，担心降低指标、调整速度会被人看成是右倾倒退，被扣上否定总路线、“大跃进”和人民公社“三面红旗”的帽子；也有少数的党员干部面对严重困难不知所措，产生悲观埋怨情绪，对何时走出低谷信心不足。这样一来，虽然中共中央确定了大幅度调整国民经济的方针，并为此作了一系列的决策，但许多政策落实不下去，调整工作难以深入开展，国民经济和人民生活仍然十分困难。

为了统一全党尤其是中高级干部的认识，进一步总结经验教训，动员全党更坚决地执行调整方针，彻底战胜面临的经济困难，中共中央决定召开一次有县级以上党委主要负责人，以及一些重要厂矿、部队负责干部参加的扩大的中央工作会议。因为与会者共达 7118 人，史称七千人大会。

召开这次会议，是 1961 年 11 月上旬召开的各中央局第一书记会议提出来的。会议在讨论 1962 年粮食上调方案时遇到了困难，粮食调不上来。于是，中共中央中南局第一书记陶铸建议：为了打通思想，把全国的地委书记找到北京来，开一个地委书记会议。刘少奇、邓小平当即表示赞成。毛泽东在听取中央局第一书记会议的情况汇报后，提出干脆让县委书记也参加会议。

1961年11月16日，中共中央发出了《关于召开扩大的中央工作会议的通知》。该通知指出：1958年以来，在中央和地方的工作中间“发生了一些缺点和错误”，并且产生了一些不正确的观点和作风，妨碍着克服困难，必须召开一次较大规模的会议来统一思想认识。

七千人大会前，征得毛泽东的同意，邓小平组织中共中央书记处对1958年北戴河会议以来的文件进行了一次系统的清理，编出了两本册子，一个是毛泽东论社会主义建设总路线和两条战线斗争，一个是中共中央发出的指示。毛泽东的讲话中，只列出了两次郑州会议和1960年下半年以后一些比较正确的内容。

12月16日，邓小平在中共中央书记处会议的讲话中指出：这个报告及编选文件是根据毛主席指示搞的，以便对中央工作会议有所交代。这几年工作中有一些错误、缺点，其责任，第一是中央，第二是省委。毛主席关于路线、政策的言论是正确的，但我们许多具体政策、措施与之相违背，表现在：(一）计划偏高、多变，基建战线长，打破了一切程序。(二）几个大办，而且是限期完成，把实事求是、调查研究、因地制宜的工作方法搞掉了。(三）体制下放，造成很大混乱。讲话中，邓小平还谈到反分散主义的问题：过去高指标时，大家接受任务痛痛快快，今年是低指标，却顶牛，发生这么大问题。“工业七十条”实际上要求集中统一，下面党委反应很强烈，不高兴，实际上就是反对集中统一。党委本来权很大，还感到权不够，要发号施令，为所欲为，这个问题反映了干部的思想状态。①

12月18日，中共中央书记处召开会议，听取薄一波关于全国工业工作会议情况的汇报。邓小平在作总结讲话时专门谈到了即将召开的七千人大会。他说：明年初要开七千人大会，其用意就是要统一全党思想，鼓足干劲，在一个目标（长远规划）之下，立志气，有奔头，不要搞得思想解体，灰溜溜的。现在的思想状况很值得注意，这是一个最中

① 中共中央文献研究室编：《邓小平年谱（1904—1974）》下，中央文献出版社2004年版，第1676—1677页。

心的问题。过去的问题是高指标，大家容易接受，结果不能实现。现在是低指标反而不容易接受，拿出的越少越好，拿进的越多越好，头脑中有分散主义。邓小平还说：最近要强调集中统一。现在权力下放过多，全国有几十万个小天地，各有打算，各留后手，东西拿不上来，积重难返。矫枉必须过正，现在要收权，中央向地方收，省向企业收，企业向车间收。现在是大权旁落，混乱不堪。如果再这样下去，就没有希望。① 从邓小平的这番话中可以看出，最初确定的七千人大会的主题是反对分散主义。

1961 年 12 月 20 日至 1962 年 1 月 10 日，中共中央召开了有部分政治局委员和各省、市、自治区主要领导共一百多人参加的中央工作会议，讨论国际国内形势和国内经济工作，为七千人大会作准备。

在 12 月 21 日的会议上，邓小平作了长篇讲话。

邓小平在讲话中传达了毛泽东关于国内形势的估计。他说：关于国内形势的估计，昨天晚上，毛主席也讲了一下，究竟国内形势怎么样，他做了一个总的分析：国内形势，现在是不错的。那一天我们谈的时候，他说，他感觉他的心情，去年（1960）、前年（1959）不那么很愉快的，今年他很高兴，因为我们的具体政策，凡是搞了的，都见效了。首先见效在农村，有了“六十条”，最近又把队为基础这个问题更进一步地解决了。现在反映农村的情况是见效的。毛主席特别举例，讲到了江苏省委最近组织了几个反对派，下去自由访问，先看坏的，后看好的，这次回来也讲好话了。

关于党的工作。邓小平说：毛主席在无锡找华东几个省的同志也谈了一下，回来跟我们谈，明年要抓工、农、兵、学、商、政、党七个字，明年要大抓一年，这几个方面都要理出一个头绪来，工作要做好一些。所以建议这次会议谈一谈党的问题。过去多少次会议，没有把党的问题集中地作为一个问题来谈一谈。针对几年来党的工作中存在的问题，邓小平提出了要立志气，要加强纪律性，要加强统一领导，要有全局观念，要提倡实事求是，要搞群众路线，要严格党的生活等七点要求。

---

① 中共中央文献研究室编：《邓小平年谱（1904—1974）》下，中央文献出版社 2004 年版，第 1677—1678 页。

最后，邓小平谈了开好七千人大会的问题。他说：这次七千人大会，搞什么？中央发了通知，主要就是八个字：鼓足干劲，统一思想。在统一思想的基础上，统一行动。准备在会上作一个报告。这个报告正在准备。报告想讲三部分问题：第一，讲形势和任务，包括我们的奋斗目标，我们的规划要搞个什么样子，这样来鼓足干劲。第二，讲集中统一问题。第三讲党的问题。总之，我们这个会实际上也是为那个会做准备。①

七千人大会于 1962 年 1 月 11 日正式开幕。会议的第一阶段，是讨论刘少奇代表中共中央提出的书面报告草稿。与以往不同的是，这个报告草稿写出来之后，没有经过政治局会议讨论，毛泽东便提议直接印发大会征求修改意见，以便更好地集思广益，将报告修改好。经过与会者反复地讨论和修改，最后形成了《在扩大的中央工作会议上的报告》的定稿，作为大会的正式文件。

《报告》分为三个部分：（一）目前形势和任务；（二）加强党的民主集中制，加强集中统一；（三）党的问题。在关于目前形势和任务部分中，刘少奇在总结了 1958 年以来社会主义建设取得的十二项主要成绩之后，着重提出了几年来工作中发生的主要缺点和错误的表现及其原因：一方面是由于在经济工作中的“经验还很不够”；另一方面“是由于几年来党内不少领导同志不够谦虚谨慎，违反了党的实事求是和群众路线的传统作风，在不同程度上削弱了党内生活、国家生活和群众组织生活中的民主集中制原则”。②

按照原定的计划，报告由刘少奇在 1 月 27 日的大会上宣读。开会的前一天，毛泽东提议：既然报告已经印发，在大会上就不要念了，请少奇同志根据报告的精神在大会上放开讲一讲。这样，刘少奇连夜准备了一个提纲。第二天开会前，他在休息室里将提纲送给了毛泽东和其他政治局常委作了传阅。经常委会同意后，他在大会上作了长篇讲话。

讲话同报告一样，也是三个部分，但比报告要分析得更为透彻。关于目前形势，刘少奇说：“我们在经济方面是有相当大的困难的。”对于

---

① 中共中央文献研究室：《毛泽东传（1949—1976）》下，中央文献出版社 2003 年版，第 1191 页。

② 《刘少奇选集》下，人民出版社 1985 年版，第 354 页。

困难出现的原因，刘少奇指出，一条是天灾，连续三年的自然灾害，使农业和工业减产了；还有一条就是 1958 年以来“我们工作中的缺点和错误”。这两条原因，哪一条是主要的呢？刘少奇说，有的地方，减产的主要原因不是天灾，而是工作中的缺点和错误，正如湖南的农民所说的，是“三分天灾，七分人祸”。

对于工作中成绩与缺点的关系，过去常常用九个指头与一个指头的关系来形容。刘少奇在讲话中虽然也认为成绩是主要的，第一位的，缺点和错误是次要的，第二位的，但是刘少奇又指出：“全国总起来讲，缺点和成绩的关系，就不能说是一个指头和九个指头的关系，恐怕是三个指头和七个指头的关系。还有些地区，缺点和错误不止是三个指头。如果说这些地方的缺点和错误只是三个指头，成绩还有七个指头，这是不符合实际情况的，是不能说服人的。”①

在 1 月 18 日召集的《报告》起草委员会上，彭真发言说：“我们的错误，首先是中央书记处负责，包括不包括主席、少奇和中央常委的同志？该包括就包括，有多少错误就是多少错误。毛主席也不是什么错误都没有。三五年过渡问题和办食堂，都是毛主席批的。”邓小平插话说：“我们到主席那儿去，主席说，你们的报告把我写成圣人，圣人是没有的，缺点错误都有，只是占多少的问题。不怕讲我的缺点，革命不是陈独秀、王明搞的，是我和大家一起搞的。”彭真接着说：“毛主席的威信不是珠穆朗玛峰，也是泰山，拿走几吨土，还是那么高；是东海的水(拉走几车，还有那么多)。现在党内有一种倾向，不敢提意见，不敢检讨错误。一检讨就垮台。如果毛主席的 1%、1‰的错误不检讨，将给我们党留下恶劣影响。省市要不要把责任都担起来？担起来对下面没有好处，得不到教训。各有各的账，从毛主席直到支部书记。”②

刘少奇关于“三分天灾、七分人祸”的说法，邓小平、彭真关于毛泽东的错误的看法，在当时是需要勇气的。然而，“这种在当时听起来

---

① 《刘少奇选集》下，人民出版社 1985 年版，第 421 页。

② 薄一波：《若干重大决策与事件的回顾》下，中共中央党校出版社 1993 年版，第 1026 页。

颇有些刺激性的话，对毛泽东来说是不会愉快的”。[①] 这也就不能不给毛泽东与主持中央一线工作的领导人间的关系留下某些阴影。

1月29日，林彪在大会上讲了话，但他在讲话中大搞对毛泽东的个人崇拜。林彪说：“我深深感觉到，我们的工作搞得好一些的时候，是毛主席的思想能够顺利贯彻的时候，毛主席的思想不受干扰的时候。如果毛主席的意见受不到尊重，或者受到很大的干扰的时候，事情就要出毛病。我们党几十年来的历史，就是这么一个历史。”[②] 林彪的讲话，成为七千人大会中一段不和谐的杂音。

按照预定的计划，会议在1月30日或31日便可结束，31日晚代表们便可以离京返回各地过春节。可是，到了29日下午，许多人反映，话还没有说完，还憋着一肚子气。有的组还反映，会上还有人压制民主，不让讲话。针对这种情况，毛泽东在同其他中央政治局常委商量后，决定让与会者把要讲的话都讲出来，把“气”出完，将会期延长。

1月30日，毛泽东在会上作了长篇讲话，中心是讲民主集中制问题，强调不论党内党外都要有充分的民主生活，让群众讲话。有了错误，一定要作自我批评，让人批评。他批评有些人有了错误自己不讲，又怕群众讲，越怕越有鬼。一讨论问题就压制群众的积极性，不许人家讲话，这种态度非常恶劣。他指出：没有民主，不可能有正确的集中。毛泽东说，去年6月12日，在中央北京工作会议的最后一天，我讲了自己的缺点错误。我请同志们传达到各省、各地方去。事后知道，许多地方没有传达。他说：我的错误也不能隐瞒。“凡是中央犯的错误，直接的归我负责，间接的我也有份。因为我是中央主席。”[③]

2月2日，中央政治局常委会举行扩大会议，邓小平和彭真建议，出气大会暂告一段落。常委会采纳了这一建议。

2月4日是农历除夕，政治局常委与全体与会者一起观看了春节联

---

① 中共中央文献研究室：《毛泽东传（1949—1976）》下，中央文献出版社2003年版，第1196页。

② 中共中央文献研究室编：《建国以来重要文献选编》第十五册，中央文献出版社1997年版，第108页。

③ 《毛泽东文集》第八卷，人民出版社1999年版，第296页。

欢晚会。2 月 5 日是大年初一，常委们又出席了全体与会者参加的春节团拜会。

2 月 6 日，大会继续举行，邓小平就党的问题在大会上作了讲话。

邓小平在讲话中首先肯定了党的优点。他认为，中国共产党有五个优点，即有五好：有好的指导思想，有好的中央，有大批好的骨干，有好的传统，有好的信赖党的人民。他说："这样的党，既然能够领导人民取得革命的胜利，也一定能够领导人民取得社会主义建设的胜利；既然能够把国内工作搞好，也一定能够在国际共产主义运动中担负起自己应负的责任。"

接着，邓小平严肃地指出："最近几年，我们党的领导，党的工作，是有严重缺点的。特别重要的是党的优良传统受到了削弱。有些地方有很大的削弱，严重的削弱；有些地方好些。就全党来说，有相当程度的削弱。我们宁肯把这个问题估计得重一点，使全党有所警惕。因为这几年许多同志忙于具体工作，不大谈党的问题，不大注意党的建设，所以强调指出这一点是十分必要的。"

邓小平具体分析了党的优良传统受到削弱的原因。他认为，首先，是对毛泽东思想学习不够，体会不够。这几年来，不大注意调查研究，因而所提的一些任务往往不是实事求是的，所提的一些口号，也有许多不是切合实际的。指标过高，要求过急，还有一些不适当的"大办"，这就使得许多好传统受到了冲击。而许多好的传统的削弱，又反过来加重了工作中的缺点和错误。其次，在这几年的党内斗争中发生了一些偏差。无论反"左"的，反右的，都有这种情况。在几次运动中，伤害了一大批党内外干部。由于这些偏差的影响，党的许多好的传统受到了削弱。由于没有贯彻实行民主集中制、运动中斗争过火等种种原因，这几年在党内滋长了一种不如实反映情况，不讲老实话，怕讲老实话的坏风气。

邓小平强调，坚持党的优良传统作风，具有十分重要的意义。他说，我们党成为执政党，这是一件值得高兴的事情。但是，执政党也不是很容易当的。执了政，党的责任就加重了，共产党员的责任就加重了，领导干部的责任就加重了。不要以为建设社会主义没有问题了。如果搞得不好，特别是民主集中制执行得不好，党是可以变质的，国家也是可以变质的，社会主义也是可以变质的。干部可以变质，个人也可以变质。

邓小平说，坚持党的优良传统，除了调查研究、实事求是、联系群众、及时纠正错误等等以外，必须注意健全党的生活。这是坚持党的优良传统的一个最重要的方面。

围绕健全党的生活问题，邓小平谈了四个方面。

第一是关于民主集中制。他直言：目前党的生活是有严重缺陷的。这几年指标过高，要求过急，既助长了分散主义，又助长了命令主义，党的民主集中制也就有了相当大的削弱。因此，今后订计划，一定要切合实际，并且留有余地。今后规定任务，一定不要过重，也不要过死。今后制定具体政策和解决问题，在强调集中统一的时候，更应该“坚持从群众中来，到群众中去”的方法。

第二是关于建立经常工作。这里，邓小平主要是讲了怎样对待群众运动的问题。他认为，一切工作的成绩，都是由一点一滴的细致工作积累起来的。他说：这几年，我们搞了许多大运动，差不多是把大运动当作我们群众路线的唯一的形式，天天运动，这是不好的。结果，很多经常工作，各部门、各系统、各单位的经常工作，被不断的运动挤掉了。如果有了经常的细致的工作，了解问题就可以比较深入，这对调查研究也有帮助。

第三是关于培养和选择干部，特别是培养和选择各级的领导核心。邓小平指出：干部的好坏长短应该从他的长期工作中去鉴别，而不要只从某一运动或某一短时期的表现去鉴别。对于这几年中受到批判和处分的干部，应该进行甄别、平反的工作。

第四是关于学习马克思列宁主义的理论和毛泽东的著作。他说：这几年的教训是，我们对马克思列宁主义的基本原理和毛泽东思想体会不够。我们有许多错误是从这里来的。我们忙于事务，不注意学习，容易陷入庸俗的事务主义中去。不注意学习，忙于事务，思想就容易庸俗化。

最后，邓小平郑重地告诫各级干部：“我们这一代，特别是在座的同志们，差不多都是各级的主要负责同志，责任重大。我们这一代，一定要坚持我们党的好的传统，树立好的榜样，当好人民的勤务员，在我国的社会主义事业中，在世界人民的解放事业中，尽到自己应该尽的责任。"①

同一天，朱德作了发言，主要讲了反对现代修正主义的问题。

2月7日，七千人大会的最后一天，周恩来在大会上讲了1958年以来计划工作的失误，分析了国民经济存在的困难和克服困难的办法。

七千人大会对1958年以来的经验教训做了深入的总结，正确地分析了所面临的形势，使中高级干部进一步认识到了国民经济调整的重要性，在一定程度上解放了思想，统一了认识，这就为1962年国民经济调整和精简工作的顺利进行奠定思想基础。

## 4. 推动大规模甄别平反

七千人大会虽然也认识到国民经济中存在的困难"还是相当严重的"，但对形势的基本估计是"最困难的时期已经渡过了"；困难尽管还很严重，"但是正在逐步地被克服"。可是，会后却发现，这个估计还是过分乐观了，其实最困难的时期并没有渡过。

七千人大会结束后的第14天，即1962年2月21日，刘少奇在北京主持召开中共中央政治局常委扩大会议。会议连续开了三天，除了毛泽东外出南方视察没有参加外，中央政治局常委、书记处成员和中央经济部门负责人共16人参加了会议。由于会议是在中南海西楼会议室召开的，史称"西楼会议"。

刘少奇在会上提出："中央工作会议（即七千人大会）对困难情况透底不够，有问题不愿揭，怕说漆黑一团！还它个本来面目，怕什么？说漆黑一团，可以让人悲观，也可以激化人们向困难作斗争的勇气！"他还说："现在处于恢复时期，但与一九四九年后的三年情况不一样，是个不正常的时期，带有非常时期的性质，不能用平常的办法，要用非常的办法，把调整经济的措施贯彻下去。"②

会上，周恩来提议下决心对国民经济进行大幅度调整，得到了与会

---

① 《邓小平文选》第一卷，人民出版社1994年版，第316—317页。

② 中共中央文献研究室编：《刘少奇年谱（1898—1976）》下，中央文献出版社1996年版，第549页。

者的一致赞同。大家认为，只有压缩某些工业生产指标和基本建设投资，才能实现财政收支“当年平衡、略有回笼”的要求，使经济逐步恢复正常秩序，然后在这个基础上发展。

陈云在会上作了系统的发言，全面阐述了目前财政经济的困难和克服这些困难的若干办法，中心内容是阐明精简职工和减少城镇人口的重要性。陈云的讲话得到了刘少奇和其他中央领导人的赞同。刘少奇还建议召开一次国务院全体会议，请陈云再展开讲一讲，以便进一步统一全党的思想。

根据刘少奇的建议，陈云在2月26日召开的国务院各部、委党组成员会上作了《目前财政经济的情况和克服困难的若干办法》的报告，再次阐述了他在常委扩大会议上所讲的内容。会上，李富春和李先念也分别作了《关于工业情况和建设速度问题》《当前财政、信贷、市场方面存在的问题和应采取的措施》的报告。为了让更多的人了解中央的精神，刘少奇主张将陈云、李富春、李先念的报告转发全国。

3月16日，邓小平和刘少奇、周恩来前往武汉，向毛泽东汇报西楼会议的情况。毛泽东随即看了陈云、李富春、李先念的讲话稿。第二天，他又召集刘少奇、周恩来、邓小平开会，同意转发陈云等人的讲话。3月18日，刘少奇、周恩来、邓小平回到北京。

“西楼会议”后，全党对形势有了进一步认识，调整国民经济的措施也更为具体，调整工作取得了显著的进展。但是，在这个时候也出现了一些不同的声音，有人对陈云的讲话不以为然，有人不同意西楼会议对形势作出的判断，说七千人大会上中央已经对形势作出了正确的估计，这么快又讲了一通同那时估计大不同的话，这样好吗？

为了进一步统一全党的认识，保证调整工作的顺利进行，1962年5月7日至11日，中共中央又在北京召开工作会议（简称“五月会议”）。出席会议的有政治局常委刘少奇、周恩来、朱德、邓小平，在京的政治局委员和书记处书记，各中央局、中央各部门的负责人，共105人。毛泽东在外地视察、陈云因病赴南方休养，所以没有参加这次会议。

会议的中心议题是讨论西楼会议以来形成的文件，落实调整国民经济计划的部署，重点讨论中央财经小组提出的《关于讨论1962年调整计划的报告》。报告分析了当时国民经济形势存在的严重问题，认为需要对整个国民经济进行大幅度的调整，下最大决心，坚决拆掉那些用不着的架子，收掉那些用不着的摊子，进一步精简职工，首先维持简单再生产，然后实现扩大再生产。

中央工作会议对中央财经小组的报告进行了认真讨论。会上，刘少奇、周恩来都讲到对当前的形势如何判断的问题。刘少奇说："目前的经济形势到底怎么样？我看，应该说是一个很困难的形势。从经济上来看，总的讲，不是大好形势，没有大好形势，而是一种困难的形势。一部分地区的经济形势比较好，但那是部分的。总的来讲，是一种困难的形势。这一点，我看要跟干部讲清楚。"①

周恩来也在讲话中说，从总的方面说，不论政治形势或经济形势，最困难的时期的确是渡过了，但是，"有些地区和部门的情况还很严重，部分地区工作中的错误还没有纠正过来，或者灾荒还很严重。工业、基建部门过去工作中的错误所造成的后果还继续存在，并影响到其他部门，现在在调整中就看出来了。"②

这次会议对精简职工和减少城镇人口的问题进行了重点讨论。邓小平在会上对此发表了意见，指出："这次各方面的问题都摆出来了，要做的事情很多，恐怕中心任务是两个：一个是减少两千万城市人口，一个是加强农村生产队的工作。这两件事都不能够抓迟了。有些事情还可以慢一点，但是这两件事越抓迟了越不利。比如减少城市人口的工作如果抓迟了，就影响钞票投放和粮食供应，也影响生产的调整，各方面都受影响。加强生产队的工作如果抓迟了，就影响农业生产。我们有了粮食、棉花和其他东西，才翻得了身，这些东西要靠生产队拿出来。减少城市人口的工作也涉及生产队的问题，安置城市人口就要靠生产队。所以，生产队工作做不好，农业生产也搞不好，减少城市人口的工作也会遇到困难。现在先定方针，然后要做一系列的工作。"③

精简城镇人口是国民经济调整的中心，也是一件十分复杂的工作，

---

① 《刘少奇论新中国经济建设》，中央文献出版社 1993 年版，第 504 页。

② 《周恩来经济文选》，中央文献出版社 1993 年版，第 483 页。

③ 《邓小平文选》第一卷，人民出版社 1994 年版，第 318 页。

要处理好这件事，可谓千头万绪。邓小平提出的这两点意见，抓住了问题的关键。抓重点、抓关键，是邓小平一个重要的工作方法。

会上，邓小平还重点讲了干部甄别平反的问题。对干部进行甄别平反，在一年前的中央工作会议上就提出来了。毛泽东在会上说，庐山会议后，不应当将"反右倾"的决议传达到县以下，县以下应继续纠"左"。地方传达到公社以下，就整出了许多"右倾机会主义分子"。现在看是犯了错误，把好人、讲老实话的人整成了"右倾机会主义分子"，甚至整成了反革命分子。因此，他提出要为这几年来批判和处分错了的干部、党员干部甄别平反。

1961年6月15日，中共中央发出《关于讨论和试行〈农村人民公社工作条例（修正草案）〉的指示》，其中提出："为着发扬民主，有必要对于最近几年来，受过批判和处分的干部和党员，实事求是地加以甄别。""过去批判和处理完全错了的，要改正过来，恢复名誉，恢复职务；部分问题批判和处理错了的，就改正这一部分问题的结论。对于生产大队和生产队的干部的处分，应该交给群众审查。至于错误地对群众（包括富裕中农在内）进行的批判，应该在适当场合向他们道歉；如果作了错误处分的，还应该纠正。今后在不脱产干部和社员群众中间，不许再开展反对右倾或者'左'倾的斗争，禁止给他们戴政治帽子。"①

7月19日，中共中央在《同意聂荣臻〈关于当前自然科学工作中若干政策问题的请示报告〉和国家科委党组、中国科学院党组〈关于自然科学研究机构当前工作的十四条意见（草案）〉的报告》中，又指出："在反右派斗争以后，各单位对一些知识分子进行的批判，要加以清理。凡是批判得对的，当然仍须肯定。凡是批判错了，或者有一部分错了的，都要甄别事实，分清是非，纠正错误，由党的负责干部采取适当方式向他们讲清楚，戴错了帽子的要摘掉，以利于解除思想疙瘩，发扬民主，增强团结。"②

① 中共中央文献研究室编：《建国以来重要文献选编》第十四册，中央文献出版社1997年版，第382页。

② 中共中央文献研究室编：《建国以来重要文献选编》第十四册，中央文献出版社1997年版，第515页。

甄别平反问题提出后，有的地方取得了重大进展，对一大批被错划为“右倾机会主义分子”的干部摘掉了帽子，使他们放下了包袱。可是也有一些地方对这项工作重视不够，执行不力，甚至还有些干部对此有抵触，使甄别平反工作进展缓慢，未使这项工作产生应有的效果。

针对这种情况，在邓小平主持下，中央书记处于1962年4月27日发出了《关于加速进行党员、干部甄别工作的通知》，要求加速甄别平反工作，县以下农村基层“凡是在拔白旗、反右倾、整风整社、民主革命补课运动中批判和处分完全错了和基本错了的党员、干部，应当采取简便的办法，认真地、迅速地加以甄别平反”。文件还规定了甄别平反的具体方法：由上一级党委派负责干部，帮助所在组织摸清被错误批判和错误处分的党员、干部的情况，召集他们开会、谈话，然后召开干部大会或党员大会、群众大会，宣布一律平反。其中即使有的有些轻微错误，也不要留尾巴。有关领导干部应该当场向被错误批判和错误处分的党员、干部进行道歉。同时规定机关、学校、工矿、企业中被错误批判和错误处分的一般党员和干部，也按上述办法进行平反。[①]

“五月会议”上，邓小平特别强调：“干部的甄别平反，对于调动干部的积极性，特别是调动县以下农村干部和群众的积极性很重要。所谓甄别平反，主要对象是干部，可是每一个干部都联系着群众，实际上影响到大量的群众。这个工作军队搞得最早，也安定得最早。对地方来说，有些地方也搞得比较好。谭震林同志在山东看到干部的生产积极性、人民的精神面貌比河南好一些。经过研究，原因很多，其中一条就是后期伤害的人比较少，并且对他们采取一揽子甄别平反的方法，所以工作比较主动。四川也是采取这个办法。现在，大家都赞成这个办法，就是全国县以下，首先是农村，来个一揽子解决。就是说，过去搞错了的，或者基本搞错了的，统统摘掉帽子，不留尾巴，一次解决。因为县以下都是一些基层干部，问题只有那么多，右倾也只是右倾到那个程度，‘左’倾也只是‘左’倾到那个程度。他们又是直接联系群众的，亲戚朋友、各方面的人听到这些事，人心不安。大家情绪不安定，是不

① 中共中央文献研究室编：《建国以来重要文献选编》第十五册，中央文献出版社1997年版，第361—362页。

利的。现在我们不是要抓生产队吗？为了把基层干部和群众的积极性调动起来，甄别平反是一个很重要的工作，不要轻视这个工作。上面的领导同志，要下去帮助承担责任，这样搞可以快一些。这件工作，请各中央局告诉各省、市、自治区党委，凡是开始做了的，继续做，没有做的，迅速做。其结果一定要向群众当面公布。这实际上是我们承认一个错误，承认我们过去搞得不对。”①

“五月会议”后，大规模的甄别平反工作全面展开。到这年 8 月，全国 23 个省、市、自治区已甄别党员干部 365 万人，甄别群众 370 万人。

邓小平在主持干部的甄别平反工作的同时，还对执政党如何加强干部队伍建设作了许多思考。1962 年 2 月 28 日，他在中共中央书记处会议上指出：监察工作要加强。各级监委基本上是专职，少量的是兼职。这批人不做别的，就是到处跑，保护好人，同坏人作斗争。中央也可以搞三五十人到处跑，对压制民主、分散主义专门去查。什么都可以管。将来可以考虑由党代会产生中央监委委员，政治待遇、看文件、开会，同中央委员一样。省、市、县都应如此。②

1962 年 11 月，他在接见参加组织工作会议和全国监察工作会议的代表时，专门讲了这个问题。邓小平说，党要管党，一管党员，二管干部。对执政党来说，党要管党，最关键的是干部问题，因为许多党员都在当大大小小的干部。

讲话中，邓小平提出要解决干部只能上不能下的问题，认为这是必须解决的大问题。他说：“多少年来，我们对干部就是包下来，能上不能下。现在看来，副作用很大。我们面前摆着这个难题，现在还没有很好的办法解决。唯一的出路是要能下。”“干部能上不能下的问题现在已经成为我们工作中的障碍，虽然一下子还不能解决，要慢慢来，但是总要逐步地解决。”③

---

① 《邓小平文选》第一卷，人民出版社 1994 年版，第 319 页。

② 中共中央文献研究室编：《邓小平年谱（1904—1974）》下，中央文献出版社 2004 年版，第 1693 页。

③ 《邓小平文选》第一卷，人民出版社 1994 年版，第 329 页。

邓小平指出，对干部的管理和监督要加强。要加强对干部党的生活的监督，党员干部要过党的生活。民主集中制的贯彻执行，这也是一种监督。还有党员和群众的监督，党的监察制度的监督，组织部门对干部实行鉴定制度的监督。要把管理和监督干部的经常工作好好地建立起来，把监察工作好好地加强起来，把干部的鉴定制度恢复起来。

他还强调要加强干部的交流。他说，干部交流，并不完全是因为犯了错误才调动，有的是这个原因，有的不是这个原因，就是交流一下对干部有好处。相熟的人搞到一块太久了，语言听习惯了，对事物的感觉就迟钝了，考虑问题就马虎了。有点新的语言，新的感觉，比较好。干部在这里呆一呆，那里呆一呆，接触的面广一些，知识也多一点。干部交流，是为了锻炼干部，便利工作，给各个单位、各级党委创造一个好的工作条件。

## 5. 支持包产到户

“农业六十条”自起草到修改的全过程中，都是着力调整生产大队与生产队的关系，解决队与队之间的平均主义的问题，但是，生产队内部社员与社员间的平均主义仍然没有克服。

对于如何克服社员间的平均主义，调动农民更大的生产积极性，迅速扭转农村的困难局面，许多干部都在思考这个问题。中共安徽省委第一书记曾希圣便是其中之一。

“大跃进”和人民公社化运动中，安徽曾是最积极的省份之一，结果付出了惨痛的代价。1960 年冬，在中共中央召开的一次各中央局书记会议上，曾希圣听毛泽东说“可以把高级社时期实行田间管理农活包工到户的办法恢复起来”，对此很受启发，认为恢复农村经济可以考虑走包产到户的路子。

1961 年 2 月，中共安徽省委书记处召开会议，研究包产到户问题。会上，曾希圣提出了“按劳动底分包耕地，按实产粮食记工分”的联产到户责任制的新办法。省委书记处研究后同意试行这个办法，但考虑到这个办法虽然没有“包产到户”之名，却是行“包产到户”之实，而大家对庐山会议后将“包产到户”当作走资本主义道路而大加批判记忆犹新，建议先请示一下中共中央华东局第一书记柯庆施，看看他的态度。柯对这件事也拿不准，答复说，这个办法不推广，每个县先搞一个典型试验一下。

2月下旬，安徽省委通过对合肥市郊蜀山公社井岗大队南新庄生产队的试点，认为联产到户具有诸多好处。随后，根据曾希圣的意见，安徽省委作出了《关于推行包产到队、定产到田、责任到人办法的意见》，下发到各地、市、县委。3月中旬，安徽每个县都搞起了一两个“责任田”试验点，一些社队则干脆自发地搞起“责任田”。在不长的时间里，全省搞“责任田”的生产队达到了39.2％。

随后，曾希圣到广州参加“三南会议”时，向毛泽东汇报了“责任田”的情况。此时，毛泽东正在全力探索如何解决人民公社内部的两个平均主义问题，所以对曾希圣说：“你们试验嘛！搞坏了检讨就是了。”曾立即打电话告诉省委说：“现在已经通天了，可以搞。”过了几天，毛泽东又通过柯庆施转告曾希圣说：可以在小范围试验。同年7月，曾希圣又到蚌埠就“田间管理责任制”问题向途经这里的毛泽东作了汇报，并再次讲到了实行这种办法的好处。毛泽东表示：“你们认为没有毛病就可以普遍扩大。”“如果责任田确有好处，可以多搞一点。”[①] 毛泽东认为安徽“责任田”“可以多搞一点”，并不是表明他已经认同了“责任田”，而是此时他正在为解决队与队、社员与社员间的平均主义问题寻求办法。在他看来，安徽“责任田”也不失是一种解决两个平均主义的办法，可以一试。

有了毛泽东这个表态，安徽全省的“责任田”迅速增加。是年8月中旬，实行“责任田”的生产队达到了74.8％，10月中旬增加到84.4％。到1961年底，更是增加到91.1％。

在安徽大搞“责任田”时，其他一些地方也出现了各种形式的包产到户。

这年9月，毛泽东到南方视察回北京途经邯郸，从河北一些地方“分配大包干”中得到启发，并决定将基本核算单位下放到生产队。这

---

① 安徽省委办公厅：《关于“责任田”的几个参考资料》，1962年7月20日。

也使得他对安徽“责任田”的态度发生了变化。如果说，此前他还认为“责任田”也不妨是解决公社内部平均主义的一种试验，那么，基本核算单位下放到生产队后，他认为已经找到了克服公社内部平均主义的根本途径，就没有必要搞“责任田”一类了。

1962年初的七千人大会后期，按照毛泽东提出的要把大会开成“出气会”的要求，各代表团纷纷开展了自我批评。在“大跃进”和人民公社化运动中，安徽的问题比较严重，曾希圣在会上受到了批判，遭到了撤职处分。结果，曾希圣推行“责任田”也被连带批判，说“责任田”是“犯了方向性的严重错误”，“带有修正主义色彩”。新成立的中共安徽省委立即采取措施“纠正”包产到户。其他各省区也相继作出决定，终止正在萌芽中的包产到户。

但是，包产到户的问题并没有就此了结。七千人大会后，包产到户再起波澜，党内对这一问题出现不同的看法，部分领导人明确表示支持包产到户。

中共中央农村工作部部长邓子恢便是包产到户的积极支持者。他在不同的场合多次肯定包产到户的好处。1962年7月11日，他在中共中央高级党校作关于农业问题的报告时，更是明确强调：“不能把田间管理责任制的包产到户认为是单干，虽然没有统一搞，但土地、生产资料是集体所有，不是个体经济，作为田间管理包到户，超产奖励这是允许的。”①

毛泽东的秘书田家英也是赞成包产到户的。七千人大会后，受毛泽东委派，田家英率调查组到毛泽东的家乡湘潭县韶山公社南岸生产队，就贯彻执行“农业六十条”的情况进行调查。调查组一进韶山，就发现群众普遍要求包产到户和分田到户，而且呼声很高。对这一情况，田家英没有思想准备。通过进一步调查讨论，田家英一方面觉得搞包产到户明显对恢复生产有利，但另一方面又觉得这个问题重大，不能轻举妄动。带着这种矛盾的心情，田家英前往上海向毛泽东汇报。结果，毛泽东说：“我们是要走群众路线的，但有的时候，也不能完全听群众的，比如要搞包产到户就不能听。”而此时也在上海的陈云看了调查报告后，

① 《邓子恢文集》，人民出版社1996年版，第608页。

却评价说："观点鲜明。"[1]

从上海回来后，田家英又到韶山进行了一段时间的调查，于6月底回到北京，将调查的情况向刘少奇作了汇报。刘少奇对包产到户内心是赞成的。田家英的汇报刚开个头，就被刘打断了。刘说："现在情况已经明了了。"接着就提出关于实行包产到户的主张，并且详细地讲了对当时形势的看法。当田问可不可以将他这些意见报告毛泽东时，刘干脆地说："可以。"[2]

陈云也在此时提出可搞包产到户。6月底，他从外地回到北京后，就包产到户的问题，同刘少奇、周恩来、邓小平、林彪交换过意见，大家的看法大体一致，没有表示不同意见。

邓小平对包产到户也明确表示支持。

这年6月下旬，中共中央书记处听取华东局农村办公室的汇报，华东局认为安徽搞"责任田"就是单干，是方向性错误。会上，赞成和反对的意见各占一半。邓小平说：在农民生活困难的地区，可以采取各种办法，安徽省的同志说，"不管黑猫黄猫，能逮住老鼠就是好猫"，这话有一定的道理。"责任田"是新生事物，可以试试看。[3]

7月2日，中共中央书记处开会，除了分析形势外，还讨论了包产到户问题。邓小平说："恢复农业，群众相当多的提出分田，陈云同志作了调查，讲了些道理，意见提出是好的。现在所有的形式中，农业是单干搞得好。不管是黄猫、黑猫，在过渡时期，哪一种方法有利于恢复，就用哪一种方法。我赞成认真研究一下分田或者包产到户，究竟存在什么问题，因为相当普遍。你说不好，总要有答复。群众要求，总有道理。不要一口否定，不要在否定的前提下去搞。要肯定，形式要多样。公社、大队为基础都可以，不要轻易否定一种。但现在大队是少数，小队也发生了问题，不如包产到户。分田到户也有好的。过渡时

---

① 董边等编：《毛泽东和他的秘书田家英》（增订本），中央文献出版社1996年版，第89—91页。

② 董边等编：《毛泽东和他的秘书田家英》（增订本），中央文献出版社1996年版，第91页。

③ 薄一波：《若干重大决策与事件的回顾》下，中共中央党校出版社1991年版，第1084页。

期，要多种多样。退的时期，退够才能进。总之，要实事求是，不要千篇一律，这几年就是千篇一律。”①

7月7日，邓小平在接见出席共青团三届七中全会的全体与会者时说，现在出现了一些新情况，如实行“包产到户”“责任到田”“五统一”等等。以各种形式包产到户的恐怕不只是20%，这是一个很大的问题。这样的问题应该是百家争鸣，大家出主意，最后找出个办法来。他接着说：“生产关系究竟以什么形式为最好，恐怕要采取这样一种态度，就是哪种形式在哪个地方能够比较容易比较快地恢复和发展农业生产，就采取哪种形式；群众愿意采取哪种形式，就应该采取哪种形式，不合法的使它合法起来。这都是些初步意见，还没有作最后决定，以后可能不算数。刘伯承同志经常讲一句四川话：‘黄猫、黑猫，只要捉住老鼠就是好猫。’这是说的打仗。我们之所以能够打败蒋介石，就是不讲老规矩，不按老路子打，一切看情况，打赢算数。现在要恢复农业生产，也要看情况，就是在生产关系上不能完全采取一种固定不变的形式，看用哪种形式能够调动群众的积极性就采用哪种形式。现在看来，不论工业还是农业，非退一步不能前进。你不承认这个退？农业不是在退？公社不是在退？公社核算退为大队核算，大队核算又退为生产队核算，退了才能前进。”

邓小平在讲话中认为，目前要注意充分地调动群众的积极性，发挥他们的潜力。第一步恢复粮食，第二步恢复经济作物，同时把农具和牲畜慢慢地恢复起来。邓小平说：“全党应该有一个统一的主意，应该有一个主见。比如说，要尽量保持以生产队为基本核算单位，就得说服群众，加强干部。这是一种可能。还有一种可能，就是有些包产到户的，要使他们合法化。这都是些想法，究竟采取什么措施，我们全党在考虑，中央在考虑。现在要冷静地考虑这些问题。过去就是对这些问题考虑得不够，轻易地实行全国统一。有些做法应该充分地照顾不同地区的不同条件和特殊情况，我们没有照顾，太轻易下决心，太轻易普及。过去我也讲过，我们的运动太多，统统是运动，而且统统是全国性的，看

① 中共中央文献研究室编：《邓小平年谱（1904—1974）》下，中央文献出版社2004年版，第1713页。

来这是搞不通的。有的应该搞运动，比如土改运动，但是也有个阶段的不同和方法的不同啊。”①

他还说，在农村方面要采取的一些政策，目的就是要多打一点粮食，多种植一点树，耕牛繁殖起来，农民比较满意，一面自己能够多吃一点，一面多给国家一点。总的来说，在全国，要巩固集体经济，也就是要巩固社会主义制度，这是根本方向。当然，也要解决工作中领导中的具体问题。在农村，还得要调整基层的生产关系，要承认多种多样的形式。照我个人的想法，可能是多种多样的形式比较好。

7月6日，毛泽东从外地回到北京，感觉到党内高层对包产到户的倾向性越来越明显，而他认为，将基本核算单位从大队下放到生产队，是调整农村人民公社的底线。如果突破了这条底线，人民公社就会动摇，而坚持人民公社体制，是毛泽东允许农村政策调整的前提。他认为，有必要对包产到户表明态度了。

在回到北京的当晚，毛泽东就找陈云谈话。陈云申述了主张包产到户的理由，认为包产到户不会造成两极分化，不会影响粮食征购，搞了包产到户农业恢复只要四年，否则需要八年。当时毛泽东没有表态。但第二天传出消息说，毛泽东很生气，严厉批评说，“分田单干”是瓦解集体经济，是修正主义。陈云从此不再谈包产到户的问题。②

接着，毛泽东约见了田家英。田在汇报中说，全国各地已经实行包产到户和分田到户的农民，约占30%，而且还在继续发展，与其让农民自发搞，不如有领导地搞活经济。田汇报完后，毛泽东突然问田：你是主张集体经济为主，还是以个体经济为主？又问是田个人的意见，还是有其他人的意见。田回答说是个人的意见。对此，毛泽东没有表态。③没有表态本身就是一种表态。

7月8日，毛泽东在他的住处召开有刘少奇、周恩来、邓小平、陈伯达、田家英等人参加的会议。会上，毛泽东介绍了他在河南、山东了

---

① 《邓小平文选》第一卷，人民出版社1994年版，323—324页。

② 参见薄一波：《若干重大决策与事件的回顾》下，中共中央党校出版社1991年版，第1086页。

③ 董边等编：《毛泽东和他的秘书田家英》（增订本），中央文献出版社1996年版，第92—93页。

解到的夏收情况，说形势没有那么坏。他还明确表示反对包产到户，批评田家英回到北京不热心修改“农业六十条”，却热心搞什么包产到户、分田单干，实际也是提醒刘少奇、邓小平等人不要再支持搞包产到户了。

为了党的团结，刘少奇、邓小平等不得不收回自己的意见，站到毛泽东的立场上来。

# 五、中苏论战与三线建设

## 1. 维护独立自主（一）

在中国经济建设遇到严重困难的时候，中苏关系也发生了重大逆转。

1958年，苏联提出要在中国领土和领海上建立中苏共有共管的长波电台和共同舰队，这种损害中国主权的要求，理所当然遭到毛泽东和中国其他领导人的严词拒绝。同一年，赫鲁晓夫担心人民解放军炮击金门会妨碍"苏美合作"，要求中国在台湾问题上承担不使用武力的义务，这无疑又是中国领导人所不能接受的。1959年6月，苏联政府片面地撕毁两年前两国政府签订的有关苏联为中国建立核工业提供技术援助的协定。9月初，赫鲁晓夫访美前夕，中印边境发生了印度挑起的第一次武装冲突，赫鲁晓夫担心此事会给他的美国之行带来不利影响，竟不顾中国方面的多次解释和劝阻，由塔斯社发表一个貌似中立实际袒护印度的声明。加之苏共二十大以来中苏两党在一些重大问题上观点出现分歧，因此，进入1960年代，中苏关系逐渐恶化。

1960年4月，在纪念列宁诞辰九十周年的时候，中国方面发表了《列宁主义万岁》《沿着伟大列宁的道路前进》《在列宁的革命旗帜下团结起来》三篇文章，不指名地批评了苏共领导人的某些观点。

同年6月，在罗马尼亚工人党第三次全国代表大会期间，赫鲁晓夫策动几个国家的共产党，突然对中国共产党发动不顾事实的严重指责，以彭真为首的中共代表团对此展开了针锋相对的斗争。会议期间，中共代表团收到了《苏共中央致中共中央的通知书》，内容主要是讲和平过渡、和平共处的问题，并对中共大加指责。在中国党不为压力所屈服的情况下，这年6月，苏联政府突然照会中国，片面决定召回在华工作的全部苏联专家，废除两国经济技术合作的各项协议。这种背信弃义的行为，极大地损害了两党和两国的关系。

这年7月5日至8月10日，中共中央在北戴河召开工作会议，其中一项重要的内容是研究中苏关系。8月10日，即会议最后一天，毛泽东说，中苏关系问题不大也不小，天不会塌下来，也不必无穷忧虑。无非是不给设备，把中国共产党逐出教门，中苏友好互助同盟条约一风吹，对中国实行军事威胁，甚至同美国人一起来打我们，极而言之，无非如此。中国这个地方历来是不好惹的，进得来就出不去。

邓小平说，对赫鲁晓夫，我们有两个办法，一个办法是照他的办，跟他搞修正主义；一个办法是顶住，坚持原则，即使只剩下我们一家，也坚持到底。我们党坚持原则是正确的，如果不坚持就不得了。我们党在国内外实行的一系列路线、方针、政策，没有一件是赫鲁晓夫同意的。如果听他的，承认错误，那我们现在就要下台。[①]

虽然赫鲁晓夫严重地损害中苏关系，中国共产党还是不愿看到两党关系继续恶化下去，造成社会主义阵营的分裂。这年8月，越南劳动党主席胡志明建议中苏两党举行会谈，然后召开全世界的共产党工人党会议，通过一个宣言，共同对付美国。中共中央接受了这个建议，并决定派出以邓小平为团长、彭真为副团长的代表团，赴莫斯科参加中苏会谈和26国党的起草委员会会议。

代表团出发之前，中央政治局常委9月13日晚在毛泽东住处开会，讨论中苏两党会谈的方针。会议估计，这次会谈争论一定很激烈，代表团去莫斯科是试探苏方态度，看其究竟是想搞好团结，还是像布加勒斯特会议那样采取高压手段想把中共压服。毛泽东和刘少奇都认为，这两种可能性均存在。赫鲁晓夫之所以同意在莫斯科会议之前举行两党会谈，为莫斯科会议做准备，是因为除了越南党以外，还有不少兄弟党都有这种愿望，希望不要再吵下去，还是要团结。他就是在这种压力下同意举行中苏两党会谈的。所以他不一定真的要搞团结，很可能是要压服

① 吴冷西：《十年论战：1956—1966中苏关系回忆录》上，中央文献出版社1999年版，第340—341页。

我们。因此，代表团要做好充分的思想准备。①

9月12日，邓小平和彭真约见了苏联驻华大使契尔沃年科，将中共中央就苏共中央布加勒斯特会议上的《通知书》所作的《答复书》交给了他，并通知他：中国共产党代表团将于15日动身去莫斯科同苏共代表团谈判。在谈话中邓小平说："现在两党之间出现了分歧，马克思列宁主义者是不怕争论的，为了在即将举行的两党会谈中取得良好结果，就要明确地提出一切问题，充分地坦率地交换意见，勿需隐瞒各自的观点。归根到底，对我们两党行为作出判定的是三个法官：一是群众，二是各国党，三是历史。"②

出发前，代表团全体人员集中在钓鱼台进行准备，邓小平指出："这次参加26国党的起草委员会，我们要从世界大局出发，要维护国际共运的团结，要维护中苏友谊。但原则问题不能让步，一定要把主要问题上的实质分歧阐明，表明我们的观点。要反对赫鲁晓夫将苏共一家的观点强加于人的错误做法。"③

9月16日，代表团飞往莫斯科。出于安全考虑，邓小平和彭真分乘两架飞机，以防万一。

交锋是从宴会开始的。代表团抵达莫斯科后，苏共中央为中共代表团的到来举行欢迎宴会。席间，赫鲁晓夫先从阿尔巴尼亚之事入手，影射攻击中国共产党。邓小平没有退让，对赫鲁晓夫说："阿尔巴尼亚劳动党是小党，能够坚持独立自主，你应该更好地尊重人家，不应该施加压力。"

赫鲁晓夫说："这不仅仅是苏共和中共之间的分歧问题。他们拿了我们的金子和粮食，可是反过来又骂我们。"

邓小平回敬说："援助是为了实行无产阶级国际主义义务，而不是为了控制和干涉。你援助了人家，人家也援助了你嘛！"

赫鲁晓夫见捡不到到便宜，就干脆直接将矛头对向中国党，说道：

---

① 吴冷西《十年论战：1956—1966中苏关系回忆录》上，中央文献出版社1999年版，第358页。

② 中共中央文献研究室编：《邓小平年谱（1904—1974）》下，中央文献出版社2004年版，第1573页。

③ 李越然：《中苏外交亲历记》，世界知识出版社2001年版，第200页。

“邓小平同志，你们中国在斯大林问题上态度前后不一致。”

邓小平回答得很干脆：“我们的态度是一贯的。”

赫鲁晓夫辩解说：“你们开始拥护我们，后来又反对我们。”

邓小平说：“拥护什么？反对什么？这个问题要说清哟。反对个人迷信我们过去拥护，现在仍然坚持。在我们党的‘八大’上，对这个问题已经明确表示了态度，少奇同志向尤金大使讲明了我们的态度。你问问米高扬，他到北京来时我们对他讲没讲？”“我们赞成反对个人迷信。斯大林的功绩和错误不仅关系苏联国内，也关系到整个国际共运。错误当然要批，功绩也一定要肯定。我们反对的是全盘否定，尤其不能采取秘密报告的方法，恶毒攻击。这种做法所带来的后果，你一直认识不足。”“因为我们比任何人对个人迷信的体会更深切，受害也最深。”“要批判，但不能全盘否定，尤其不允许以反个人迷信来影射攻击其他兄弟党。”①

9 月 17 日，两党会谈正式开始。中方参加会谈的有邓小平、彭真、陆定一和康生，苏方以苏共中央主席团委员、中央书记苏斯洛夫为首，成员有主席团委员、中央书记科兹洛夫，苏共中央对社会主义国家党的国际联络部长安德罗波夫，主席团候补委员、中央书记波斯别洛夫。

会谈一开始，苏斯洛夫便抢先说，苏共中央初步研究了中共中央的《答复书》以后，认为两党的分歧不是缩小而是扩大了。接着又指责《答复书》里讲了许多反马列主义的观点，不考虑苏方的意见，是 20 年代托洛茨基事件以来对苏共最严重的攻击。最后，他讲了一些希望能够消除分歧、加强团结的套话。

针对苏斯洛夫的指责，邓小平回答说，你们那个《通知书》的性质是很严重的，我们的这个《答复书》是由你们那个《通知书》引起的，你们不仅有那个通知书，而且还把我们之间的分歧扩大到国家关系上，采取撤退专家、撕毁合同一系列严重行动，所以我们的《答复书》不能不提到这个问题，不能不就这些问题做出答复。现在你们看了我们的答复，并没有一点自我批评，我们代表团感到十分遗憾。在会谈快结束的时候，邓小平质问道：你们究竟要把中苏之间意识形态的分歧引到什么

① 李越然：《中苏外交亲历记》，世界知识出版社 2001 年版，第 202 页。

地方去？希望你们慎重考虑，做出认真的答复。

9月19日，双方进行第二次会谈。这次由科兹洛夫首先发言，再次对《答复书》横加指责，一口咬定分歧不是苏共引起的，而是中共引起的，要中共代表团改变过去的做法，谈实质问题，如时代、裁军、战争与和平、和平共处等等。

科兹洛夫发言后，邓小平和彭真作了针锋相对的反驳，要求苏方不要狡辩，不要回避事实，指出苏共中央犯了错误，错了就错了，应该承认。邓小平说，苏斯洛夫在17日的讲话中，说什么我们对苏共中央意见书的答复是“捏造”，是“污蔑性的指责”等等。今天科兹洛夫又列举了一系列的事件，来证明我们所说的不是事实。究竟谁捏造，这很容易审查清楚。黑的说不成白的，白的也说不成黑的。我倒是感觉，我们讨论的一个前提应该是尊重事实，根据事实才能作出正确的判断。其次，对你们在布加勒斯特会谈后所采取的一系列行动，我们感到忧虑。你们到底想把中苏两党两国关系引导到哪里去？科兹洛夫对这个问题的答复是不能令人信服的。①

9月20日，双方进行第三次会谈。邓小平作了系统发言，主要是驳斥苏斯洛夫和科兹洛夫前两次会谈的发言。他指出，自朝鲜战争以来，苏共中央在许多问题上颠倒敌我关系，犯了以敌为友，以友为敌的错误。在兄弟党关系上，搞的是父子党，要兄弟党都听自己的，他还列举了长波电台、共同舰队等苏联破坏中苏关系的具体例证。邓小平声明：苏联撤退专家、撕毁协议，给中国造成了严重的损失。即使这样，我们也绝不屈服。我们要自力更生，用自己的双手来弥补这些损失。最后，邓小平表示，希望苏共能改变这种态度，能够坐下来好好谈我们之间的分歧。

代表团成员杨尚昆在日记中记载：“苏共方面今天十分被动，个别人曾表示愤怒，小胡子（即苏共中央委员、苏共中央对资本主义国家党的国际联络部长波诺马廖夫，引者）几次掼铅笔，表示听不下去，但为我方镇静态度和要求说完，打下去了。最后，他们不能不把这些挖到他

---

① 中共中央文献研究室编：《邓小平年谱（1904—1974）》下，中央文献出版社2004年版，第1576页。

们痛处的话全部听完！是一场痛快的争论。”①

在当时的情况下，会谈实际上已很难继续下去。经中共中央同意，在总共经过五次会谈后，中共代表团于 9 月 22 日启程回国。临走前，苏共代表团在克里姆林宫举行宴会，邓小平在敬酒时说：“这次我们两党代表团进行了五天的会谈，我们坦率地讲了自己的观点，用了尖锐的语言，目的只有一个，就是要达到团结。虽然有分歧，但这些分歧是会逐步消除的。我们两党两国的团结是永恒的，这种友谊和团结，不仅关系到我们两党两国和两国人民的根本利益，而且也关系到整个社会主义阵营的根本利益、国际共产主义运动和全世界劳动人民的根本利益。”②

代表团回国后，将有关情况向中央政治局常委会作了汇报。毛泽东表示，中苏两党还是应该团结的，双方都需要团结，问题是如何达到团结，苏共习惯于以老子党自居，不习惯于兄弟党之间进行民主讨论。总的原则是坚持原则，坚持团结，坚持斗争，留有余地。

9 月 30 日，邓小平和彭真再率代表团飞赴莫斯科，出席起草委员会会议，主要讨论即将召开的各国共产党和工人党代表会议声明草案。

这个声明草案是苏共中央准备的，其中不少内容影射中国共产党。代表团立即将这一情况向中共中央作了报告。10 月 4 日，中共中央指示代表团：对苏共中央草案中的一系列错误观点，必须加以有力的批驳，然后再提出具体的对策。

从 10 月 1 日至 22 日，经过三个星期的激烈争论，起草委员会声明草案最终基本达成协议，但仍在战争是否可以避免问题、苏共二十大和二十一大问题、关于集团活动与派别活动问题、兄弟党之间的关系平等协商原则问题等方面没有取得一致意见。中共代表团在 22 日起草委员会最后一次发言时将这些问题暂时挂了起来，以加强团结，争取多数人的同情。

这天下午 1 点半，起草委员会会议结束。下午 3 时，由苏共中央主席团招待起草委员会全体人员，赫鲁晓夫也出席了招待会。招待会上，苏方又对中方进行了肆意攻击。杨尚昆在日记中记载：

---

① 《杨尚昆日记》上，中央文献出版社 2001 年版，第 546 页。

② 中共中央文献研究室编：《邓小平年谱（1904—1974）》下，中央文献出版社 2004 年版，第 1578 页。

宴会开始时，由苏斯洛夫祝酒，小平同志也祝酒，似乎是很平静。但到末尾上咖啡的时候，赫起立发言，说了很多难听的话，说谁反对他就是反对苏共中央，他不要为首，如果共产党主张用战争进行革命，他说要退出这样的党，等等。其中许多话是影射我们的。

他说完后，小平同志立即讲话，提出不同意他的意见，说找不到任何一个共产党是主张用战争来推行革命，强调苏联为首是历史形成的，我们不想利用宴会来讨论问题。顶了他。赫又发了言，对为首问题又说了不少话，说他们受了委屈等等，但最后还是说了要团结。

小平同志今天顶得很好，赫又是咆哮，十分粗野。到会者都知道，彼此是针锋相对的。赫受顶，这恐怕是第一次。①

席间，赫鲁晓夫指责阿尔巴尼亚忘恩负义，说只能用对南斯拉夫的办法对付阿尔巴尼亚党。邓小平说："这是完全错误的。"赫鲁晓夫还攻击中共是教条主义，邓小平回答说："今天证实了你们讲我们是教条主义，讲教条主义就是攻击中国共产党。"赫鲁晓夫说，中国在面对海参崴的地区修建国防工事是反对苏联，邓小平说："你这个理解是不对的，事实不是这样，我们可以澄清这个问题。"赫鲁晓夫还为从中国撤回专家作辩解，邓小平说："你这种态度是错误的，绝不允许把思想上的分歧扩大到国家关系中去。这种完全错误的政治性行为，哪里还有什么国际主义？"赫鲁晓夫一直对毛泽东提出的"东风压倒西风""帝国主义和一切反动派都是纸老虎"的观点不以为然，在宴会上又提出这个问题，说这样的论断不正确。邓小平说："你的说法完全错误，东风压倒西风根本不是什么地理概念，而是对阶级力量对比变化的正确分析。纸老虎更是对帝国主义本质的深刻分析。"②

10 月 24 日，邓小平、彭真一行回到北京。

11 月 5 日，中共中央派出以刘少奇为团长、邓小平为副团长的中共代表团，赴莫斯科出席各国共产党和工人党代表会议（因有 81 个党

---

① 《杨尚昆日记》上，中央文献出版社 2001 年版，第 576—577 页。

② 中共中央文献研究室编：《邓小平年谱（1904—1974）》下，中央文献出版社 2004 年版，第 1589 页。

参加，又称81党莫斯科会议)。

中共代表团到达莫斯科的第三天，即11月7日，是十月革命胜利43周年纪念日，代表团参加了庆祝活动。可是，庆祝活动刚结束，苏方代表团成员苏斯洛夫便对邓小平说，他们将对中共的《答复书》作出答复。还说苏共的答复是有些辣椒的，因为中共的《答复书》中有许多辣椒。

果不其然，当天下午，苏共中央对社会主义国家党的国际联络部长安德罗波夫，就将苏方所署日期为11月5日的《答复书》送来了。苏共的《答复书》集中攻击毛泽东的一些论点，同时也列举了刘少奇、邓小平、陆定一文章和讲话中的论点。

11月9日，苏斯洛夫等会见中共代表团时，说明他们在这次会议上的立场，是要消除分歧，加强团结；赫鲁晓夫的讲话是建设性的，没有争论的语言，不涉及《答复书》的问题。两党的分歧今后还可以讨论，不要拿到这次大会上去。还说，开完这次会后要专门谈中苏两国间的贸易问题、援助问题、专家问题，要好好把这些问题解决，苏联还是要继续援助中国建设的。

苏方的这一套把戏自然骗不住中共代表团。邓小平明确向苏斯诺夫表示：我们这次是抱着团结的目的来的，原定在会议上要讲一篇热情、团结的话。现在你们11月5日的“答复”破坏了这种可能，原来的想法已经不能不改变了。你们一面说要团结，不争论；一面发出一百多页的“答复”，你们要团结的讲话，是不真实的。看来是非在会上回答你们不可。争论是你们引起来的。①

11月10日，81国共产党和工人党代表会议举行第一次全体会议。赫鲁晓夫代表苏共中央在会上发言。他分段解释由苏方起草的《各国共产党和工人党代表会议声明草案》，一方面喊要团结，一方面却影射攻击中国共产党，强调不能容忍派别活动，提出不能过分强调民族特点，要大家“对表”。《声明草案》全面肯定苏共二十大、二十一大，不点名地指责中共搞所谓派别活动、“民族共产主义”等。在赫鲁晓夫发言会场起立鼓掌时，中共代表团全体成员和全部工作人员静坐不动以示

① 《杨尚昆日记》上，中央文献出版社2001年版，第586页。

抗议。

根据会议的安排，中共代表团在 14 日发言。按照预先确定的方针，代表团由刘少奇站在第二线，邓小平、彭真站在第一线，由邓小平代表中共代表团发言。邓小平一共讲了十几个问题。其中讲到，中共两党的分歧首先是由苏方引起的；把中苏分歧拿到国际会议上并组织对中国的突然袭击也是苏共搞的；把中苏意识形态的分歧扩大到国家关系，撕毁中苏签订的所有协议、合同，从中国撤走全部专家的，也是苏共；把中苏之间的分歧首先公开在全世界面前，还是苏共。邓小平接着说，赫鲁晓夫搞什么分工协作完全是假话，搞什么平等协商也是假话，他就是要大家听他的指挥棒，不听他的就打击你，压迫你。

邓小平还说，中国党在波兰和匈牙利事件中都帮助了苏联同志，但赫鲁晓夫却怀恨在心，在对待兄弟党的关系上采取大国沙文主义的态度。中国党不能跟赫鲁晓夫走，如果跟他走，就对不起世界各国人民，就违背了马列主义原则，就违背了国际主义，也对不起苏联人民。邓小平还列举了赫鲁晓夫认敌为友、认友为敌的若干事实，并且说，赫鲁晓夫的错误多得很，他搞大国沙文主义的东西很多。①

会议开到第六天，鉴于大会的情况出现新的变化，与起草委员会会议时不同，许多党的代表团发言时点名指责中共搞宗派主义，以分裂相威胁，因此，中共代表团成员一致认为，如果不从声明草案上删去中方所坚持不同意的几点，代表团就不签字，并发表声明。代表团立即发电报向中共中央说明情况并请示方针。收到代表团电报的当晚，毛泽东在同周恩来、陈毅等研究后，同意代表团的意见。周恩来当即打电话给邓小平，将中共中央的意见转达给了代表团。

11 月 22 日，会议一般性讨论结束。23 日，赫鲁晓夫发言。他除了对支持苏共的其他党代表团的发言表示赞赏外，还就时代问题、战争与和平问题、和平共处问题等作了辩解，同时在发言中继续对中共进行指责。

11 月 24 日，邓小平作第二次发言。邓小平除了重申中国共产党对时代、战争与和平、和平共处、和平过渡等问题的原则立场外，着重讲

---

① 吴冷西：《十年论战：1956—1966 中苏关系回忆录》上，中央文献出版社 1999 年版，第 382—383 页。

了两个方面，一是揭露赫鲁晓夫实行的路线实质上是屈服于帝国主义和国际资产阶级的压力，违背了马克思列宁主义的基本原则，从自己不革命到反对人家革命的错误路线；二是回答了赫鲁晓夫在发言中对毛泽东“东风压倒西风”“纸老虎”等论点的攻击。

鉴于双方斗争的焦点是如何看待苏共二十大，28 日，中共中央指示中共代表团：要做到仁至义尽，巩固左派，争取中间，暴露右派。在二十大问题上可以让步，但绝不能同意写集团宗派和内部决议。代表团现在的方针应该是力争达成协议，发表一个经过共同协商、达到一致的会议声明。

随后，中共代表团既进行了坚决的斗争，又根据中共中央的指示作了必要的妥协，最终就会议的声明与苏共达到了一致。11 月 30 日，中共代表团刘少奇、邓小平、彭真与苏共代表团赫鲁晓夫、科兹洛夫、苏斯洛夫会谈。会议中，刘少奇着重谈团结问题。关于中苏两党争论，双方都表示希望就此结束，再不挑起，使两国、两党的关系恢复到 1957 年以前的状况。

12 月 1 日，81 党会议全体大会在克里姆林宫举行，各党代表团团长在《莫斯科声明》上签字，并通过了公报、呼吁书等。刘少奇、赫鲁晓夫先后讲话，都着重讲团结问题。就这样，为期 22 天的 81 党代表会议结束了。随后，刘少奇以国家元首的身份对苏联进行国事访问，邓小平、彭真等当天晚上乘飞机回国。

12 月 7 日，中共中央政治召开扩大会议，由邓小平作关于莫斯科 81 国共产党和工人党代表会议情况的报告。在介绍完会议情况后，邓小平说明了整个会议的结果：（一）揭开盖子，破除迷信。尽管那么气势汹汹围攻，但最终我们敢于批评赫鲁晓夫，敢于批评苏共，这一件事情是震动的。这个会议不能不对今后国际共产主义运动发生影响。（二）整个文件应该说是比较好，内容有利于我们进行斗争。虽然文件其中还有模糊的地方，各有各的利用，但整个我们能够利用的多。（三）最大的收获，这次确立了“通过协商取得一致”的原则。（四）为什么能够达成这个协议？归根到底，双方的判断是不能分裂，不希望破裂。（五）我们对争论的估计，是告一段落，但没有最后结束，许多观点还是各自没有放弃的。总之，这个斗争是一个长期斗争，归根到底是我们自已搞好，确实有几千万吨钢，把原子弹、火箭搞出来，把农业搞好。现在双方表示团结，我们也要采取些扎实的措施。斗争总要停顿一个阶段，以后起来再说。现在要聚精会神搞国内工作。①

## 2. 维护独立自主（二）

1961年10月17日至31日，苏共召开了二十二大。会议提出，苏联已进入全面展开共产主义建设的时期，苏联党和国家已进入“全民党”“全民国家”时代。赫鲁晓夫在报告中还大讲同帝国主义和平共处、和平竞赛以及和平过渡的问题，并大反斯大林，甚至呼吁要把斯大林的遗体从列宁墓中搬出，焚尸扬灰。此外，苏联领导人还在大会上对阿尔巴尼亚劳动党大打出手，号召推翻阿党第一书记霍查和另一领导人谢胡，暗喻中国党也应该如此。

苏共这样做，自然是中共所不能接受的。10月19日，中共代表团团长周恩来在致贺词中指出：社会主义各国之间，各国共产党之间，必须很好地团结在一起，必须像爱护眼珠一样地爱护我们的团结，决不应该有任何损害这种团结的言论和行动。他接着说：“我们认为，兄弟党、兄弟国家之间，如果不幸发生了争执和分歧，应该本着无产阶级国际主义的精神、平等和协商一致的原则，耐心地加以解决。对任何一个兄弟党进行公开的片面的指责，是无助于团结，无助于问题的解决的。把兄弟党、兄弟国家之间的争执公开暴露在敌人的面前，不能认为是马克思列宁主义的郑重的态度。这种态度，只能使亲者痛，仇者快。中国共产党真诚地希望，有争执和分歧的兄弟党，将会在马克思列宁主义的基础上，在互相尊重独立和平等的基础上，重新团结起来。我想，这是我们共产党人在这个问题上应该具有的立场。”②

周恩来的讲话赢得了全场大多数人的掌声。只有主席台上的赫鲁晓夫等人没有鼓掌。中共代表团在当天给中共中央的电报中说：“赫鲁晓

---

① 中共中央文献研究室编：《邓小平年谱（1904—1974）》下，中央文献出版社2004年版，第1603—1604页。

② 《周恩来同志在苏共第二十二次代表大会上致贺词》，《人民日报》1961年10月20日。

夫面红耳赤，表情沉重。”

大会期间，周恩来同赫鲁晓夫进行了 9 小时的会谈。周恩来指出：“每个国家，由于他们的具体情况不同，因此，他们在革命和建设中的做法也会有区别。”谈到苏阿关系时，周恩来认为赫鲁晓夫等人的做法是错误的，强调兄弟党之间在对敌斗争中应该互相支持，兄弟党的内部事务不能干涉，兄弟党要保持内部团结。[①] 赫鲁晓夫拒绝接受这些意见，并说：我们过去需要你们的支持，当时中国共产党的声音对我们有很大的意义，而现在不同了，现在我们好了，我们要走自己的路。

会议期间，周恩来率中共代表团拜谒了列宁、斯大林墓，并献了花圈，以示对苏联再次批判斯大林的不满。

由于苏共二十二大出现不正常状态，周恩来决定提前回国。中共代表团继续留在莫斯科参加会议。10 月 24 日，周恩来回到北京时，毛泽东、刘少奇、朱德、邓小平前往机场迎接。

1962 年 2 月 22 日，苏共中央在致中共中央的信中，给中共扣上“反列宁主义的行为”“特殊立场”“特殊路线”的帽子。

中国共产党一直很重视国际共产主义运动的团结，努力维护中苏关系。1962 年 3 月 1 日，邓小平会见苏联驻中国大使契尔沃年科，接收契尔沃年科递交的苏共中央 2 月 22 日给中共中央的信时指出：“中苏两国两党的团结，在目前有着极其重大的意义。不少兄弟党都关心这个问题。我们党关心这个问题不比任何党差。几年来，两国两党的关系很不正常。要承认这个事实，你们党的来信也是承认这个事实。既有这个事实，又是个不好的现象，就应设法解决。”[②]

4 月 9 日，中共中央复信苏共中央，阐述了中共历来强调中苏两党、两国团结的重要性和为团结所作出的努力，表示坚决维护各国共产党和工人党的团结，在兄弟党之间坚持独立、平等、协商一致的原则和相互支持的原则，重申中共主张并支持许多兄弟党关于召开各国共产党和工人党会议的建议。

---

① 中共中央文献研究室：《周恩来传（1949—1976）》，中央文献出版社 1998 年版，第 652—653 页。

② 中共中央文献研究室编：《邓小平年谱（1904—1974）》下，中央文献出版社 2004 年版，第 1694 页。

然而，形势并没有朝中共所希望的方向发展。这年4月至5月间，在苏联驻乌鲁木齐、伊犁领事馆的活动下，伊犁、塔城地区的6万中国公民越境前往苏联。这年5月，苏联还策动了伊宁暴乱事件。

1962年4月，印度军队连续侵入我国新疆、西藏地区，并增设军事据点。10月8日，中国政府通知苏联驻华大使馆，中国获悉印度将发动大规模进攻，印度一旦发动进攻，中国准备坚决自卫。希望苏联政府发挥它对印度的影响，劝其悬崖勒马。

这时发生古巴导弹危机。当年6月，苏联秘密将中程导弹和“伊尔-28”型轰炸机运往古巴，却被美国发觉，美国政府发出最后通牒，要求苏方把导弹和轰炸机即刻撤出古巴，形势十分紧张。这时的苏联十分需要中国的战略支持。于是，赫鲁晓夫于10月13日和14日向中国驻苏大使刘晓表示：“关于印度准备向中国发动进攻的问题，苏联得到的情报与中国是一致的。如果苏联处在中国的地位，也将采取同样的措施。在中印边界问题上，是不能采取中立态度的。如果有人进攻中国，我们说我们中立，那就是叛徒行为。”①

1962年10月，中国进行第二次对印自卫还击战。在粉碎了印军的进攻，拔除了入侵印军所建的据点，收复失地后，中国政府发表声明，建议停止边界冲突，重开和平谈判，和平解决中印边界问题。此时，苏联对中国的声明表示公开支持，《真理报》发表社论说：“声名狼藉的麦克马洪线是强加给中国人民和印度人民的，这条线从未被中国承认过。”

中国军队于11月22日单方面在中印边境实行全线停火，12月1日起主动从1959年10月7日控制线中国一侧后撤20公里。这时，古巴导弹危机已经缓和，赫鲁晓夫在中印边境冲突问题上便改变调子，于12月12日在最高苏维埃会议上发表演讲时，公开指责中国说，中国军队现在后撤了，为什么当初要从原有阵地前进呢？意思这个仗是中国打起来的，而不是印度入侵中国领土。

1962年冬，东欧一些国家的共产党或工人党相继召开代表大会。苏共领导人又利用这个机会，组织一些党向出席会议的中共代表团发起围攻。在德国统一社会党第六次代表大会上，赫鲁晓夫甚至亲自出马攻

---

① 从进：《曲折发展的岁月》，河南人民出版社1989年版，第583—584页。

击中国。

面对这种情况，毛泽东和中共中央决定发表一系列答辩文章进行反击。在邓小平的主持下，写作班子写出了第一篇答辩文章——《坚持真理，分清是非，反对共同的敌人》，毛泽东亲自作了审定，并将文章标题改为《全世界无产者联合起来，反对我们的共同敌人》。他在给邓小平的批语中说："此文已阅，认为写得很好，有必要发表这类文章。"[①] 12月15日，这篇文章以《人民日报》社论的名义发表。至1963年3月8日，中共中央又先后发表了《在莫斯科宣言和莫斯科声明的基础上团结起来》等七篇文章，中苏开始公开论战。

1963年2月，中共中央召开工作会议，主要讨论城市"五反"（即反贪污盗窃、反投机倒把、反铺张浪费、反分散主义、反官僚主义）运动和1963年的经济计划，同时也讨论中苏关系和国际反修斗争的问题。

会议分析了赫鲁晓发动反华高潮的几个特点，认为从1956年苏共二十大到现在已六年多，看来修正主义领导集团的观点基本没有变，这个斗争将会是长期的，要做好思想准备。邓小平在对会议作总结发言时说：苏共自其二十大开始反对斯大林。七年来，我们党多次批评他们，同他们的错误进行斗争，但是，都没有能够阻止赫鲁晓夫修正主义的发展。自苏共二十二大起，赫鲁晓夫公开分裂社会主义阵营和国际共产主义运动的行径越来越粗暴、恶劣，最近对我们发起一系列的攻击，把争论推向新高潮，从内部争论发展成为公开争论。[②] 会议决定正式成立中央反修文件起草小组，直属中央政治局常委会领导。组长康生、副组长吴冷西。小组成员有廖承志、伍修权、刘宁一、章汉夫、孔原等。反修文件起草小组每写成一篇反修文稿，均由邓小平主持会议讨论修改，然后送中共中央政治局常委审阅。

这时，苏共中央致信中共中央，表示要停止论战，举行中苏两党会谈，为召开新的兄弟党国际会议作准备。中共中央和毛泽东对此很重视。3月9日，中共中央发出对苏共中央的复信，赞成停止公开论战，举行两党会谈，宣布从3月9日起暂时停止发表论战文章。同一天，邓

① 《建国以来毛泽东文稿》第十册，中央文献出版社1996年版，第223页。

② 中共中央文献研究室编：《邓小平年谱（1904—1974）》下，中央文献出版社2004年版，第1746页。

小平和彭真会见苏联驻中国大使契尔沃年科，就中苏两党会谈问题交换意见，并将中共中央对苏共中央来信的复信交契尔沃年科。在谈话中，邓小平说，从今天起，我们不再发表答辩文章。如果今后要有倾盆大雨，某个党或几个党连续发表文章批判我们，那么，我们将对过去的和新的一块答复。我们认为，应当创造良好的气氛，以便举行中苏两党会谈和国际会议来解决问题。关于代表团的成员、会谈的时间和地点，我们愿意考虑苏共中央的意见。[①]

3 月 30 日，苏共中央又致信中共中央，详细地提出了苏共关于国际共产主义运动的总路线问题，并且建议以其来信中关于这个问题所阐述的一系列观点，作为中苏两党会谈的基础。苏共中央在信中还表示欢迎毛泽东访问苏联，并就各种问题双方交换意见。如果毛泽东不能前往莫斯科，苏共中央“愿意接受你们所表示的关于在莫斯科举行苏中两党高级代表会谈的意见”。[②] 4 月 2 日，这封信通过苏联驻华大使契尔沃年科当面交给了周恩来和邓小平。

第二天，中共中央政治局常委会开会讨论这封信。周恩来说，从苏共中央的来信看，赫鲁晓夫集团不但没有改变其路线，而且还在极力梳妆打扮推行他们的路线，决不能以他们的来信作为会谈的基础。邓小平提出，我们也应考虑国际共产主义运动的总路线是什么的问题，要提出一个对应方案，提出我们对总路线的看法，到时双方经过一番争论，争取顺利地解决分歧，得出一个共同草案。会议同意了邓小平的建议，决定先搞出一个全面阐述中国党的系统观点的文件，提出同苏共来信针锋相对的国际共运总路线，并确定此事由邓小平负责准备。

根据毛泽东意见，4 月 4 日，《人民日报》全文发表了苏共中央3 月30 日的来信。

在邓小平的主持下，写作班子很快写出了初稿。5 月中旬，邓小平和彭真又主持对稿子进行反复修改。随后征求了一些兄弟党的意见。最后，经毛泽东修改，复信正式定名为《关于国际共产主义运动总路线的

① 中共中央文献研究室编：《邓小平年谱（1904—1974）》下，中央文献出版社 2004 年版，第 1751 页。

② 《关于国际共产主义运动总路线的建议和有关文件》，人民出版社 1963 年版，第 59 页。

建议——中国共产党中央委员会对苏联共产党中央委员会1963年3月30日来信的复信》。

6月12日，刘少奇主持召开中共中央政治局会议，由邓小平报告复信稿起草和修改的经过，并对一些兄弟党提出的修改意见作了说明。邓小平在谈到最后阶段毛泽东的一些修改意见时说："这个文件，原来二十一条，后来一改，变成二十二条，二十三条。最后，主席把第一段变成三段，成了二十五条，我看很好。有一条关于总路线的表述，只有几行，这样眉目更清楚，逻辑性更强了。现在发给到会同志的，是六月十号的稿子。这个稿子，是经过伯达同志他们从杭州回来集体搞的。后来又在少奇同志那里谈了，照他的意见改了。又送到主席那里，他认为可以定稿了，只在几处加了几个字。"①

这次会议通过了中共中央的复信稿，并决定于6月15日交苏共中央，当晚在国内广播，所署日期为6月14日。

6月15日，中国驻苏联大使潘自力当面将复信交给苏共中央主席团委员、中央书记苏斯洛夫。17日，在国内各主要报刊上发表了复信的全文。

复信很长，共有26000字，分为25条，每条着重阐明一个意思。参与复信起草的吴冷西曾这样回忆："关于总路线的25个问题，我们是根据马克思列宁主义的基本原理，结合国际共产主义运动所面临的实际情况，加以详细论述。不但提出了总路线，而且提出了一系列的理论、战略和策略，以及有关党的建设等问题，批判了苏共在这一系列问题上的错误观点。虽然大部分是没有点名的，但是大家一看就知道这些观点是苏共领导人，特别是赫鲁晓夫讲过的。"②

复信阐明了中国共产党关于现阶段国际共产主义运动总路线的基本内容，即："全世界无产者联合起来，全世界无产者同被压迫人民、被压迫民族联合起来，反对帝国主义和各国反动派，争取世界和平、民族解放、人民民主和社会主义，巩固和壮大社会主义阵营，逐步实现无产

① 中共中央文献研究室：《毛泽东传（1949—1976）》下，中央文献出版社2003年版，第1279页。

② 吴冷西：《十年论战：1956—1966中苏关系回忆录》下，中央文献出版社1999年版，第580页。

阶级世界革命的完全胜利，建立一个没有帝国主义、没有资本主义、没有剥削制度的新世界。”①

复信还阐明中国共产党对待国际共产主义运动若干重大问题的基本立场。这些问题主要是：怎样分析当代世界的基本矛盾；怎样看待社会主义阵营各国共产党和工人党在国内和国际的主要任务；怎样对待帝国主义的侵略政策和战争政策；怎样对待亚洲、非洲、拉丁美洲民族民主革命运动；怎样对待无产阶级革命与和平过渡；怎样认识和对待社会主义国家同被压迫人民、被压迫民族的革命斗争是互相支持、互相援助；怎样对待战争与和平、和平共处以及全面禁止和完全销毁核武器；怎样对待关于无产阶级专政条件下的阶级斗争；怎样对待“反对个人迷信”；怎样处理社会主义国家之间的关系和兄弟党关系的准则等。

复信最后表示，既然赫鲁晓夫不能到中国来，苏方也没有表示愿意派代表团到中国来，因此，中共中央决定派代表团到莫斯科去进行两党会谈。

复信公开发表后，苏共中央于 6 月 18 日发表声明，认为复信“包含有对苏共和其他兄弟党的毫无根据的攻击”，拒绝接受复信。

6 月 30 日晚，刘少奇主持召开中共中央政治局扩大会议，讨论通过中共中央的声明和中共代表团在两党会谈中所采取的方针。邓小平在会上发言说：最近在主席那个地方多次考虑了谈判的方针。首先要估计一下，这次谈判究竟能不能取得什么结果。看来，取得什么积极成果，现在不可能，赫鲁晓夫也没有这个准备。他现在的一系列步骤，包括驱逐我们六个人（6 月下旬，苏联政府以中国驻苏使馆工作人员散发中共中央《关于国际共产主义运动总路线的建议》为由，驱逐使馆 6 名工作人员，引者）在内，就是不想达成什么协议的。原来，常委、主席大家都在考虑，是不是有这么一个可能，他求得达成一个某种限度的协议。我们考虑的结果，根据他现在的态度，根据他现在的措施，不可能。我们这二十五条，挖了他的底，他现在不好讨论这些问题。它的决议，实际上就是拒绝讨论。因此，这次谈判的结果，实际上只能是两个前途：一个叫拖，一个叫破。今天在主席那里谈了这个问题。第一条要放在他

---

① 《关于国际共产主义运动总路线的建议——中国共产党中央委员会对苏联共产党中央委员会 1963 年 3 月 30 日来信的复信》，《人民日报》1963 年 6 月 17 日。

破，我们不主动破。我们不给他一个借口，好像我们首先来破裂。今天政治局决定了这样的方针，我们代表团轻松愉快，就好办了，就比较自由了。至于讲话，当然也不给他抓我们，也要讲分寸，也要站得稳。①

7 月 1 日，中共中央发表声明。声明说："根据已经达成的协议，中国共产党和苏联共产党将在 7 月 5 日开始在莫斯科举行两党会谈。"代表团团长由中共中央总书记邓小平担任，副团长由中共中央政治局委员、书记处书记彭真担任，团员包括中共中央政治局候补委员、书记处书记康生，中共中央书记处候补书记杨尚昆，中共中央委员刘宁一，中共中央委员伍修权，中共中央候补委员潘自力。

声明明确规定了代表团的任务："在同苏共代表团会谈中，遵循我党坚持原则、坚持团结的一贯立场，根据中共中央 6 月 14 日给苏共中央的复信，阐明我党对于国际共产主义运动总路线以及与此有关的一些原则性问题的观点，坚决捍卫马克思列宁主义的基本原理，坚决捍卫 1957 年宣言和 1960 年声明的革命原则，维护社会主义阵营的团结和国际共产主义运动的团结，维护被压迫人民和被压迫民族解放事业的利益，维护反对帝国主义和争取世界和平事业的利益，维护无产阶级世界革命事业的利益。"②

7 月 5 日，邓小平率中共代表团离开北京前往莫斯科。

斗争又是从宴会开始的。

代表团到达莫斯科的当天，苏共中央在克里姆林宫举行欢迎宴会。赫鲁晓夫在祝酒时说："我们还是希望两党能够消除分歧。苏联共产党已经作出了自己的努力，我们对中国共产党是怀有友好的感情的。"邓小平郑重地表示："我们也是带着团结的愿望、友好的愿望到这里来的。我们真诚希望消除分歧。"

赫鲁晓夫马上声明："苏共二十大、二十一大、二十二大的路线是正确的，我们将继续坚持。"赫鲁晓夫的意思很明确：消除分歧、实现团结只能是中共接受苏共的观点。邓小平说："即使分歧一时消除不了，也可以保留各自观点，不要把意识形态上的分歧继续扩大到两国关

---

① 中共中央文献研究室：《毛泽东传（1949—1976）》下，中央文献出版社 2003 年版，第 1281—1282 页。

② 《中国共产党中央委员会声明》，《人民日报》1963 年 7 月 1 日。

系上。”

赫鲁晓夫终于按捺不住，竟连起码的礼仪都不顾，用餐刀边敲菜盘边说：“要团结必须停止相互论战！”邓小平回敬道：“停止论战是中国共产党早就提出的建议，你们一直没重视，不接受我们的正确意见，实际上一直在攻击我们，直到现在仍然没有停止这种攻击。我们该答复的总要作出答复。”①

7月6日至20日，中苏两党会谈在莫斯科举行。按照事前的约定，双方轮流发言，在一方发言时，另一方不得插话打断对方的发言。第一天的会谈，苏斯洛夫代表苏共代表团作了长达五个钟头的发言。讲的还是和平过渡、和平竞赛那一套，然后解释了苏共是全民党的问题，大意是苏联全国人民都拥护党，都拥护马列主义，党的成分来自全国人民的各阶层。

7月8日，轮到邓小平代表中共代表团发言。这次发言，连同翻译的时间，也有五个小时。邓小平着重讲了中苏两党的分歧从何而来以及分歧的实质。他回顾了中苏在一系列重大问题上分歧不断加深的经过，指出分歧的实质是革命还是不革命。

10日和12日，又是苏斯洛夫和邓小平分别作长篇发言。苏斯洛夫的发言主要是回答邓小平上次发言中提出的分歧从何而来的问题，实际上是对中方提出的问题进行辩解。邓小平在发言中则着重讲苏联搞分裂主义的问题，并列举了一系列的具体事实。

7月14日，苏共中央在《真理报》上发表了《给苏联各级党组织和全体共产党员的公开信》，对中共中央6月14日复信作了全面的批驳。

公开信说：“许多年来，我们的党之间的关系是良好的。但是，若干时候以前，在以中共为一方、以苏共和其他兄弟党为另一方之间，出现了严重的分歧。现在，中国共产党领导方面的破坏我们的党之间的团结和我们的人民的友谊的言论和行动，引起苏共中央委员会日益加深的焦虑。”

公开信在简单回顾中苏两党分歧产生的经过后说：“中国领导同苏

---

① 李越然：《中苏外交亲历记》，世界知识出版社2001年版，第238页。

共和其他兄弟党的分歧的简单经过就是这样。它表明，中共领导人把自己的特殊路线同共产主义运动的共同方针对立起来，力图把自己的号令、自己对当代根本问题的极其错误的观点强加给共产主义运动。”①公开信中充满对中共指责的词句，并把两党产生分歧的责任全都加在中共头上。

苏共中央公开信的发表是一个极其严重的步骤，表明赫鲁晓夫已决心公开与中共论战。

作为回应，中共中央决定于 7 月 19 日再发表一个声明，同时发表苏共中央的公开信，重播 6 月 14 日中共中央给苏共中央的复信。声明中说：“至于我们广播苏共中央 7 月 14 日的公开信，则只有一个理由，即这是一篇奇文。中国人有过两句诗：‘奇文共欣赏，疑义相与析。’恐怕世界上广大的革命同志和革命人民当着苏联广播他们的这篇‘奇文’时，不愿意和不耐心收听，我们奉劝这些革命同志和革命人民，不宜采取这种态度，而要耐心收听，好好研究，公开发表，以便将正、反两种材料对比起来，才能作出比较正确的分析和批判。不批判唯心论，不批判形而上学，就不能发展辩证法。而要批判，就要掌握对方的材料。苏共这次的公开信，正是一篇绝妙的反面材料。”② 这段文字，是毛泽东在审定声明稿时加上去的。

这期间，中苏双方代表团又进行了几次会谈。其中，第六次会谈由彭真发言，第八次会谈由康生发言。康生在发言中谈到赫鲁晓夫过去如何吹捧斯大林，苏共二十大又如何咒骂斯大林，前后矛盾。苏斯洛夫听后满脸通红，波诺马廖夫几次想打断康生的发言，但邓小平没有理会，让康生继续把稿子念完。随后，苏斯洛夫断然拒绝了这个发言。

中共代表团当天下午就把此次会谈的情况向中共中央作了汇报，并提出准备在下一次会谈时提出两党会谈暂停的建议，并请苏共中央派代表团到北京会谈，而且特别提出请赫鲁晓夫去。当天晚上，周恩来打电话通知代表团：中共中央同意代表团的意见。

7 月 20 日，双方举行第九次会谈。邓小平指出，从过去八次会谈

---

① 《苏联共产党中央委员会给苏联各级党组织和全体共产党员的公开信》，《人民日报》1963 年 7 月 20 日。

② 《中国共产党中央委员会发言人声明》，《人民日报》1963 年 7 月 20 日。

的情况看来，中苏两党存在严重的分歧。特别是从苏共7月14日发表《公开信》以后，苏联的报刊纷纷攻击中国共产党。在这种情况下，两党就某一些问题达成协议已难以做到。因此，中共代表团建议，中苏两党会谈暂告一段落，休会到另一个商定的时间再举行。下一次会谈在北京举行，请苏联共产党第一书记赫鲁晓夫亲自率代表团到中国来同我们会谈。会议恢复时间可以根据双方协商来确定。①

苏方代表团同意会谈暂停，但不肯答应下次会谈在北京举行，更不敢答应赫鲁晓夫到北京去。于是，邓小平说，我们还是希望下次会谈在北京举行，还是希望赫鲁晓夫能率团到北京。赫鲁晓夫不是对我们意见很多吗？他不是昨天在苏联匈牙利友好大会上对我们大加指责吗？这些话可以到北京去讲。

会谈的最后是讨论怎样发表会谈公报。苏方事先准备了一个稿子，里面除了讲了两党什么人参加会议外，还有“会谈是在友好的、同志式的气氛中间进行的”，“两党一致同意停止公开争论”等语。邓小平看后，提出中方对稿子有些修改，建议双方各派两人共同商量如何修改。在修改中，中方将上面这样的表述去掉了。

当天晚上，赫鲁晓夫为中共代表团举行宴会。赫鲁晓夫对邓小平说：我们两党中间没有严重的分歧，分歧是臆造的。

邓小平回答说：你不是在苏匈友好大会上讲我们是独特的路线、搞分裂，而你们是马列主义路线，这不是分歧吗？你们代表团几次发言不是都讲严重分歧吗？事实上也是存在严重的分歧。我们6月14日的复信和你们7月14日的公开信，就是两条路线明摆在那里，怎么不是严重分歧？

赫鲁晓夫说：用这些词干什么，让作家去写吧，反正我认为没有什么严重分歧。

邓小平仍然强调说：我们虽然存在严重分歧，但中国党希望通过讨论来消除分歧，增强团结。邓小平还讲到中国党准备发表苏方的历次声明、信件和讲话，也希望苏方发表中方的东西，既然是公开争论，就应当堂堂正正地进行，把双方的观点都摆出来，让大家来判断究竟谁对

---

① 吴冷西：《十年论战：1956—1966中苏关系回忆录》下，中央文献出版社1999年版，第616—617页。

谁错。

赫鲁晓夫狡辩说：我们不希望加剧公开争论，不能把人们的思想搞乱，不能发表那些毫无根据的攻击。

邓小平指出：不是什么“毫无根据”，很多都是直接引用你的讲话。1960 年我们来莫斯科参加兄弟党代表会议时，少奇同志曾劝过你，希望你不要站在第一线，不要讲那么多话。在那以后，你还是讲了那么多话，我们答辩只好根据你的话，许多话都是直接引用你的，许多观点都是你自己讲的。很对不起，没有别的办法，因为就是你讲的多。

赫鲁晓夫听后无言以对，只好耸耸肩，摊摊双手，以掩饰自己的窘态。①

当地时间晚上 11 点，邓小平率代表团分乘两架飞机离开莫斯科回国。由于时差的关系，代表团第二天下午才到达北京。当飞机抵达北京西郊机场时，毛泽东亲自到机场迎接，一同前往的还有刘少奇、周恩来、朱德、董必武等党和国家领导人，首都各界五千多人也到机场欢迎。毛泽东一向很少亲自到机场迎接出国代表团回来，这表明他对代表团在莫斯科的表现十分满意。

代表团下了飞机，同毛泽东一道到了中南海颐年堂。毛泽东在谈话中对代表团的工作做了总的评价。他说，代表团没有同苏方达成任何有失原则的协议，取得了完全的胜利。他还说，中苏关系现在还不是完全破裂，但离破裂也差不多了，已经到边缘了。赫鲁晓夫曾经说，邓小平人那么矮，但是一个重量级拳师。事实上也是这样，赫鲁晓夫都搬不动你、斗不过你，苏斯洛夫更不在话下。这次你们取得了完全胜利，完成了任务，做了一件好事情。

1963 年 7 月 23 日，毛泽东召开会议，决定组织文章回应和批判苏共中央发表的致各级党组织和全体党员的公开信，具体工作由康生负责。毛泽东提出：苏共《公开信》已指名道姓攻击我们，我们的评论也要指名道姓。苏方已公开论战，我们也公开论战。

根据毛泽东的指示，在邓小平的直接领导下，从这年 9 月到 1964 年 7 月，在十个月的时间里，中共中央以《红旗》杂志和《人民日报》

---

① 吴冷西：《十年论战：1956—1966 中苏关系回忆录》下，中央文献出版社 1999 年版，第 621—622 页。

的名义，连续发表了九篇评苏共中央公开信的文章，即“九评”。这九篇文章是：《苏共领导同我们分歧的由来和发展》（一评，1963年9月6日）；《关于斯大林问题》（二评，1963年9月13日）；《南斯拉夫是社会主义国家吗?》（三评，1963年9月26日）；《新殖民主义的辩护士》（四评，1963年10月22日）；《战争与和平问题上的两条路线》（五评，1963年11月19日）；《两种根本对立的和平共处政策》（六评，1963年12月12日）；《苏共领导是当代最大的分裂主义者》（七评，1964年2月4日）；《无产阶级革命和赫鲁晓夫修正主义》（八评，1964年3月21日）；《关于赫鲁晓夫的假共产主义在世界上的教训》（九评，1964年7月14日。）

在这个过程中，双方都在运用各种宣传工具批判对方的观点，并且调子越来越高。

到这时，中苏关系的破裂，已是无可挽回了。事隔多年，邓小平在回顾这段往事的时候，曾这样说：“多年来，存在一个对马克思主义、社会主义的理解问题。从一九五七年第一次莫斯科会谈，到六十年代前半期，中苏两党展开了激烈的争论。我算是那场争论的当事人之一，扮演了不是无足轻重的角色。经过二十多年的实践，回过头来看，双方都讲了许多空话。马克思去世以后一百多年，究竟发生了什么变化，在变化的条件下，如何认识和发展马克思主义，没有搞清楚。”①

邓小平又说：“六十年代，在整个中苏、中蒙边界上苏联加强军事设施，导弹不断增加，相当于苏联全部导弹的三分之一，军队不断增加，包括派军队到蒙古，总数达到了一百万人。对中国的威胁从何而来？很自然地，中国得出了结论。一九六三年我率代表团去莫斯科，会谈破裂。应该说，从六十年代中期起，我们的关系恶化了，基本上隔断了。这不是指意识形态争论的那些问题，这方面现在我们也不认为自己当时说的都是对的。真正的实质问题是不平等，中国人感到受屈辱。虽然如此，我们从来没有忘记在中国第一个五年计划时期苏联帮我们搞了一个工业基础。”②

这两段话，实际上对这一段历史作了很好的总结。

---

① 《邓小平文选》第三卷，人民出版社2001年版，第291页。

② 《邓小平文选》第三卷，人民出版社1994年版，第294—295页。

## 3. 西北、东北之行

中苏两党莫斯科会谈之后，中共中央决定组织一批评苏共中央公开信的文章，由康生具体负责，书记处的其他人转入抓工业。后来，总共写出了九篇文章，以《人民日报》和《红旗》杂志编辑部的名义发表，通称为“九评”。

时间转眼到了 1964 年 4 月，“九评”已经发表了“八评”。此时，中共中央仍希望通过“拖”的办法推迟两党关系的完全破裂。这年 4 月是赫鲁晓夫 70 岁寿辰，毛泽东决定在组织“九评”的同时，给赫鲁晓夫发一生日贺电，以表达中国党改善两党关系的愿望。恰在此时，苏共中央公布了两个反华报告，《真理报》也发表了一篇反华社论。4 月 5 日，刘少奇召集周恩来、邓小平、彭真、陈毅开会讨论有关对策，商量有关“九评”中的最后一篇文章如何写作的问题，最后确定先准备“九评”的稿子，观察一段苏方的表现后再发表。邓小平就苏联发表三篇反华材料谈了几点看法，然后说，秀才们（指写作班子）从去年准备中苏两党会谈起，一直忙到现在，一年到头很辛苦，太紧张了，现在可趁观察一阵的时机，放松一下，索性离开北京休息一些日子。

邓小平的提议得到了刘少奇、周恩来的一致赞成。会上决定，由邓小平带领写作班子到外地参观。

4 月 7 日，邓小平和彭真带着写作班子先到了山西大同，参观了著名的云冈石窟。然后到了内蒙古的包头，参观了白云鄂博铁矿、包头钢铁公司、内蒙古第一机械厂和第二机械厂，并到黄河边的巴彦高勒观看了河套水利枢纽工程。

邓小平名义上是带写作班子参观，休息休息，实际上是进行调查研究。在河套灌区考察时，他问当时任内蒙古自治区党委书记的乌兰夫，现在全国主要抓 5 亿亩稳产高产基本田，解决粮食问题，你们准备搞多少？乌兰夫回答，我们打算搞 1500 万亩。邓小平接着说，河套地区灌溉条件这么好，为什么单产不高？农业光有水还不行，还要有肥。今后要大力改变粗放的耕作方法，努力提高单产。你们把 1500 万亩稳产高产基本田搞起来以后，粮食就打得多了，既解决了你们自己的吃粮问题，还可以给中央多调一些粮食，这是一件大事。

4月9日，邓小平、彭真一行来到宁夏。在宁夏回族自治区党委第一书记杨静仁、第二书记李景林等陪同下，参观了银川市容，看了玉皇阁、承天寺塔、海宝塔。随后听取了自治区党委的工作汇报。听完汇报以后，邓小平在肯定自治区党委工作的同时，提出要动员各方面的力量，加快宁夏的发展。他说，宁夏作为少数民族地区，一定要认真贯彻党的民族政策，回汉人民团结起来，把宁夏建设好。

当天下午，邓小平一行乘专列离开银川，前往甘肃。

4月11日晚，专列停宿在甘肃皋兰县的长川车站。停留期间，他在专列上接见了皋兰县委副书记孙兆甲，听取了皋兰县工作情况的简要汇报。

第二天上午，专列进入兰州城区。邓小平没有休息，一下车就前往兰州炼油厂视察，接着又视察了兰州化学工业公司、兰州石油化工机械厂、甘肃建国机械厂，观看了市容，接见了在兰州的厅局级以上负责干部和300多名学大庆观摩团代表以及出席工交战线学大庆会议的工业企业书记。

当时，我国第一颗原子弹的研制到了关键时期。这年1月14日，设在兰州的铀浓缩厂第一次出产了合格的可供原子弹装料用的高浓铀产品。邓小平一向关心中国自己的原子弹的研制情况。1961年7月16日，他签发了《中共中央关于加强原子能工业建设若干问题的决定》，要求各有关部门从技术和领导力量调配、专用设备制造能力配置、医疗卫生设施保障和物资运输等方面，支援核工业建设。各有关部门认真贯彻中共中央的决定，发扬社会主义大协作精神，要人给人，要物给物，尽量满足核工业建设的需要。邓小平这次到了兰州，特地和彭真一起视察了铀浓缩厂，仔细询问了建厂过程和技术攻关情况。邓小平对该厂负责人说："你们辛苦了。这个工厂建得不容易啊，你们为人民立了大功！"视察结束后，他还在厂前区同该厂负责人和工程技术骨干合影留念。①

到兰州的第二天晚上，中共中央办公厅打来电话，要邓小平带几个

① 中国核工业总公司党组：《邓小平同志与中国核工业》，《回忆邓小平》中，中央文献出版社1998年版，第424页。

人立即从兰州飞往长沙，参加毛泽东在那里主持的会议。邓小平不得不取消原定的活动日程，乘车先到陕西武功的军用机场，从这里直飞长沙。

毛泽东要邓小平来长沙，主要是商量给赫鲁晓夫七十诞辰的贺电如何修改，以及怎样应对中苏关系出现的新情况，组织一批批驳文章。邓小平在长沙亲自主持了对赫鲁晓夫贺电的修改，经毛泽东审阅并征求刘少奇、周恩来的意见后，于 4 月 16 日（莫斯科时间是 15 日，赫鲁晓夫的生日为 4 月 16 日）用明码电报发出。16 日晚，新华社全文广播。

这年 6 月，中国共产主义青年团召开第九次全国代表大会，邓小平代表中共中央向大会作了政治报告。报告中，邓小平详尽地分析了当时的国际国内形势，阐述了反对现代修正主义斗争的问题。邓小平号召全国青年永远做革命派，不仅在国内阶级斗争、生产斗争、科学实验三大革命运动中当革命派，而且在国际范围的阶级斗争中当革命派，关心和支持全世界人民的解放斗争，做真正的国际主义者。同时要求共青团组织依靠团员，依靠进步青年，按照不同青年的特点和志趣，采用多种形式，最大限度地把青年团结和组织起来。

共青团九大之后，邓小平和李富春、薄一波一起，前往东北视察工业企业。

邓小平等是 6 月 22 日抵达沈阳的。他们一共在沈阳活动了 6 天，先后视察了 112 厂、410 厂、111 厂，还参观了辽宁工业展览馆，并就如何发展工业发表了意见。

6 月 26 日，邓小平在视察沈阳市机械工业生产情况时指出，机械工业要实行专业化生产和协作，并向陪同视察的干部讲述了工业企业搞专业化生产的好处，指出组织专业化生产可以降低成本，提高质量，产量也可以增加一倍。没有专业化，先进技术就不可能发展。针对当时辽宁机床工业产品落后、精密机床少的情况，邓小平明确地提出要在二三年内把沈阳机床一、二、三厂改造成精密机床厂。邓小平通过调查研究发现，通用机床的品种太单调，精密的太少，是机械工业的主要问题，解决这一问题的关键就是要做好机械工业的改组、调整和改造。对此，他指出：精密机床多起来，通用机床少起来，我们的名誉就可以好起来。我们一定要打开国际市场的销路。只有把机械工业改组好，才能把其他工业带动起来。东北的机械占全国的四分之一，辽宁的机械占东北的60%以上，辽宁的机械又在沈阳，沈阳的机械搞好了，全国就有希望了；沈阳抓好了，全国就有基础了。工厂的设备更新要用新的精密设备，沈阳的改造要由国家经委、计委组织进行。要打破中央、省、市的界限，这样才能提高。调整，包括技术力量和设备的调整，要通盘考虑，一项一项安排。通用与精密要有个比重，通用机械含义是什么？搞什么水平的通用机械要有一个统一的规划。精密机床需要多少型号？究竟加多少，减多少，要有个比例关系。

7月2日，邓小平等到大连视察，听取大连市党政领导的工作汇报。当汇报中说到大连市校舍不足的问题时，邓小平说：办学要两条腿走路，办正规学校，也要办简易学校。简易学校好办，搞一两个班，进行综合教育，大的孩子半工半读，小的只读书。邓小平要求在大连先进行办简易学校的试点，以便积累经验在东北地区推广。

邓小平还谈到了中等教育的改革与发展问题。他说，普通中学，有的要改为技工学校或职业学校，训练一批青年，生产需要时，可以补上去，但不许增加职工，要先减后补。对毕业生也不能包分配。课程不要多，教员不足，可以从有关行业中抽调。他还就手工业合作社、城市“五反”等问题发表了意见。[①]

邓小平在大连只停留了一天。7月3日，他又一次到鞍钢，了解“工业七十条”的贯彻情况，

7月5日，邓小平抵达长春，对吉林进行视察。他先后视察了第一汽车制造厂、吉林化学工业公司、丰满发电厂和左家特产研究所，察看了野生经济动物场、果树场、药草场等。在听完中共吉林省委工作汇报后，邓小平指出，要把发展生产力放在各项工作的首位，管理要改善，生产要增加，包括技术革命，发挥生产积极性。要以农业为基础，工业为主导。针对有的企业非生产人员比例大、企业效率低的问题，邓小平强调，把编外人员统统减下去，可以建立正常的生产秩序，提高劳动效率。不搞这一条，经济核算没有办法搞。宁肯把那些人集中起来学习或养起来，也比混在那里强。

---

① 顾金池：《高瞻远瞩，情系辽宁》，《回忆邓小平》下，中央文献出版社1998年版，第95—97页。

当时，吉林全省轻工业系统搞了食品、造纸、皮革三个托拉斯，名义上不增加编制，事实上增加了人员。邓小平了解到这一情况后，明确指出，托拉斯本身是搞经济的，不能用行政方法管理。我们现在搞的，有些不是用经济方法管理经济，而是用行政方法管理经济。①

7 月 12 日，邓小平一行离开长春，来到黑龙江，在哈尔滨听取了黑龙江省委的工作汇报，浏览了松花江；7 月 16 日和 17 日，视察了大庆油田和大庆炼油厂；7 月 21 日，又到伊春林区视察；7 月 23 日，邓小平结束对东北的视察，回到北京。

## 4. 关心三线建设

中苏论战的时候，中国所面临的是十分严峻的国际环境。

东面，在美国的支持下，台湾当局利用大陆出现的暂时经济困难，不断地进行军事骚扰，叫嚣“反攻大陆”，美国还在台湾设立军事基地，其第七舰队在台湾海峡游弋；南面，越南战争逐步升级，美国政府对南越政权的支持由出钱出物发展到直接派出军事顾问和“特种部队”参战，1964 年 8 月，开始对北越进行大规模的轰炸，把战火烧到了中越边境；西面，1961 年以来，印度军队不断地在中印边界的东段、西段蚕食中国领土，1962 年 9 月和 11 月，中国军队不得不进行自卫反击；北面，随着中苏关系的日益恶化，中国北部的边境形势也越来越严重，1963 年 7 月，苏联与蒙古签订针对中国的《关于苏联帮助蒙古加强南部边界防务的协定》，随后派出重兵进驻蒙古境内。

面对这样的严酷形势，中共中央和毛泽东自然不能等闲视之。

1964 年 4 月 25 日，中央军委总参谋部作战部提出一份报告，对经济建设如何防备敌人突然袭击的问题进行了分析，认为有些情况相当严重：“(1) 工业过于集中。全国 14 个百万人口以上的大城市，就集中了约 60%的主要民用机械工业和 52%的国防工业。(2) 大城市人口多。全国有 14 个百万人口以上和 25 个 50 万至百万人口的大城市，大都在沿海地区，防空问题尚无有效措施。(3) 主要铁路枢纽、桥梁和港口码

---

① 张德江：《情洒松辽大地，心系吉林人民》，《回忆邓小平》下，中央文献出版社 1998 年版，第 104 页。

头多在大城市附近，还缺乏应付敌人突然袭击的措施。(4) 所有水库的紧急泄水能力都很小，一旦遭到破坏，将酿成巨大灾害。”报告建议由国务院组织一个专案小组，根据国家经济的可能情况，研究采取一些可行的措施。[①]

毛泽东对这个报告十分重视，由此萌发了要搞第三线（所谓一线是指沿海地区，二线是中部地区，三线是后方地区。三线分两大片，一是包括云、贵、川三省的全部或大部分及湘西、鄂西地区的西南三线；二是包括陕、甘、宁、青四省区的全部或大部分及豫西、晋西地区的西北三线）工业基地的设想。这年 5 月 27 日，毛泽东找刘少奇、周恩来、邓小平、李富春等人开会，谈他对第三个五年计划的一些设想，认为原计划对三线注意不够，提出要注意三线的建设，防备敌人的入侵。

同年 6 月的中央工作会议上，毛泽东专门讲到了要进行备战的问题，并提出要搞三线工业基地的建设，一、二线也要搞点军事工业。各省都要有军事工业，要自己造步枪、冲锋枪、轻重机枪、迫击炮、子弹、炸药。有了这些东西，就放心了。他还强调攀枝花钢铁工业基地的建设要快，但不要潦草。他表示，攀枝花搞不起来，睡不着觉。毛泽东甚至说：你们不搞攀枝花，我就骑着毛驴去那里开会；没有钱，拿我的稿费去搞。

8 月 19 日，李富春、薄一波、罗瑞卿联名向毛泽东和中共中央报送了《关于国家经济建设如何防备敌人突然袭击的报告》。报告提出：一切新的建设项目应摆在三线，并按照分散、靠山、隐蔽的方针布点，不要集中在某几个城市；一线的重要工厂和重点高等院校、科研机构，要有计划地全部或部分搬迁到三线；不再新建大中型水库；恢复人民防空委员会，积极准备北京地下铁道的建设，考虑在上海、沈阳建设地下铁道。[②]

8 月中旬，中共中央书记处开会讨论三线建设问题。毛泽东在 17

---

① 薄一波：《若干重大决策与事件的回顾》下，中共中央党校出版社 1993 年版，第 1197 页。

② 薄一波：《若干重大决策与事件的回顾》下，中共中央党校出版社 1993 年版，第 1200—1201 页。

日和20日作了两次讲话。他说，现在工厂都集中在大城市和沿海地区，不利于备战。工厂可以一分为二，要抢时间迁到内地去。各省都要搬家，都要建立自己的战略后方，不仅工业交通部门要搬家，而且学校、科学院、设计院、北京大学都要搬家，成昆、川黔、滇黔这三条铁路要抓紧修好，铁轨不够，可以拆其他线路的。根据毛泽东的讲话精神，会议决定首先集中力量建设三线，在人力、物力、财力上给予保证。新建项目都要摆在第三线，第一线能搬的项目要搬迁，一两年不能见效的续建项目一律缩小建设规模。

由此，加快三线建设引起了中央领导层的高度重视，各有关部门也迅速展开西南、西北三线建设的具体部署：如有计划地在三线建设新的工厂，把一线的若干全国仅此一家的“独生子”企业和配合后方建设所必需的工厂搬迁到三线。随后，又分别成立了西南、西北三线建设指挥部，负责组织中央有关部门在三线地区新建、扩建、迁建项目的计划协调和物资供应工作，大规模的三线建设全面展开。

这年5月28日，邓小平在刘少奇主持召开的有中共中央政治局常委、中央书记处书记和各中央局第一书记参加的会议上，专门就“三线”建设问题作了发言。邓小平说：搞建设，不但要有五年计划，而且应该有长远计划，即使很粗糙，也是必要的，这样，我们的工作就好做多了。在讨论第三个五年计划的时候，计委就提出，要真正实现农轻重的次序、解决吃穿用和两个“拳头”的问题，基础工业要按照两个“拳头”来平衡。后来，在毛主席那里汇报，他又提出一个“屁股”问题。邓小平说，前一个时期，我们注意了这个“屁股”问题，但是没有提得像现在这样明确。两个“拳头”，一个“屁股”，这是我们建设的一个完整的方针。搞计划，就要考虑一、二、三线问题。原来，我们只提沿海与内地的关系，现在看来，内地也有二线、三线的问题。我们以前设想的计划，对农业、对国防、对文教的投资，虽然都没有完全满足，但注意得是比较好的。可是对基础工业、对三线就注意不够了。现在毛主席提出我们对三线建设注意不够，对基础工业注意不够，这是一个重要问题，这方面要增加投资。但实际投资还是那么多，因此，农业、国防、文教的投资和事业费就要减一点。邓小平还说：攀枝花钢铁工业基地的建设，只能打“歼灭战”。要先修铁路，还要买一套氧气炼钢技术设备。

买专利是很合算的，但是只买专利还不够，比如维尼纶，我们买到了专利，但我们自己还不能很快造出来。所以，还要抢时间买设备，买到设备才是最大的胜利。又比如，现在的钢铁联合企业，我们如果能够又买设备，又买专利，那就来得快。买设备可以有选择，比如维尼纶，不要买整套设备，可以买百分之六七十，其余的百分之三四十可以自己制造。①

6月19日，在共青团第九次全国代表大会作政治报告时，邓小平又说：对第三个五年计划和今后的长期计划，一定要注意“两个拳头，一个屁股”，要加强基础工业建设。为应付各种情况，要有一、二、三线的配备，工业布局，一定要注意到后方。② 在10月13日的中共中央书记处会议上，邓小平在谈到“三线”建设时再次指出：一、二、三线建设，是战略问题，是第三个五年计划的基础，实际上也就是长远计划。搬厂，是“一分为二”，是把一线地区重要的技术力量、设备样机搬到后方去，是利用一线的技术力量发展三线。沿海地区的企业还是要继续发展生产，搞机械化、自动化。③

作为总书记，邓小平不但参与了三线建设的决策，而且亲自前往三线地区调研，并代表中共中央确定了三线建设的重点项目攀枝花钢铁公司的建设方案。在视察过三线建设的领导人中，邓小平视察的时间最长、走过的地方最多。

1965年11月初，邓小平来到成都，在这里召开有关会议、视察了几家工厂后，先后前往川南的自贡和泸州，视察了设在这里的一些三线企业。然后到了重庆，视察了重庆钢铁公司和长安机器厂。

在重庆期间，邓小平还观看了某兵工企业生产的坦克表演。在表演中，由于负责现场指挥人员的失误，坦克驾驭员操作失当，将观看表演的几个随行人员刮倒在地，还有个别人受了伤。事后，有关部门要追究

---

① 中共中央文献研究室编：《邓小平年谱（1904—1974）》下，中央文献出版社2004年版，第1813—1814页。

② 中共中央文献研究室编：《邓小平年谱（1904—1974）》下，中央文献出版社2004年版，第1817页。

③ 中共中央文献研究室编：《邓小平年谱（1904—1974）》下，中央文献出版社2004年版，第1832页。

这个驾驶员的责任，将他抓了起来。邓小平得知后立即指示放人，明确表示不能处分驾驶员。他生气地说，驾驶员坐在里面完全是听外面指挥人员的命令。要有责任的话，是安排这个活动的领导要负责任，是组织工作没有做好。事情已经发生了，就不要追究什么责任，重要的是吸取教训，这个搞法不好。

11 月 21 日，邓小平在贵阳听取第七工业部黔北基地的建设汇报，并就一些具体的问题发表了意见。24 日，他又在六盘水听取了煤炭部、西南煤矿建设指挥部负责人关于六盘水矿区的生产建设情况的汇报。他对这里的建设进展表示满意，高兴地说：看到西南有煤、有铁，就放心了，不然建好多工厂也没有用处。办好西南的两个大型的联合企业就好了，就有希望了。当时，六盘水地区交通闭塞，地瘠民穷，十万建设大军到了这里，生活供给成了大问题，尤其是蔬菜瓜果十分缺乏。邓小平在视察中了解到工人想吃新鲜大白菜后，当即指示秘书与北京有关部门联系，很快就调进五十万斤大白菜支援六盘水矿区。

11 月底，邓小平从贵州返回成都。几天后，乘飞机到西昌，12 月 1 日来到攀枝花钢铁基地所在地的渡口。渡口位于四川、云南交界的金沙江畔，有丰富的铁矿资源，离六盘水煤炭基地距离也近。三线建设的计划确定后，中共中央决定在这里建立一座大规模的现代化钢铁企业，作为三线建设的骨干。当时，对于是否在渡口建设钢铁基地曾产生了不同意见，一种意见认为，这里交通不便，人烟稀少，农业生产基础差，不宜建大型的钢铁厂；另一种意见认为，这里既有丰富的铁矿资源和水资源，也离六盘水煤炭基地不远，地点又隐藏，且不占农田，是建钢铁企业的理想地址。两种意见相持不下时，毛泽东发了话：渡口有铁有煤，钢铁厂就设在这里。

邓小平来到渡口后，没有先去招待所，而是径直去了钢铁厂的厂址，了解建设情况。第二天，他又听取了冶金部负责人对攀枝花钢铁基地模型的讲解。邓小平说："同意你们汇报的攀钢建设设计方案，批准所选定弄弄坪厂址，你们就可据此进行施工设计。其他各厂矿的设计也不必送北京审批，我们授权由你们建设总指挥在现场审批。在三线建设项目中，攀钢何时投产，六盘水何时供煤，成昆线何时通车，而且何时供多少煤和铁路承担多少运量，三家都要制定和执行相互配合的时间表。”①

结束对渡口的考察后，邓小平又到了昆明，视察了昆明钢铁厂和昆明机床厂等企业，听取了西南三线建设委员会关于三线建设进度的汇报，要求西南地区在“三五”计划期间，钢的生产能力由原定的150万吨增加到300万吨，并相应地调整煤、电、机械以及整修工业生产的规模与进度，逐步使三线形成一个独立的体系。

次年3月上旬，中共中央西北局在西安召开关于三线建设的工作会议，邓小平和李富春、薄一波、蔡畅等参加了会议，研究了西北特别是陕西的航空、航天等国防工业和三线建设发展问题，并视察了陕西的航空工业、兵器工业。在视察西安飞机制造公司时，邓小平观看了我国自行研制的国产战斗机的飞行表演。邓小平在陕视察三线建设期间，还抽出时间专程来到离别多年的延安，参观了延安纪念馆、凤凰山、杨家岭、枣园和王家坪等多处革命旧址。

3月10日，邓小平听取了中共中央西北局的工作汇报，并且强调要重视水土流失问题。他说：我看过陕西米脂县高西沟治理水土流失电影，就是筑坝田、梯田，那里搞得很好，真是水平梯田，有水平。搞水土保持，就是要一条沟、一条沟地治。高西沟很好，是艰苦奋斗，大寨精神。水土保持，主要就是走高西沟的道路。黄土高原种树，要搞一百年才行。又说：要按毛主席说的那样，搞粮食基地。所谓基地，就是全国的基地，要为全国调出商品粮。三门峡水库把水顶上来了，可以把不利变为有利，地下水多了，可以搞台田。② 在3月14日听取中共陕西省委汇报时，他特地讲到了工业配套的问题，认为小工业多搞一些，这是个方向性的问题。走专业化、协作化的道路，这样可以更经济。把城市的剩余劳动力组织起来，人人都参加劳动，小偷小摸就少了，向市人民委员会闹事的人就少了，大厂的生产也可以成倍地提高。全国都要走

---

① 王春才主编：《三线建设铸丰碑》，四川人民出版社1999年版，第10页。

② 中共中央文献研究室编：《邓小平年谱（1904—1974）》下，中央文献出版社2004年版，第1899页。

这条道路。[①]

之后，邓小平一行继续西行，于 3 月 16 日抵达兰州，在半个月的时间里，邓小平一行先后视察了兰州炼油厂、兰州化学工业公司、兰州石油机械厂、刘家峡水电站、盐锅峡水电站、白银有色金属公司等企业，还深入千里河西走廊，巡视了酒泉钢铁厂、404 厂、20 基地、金川有色金属公司等大型厂矿企业。在酒泉原子能联合企业视察时，邓小平看到现场科技人员都很年轻，高兴地说："多数都是青年，有活力，好嘛!"接着还对该厂负责人提出要多培养一些干部，为发展第二套核燃料生产作准备。在核武器研制基地视察时，邓小平特地题词："高举毛泽东思想的伟大红旗，遵照毛主席指引的方向，奋勇前进——别人已经做到的事，我们要做到；别人没有做到的事，我们也一定要做到。"

3 月 25 日至 26 日，邓小平一行在酒泉北部大戈壁滩中的导弹试验基地视察。24 日夜晚，专列徐徐开进基地火车站。为不影响部队休息，邓小平一行就在火车上过夜。第二天清晨，邓小平走下火车，兴致很高，对陪同的基地领导说：原来这个场区建在这里呀，组建和定点时还是我批的。这里是荒凉的戈壁滩，很艰苦，你们在这儿当无名英雄。基地领导简单汇报了场区建设及布局、部队训练、试验、培训科技干部队伍、农副业生产、部队生活等方面的情况，邓小平听后说：你们把戈壁滩建设得很不错，过去是风吹石头跑，遍地不长草，现在有了铁路、公路、树木和房子，像个小城市，这是你们辛勤劳动的结果。你们还培养了一支能吃苦、思想过硬的专业技术干部队伍，这是我们建设国家，发展国防科技事业的宝贵人才，要关心爱护他们。在你们组建短短的几年时间里，就成功地发射了我们国家自己制造的导弹，这个成绩很大，我们也有了保卫国防的尖端武器，以后还要大力发展这项事业。

25 日下午，邓小平一行来到基地导弹发射场，观看了干部、战士的操作表演。接着，又驱车赶到地空导弹发射阵地，观看了地空导弹的发射试验。当导弹准确命中目标后，大家高兴地站起来热烈鼓掌。基地领导说：前几年，就是用这种型号的导弹打掉了敌人的高空侦察机。邓

① 中共中央文献研究室编：《邓小平年谱（1904—1974）》下，中央文献出版社 2004 年版，第 1900 页。

小平高兴地说：这就是我国发达和神圣不可侵犯的标志，向你们祝贺！试验中你们要切实注意安全，把好质量关，确保成功，努力攀登新高峰。①

## 5. 暴风雨的前夜

邓小平1965年底1966年初视察三线建设的时候，中国的政治形势并不平静，“文化大革命”的暴风雨正在酝酿之中。

1962年8月，中共中央在北戴河召开工作会议。会议期间，毛泽东对党内主张包产到户的邓子恢作了严厉的批评。他认为，在社会主义阶段，社会主义与资本主义的矛盾是长期存在的，包产到户、闹单干，就是搞资本主义，现在社会上有一股“黑暗风”和“单干风”，必须进行彻底的批判。

所谓“黑暗风”与“单干风”，实际上是毛泽东对七千人大会以来党内一些负责干部关于国内困难的经济形势所作估计和支持包产到户的指责。这同主持中央日常工作的刘少奇、邓小平有着直接的关系。随后，刘少奇和邓小平都不得不收回对包产到户的支持。

可是，从这时起，毛泽东对国内的阶级斗争和两条道路斗争形势的估计却越来越严重。9月，中共中央又召开八届十中全会。毛泽东在会上提出在整个社会主义历史阶段中，资产阶级都将存在和企图复辟，并成为党内产生修正主义的根源，阶级斗争要年年讲，月月讲。

也在这个时候，由于中苏公开论战，毛泽东认为，苏联共产党已演变为修正主义的党，赫鲁晓夫已成为现代修正主义的代表人物。这就使得毛泽东时常在思考一个问题——如何保持中国共产党作为马克思主义政党的本色，如何防止中国出现赫鲁晓夫那样的人物。

作为反修防修的一个重大步骤，中共八届十中全会后，毛泽东和中共中央决定在全国城乡进行一次普遍的社会主义教育运动。

1963年2月初，河北保定地区在开展社会主义教育过程中，在农村进行清账目、工分、财物、仓库的“四清”（即“小四清”），以解决

① 栗在山等：《邓总书记来到发射场》，《人民日报》1996年3月25日。

农村中干群关系问题。保定地区的这一做法，引起了毛泽东的高度重视，并决定将之在全国推广。接着，不少地区开始了“四清”运动的试点。随后，党内对阶级斗争的形势估计日益严重，甚至得出了“三分之一左右的政权不在我们手里”的结论，提出“重点是整党内那些走资本主义道路的当权派”。社会主义教育运动的内容，也由“小四清”演变为“大四清”，即清政治、清经济、清组织、清思想。

加强党的自身建设，造就一支高素质的干部队伍，是邓小平一向关注的大事。1962 年 11 月 22 日，他在中共中央书记处会议上说：支部还是建立在生产大队，不要建立在生产队。建立在大队，可以超脱一些，可以更多地搞政治、抓思想。生产队够三个党员的成立小组。农村的组织形式，要坚持公社相当于乡，大队相当于行政村。这两级主要是党的和政权的领导机构，不管分配，少管经济。生产队搞生产。在谈到干部问题时说：基层干部，当两年，要换一下，改选一下。一个支部书记能连选连任几次，作为一个问题提出来。要能上能下，能领导，也能受人领导。能当支部书记，又能当农民，参加劳动。不能让他形成一个独立的势力，很多变质的就是这个道理。抗日战争时期，我就提出过这个问题。也要相应地考虑其他的基层组织，如工矿企业的基层组织等。总之，要能上能下。中央直属厂矿企业的干部管理权限可以收回来，统一起来管。这几年干部管理权下放多了，毛病很大。执政党如何进行党的建设，这个问题大。党的建设，就是要严，真正的问题是干部问题。①

同年 11 月 29 日，邓小平接见参加组织工作会议和全国监察工作会议人员时又指出：党要管党。从中央到基层，党的各级组织工作要加强，要建立经常工作，搞一系列的具体政策，专门把党管理起来，把党员、干部好好地管理起来。他还说：对于执政党的建设问题，第一，千万不能忽视。革命胜利要有好的党，建设社会主义直到共产主义也要有好的党。建设时期，党的重要性，党的意义，不比革命时期更轻、更不重要，而是更重、更重要。搞不好要亡党亡国。第二，要认真建立和健全党和国家的民主集中制。这是党和国家的根本制度，是保证党不会变质，国家不会变质的根本制度。第三，执政党对党员、对干部要更严。

---

① 中共中央文献研究室编：《邓小平年谱（1904—1974）》下，中央文献出版社 2004 年版，第 1733 页。

党内确有一批不合格的党员，不要低估这个问题，不要忽略这个问题。如果不严肃处理，他们的影响就会扩大，影响党在群众中的威信。在讲到干部问题时，邓小平说：多年来，我们对干部是包下来，能上不能下。现在看，副作用很大，已经成为我们工作中的障碍。唯一的出路是要能下，可以先从基层试验做起。要逐步从制度上、习惯上、风气上做到干部职务能上能下。①

对于全国城乡的社会主义教育运动，邓小平是赞成和支持的。他在1963年4月27日的中共中央书记处会议上说："当前城市主要抓增产节约，农村主要是抓四清运动。抓'四清'，这是纲。"② 但对于如何开展运动，邓小平认为要持谨慎态度，不要扩大打击面。这年10月8日，中共中央书记处会议讨论《关于农村社会主义教育运动中的一些具体政策问题（一九六三年九月中央工作会议纪要）》稿。他在讲话中指出：贪污的一定要退赔，但运动要谨慎。从"三反"运动起，十年没搞了，问题很多，如不警惕，打击面可能大了。这几年党内斗争也很复杂，还有三年灾荒，所以要趋向谨慎。不管多少钱，都要退赔，但要区别浪费与贪污。这个运动要搞两三年，后年还可能有个尾巴。只要政治上宽点，退赔方面、揭露方面搞严一点，当然也要实事求是，毛病就不会大。③ 在1964年8月底召开的各中央局第一书记会议上，邓小平在发言时又说：开展社会主义教育运动和城市"五反"要集中力量打歼灭战。具体来讲，一定要有工作队，一定要发动群众。通过这次运动，让那些坚持马列主义的或者比较坚持马列主义的人，成为各级的领导骨干。对城市或农村的基层干部主要是教育，使他们分清是非，改正错误。今后还得用他们。另外，必须解决干部参加劳动的问题，要使之成为一条根本制度、百年制度。④ 当时，社会主义教育运动主要由刘少奇负责，邓小平领导的

① 中共中央文献研究室编：《邓小平年谱（1904—1974）》下，中央文献出版社2004年版，第1734—1735页。

② 中共中央文献研究室编：《邓小平年谱（1904—1974）》下，中央文献出版社2004年版，第1756页。

③ 中共中央文献研究室编：《邓小平年谱（1904—1974）》下，中央文献出版社2004年版，第1776页。

④ 中共中央文献研究室编：《邓小平年谱（1904—1974）》下，中央文献出版社2004年版，第1826—1827页。

中共中央书记处虽然多次开会研究社会主义教育运动问题，但从中共中央文献研究室编纂的《邓小平年谱》看，邓小平在这个问题上没有发表多少言论。

1964 年 12 月 15 日至 1965 年 1 月 14 日，中共中央政治局在北京召开工作会议，总结前一阶段社会主义教育运动的经验，部署下一阶段的工作。就在这次会议上，毛泽东和刘少奇对“四清”运动中农村主要矛盾的提法产生了严重分歧。刘少奇认为，当前农村的主要矛盾是“四清与四不清的矛盾”，运动的性质是人民内部矛盾与敌我矛盾交织在一起；毛泽东认为主要矛盾是社会主义与资本主义的矛盾。在会议讨论矛盾问题时，刘少奇一度坚持自己的看法，使毛泽东很不高兴。

在 12 月 26 日这一天，毛泽东邀请部分中央领导人、各大区主要负责人及少数部长、劳动模范、科学家，在人民大会堂过了生日。毛泽东让几位科学家和劳模同他坐在一桌，其他中央领导人坐在别的桌子上。他一开始就讲：今天我没有叫我的子女们来，因为他们对革命没有做什么工作。随后就陆续批评社会主义教育运动中的一些提法：说什么四清四不清，党内外矛盾交叉？这是非马克思主义的。毛泽东还指责中央有的机关搞“独立王国”，还谈到党内有产生修正主义的危险。

过了两天，会议讨论《社会主义教育运动中目前提出的一些问题》(即“十七条”)。会前，毛泽东向工作人员要去了两本书，一本是《中国共产党第八次全国代表大会文件》，一本是《中华人民共和国宪法》，带到了会场。当时，谁也不知道他为什么要这两本书。会议讨论时，毛泽东先就“十七条”的一些具体内容的修改发表了意见，刘少奇、邓小平也对文件的修改谈了一些具体意见。当大家的意见发表完了，毛泽东又讲了一番话。他说：“我是没有话了。如果要还讲几句，就请你们回去找《党章》看一下，《宪法》第三章也看一下，那是讲民主自由的。有一本书，叫《中国共产党第八次全国代表大会文件》，第 100 页到 104 页，你们去看一看。不要犯法呀，自己通过的，又不遵守。又有一本书，叫《中华人民共和国宪法》，第三章的第一条，这个条文叫第八十五条，中间讲到，‘在法律上一律平等’。然后第八十七条讲到，‘中华人民共和国公民有言论、出版、集会、结社、游行、示威的自由’。比如我们这些人算不算中华人民共和国的公民？如果算的话，那么有没有言论自由？准不准许我们和你们讲几句话？”

毛泽东讲这番话，是有所指的。在这次中央工作会议召开前，负责会议组织工作的邓小平，考虑到这次会议是一般的工作会议，曾向毛泽东提出，如果事情忙，可以不参加会议。在一次会议上，毛泽东在刘少奇讲话时插话，由于刘少奇没有意识到毛泽东准备讲的时间比较长，毛泽东只讲了个开头，就被刘少奇打断。毛泽东对这两件事非常不满。①

当然，毛泽东对刘少奇、邓小平不满的更深层次原因，还在于他与刘、邓之间在若干重大问题尤其是阶级斗争形势的认识上存在思想分歧。正如薄一波所说的：“党内高层领导中发生的这些思想分歧，影响是深远的。最严重的是使毛主席产生了对少奇同志的不信任，从而埋下了发动‘文化大革命’的种子。”②

1965 年元旦之后，中共中央工作会议继续举行，主要内容是修改“十七条”，这项工作主要由邓小平、彭真、陈伯达负责。经过一个星期的讨论、修改，原来的“十七条”变成了“二十三条”，文件仍定名为《农村社会主义教育运动中目前提出的一些问题》。随后，各地立即开展了对“二十三条”的宣传贯彻。

在城乡进行社会主义教育运动的同时，作为反修防修战略部署的一部分，意识形态领域也开展了过火的、错误的批判和斗争。1962 年秋，江青无端地指责昆剧《李慧娘》是与社会主义不相容的“鬼戏”。次年 5 月，她又组织文章对《李慧娘》和赞扬这出戏的文章展开批判。江青在文艺问题上的错误主张，也影响了毛泽东对文艺问题的看法。

1963 年 12 月，毛泽东对文艺问题写了一个指示：“各种艺术形式——戏曲、曲艺、音乐、美术、舞蹈、电影、诗和文学等等，问题不少，人数很多，社会主义改造在许多部门中，至今收效甚微。许多部门至今还是‘死人’统治着。不能低估电影、新诗、民歌、美术、小说的成绩，但其中的问题也不少。至于戏剧等部门，问题就更大了。社会经济基础已经改变了，为这个基础服务的上层建筑之一的艺术部门，至今还是大问题。这需要从调查研究入手，认真地抓起来。”“许多共产党人

① 中共中央文献研究室：《刘少奇传》下，中央文献出版社 1998 年版，第 970 页。

② 薄一波：《若干重大决策与事件的回顾》下，中共中央党校出版社 1993 年版，第 1134 页。

热心提倡封建主义和资本主义的艺术，却不热心提倡社会主义的艺术，岂非咄咄怪事。”①

在这种情况下，刘少奇和邓小平召集中央和北京部分文艺界领导和个别著名人士开会，贯彻毛泽东的批示。会上，邓小平在刘少奇、彭真、周扬讲话时插话说：“表现将相智慧的东西也可以演。”“不要太急，不要降低质量。”“不要利用无产阶级专政强加于人，结果不中不西，非驴非马。”②

1964 年 6 月 23 日，江青在一次演员座谈会上对文艺界大加指责。她说，“在戏曲舞台上，都是帝王将相，才子佳人，还有牛鬼蛇神，九十几个话剧团，也是‘一大、二洋、三古’，可以说话剧舞台也被中外古人占据了。如今舞台上都是帝王将相、才子佳人，是封建主义的一套，是资产阶级的一套。这种情况，不能保护我们的经济基础，而会对我们的经济基础起破坏作用”。对于江青的发言，毛泽东很欣赏。6 月 26 日，他批示道：“已阅，讲得好。”

紧接着，一大批的电影、戏剧、小说受到批判，文化界的一些领导、作家受到围攻。先后被公开批判的影片有《北国江南》《早春二月》《舞台姐妹》《红日》《兵临城下》《革命家庭》《林家铺子》《聂耳》《怒潮》《不夜城》《两家人》《球迷》《逆风千里》《抓壮丁》等，被批判的戏剧有《李慧娘》《谢瑶环》，小说《三家港》《苦斗》也遭到批判。

此后，哲学社会科学界也开展了各种批判运动。在哲学界，杨献珍因提出“合二而一”论③被指责为与毛泽东提出的“一分为二”④ 唱对台戏，各种报刊相继发表了大量批判“合二而一”论的文章。此外，北京大学哲学系教授冯定的《共产主义人生观》和《平凡的真理》，也被指责为“宣扬修正主义思想的坏书”“主观唯心主义的大杂烩”而遭受批判。在经济学领域，孙冶方提出的应该大力抓企业利润，改革那些不计成本、不讲效益的企业管理制度的主张，被指责为鼓吹“利润挂帅”

---

① 《建国以来毛泽东文稿》第十册，中央文献出版社 1996 年版，第 436—437 页。

② 黎之：《文坛风云录》，河南人民出版社 1998 年版，第 428 页。

③ 其基本观点是事物由对立的两个方面构成的，对立的两个方面是不可分割地联系在一起的。

④ “一分为二”是毛泽东对对立统一规律的通俗解释。

的修正主义观点。在历史学界，翦伯赞提出的应该历史主义地对待农民战争，经历一个大的农民战争之后，统治阶级为了恢复封建秩序，有时会对农民作出一定程度的让步，在历史研究中不能搞“以论带史”等观点，被指责为“歪曲和污蔑农民革命”，“美化地主阶级，歌颂封建社会”。

面对意识形态领域的政治批判日益加剧的形势，邓小平试图控制局面的发展，对文艺领域批判运动中的“左”倾错误提出了批评。1965年3月2日，他主持召开中共中央书记处会议，听取陆定一汇报文艺界进行社会主义教育运动的有关情况。在讲话中邓小平说：过去，工作队下去是专找岔子，搞得干部没有出路。按照“二十三条”搞了以后，百分之八十干部的积极性调动起来。文化界的下乡三个月活动，也不要搞得那么机械。轻体力劳动，可以搞一点，上了年纪的人就不要搞同住、同吃。针对出现的围攻、批判某些文艺作品和文艺界代表人物的现象，邓小平说：现在有人不敢写文章了，新华社每天只收到两篇稿子。戏台上只演兵，只演打仗的。这个不让演，那个不让演。那些“革命派”是想靠批判别人出名，踩着别人的肩膀自己上台。要赶快刹车。① 邓小平的这番话，显然与毛泽东的看法有明显的距离。

3月3日，邓小平在中共中央书记处会议讨论文化、教育部门开展社会主义教育运动的问题时，又指出：对前一段的工作，一是要肯定成绩，二是要指出缺点。“二十三条”没有出来之前，有缺点是不可避免的。现在要总结经验，要研究根据“二十三条”学校该怎么搞？运动的范围有多大？要达到什么目的？应立即停止对冯定每周七小时的批判。运动的方向要转到落实教学、调动教职员工积极性方面。②

这时，毛泽东对邓小平的不满也明显表露出来。1965年1月，毛泽东在各大区书记会议上批评北京有两个“独立王国”，一个是指邓小平领导下的中央书记处，另一个则是指李富春领导下的国家计委。

也就从这个时候起，毛泽东对中国出“修正主义”的担心愈加强

---

① 中共中央文献研究室编：《邓小平年谱（1904—1974）》下，中央文献出版社2004年版，第1849页。

② 中共中央文献研究室编：《邓小平年谱（1904—1974）》下，中央文献出版社2004年版，第1849页。

烈。1965 年 9 月中旬至 10 月上旬，中共中央在北京召开工作会议，毛泽东在会上明确提出："如果中央出了修正主义，应该造反。"他甚至不无忧虑地说："我快要去见马克思了，怎么交代？你给我留个修正主义尾巴，我不干。"[①] 毛泽东越来越清晰地认为，中央一线的刘少奇、邓小平、彭真等人，已经滑向了修正主义，必须采取手段解决这个问题。

从 1965 年起，毛泽东对"四清"运动已不大感兴趣，认为"四清"也好，与"四清"同时进行的文化领域的大批判也好，都不能从根本上解决"反修防修"问题，必须发动一场新的自下而上的大革命，来彻底解决社会主义和资本主义两条道路谁战胜谁的问题。

1965 年 11 月 10 日，上海《文汇报》突然发表了姚文元的批判文章——《评新编历史剧〈海瑞罢官〉》，批判的对象是北京市副市长、著名历史学家吴晗 1961 年创作并公演的新编历史剧《海瑞罢官》，矛头却是指向以彭真为首的中共北京市委。

这是一篇由江青精心组织并得到毛泽东认可的文章。1967 年 4 月，江青在中央军委扩大会议上曾不无得意地说："有一天，一个同志，把吴晗写的《朱元璋传》拿给主席看。我说：别，主席累得很，他不过是要稿费嘛，要名嘛，给他出版，出版以后批评。我还要批判他的《海瑞罢官》哪！当时彭真拼命保护吴晗，主席心里是很清楚的，但就是不明说。因为主席允许，我才敢于去组织这篇文章，对外保密，保密了七八个月，改了不知多少次。"1967 年 2 月，毛泽东在接见阿尔巴尼访华代表团的卡博、巴卢库时也说："这场斗争也准备了一个时期。前年 11 月，对一个历史学家吴晗发表了一篇批评文章。这篇文章在北京写不行，不能组织班子，只好到上海找姚文元他们搞了一个班子，写出这篇文章。开头写我也不知道，是江青他们搞的。先告诉我要批评。他们在北京组织不了，到了上海去组织，我都不知道。文章写好了交给我看，说这篇文章只给你一个人看，周恩来、康生这些人也不能看，因为要给他们看，就得给刘少奇、邓小平、彭真、陆定一这些人看，而刘、邓这些人是反对发表这篇文章的。"

这篇批判文章在发表之前，刘少奇与邓小平一无所知，直接相关的

---

① 中共中央文献研究室：《毛泽东传（1949—1976）》下，中央文献出版社 2003 年版，第 1396 页。

中共北京市委和中共中央宣传部也没有得到任何消息。文章发表后，在北京主持中央日常工作的刘少奇、周恩来、邓小平、彭真一开始并未引起特别的注意，《人民日报》和北京市的报刊也没有加以转载。毛泽东得知这一情况后，就要上海人民出版社将文章印成单行本，向全国发行。对发行单行本，北京方面也不甚积极。后来，迫于压力，《人民日报》转载了姚文元的文章，但中央一线领导人还是想将此事控制在学术讨论的范围内，以彭真为首的中央文化革命五人小组在1966年2月拟定了《文化革命五人小组关于当前学术讨论的汇报提纲》（后被称为“二月提纲”），提出在文化领域里开展批判运动要坚持实事求是，在真理面前人人平等，要以理服人，“不要像学阀一样武断和以势压人”，在报刊上公开点名作重点批判要慎重，有的人要经过领导机关批准等。2月5日，刘少奇主持中央政治局常委会，听取了五人小组的汇报，同意了这个提纲，并要求五人小组尽快向正在外地的毛泽东汇报。

邓小平对批判吴晗很不赞同，当彭真对他说吴晗心理有负担时，他说：“马连良演的那个海瑞的戏我看过，没什么错误嘛。有些人总想踩着别人的肩膀往上爬，对别人一知半解，抓着一点辫子就批半天，好自己出名，我最看不起这种人。你告诉教授，没什么了不起，我们照样打牌嘛。政治和学术一定要分开，混淆在一起是最危险的，会堵塞言路。”邓小平照常和吴晗打桥牌，并对吴晗说：“教授，别这么长吁短叹，凡事都要乐观。怕什么，天还能掉下来吗？我今年六十一岁了，从我参加革命到现在，经历了那么多的风浪都熬过来了。我的经验无非两条，第一不怕，第二乐观，向远看，向前看，一切都好办了。有我们给你往前顶，你可以放心了吧！”①

然而，形势的发展并没有邓小平估计的那样乐观。在姚文元文章发表的同一天，中共中央发出通知，免去杨尚昆的中央办公厅主任的职务，“罪名”是“背着中央私设窃听器”，“把大量的机密文件和档案擅自供别人抄录”。其实这完全是康生、江青的诬陷和强加的罪名。杨尚昆与邓小平都是四川人，两人不但工作上来往很多，两家交往也一向甚密。邓小平对杨尚昆所谓“严重错误”不以为然，认为杨尚昆没有什么

---

① 毛毛：《我的父亲邓小平——“文革”岁月》，中央文献出版社2000年版，第5—6页。

大不了的问题。后来在被迫“检讨”时，邓小平曾说过，他曾长期不认识这是一种“特务”行为，作为总书记，他对此事处理得“既不及时，又不认真”。

接下来的问题就更严重了。

是年12月，林彪怀着不可告人的目的，派叶群坐专机赶到杭州，单独向毛泽东作了长达几个小时的汇报，诬告中共中央书记处书记、解放军总参谋长罗瑞卿一贯反对突出政治，反对毛泽东思想，有篡军企图。毛泽东听信了林彪的诬告，在上海亲自主持中央政治局常委扩大会议，将正在昆明检查战备情况的罗瑞卿用专机接到上海，进行背对背的揭发和批判。

对于这次会议的内容，不但受批判的罗瑞卿事先毫不知情，就是作为中央总书记的邓小平也是一无所知。到了上海，才知道会议的内容。据参加会议的中共中央华北局第一书记李雪峰回忆，在会上，邓小平比较和缓，传达了毛主席12月2日在海军的报告上对罗瑞卿问题作的指示，内容是：“那些不相信突出政治，对于突出政治表示阳奉阴违，而自己另外散布一套折中主义（即机会主义）的人们，大家应当有所警惕。”总理也很谨慎，态度不很明朗。贺龙讲了几句。①

12月10日，毛泽东派周恩来和邓小平找罗瑞卿谈话。邓小平特地叫上夫人卓琳一同前往劝慰罗瑞卿的夫人郝治平。卓琳对郝治平只说了一句“你放宽心些”，便控制不住哽咽起来。后来“文化大革命”中批判邓小平时，造反派曾抓住此事，说邓小平包庇罗瑞卿，说卓琳与郝治平抱头痛哭。

这次会议上，罗瑞卿的职务被撤销，并以“反对突出政治”“篡军反党”等罪名进行隔离审查。随后又成立了一个“中央工作组”，于1966年的3月4日至4月8日在北京开会批判罗瑞卿，邓小平被指定为会议的主持者之一。邓小平对林彪素无好感，根本不相信林彪对罗瑞卿的那些恶意诬告。于是，会议开始后，他就把会议交给彭真一人去主持，自己与李富春等前往西北，视察三线建设。后来在“文革”中“检讨”此事时，他说：“对于这个斗争的严重性质一直没有理解”，并承认

---

① 李雪峰：《我所知道的“文革”发动内情》，《回首“文革”》下，中共党史出版社2000年版，第596页。

“实际上是在开脱罗瑞卿”。

真是一波未平，一波又起。4月8日，也就是批罗瑞卿的会议结束当天，康生打电话通知邓小平立即返回北京。邓小平等人不知道中央又发生了什么事，在西北视察过程中，他们一路上讨论和思索的，都是如何发展西北经济和建设三线这些问题。接到电话，邓小平等人紧急从延安坐专机直飞北京。这时邓小平才知道，主持会议的彭真也出事了。

彭真出事的直接起因是那个“二月提纲”。1966年2月5日，中央政治局常委会同意这个提纲后，彭真等人专程到武汉向毛泽东作了汇报。毛泽东得知政治局常委会已经讨论并认可了这个提纲后，没有表示不同意见，并问彭真：“吴晗是不是反党反社会主义？”还说，吴晗经过批判后还是可以当副市长。彭真以为毛泽东已经同意了这个提纲。2月12日，中共中央正式批转了“二月提纲”。

与此同时，江青在林彪的支持下，背着中央一线领导人，搞了一个与“二月提纲”相对立的《林彪同志委托江青同志召开的部队文艺工作座谈会纪要》。毛泽东对这个纪要十分看重，亲自作了三次修改。纪要的核心内容，是认为建国以来文艺战线“被一条与毛主席思想相对立的反党反社会主义黑线专了我们的政”，因此要“坚决进行一场文化战线上的社会主义大革命，彻底搞掉这条黑线”。经毛泽东批准，4月10日，中共中央也转发了这个座谈会纪要，并要求各级党委“认真研究，贯彻执行”。

3月底，毛泽东在上海先后同康生、江青、张春桥等人多次谈话，严厉批评“二月提纲”混淆阶级界限，不分是非，是错误的。他尖锐地说：“如果包庇坏人，中宣部要解散，北京市委要解散，五人小组要解散。”还说，中宣部是阎王殿，要“打倒阎王，解放小鬼”。

此后，中国的政治气氛越来越紧张了。4月9日至12日，中央书记处在北京接连几天开会。康生在会上传达了毛泽东在上海对彭真的批评。会议不得不对彭真进行批评，同时决定以中共中央的名义起草一个通知，彻底批判“二月提纲”的错误并撤销这个提纲，另外成立文化革命文件起草小组，报毛泽东和政治局批准。

4月16日至24日，毛泽东又在杭州亲自主持召开中共中央政治局常委扩大会，对彭真所谓的“反党罪行”进行批判。4月24日，会议基本通过了经毛泽东修改审定的《中国共产党中央委员会通知》，决定召开中央政治局扩大会议，讨论并正式通过这个文件，同时对彭真、罗瑞卿、陆定一和杨尚昆等四个人作出组织处理。

邓小平内心很不赞成对彭真的批判，但在当时那种党内民主生活极端不正常的情况下，毛泽东的个人专断已经取代了中央的集体领导，邓小平即便有不同意见也不可能公开提出。他后来回忆说："彭真的问题本来不大。我没有附和，送了半筐橘子给彭真，表明态度。"①

彭真虽然被错误打倒了，但形势并未好转。

① 毛毛：《我的父亲邓小平——"文革"岁月》，中央文献出版社2000年版，第12页。

# 六、被错误打倒

## 1. 防止失控的努力

1966年5月4日至26日中共中央政治局扩大会议在北京举行。出席会议的有中央政治局委员和有关单位负责人76人，毛泽东没有到会，会议由刘少奇主持。

会议的主要内容，是康生传达毛泽东的一系列意见，介绍中共中央通知的起草情况；对彭真、罗瑞卿、陆定一、杨尚昆进行揭发批判，并作出相应的组织处理决定；讨论通过《中国共产党中央委员会通知》；撤销以彭真为组长的文化革命五人小组及其办事机构，重新设立中央文化革命小组，隶属于政治局常委之下。5月16日，会议通过了《中国共产党中央委员会通知》(简称“五一六通知”)。

“五一六通知”从批判“二月提纲”入手，提出在文化领域各界和党、政、军各个领域都混进一批资产阶级代表人物的问题，要求全党“高举无产阶级文化革命的大旗，彻底揭露那批反党反社会主义的所谓‘学术权威’的资产阶级反动立场，彻底批判学术界、教育界、新闻界、文艺界、出版界的资产阶级反动思想，夺取在这些文化领域中的领导权。而要做到这一点，必须同时批判混进党里、政府里、军队里和文化领域的各界里的资产阶级代表人物，清洗这些人，有些则要调动他们的职务。尤其不能信用这些人去做领导文化革命的工作，而过去和现在确有很多人是在做这种工作，这是异常危险的。”

这个通知从党、政、军都混进了资产阶级代表人物这个严重脱离实际的估计出发，提出：“混进党里、政府里、军队里和各种文化界的资产阶级代表人物，是一批反革命的修正主义分子，一旦时机成熟，他们就会要夺取政权，由无产阶级专政变为资产阶级专政。这些人物，有些已被我们识破了，有些则还没有被识破，有些正在受到我们信用，被培养为我们的接班人，例如赫鲁晓夫那样的人物，他们现正睡在我们的身旁，各级党委必须充分注意这一点。”

这个通知集中反映了毛泽东对当时党和国家政治形势的判断。上面引用的这两段话都是他亲自加写上去的。在毛泽东看来，国内无产阶级同资产阶级的斗争已经到了十分严重的地步，党内走资本主义道路的当权派已在中央形成一个资产阶级司令部，他们有一条修正主义的政治路线和组织路线，在各省、市、自治区和中央各部门都有代理人。因此，必须采取发动“文化大革命”这样的非常措施，才能彻底清除“睡在我们身旁”的“赫鲁晓夫那样的人物”。

通过“五一六通知”后，会议休息了两天，18日继续开会。会上，林彪发表了讲话，大讲了一通“政变经”。他说：“最近有很多鬼事，鬼现象，要引起注意。可能发生反革命政变，要杀人，要篡夺政权，要搞资产阶级复辟，要把社会主义这一套搞掉。”毛泽东虽然没有出席会议，但林彪仍不失时机地大肆吹捧毛泽东，说：“毛主席的话，句句是真理，一句超过我们一万句。”然后又说：“他的话都是我们的行动准则。谁反对他，全党共诛之，全国共讨之。”这些话不但造成一种极度紧张的气氛，而且对已经出现的狂热个人崇拜起了火上浇油的作用。

5月23日，会议作出决定，停止彭真、陆定一、罗瑞卿的中央书记处书记的职务，停止杨尚昆的中央书记处候补书记的职务；撤销彭真的北京市委第一书记和市长的职务，决定李雪峰兼北京市委第一书记；撤销陆定一的中央宣传部部长的职务，调陶铸担任中央书记处常务书记，并兼任中央宣传部部长；叶剑英担任中央书记处书记兼任中央军委秘书长。5月24日，中央政治局常委会决定，成立专案审查委员会，审查所谓“彭真、罗瑞卿、陆定一、杨尚昆阴谋反党集团”问题。5月25日，邓小平在中共中央政治局扩大会议上作长篇发言，就毛泽东批评中央书记处是独立王国及自己对文化革命“很不理解、很不认真、很不得力”作自我批评。

5月28日，中央文化革命小组（简称中央文革小组或中央文革）成立，组长陈伯达，顾问康生，副组长江青、王任重、刘志坚、张春桥，组员谢镗忠、尹达、王力、关锋、戚本禹、穆欣、姚文元。8月底，由江青代理中央文化革命小组组长，掌握“文化大革命”的领导权。王任重、刘志坚、谢镗忠、尹达、穆欣、陶铸不久即遭受迫害。

虽然1965年底以来罗瑞卿、杨尚昆、彭真等人一个个被打倒，但对于“睡在我们身旁”的“赫鲁晓夫那样的人物”具体指的是谁，在中央一线领导人中，刘少奇不知道，邓小平不知道，周恩来也不知道。他们以为，大致就是已经被打倒的彭真等人。5月18日，刘少奇、周恩来、邓小平在玉泉山会见来访的越南领导人胡志明，他们都认为“中国党内的赫鲁晓夫、修正主义者”已经挖出来了。刘少奇和邓小平根本没有想到，他们才是真正的“中国的赫鲁晓夫”，就是下一步要打倒的目标。

“五一六通知”经中央政治局扩大会议通过后，旋即作为中共中央文件，在党内逐级传达，以后又通过报纸社论，把它的内容传播到社会上。

5月25日下午，北京大学哲学系党总支书记聂元梓等7人贴出题为《宋硕、陆平、彭佩云在文化革命中究竟干些什么?》的大字报。大字报攻击中共北京市委和北大党委“压制群众革命”，实行的是一条“十足的反对党中央，反对毛泽东思想的修正主义路线”。大字报写道：“反击向党向社会主义向毛泽东思想猖狂进攻的黑帮，这是一场你死我活的阶级斗争，革命人民必须充分发动起来，轰轰烈烈、义愤声讨，开大会、出大字报就是最好的一种群众战斗形式。”大字报号召“一切革命的知识分子”“打破修正主义的种种控制和一切阴谋鬼（诡）计，坚决、彻底、干净、全部地消灭一切牛鬼蛇神，一切赫鲁晓夫式的反革命修正主义分子，把社会主义革命进行到底。”

这张大字报贴出后，康生背着在北京主持中央工作的刘少奇和邓小平，将这张大字报的印件送给当时还在南方的毛泽东。毛泽东觉得，如果公开发表这张大字报，可以成为一个突破口，进一步发动群众进行“文化大革命”。6月1日，毛泽东在《文化革命简报》第13期上批示：“此文可由新华社全文广播，在全国各报刊发表，十分必要。北京大学这个反动堡垒从此可以开始打破。”当天，新华社全文广播了聂元梓等人的大字报。

聂元梓等人的大字报贴出后，北京大学开始出现混乱状态。5 月 29 日，刘少奇、周恩来、邓小平等开碰头会研究，决定采取过去领导运动的老办法——向各个单位派出工作组，并决定由陈伯达率工作组去人民日报社，张承先（正由中共河北省委书记处调任高教部副部长）率工作组去北大。商定后，周恩来当场用电话向尚在杭州的毛泽东作了汇报，获得了毛泽东的同意。

5 月 30 日，刘少奇、周恩来、邓小平又共同致信毛泽东："我们今日开会讨论，拟组织临时工作组，在陈伯达同志的直接领导下，到报馆（即人民日报社，引者）掌握报纸每天的版面，同时指导新华社和广播电台的对外新闻。在京工作组人员拟于 5 月 31 日即进报社工作。"毛泽东当天批示："同意这样做。"

6 月 1 日，也就是陈伯达接管后的第一天，《人民日报》就发表一篇题为《横扫一切牛鬼蛇神》的社论，强调："革命的根本问题是政权问题"，"无产阶级和资产阶级之间在意识形态领域内的阶级斗争，归根到底，就是争夺领导权的斗争"。"无产阶级在夺取政权之后，无论有着怎样千头万绪的事，都永远不要忘记政权，不要忘记方向，不要失掉中心。"

第二天，《人民日报》发表评论员文章《欢呼北大的一张大字报》，直接点名质问北大党委书记陆平："你们所说的党是什么党？你们的组织是什么组织？你们的纪律是什么纪律？事实使我们不能不做出这样的回答，你们的'党'不是真共产党，而是假共产党，是修正主义的'党'。你们的'组织'就是反党集团。你们的纪律就是对无产阶级革命派实行残酷无情的打击。"

聂元梓等人的大字报、6 月 1 日的《人民日报》社论和 6 月 2 日的《人民日报》评论员文章发表后，立即在全国引起强烈反响。北京及其他一些地方的大中学校学生纷纷以此为榜样，造所谓"修正主义的反"。一时间，校园里矛头指向学校领导和教师的大字报铺天盖地，正常的教学工作被中断，学校秩序大乱。运动同时也迅速波及许多机关和工矿企业，基层党的组织首当其冲，普遍成为"造反"的目标，许多基层领导干部被加以各种罪名遭到揭发、批判和斗争，不能进行正常的领导工作。一时间，学校停课，工厂停产，机关停止了正常的工作，各地各单位发生了严重的混乱现象，他们纷纷要求上级派人加强领导。

6 月 3 日，刘少奇紧急召开中央政治局常委扩大会议，研究有关“文化大革命”的问题。出席会议的，除了在京主持日常工作的政治局常委刘少奇、周恩来和邓小平外，还有中央有关方面负责人和中央文革小组和北京市的负责人。会议讨论了准备向学校布置的八条要求：(一) 大字报要贴在校园里；(二) 开会不妨碍工作、教学；(三) 游行不要上街；(四) 内外区别对待，不准外国人参观，外国留学生不参加运动；(五) 不准到被揪斗的人家里闹；(六) 不准打人和侮辱人；(七) 注意保密；(八) 积极领导，坚持岗位。会上，北京市委第一书记李雪峰提出“有的学校领导瘫痪了，领导不起来，就派工作组去领导。希望团中央、中组部组织人力帮助”。[①]

这次会议同意了中共北京市委的意见，决定向北京市一些大中学校派出工作组，到各学校贯彻这八条要求。会议还决定，哪里出事，哪里派人去，派工作组要快，要像派消防队救火一样的快。邓小平在会上说，中央的八条传达要快，开个十万人大会，一竿子插到底。到 6 月中旬，北京地区的大多数大专院校和部分中学先后进驻了工作组。其他省、市、自治区和一些中央部委也纷纷仿效，相继向一些单位派出工作组。

6 月 9 日，邓小平和刘少奇、周恩来、陶铸等一道前往杭州，向毛泽东汇报“文化大革命”的情况。10 日至 12 日，毛泽东主持召开两次会议，讨论“文化大革命”问题。这两次会议并无明确的主题，属于漫谈性质，议论内容涉及“文革”的方方面面。会上谈到运动可能要进行半年时间，但并未对当前运动应该怎样进行提出具体意见。关于派工作组问题，毛泽东只是在议论中表示：派工作组太快了不好，没有准备，不如让它乱一下，混战一场，情况清楚了再派。可是，毛泽东讲这番话的时候，北京各学校的工作组基本上都已派出去了。

6 月 10 日，毛泽东找各大区负责人谈话，要求各地坚决支持“文化大革命”，放手发动群众揭露问题，依靠运动中涌现的积极分子，把“文化大革命”进行到底。他还说：“关于文化大革命，要大搞，这样把

---

① 中共中央文献研究室：《刘少奇传》下，中央文献出版社 1998 年版，第 1019 页。

一切牛鬼蛇神揭露出来。不一定派工作组，右派捣乱也不可怕。北大一张大字报，把文化革命的火点燃起来了！这是任何人压制不住的一场革命风暴。”

同一天，毛泽东会见了胡志明，两人作了长时间的谈话。毛泽东对胡志明说：“全世界的党都分裂嘛。马克思、恩格斯没有料到他们的接班人伯恩斯坦、考茨基成为反马克思主义者，他们创立和领导的党——德国社会民主党、法国社会党等，在他们死后就成为资产阶级的党。这条不注意，要吃亏的。”“天下乌鸦一般黑。只要理解了，我们有准备，全党大多数人有准备，不怕。我们都是七十岁以上的人了，总有一天被马克思请去。接班人究竟是谁，是伯恩斯坦、考茨基，还是赫鲁晓夫，不得而知。要准备，还来得及。”①

从这些话语中可以看出，毛泽东发动“文化大革命”的意图，就是解决接班人的问题。要解决这个问题，就必须放手发动群众，通过群众揭发出“一切牛鬼蛇神”。派工作组显然与他要大搞“文化大革命”的设想是相冲突的。

杭州会议结束后，周恩来出访罗马尼亚和阿尔巴尼亚，领导运动的责任就落在刘少奇、邓小平身上，而刘、邓一开始又并不清楚毛泽东要大搞“文化大革命”的真实意图，而是抱着良好的愿望，认为毛泽东是想通过运动消除党内一些阴暗面，改革不合理的体制。这就决定了从“文化大革命”一开始刘、邓就处在十分被动和困难的局面。

采取派工作组领导运动，是以往领导运动的传统做法，刘少奇和邓小平想通过派工作组进校，达到既发动群众开展运动又保持党对运动的领导的目的，防止运动失控和无政府主义泛滥，保持正常的学习、工作秩序。因此，刘、邓不但主张派出工作组，而且还对工作组如何开展工作提出具体的指导意见。

6 月 4 日，邓小平接见了驻北京师范大学女附中工作组。在谈话中，针对学生批判老师“资产阶级学术权威”的问题，邓小平说：“如果（老师）真有学问，还要团结他们。女附中数学、物理都不错。好的

① 中共中央文献研究室：《毛泽东传（1949—1976）》下，中央文献出版社 2003 年版，第 1417 页。

学校热火朝天，名气大，有一套。如果没有好教师，也就教不出好学生。要善于分析。工作组要教育、帮助学生提高水平。打人没有？打人是没有本事的，是没理的。斗争要讲道理，批判要做好准备，事实要核对清楚，要充分讲道理。有些人是真黑帮，有些不是黑帮。讲错了话都是坏人，那就没有好人了。材料不够，不要轻易开斗争会。不要搞变相肉刑，戴高帽子也不好。有些搞错了，将来赔礼都赔不完。政治问题要用政治方法解决。党的总支中总有些好的嘛，校长、副校长总有些好的嘛。把党都搞垮了怎么行？把团搞垮了怎么行？如运动把共产党、共青团都打倒，是胜利了吗？总是共产党领导的无产阶级专政国家嘛。教师大多数是好的。说老师都坏，我不同意。”邓小平的这番话表明，中央一线领导人派工作组进驻学校领导运动，与毛泽东要发动“文化大革命”的想法显然是完全不同的。“到了这时，他对毛泽东发动这场政治运动的意图依然毫无意会，更不要说在思想上和行动上紧跟。作为中央一线领导人，他和刘少奇一样，于不自觉之间，在运动的问题上，已经落伍，已经跟不上，已经远远脱离毛泽东的步伐了。”①

6 月 14 日，刘少奇、邓小平召集中央政治局常委扩大会议，传达杭州会议精神。此后，政治局常委会多次开会听取运动情况汇报和研究运动中出现的问题。

6 月 18 日，北京大学发生了对工作组命运至关重要的“六一八事件”。这天上午，北大一些学生将四十多个校系一级的干部和教授带上所谓的“斗鬼台”，采取挂牌子、抹黑脸、戴高帽子、罚跪等手段进行斗争。进驻北大的工作组得知后，立即加以制止，同时认为这是一种有害革命的行动，是一场复杂的阶级斗争。北大大多数师生赞成工作组的看法，但也有少数人认为这个事件是“革命行动”。随后，刘少奇将北大工作组关于此次事件处理情况的《北京大学文化革命简报（第九号）》转发全国，并在批语中说：“中央认为北大工作组处理乱斗现象的办法，是正确的，及时的。各单位如果发生这种现象，都可参照北大的办法处理。”可是，当时在武汉的毛泽东得知这一事件的情况后，却

① 毛毛：《我的父亲邓小平——“文革”岁月》，中央文献出版社 2000 年版，第 19—20 页。

认为这不是反革命事件，而是革命事件。

6月21日，刘少奇和邓小平主持召开中共中央政治局常委扩大会议，听取有关“文化大革命”问题的汇报。在会上就工作组的工作方法等问题提出意见，严厉驳斥陈伯达撤销工作组的意见。会议提出要进一步加强对“文化大革命”运动的领导，强调不准乱抓、乱揪、乱斗，禁止打人、侮辱人和变相体罚，不准随便提出夺权，不要打倒一切；要求恢复党团组织生活，抓好生产、工作、生活，维护正常的社会秩序。

6月28日，刘少奇、邓小平召集政治局常委扩大会议，提出运动要有步骤，要制定一些便于掌握的具体政策。7月5日，刘少奇又提出要制订文化革命规划，邓小平还提议在8月份完成计划进度的三分之一。

“文化大革命”开始后，全国的工交生产受到很大影响，产量、质量都有很大下降，上半年基本建设也只完成全年计划的三分之一，远远低于原定计划。刘少奇、邓小平把主管工交生产的领导人找来，讨论如何解决这一问题。经过研究，形成了《中共中央、国务院关于工业交通企业和基本建设单位如何开展文化大革命运动的通知》稿，提出“文化大革命”的重点放在文教部门和党政机关，对工交、基建、商业、医院等基层单位，仍按原定的“四清”部署结合“文化大革命”进行。6月30日，刘少奇、邓小平向毛泽东报送了通知稿并附上他们给毛泽东的信。

信中说：目前文化教育方面的文化大革命运动正在展开，中央和省市领导必须用很大力量领导这个方面的运动。如果工矿企业、基本建设等基层单位一齐动起来，领导上顾不过来，容易出差错。最近工业交通和基本建设的计划完成得不算好，特别是钢、钢材、煤的产量开始下降，质量下降的情况尤为突出，事故增多，基建任务原计划上半年完成40%到45%，现在只能完成百分之三十五六。因此，在京同志讨论之后，认为在文化革命运动的部署方面，重点放在文化教育部门、党政机关。对于工业交通、基建、商业、医院等基层单位，仍按原定的“四清”部署和“二十三条”结合文化大革命进行（上海正在进行“四清”的四十万职工的企业，决定用以文化革命运动为中心的方法进行，我们已答复同意，看看他们的经验如何，再行推广）。这是一个重要决定，请主席考虑决定。拟了一个通知稿，请审核。

7月2日，毛泽东阅后批示："少奇、小平同志：六月三十日给我的信和通知，已经收到看过。同意你们的意见，应当迅速将此通知发下去。"①

## 2. 撤销工作组

由于各单位群众对开展"文化大革命"的意图理解各异，对什么是"赫鲁晓夫式的人物"的认识更是模糊不清，于是对本单位领导的看法和所持的态度也就各不相同，所以从运动一开始就分成了"造反派"(通常是少数派）和"保守派"（通常是多数派)，并且两派间展开了颇为激烈的斗争。进驻各单位的工作组在如何开展运动、依靠什么样的人进行运动等问题上不可能完全超脱于两派斗争之外，必然会同一部分群众和某些基层组织发生许多难以处理的矛盾，加之江青、康生一伙有意煽动和挑唆，一些学生就将矛头对向工作组，使运动出现了十分复杂的局面。

中共中央制订八条指示和批发北京大学的简报后，各地工作组按照指示和简报的精神，采取积极措施，在一定程度上制止了乱揪乱斗的现象，使业已出现的混乱局面略为好转。然而，这种做法却与毛泽东"天下大乱，达到天下大治"的意图相悖。

北京地区的"文化大革命"之火越烧越旺，毛泽东在武汉密切关注事态的发展。7月8日，毛泽东给江青写了一封长信，其中说："天下大乱，达到天下大治。过七八年又来一次。牛鬼蛇神自己跳出来。他们为自己的阶级本性所决定，非跳出来不可。我的朋友的讲话（指林彪"5·18"讲话，引者)，中央催着要发，我准备同意发下去，他是专讲政变问题的。这个问题，像他这样讲法过去还没有过。他的一些提法，我总感觉不安。我历来不相信，我那几本小书，有那样大的神通。现在经他一吹，全党全国都吹起来了，真是王婆卖瓜，自卖自夸。我是被他们迫上梁山的，看来不同意他们不行了。在重大问题上，违心地同意别

---

① 中共中央文献研究室编：《邓小平年谱（1904—1974）》下，中央文献出版社2004年版，第1922页。

人，在我一生还是第一次。叫做不以人的意志为转移吧。”“在我身上有些虎气，是为主，也有些猴气，是为次。”“事物总是要走向反面的，吹得越高，跌得越重，我是准备跌得粉碎的。”①

信中还写道：“全世界一百多个党，大多数的党不信马列主义了。马克思、列宁也被人们打得粉碎了，何况我们呢？……现在的任务是要在全党全国基本上（不可能全部）打倒右派，而且在七八年以后还要有一次横扫牛鬼蛇神的运动，尔后还要有多次扫除，所以我的这些近乎黑话的话，现在不能公开，什么时候公开也说不定，因为左派和广大群众是不欢迎我这样说的。”信中最后说：“中国如发生反共的右派政变，我断定他们也是不得安宁的，很可能是短命的，因为代表百分之九十以上人民利益的一切革命者是不会容忍的。那时右派可能利用我的话得势于一时，左派则一定会利用我的另一些话组织起来，将右派打倒。这次文化大革命，就是一次认真的演习。有些地区（例如北京市），根深蒂固，一朝覆亡。有些机关（例如北大、清华），盘根错节，顷刻瓦解。凡是右派越嚣张的地方，他们的失败就越惨，左派就越起劲。这是一次全国性的演习，左派、右派和动摇不定的中间派，都会得到各自的教训。结论：前途是光明的，道路是曲折的，还是这两句老话。”②

7 月 18 日，毛泽东在畅游长江后，从武汉回到离开了几个月的北京。他连续听取了各个方面的汇报，并看了北大、清华等几所大学的简报，对北京地区开展“文化大革命”的情况极为不满，认为运动搞得冷冷清清。恰在此时，张春桥把刘少奇批转北京大学《文化革命简报（第九号）》时所写的批语给毛泽东看了，进一步加剧了毛泽东对刘少奇的不满。毛泽东说，怪不得镇压群众，现在才明白有一个资产阶级司令部。

但是，毛泽东回北京的最初几天，并没有对工作组发表明确意见，也没有提出要撤销工作组。7 月 23 日，中共中央批转了总政治部《关于抽调军队干部支援地方文化大革命的请示》，其中提出要“采取抽调干部参加地方四清的办法组织工作队，支援地方文化大革命”，毛泽东

① 《建国以来毛泽东文稿》第十二册，中央文献出版社 1998 年版，第 71—72 页。

② 《建国以来毛泽东文稿》第十二册，中央文献出版社 1998 年版，第 73—74 页。

仍表示同意。这几天，中央政治局常委扩大会议仍由刘少奇主持。

在7月19日中央政治局常委扩大会议上，陈伯达又一次提出反对派工作组的意见，认为工作组起了坏作用。刘少奇在会上说：大学里要不要派工作组的问题，是从当时怎样实现党的领导方面考虑的，派工作组比较机动。工作组的领导有缺点，出了毛病，但多数基本上是好的，现在还是帮助教育他们的问题。邓小平说：多数工作组是好的，不能撤，主要是教会他们如何做工作；多数工作组的成员是好人，搞“文化大革命”没有经验，对工作组的估计不能说都坏了，现在主要是帮助教育工作组。① 在这天的会议上，刘少奇、邓小平同中央文革小组就工作组问题展开了激烈的争论。

参加了这次会议的中共北京市委第一书记李雪峰回忆：1966年7月下旬（按：似为7月19日）的一天，中央政治局在北京中南海怀仁堂后面的小会议厅召开扩大会议，在京的政治局委员、候补委员出席，“文革”小组的人也参加了。我汇报了北京高校目前的情况后，“文革”小组的人立即发言，他们大批市委工作组，说工作组怕群众，压制民主，给群众运动泼冷水。刘少奇同志主持会议，他驳斥了“文革”小组的发言，说：我们有材料，你们这是挑拨群众斗群众。康生拍了拍皮包说，我们也有材料。陈伯达接着讲了一番话，重弹中央领导怕群众的调子，提出要从北京大学撤回工作组。小平同志忍无可忍，他霍地一下站起来，一手叉腰，一手指着陈伯达，厉声说：你们说我们怕群众，那你们前去试试！他还明确表示：“撤工作组我不赞成。”这次会议上，中央大多数领导同志与“文革”小组明显地形成了两个阵营。②

7月23日，毛泽东在听取李雪峰和中共北京市委第二书记、北京市代市长吴德汇报北京市“文化大革命”情况时说：我考虑了一个星期，感到北京的运动搞得冷冷清清，我认为派工作组是错误的。现在工作组起了什么作用？起了阻碍作用。工作组一不会斗，二不会改。现在

---

① 《张承先回忆录——我亲历的党的宣传和教育工作》，人民教育出版社2003年版，第140页。

② 李雪峰：《我在小平同志领导下工作的二十四年》，《回忆邓小平》上，中央文献出版社1998年版，第224页。

总是怕字当头，总是怕乱，怕反革命，怕动刀动枪，领导干部都不下去，不到有乱子的地方去看看。①

7月24日、25日，毛泽东连续找人谈话，正式就工作组问题发表意见。

第一天参加谈话的主要是中央文革小组的成员，当谈到工作组问题时，毛泽东说："不要搞工作组，可以搞点观察员进行调查研究。整风，关门整风才不行哩！过去《人民日报》不在我们手里，中宣部不在我们手里，文化部不在我们手里，北京市委不在我们手里，这些东西都不在我们手里，不发表聂元梓那样的大字报，那才不行哩！现在我们有些同志害怕群众，共产党员害怕群众那还了得？你们都要下去，下去搞两个钟头也好，不要老坐在屋里嘛！下去头脑就清醒一点。"

他又说："把工作组一撤，把黑帮停职反省就完了，这样可以快点。有这么一段，运动冷冷清清。根本撤出来，另外派几个人去当观察员。""由学生、教师的左派组成革命委员会，自己来搞。""现在搞文化革命斗争，一斗二改。斗什么？斗争那些党内走资本主义道路的当权派。这些是你们清楚一些，还是学生清楚一些？""这不只是一个北大的问题，而是一个全国的问题，如果照原来那样搞下去，是搞不出什么名堂来的。"

第二天在有各大区第一书记参加的谈话中，毛泽东说：

> 主要是改变派工作组的政策。不要工作组，要由革命师生自己搞革命，成立革命委员会，不那么革命中间状态的也参加一部分。谁是坏人？坏到什么程度？如何革命？只有他们懂得，工作组不懂得。他们到了那里，不搞革命。
>
> 学校里的问题，一个叫斗，或者叫批判，一个叫改。工作组一不会斗，二不会改，起坏作用，阻碍运动。
>
> 最近一个月，工作组是阻碍群众运动。阻碍革命势力，帮助反革命，帮助黑帮。他坐山观虎斗，学生跟学生斗，拥护工作组的一派，反对工作组的一派。群众对工作组有意见不让向上面反映，怕

① 中共中央文献研究室编：《邓小平年谱（1904—1974）》下，中央文献出版社2004年版，第1925页。

人告到中央。打不得电话，打不得电报，写信也写不得，西安交大就是这样。要允许群众通天……任何人都可以写信给中央。

……我到北京一个星期，前四天倾向于保张承先，后来不赞成了。各单位、各机关的工作组是起阻挠作用。张承先工作组、清华工作组，都起阻挠作用。①

毛泽东的这两次谈话，刘少奇和邓小平都没在场。当时，6 月份新任中央书记处常务书记兼中宣部部长的陶铸请示说："主席是否请少奇、小平同志谈一下。"毛泽东说："你谈，你去传达。"语气虽然平和，实际情形却是很严重了。

7 月 26 日，中共中央政治局召开扩大会议，决定撤销工作组。

两天后，中共北京市委发出《关于撤销各大专学校工作组的决定》。

7 月 29 日，中共北京市委在人民大会堂召开"文化大革命"报告会，参加会议的主要是北京市各大专院校和中学的"文化革命"积极分子，在京的中央委员和候补中央委员参加旁听。李雪峰在会上宣读了关于撤销工作组的决定。刘少奇、周恩来、邓小平在会上作了检讨性的讲话。

邓小平说："市委宣布从大中学校撤销工作组。必须说明：在党的北京新市委建立以后，以新市委名义向各大中学派出工作组，这是根据中央的意见办的。当时旧市委垮了，新市委工作人员少，各大中学校，革命学生和教师起来闹革命，纷纷要求新市委派人领导运动。新市委只好向各方面求援，学校工作组一种是新市委直接派出的；一种是在新市委要求下，中央各部门、河北省及'四清'工作组抽调的干部，临时集合起来，由新市委派出的；另一种是在市委要求下，由中央各部门、国务院各部门派出的。"

他接着说："我们这个决定是比较匆促的。还有的决定，例如中学集训、军训等问题的决定也是比较匆促的。有的同志说老革命遇到新问题，的确是这样。而工作组到各校，又是非常仓促的，没有经过充分的研究和讨论，我们在中央工作的同志，在市委工作的同志，自己搞这样史无前例的运动，也没有经验，也没有在一些方面给工作组做具体的交

① 中共中央文献研究室：《毛泽东传（1949—1976）》下，中央文献出版社 2003 年版，第 1422—1423 页。

待。工作组的同志按老一套的工作方法去指导运动，有些不好的工作组还违背我们党历来对待群众运动的方针，自己搞一套，瞎指挥，乱闹一通；结果在一个多月中把轰轰烈烈的革命运动搞得冷冷清清，有的学校甚至弄得很糟糕。这是个很大的教训，也是一个很重要的经验。基本的教训是，对于广大的革命师生的革命自觉性和创造性估计不足，对于革命的思想水平、政治水平和革命本领估计不足，对于大鸣、大放、大字报、大辩论的文化大革命的群众路线方法，领导群众自我教育、自我锻炼、自我革命，从而推动和带动我们无产阶级专政下面实行广泛民主的伟大意义估计不足。”

邓小平还说：“工作组有的是好的，有的是比较好的，但是也犯了这样那样错误的，有的是犯有严重错误的，他们压制群众，打击革命左派和不同意见的人，严重地违反了党的方针政策，把方向扭到错误的方面去，阻碍文化大革命运动的发展，引起广大师生对他们的不满，批评他们，以至要求撤换他们，这是完全合理的。工作组的大多数同志在主观上是想把事情搞好的。”①

周恩来在讲话中传达了毛泽东提出的文化革命三大任务：一斗、二批、三改。刘少奇最后讲了话。他说：“怎样进行无产阶级文化大革命，你们不大清楚、不大知道。你们问我们；我老实回答你们，我也不晓得。我想党中央其他的工作人员也不知道。”②

这次大会后，北京和全国各地相继撤出了工作组。

## 3. 被错误打倒

8 月 1 日至 12 日，中共八届十一中全会在北京举行。会议的第一天，邓小平、刘少奇、陈伯达先后讲了话。邓小平的讲话主要是对全会的议程作出说明。刘少奇在讲话中报告了八届十中全会以来的工作，对派工作组的问题承担了责任。全会的第一天还印发了毛泽东给清华大学

① 李雪峰：《回忆“文化大革命”初期的“五十天路线错误”》，《回首“文革”》下，中共党史出版社 2000 年版，第 667—668 页。

② 中共中央文献研究室编：《刘少奇年谱（1898—1976）》下，中央文献出版社 1996 年版，第 646—647 页。

附属中学红卫兵的信，并附有清华附中红卫兵的两份大字报。毛泽东在信中明确表示了对清华附中红卫兵的支持，并且说“不论在北京，在全国，在文化大革命运动中，凡是同你们采取同样态度的人们，我们一律给予热烈的支持”。这封信的内容很快在社会上传开，以“造反有理”为号召的红卫兵组织在全国各地迅速建立。

会议从第二天起讨论工作组问题。8 月 4 日，毛泽东在中央政治局常委扩大会议上的讲话中，对主持中央一线工作的刘少奇、邓小平等提出措辞严厉的批评。他说：“中央自己违背自己命令。中央下令停课半年，专门搞文化大革命，等到学生起来了，又镇压他们。不是没有人提过不同意见，就是听不进；另一种意见却是津津有味。说得轻一些，是方向性的问题，实际上是方向问题，是路线问题，是路线错误，违反马克思主义的。这次会议要解决问题，否则很危险。自己下命令要学生起来革命，人家起来了又加以镇压。所谓走群众路线，所谓相信群众，所谓马列主义等等都是假的。已经是多年如此，凡碰上这类的事情，就爆发出来。明明白白站在资产阶级方面反对无产阶级。说反对新市委就是反党，新市委为什么不能反对？”当刘少奇说到“我在北京，要负主要责任”时，毛泽东说：“你在北京专政嘛，专得好！”

尽管受到了严厉的批评，刘少奇、邓小平还是努力跟上形势。几天前，毛泽东讲过，中央和地方的领导人都应该亲自参加一所院校的“文化大革命”，以取得感性认识。8 月 2 日，刘少奇去了北京建筑工业学院，邓小平去了中国人民大学。在中国人民大学师生员工大会上，有学生递条子问关于“二月兵变”（林彪、康生等人为诬陷贺龙而捏造的莫须有罪名）是怎么一回事。在当时处境已很困难、又有中央文革的陈伯达等人在场的情况下，邓小平还是直言回答说：“已经查过了，没有这回事。”

8 月 7 日会议印发了毛泽东两天前所写、矛头主要针对刘少奇的《炮打司令部——我的一张大字报》。这当然不是一份张贴在墙上的大字报，而是写在 6 月 2 日《北京日报》头版转载的《人民日报》社论《横扫一切牛鬼蛇神》旁边的一段文字。毛泽东写道：“全国第一张马列主义的大字报和人民日报评论员的评论，写得何等好啊！请同志们重读这一张大字报和这篇评论。可是在五十多天里，从中央到地方的某些领导同志，却反其道而行之，站在反动的资产阶级立场，实行资产阶级专政，将无产阶级轰轰烈烈的文化大革命运动打下去，颠倒是非，混淆黑白，围剿革命派，压制不同意见，实行白色恐怖，自以为得意，长资产阶级的威风，灭无产阶级的志气，又何其毒也！联系到一九六二年的右倾和一九六四年形‘左’而实右的错误倾向，岂不是可以发人深醒的吗？”①

8月8日，中共八届十一中全会通过《中国共产党中央委员会关于无产阶级文化大革命的决定》（因内容共有十六条，故简称为“十六条”）。“十六条”指出：“当前开展的无产阶级文化大革命，是一场触及人们灵魂的大革命，是我国社会主义革命发展的一个更深入、更广阔的新阶段。”“在当前，我们的目的是斗垮走资本主义道路的当权派，批判资产阶级的反动学术‘权威’，批判资产阶级和一切剥削阶级的意识形态，改革教育，改革文艺，改革一切不适应社会主义经济基础的上层建筑，以利于巩固和发展社会主义制度。”“十六条”列举了各级党组织对运动的领导存在着的四种情况，认为“有许多单位的负责人，对于这场伟大斗争的领导，还很不理解，很不认真，很不得力，因而处于软弱无能的地位”。“十六条”强调：“这次运动的重点，是整党内那些走资本主义道路的当权派。”“无产阶级文化大革命，只能是群众自己解放自己，不能采取任何包办代替的办法。”“要充分运用大字报、大辩论这些形式，进行大鸣大放，以便群众阐明正确的观点，批判错误的意见，揭露一切牛鬼蛇神”。

8月12日，即会议的最后一天，通过了撤销和补选书记处书记的决定，选举中央政治局常务委员会委员十一人，排名的次序是：毛泽东、林彪、周恩来、陶铸、陈伯达、邓小平、康生、刘少奇、朱德、李富春、陈云。全会没有重新选举主席和副主席，但只称林彪为副主席，没有提刘少奇、周恩来、朱德、陈云的副主席职务，以后也没再提及。刘少奇由原来的第二位下降到第八位，实际上已经靠边站。这个排名次序是选举前由毛泽东亲自确定的，从中也可以看出，毛泽东虽然对邓小平不满，但他在处理刘、邓的问题上却是有所区别的。

---

① 《建国以来毛泽东文稿》第十二册，中央文献出版社1998年版，第90页。

八届十一中全会后不久，中央政治局召开扩大会议（也叫生活会），批评刘少奇。会议本来没有批评邓小平的内容，但林彪、江青一伙认为刘少奇已被毛泽东的一张大字报打倒了，现在主要的危险是邓小平，因此就将这个会变成批刘、邓的会。

会上，林彪指责邓小平，说邓小平经常与吴晗打牌，打的是政治牌。吴晗是社会主义的敌人，因此邓小平的问题的性质是很严重的，是政治性的。又说邓小平在搞《毛泽东选集》第四卷的注释时为第二野战军争功。这自然是林彪的污蔑。

在林彪、江青一伙看来，刘少奇已经被打倒了，且刘少奇长期没有领导过军队，而邓小平在军队是有影响力的，淮海战役时担任总前委书记，指挥了两个野战军。在各野战军领导人中，指挥过百万人以上的，只有邓小平和林彪，而指挥过两大野战军的，唯有邓小平一人。因此，邓小平就成了他们篡夺更多权力的障碍。

这次会议后，邓小平已无法正常工作。于是，他将原来由他分管的中央对外联络部、中央调查部等工作交代给康生。

中共八届十一中全会后，“文化大革命”之火烧得更旺了，但是，仍有相当多高、中级干部对这场“革命”“很不理解，很不认真，很不得力”，对这个“革命”的必要性和“伟大意义”存在怀疑甚至强烈不满。许多基层党员和基层干部群众仍然信任和支持各级干部，抵制红卫兵的“造反”“炮打”行动。在毛泽东看来，“这种来自各方面、首先是高中级领导干部中对‘文化大革命’的抵触情绪，同八届十一中全会以前刘少奇、邓小平派工作组‘打击’、‘压制’群众运动的做法是一脉相承的；尽管刘、邓两人实际上已离开中央领导岗位，他们推行的那一条‘路线’却依然存在，成为运动前进的主要障碍”。[①] 于是，毛泽东决定发动对“资产阶级反动路线”的批判。

1966 年 10 月 2 日，《人民日报》发表题为《在毛泽东思想的大路上前进》的《红旗》杂志社论，正式提出要批判“资产阶级反动路线”。社论说：“毛主席亲自主持制定的《关于无产阶级文化大革命的决定》，

---

① 中共中央文献研究室：《毛泽东传（1949—1976）》下，中央文献出版社 2003 年版，第 1444 页。

即十六条，是两条路线斗争的产物，是以毛主席为代表的无产阶级革命路线战胜资产阶级反动路线的产物。”“但是，两条路线的斗争并未就此结束。有些地方，有些单位，两条路线的斗争还是很尖锐，很复杂的。有极少数人采取新的形式欺骗群众，对抗十六条，顽固地坚持资产阶级反动路线，极力采取挑动群众斗群众的形式，去达到他们的目的。”因此，“对资产阶级反动路线，必须彻底批判。只有彻底批判它，肃清它的影响，才能贯彻执行无产阶级的十六条，才能在正确路线指导下进行社会上的、学校的以及其他文化部门的斗、批、改，才能明确斗什么，批什么，改什么，才能明确依靠谁来斗，谁来批，谁来改，才能胜利完成一斗二批三改的任务”。“要不要批判资产阶级反动路线，是能不能贯彻执行文化革命的十六条，能不能正确进行广泛的斗批改的关键。”

1966年10月9日至28日，根据毛泽东的提议，中共中央在北京召开工作会议。各中央局，各省、市、自治区党委的负责人出席了会议。

为什么要召开这次中央工作会议呢？按照毛泽东在25日的大会上的解释，“就是要总结一下经验，做政治思想工作”，解决“一些人（对文化大革命）不那么清楚，思想不通”的问题。

10月16日，陈伯达在会上作了《无产阶级文化大革命中的两条路线》的长篇报告，这实际上是此次会议的主题报告。陈伯达在报告中称：“伟大的红卫兵运动震动了整个社会，而且震动了全世界。红卫兵运动的战果辉煌。可以无愧地说，整个文化革命运动，比巴黎公社，比十月革命，比中国历来几次大革命的群众运动，都来得更深刻，更汹涌澎湃。这是国际上更高阶段的无产阶级革命运动。”

陈伯达接着说：“党关于无产阶级文化大革命决定的十六条，纠正了前一个阶段的路线错误，即资产阶级路线，但是，错误的路线，还可以用另外一种形式出现。无产阶级的革命路线与资产阶级的反对革命的斗争，还是很尖锐，很复杂的。”

陈伯达进而明确宣称：“提出错误路线的，是错误路线的代表人，即刘少奇和邓小平两位同志，他们要负主要责任。”“刘、邓的错误路线有它的社会基础，这个社会基础主要是资产阶级。错误路线在党内有一定市场，因为党内有一小撮走资本主义道路的当权派，还有相当一批世界观没有改造或没有改造好的糊涂人。”①

毛泽东看了陈伯达讲话的送审稿，认为“很好”，并指示“印成小册子，大量发行”。于是，刘、邓的问题一下子就在全社会传开了。

23日，刘少奇、邓小平在全体会议上作了检查。

刘少奇的检查，其文稿事先经毛泽东审阅。刘少奇检讨了自己在“文革”五十天以及历史上的“错误”及原因，并提出“这个错误的主要责任应该是由我来负”。毛泽东在批语中肯定刘少奇的检查“基本上写得很好，很严肃，特别是后半段更好”。

邓小平在检查中不得不违心地说：“在这场文化大革命中，代表资产阶级反动错误路线的，在中央领导同志中，在全党范围内，就是少奇同志和我两人。为了贯彻十一中全会的决议和毛主席的正确路线，把无产阶级文化大革命进行到底，就必须彻底批判我们两人所犯的错误，肃清以我们两人为代表的错误路线的影响。因为我们两人不但对十一中全会以前一段负有完全的责任，而且对十一中全会以后各地各部门由于我们所代表的错误路线的影响，也负有直接的责任。”

检查中，邓小平一方面承认派工作组是“错误的”，另一方面极力保护工作组的同志，希望不要因为自己的“错误”而使他们受牵连。他说：“由于我们犯了路线错误，使许多工作组同志遭到了很大的困难，跟着犯了一些缺点和错误。因此，必须讲清楚，工作组的绝大多数是好同志，在这段工作中所犯的错误，除了个别人外，主要责任不应由他们来负担，而应由我和刘少奇同志来负担。不少工作组同志感到委屈，也有不少同志受了委屈，特别是由于我们错误的影响，使一些部门一些地方的同志犯了程度不同的错误，对此，我感到非常抱愧。”在自身处境已很艰难的情况下，邓小平仍不忘记保护那些曾支持工作组的师生。他说：“这些师生员工绝大多数是革命的，积极拥护和参加文化大革命的，不能责怪他们，不能说他们是保皇派。名副其实的保皇派，主要是我和少奇同志。”从这里不难看出邓小平保护工作组同志、保护支持工作组的干部群众的一片良苦用心。

---

① 有林等主编：《中华人民共和国国史通鉴》第三卷，当代中国出版社1993年版，第530页。

邓小平的检讨，也曾送毛泽东审阅。22日，毛泽东作了批示：“小平同志：可以照此去讲。但在第九页第一行‘补过自新’之后，是否加几句积极振奋的话，例如说，在自己的积极努力和同志们积极帮助之下，我相信错误会得到改正的。请同志们给我以时间，我会站起来的。干了半辈子革命，跌了跤子，难道就一蹶不振了吗？又，题目‘初步’二字可以去掉。”①

在10月24日的小组会上，一些人指责刘少奇，也有个别人指责邓小平。邓小平在第二野战军时的老部下、时任公安部部长的谢富治率先跳出来批邓。他说：“邓在人们的印象中，是一个三十年‘一贯正确’的形象，在党内有很大影响（当然他们过去做了许多工作），这次批判资产阶级反动路线的阻力之所以如此大，同这种影响不无关系。”陈伯达也重点批邓，说邓是错误路线的急先锋。林彪在发言中重弹邓曾经与四野争功的老调，并阴险地诬蔑邓在历史上（指红七军时期）是逃兵，妄图给邓加上有历史问题的罪名。中央文革小组成员戚本禹作了指责邓小平“破坏”“文化大革命”的书面发言，“揭发”的内容是邓小平有关派工作组领导运动的一些讲话。

同一天晚上，毛泽东在听取工作会议情况汇报时作了不少插话，其中在讲到刘、邓问题时，他说：“把刘、邓的大字报贴到街上去不好。要准人家革命，不要不准人家革命。”“刘、邓二人是搞公开的，不搞秘密的。”“刘、邓要准许革命，准许改。说我和稀泥，我就是和稀泥。”当康生插话说刘少奇、邓小平在八大所作的报告中有“阶级斗争熄灭论”思想时，毛泽东说：报告我们都看了的，大会通过的，不能单要他们两人负责。②

25日，毛泽东作了正式讲话。他首先讲了一线、二线的问题，说：“十一中全会以前，我处在第二线，不主持日常工作，有许多事情让别人去作，想让他们在群众中树立威信，以便我见马克思的时候，国家不那么震动。以前的意思是那样。大家也赞成这个意见。但处在第一线的

---

① 中共中央文献研究室编：《邓小平年谱（1904—1974）》下，中央文献出版社2004年版，第1932页。

② 中共中央文献研究室编：《邓小平年谱（1904—1974）》下，中央文献出版社2004年版，第1933页。

同志处理得不那么好。现在，这个一线、二线的制度已经改变了。”他还说：“北京的问题，现在可以说基本上解决了。”

接着，毛泽东讲了“文化大革命”的问题。他说，这次会议，“就是要总结一下经验，做政治思想工作”，解决“思想不通”的问题。虽然为了去除阻力，毛泽东再次批判刘、邓，但他此时觉得中央的问题已经基本解决。他说：“总而言之，这个运动才五个月，可能要搞两个五个月，或者还要多一点时间。那个时候还会有新的经验，还要总结。”又说：“你们过不了关，我也着急呀。时间太短，可以原谅，不是存心要犯路线错误，有的人讲，是糊里糊涂犯的。也不能完全怪刘少奇同志、邓小平同志。他们两个同志犯错误也有原因。”“过去中央第一线没有领导好。时间太短，对新问题没有精神准备，政治思想工作没有做好。所以，这一次又做了十七天。我看，以后会好一些。”① 会上，毛泽东明确表示了对邓小平的不满，说邓小平耳聋，一开会就在离他很远的地方坐着，从来不找他。②

虽说毛泽东认为刘、邓的问题已经基本解决，并估计“以后会好一些”，但是，“文化大革命”并没有因这次会议的召开而减小势头，反而以巨大的惯性滑下去。

会后，陈伯达的报告印成了小册子大量发行，报告中引用毛泽东《炮打司令部——我的一张大字报》的全文，等于向全社会公开了毛泽东与中央一线领导人特别是刘少奇的矛盾，造成了对刘少奇、邓小平的公开批判。同时，由于提出批判“资产阶级反动路线”，各地的造反派在批判“资产阶级反动路线”的旗号下大肆冲击各级党政机关，批斗各级领导干部，使得局势更加混乱。

中央工作会议进行当中，北京就有红卫兵组织喊出了“打倒刘少奇”的口号，清华大学也出现了“打倒修正主义的头子刘少奇”的标语。10 月 25 日，中央组织部一些人要去中南海向毛泽东送决心书，表示要坚决揭发刘少奇、邓小平，但为陶铸所制止。可是，仅过了一个星期，中组部内突然贴出一大批批判刘、邓的大字报。11 月 8 日，聂元

---

① 《建国以来毛泽东文稿》第十二册，中央文献出版社 1998 年版，第 143—148 页。

② 中共中央文献研究室编：《邓小平年谱（1904—1974）》下，中央文献出版社 2004 年版，第 1933—1934 页。

梓也在北大贴出了《邓小平是党内走资本主义道路的当权派》的大字报，恶毒攻击说："我国党内头号走资本主义道路的当权派是刘少奇，二号人物是邓小平。"大字报给邓所列罪名有：大反个人崇拜，公开"鼓吹"在农村搞包产到户，反对"文化革命"，是彭真的后台之一，等等。

这年12月上旬，林彪主持召开中央政治局扩大会议。他在会上的讲话中，将刘、邓的问题大大升级，说"刘、邓不仅仅是五十天的问题，而是十年、二十年的问题"。言下之意，刘、邓不但对"文化大革命"进行抵制，而且还有历史问题，其用意十分恶毒。接着，林彪与江青紧密配合，欲彻底打倒刘、邓而后快。

12月18日，江青公开鼓动打倒刘少奇。同日，张春桥把清华大学造反派头头蒯大富叫到中南海面授机宜。张春桥说："中央那两个提出资产阶级反动路线的人至今仍不投降"，"你们革命小将应该联合起来，发扬彻底革命精神，把他们搞臭，不要半途而废"。蒯大富心领神会，当晚便作了紧急部署。

第二天，清华大学造反派召开"清华大学革命师生员工向资产阶级反动路线总攻击誓师大会"，提出"彻底砸烂以刘邓为首的资产阶级反革命司令部""谁反对中央文革小组就打倒谁"的口号。随后，清华大学"井冈山兵团"又筹划了将"打倒刘少奇"推向社会的行动计划。

12月25日，蒯大富等人带领清华大学5000余人上街游行，在天安门广场召开了"彻底打倒以刘、邓为代表的资产阶级反动路线誓师大会"。

仅过了两天，北京高校造反派在工人体育场召开"彻底批判刘、邓资产阶级反动路线大会"，聂元梓在会上作了《向刘少奇、邓小平资产阶级反动路线猛烈开火》的发言，恶毒诬蔑和攻击刘、邓是"党内走资本主义道路的最大代表，是党内最大的资产阶级当权派"，"是中国现代修正主义的祖师爷、资产阶级司令部的黑司令"。

会后没几天，1966年就在"文化大革命"这种闹哄哄的氛围中过去了。

## 4. 艰难时日

1967年对邓小平来说，是更为艰难的一年。

新年一开始，就迎来新的“革命”风暴，上海造反派宣布夺了上海市委、市人民委员会的权，并受到了毛泽东的高度赞扬，认为“这是一个大革命，是一个阶级推翻另一个阶级的大革命。这件事对于整个华东，对于全国各省市的无产阶级文化大革命运动的发展，必将起着巨大的推动作用”。[①] 从此，“文化大革命”进入了“全面夺权”阶段。

1 月 11 日，中共中央政治局召开了一次会议，决定取消刘少奇、邓小平、陶铸、陈云、贺龙出席政治局会议的资格。此后，邓小平有时被通知在中南海里看造反派贴出的大字报。

2 月 26 日至 3 月 25 日，中共中央、中央军委召开军以上干部会议，陈伯达、康生在会议上发表了讲话。陈伯达在讲话中就历史到现实的许多重大问题攻击刘少奇、邓小平。他说：1962 年刮单干风，就是刘少奇为首、邓小平赞成的。他们的那一套，就是实行资本主义复辟。

在 3 月召开的中央工作会议上，毛泽东再次批评了刘、邓。也就在此时，中共中央成立了专门用以调查刘少奇“罪行”的“刘少奇专案组”。

4 月 1 日，《人民日报》、《红旗》杂志发表戚本禹批判刘少奇的文章《爱国主义还是卖国主义——评反动影片〈清宫秘史〉》。其中除散布谎言攻击刘少奇“吹捧”电影《清宫秘史》外，并以“党内最大的走资本主义道路的当权派”“中国的赫鲁晓夫”代替刘少奇的名字，还一连问了八个“为什么”，并抨击刘少奇：“你根本不是什么‘老革命’！你是假革命、反革命，你就是睡在我们身边的赫鲁晓夫。”文章中也给邓小平冠以“党内另一个最大的走资本主义道路的当权派”的名号，进行公开批判。

戚本禹的文章是毛泽东亲自审阅过的。他在 3 月 23 日在文章审送稿上批示：“看过，写得很好。”这篇文章的发表，标志着毛泽东已决心彻底打倒刘少奇。对于邓小平，他认为虽然犯了“严重错误”，需要进行批判，需要“整”一下，但不能彻底“整”倒，以留给翻身的机会。当时的中央文革小组成员王力回忆，1967 年七八月间，毛泽东曾同他谈过邓小平的问题。毛泽东说：“打倒一年，顶多两年。人家要打倒，就打倒一下吧。”毛泽东讲的“人家”是指林彪、江青、陈伯达等人。

---

① 《建国以来毛泽东文稿》第十二册，中央文献出版社 1998 年版，第 185 页。

还说："邓小平文可与少奇、恩来相比，武可与林彪、彭德怀相比，一个人指挥过两个野战军的只有邓小平。林彪身体不行了，我还要邓小平出来。"

4月3日，邓小平给毛泽东写了一封信。信中写道："从1月12日起我一直想见见你，向你求教，只是觉得在群众激烈批判我们的反动路线及其恶果的时候求见主席是否适当，所以一直在犹豫着。近日看了戚本禹同志的文章，觉得我所犯错误的性质似已确定。在这种情况下，我求见主席当面聆听教益的心情是很迫切的。如果主席认为适当，请随时通知我去。"①

在等待一个月后，毛泽东派中央办公厅主任汪东兴到邓小平家，找邓小平谈话。汪东兴向邓小平转达了毛泽东的三个意思：第一，要忍，不要着急；第二，刘、邓可以分开；第三，如果有事可以给他（毛泽东）写信。邓小平表示，大字报中提出的许多问题与事实不符，要求见毛泽东当面谈谈。②

汪东兴把邓小平的要求转报了毛泽东。几天后，毛泽东找邓小平谈了一次话。谈话的内容主要是毛泽东问邓小平30年代离开红七军到上海向中央汇报工作这一段的历史情况，邓小平把有关经过详细地告诉了毛泽东。邓小平虽然在白区工作过一段时间，但没有被捕过，没有所谓历史问题。毛泽东又一次批评了邓小平派工作组的"错误"，邓小平自然只能接受批评。邓小平问毛泽东，以后如有事汇报找谁？毛泽东说，可以找汪东兴，也可以给他本人直接写信。后来，在邓小平被打倒期间，都是通过汪东兴与毛泽东保持联系。当毛泽东询问对林彪的看法时，邓小平没有表态。③

7月14日，毛泽东离开北京，前往南方视察。林彪、江青等人利用这个机会，开展对刘少奇的残酷批斗。邓小平也同时受到了批斗，只

① 毛毛：《我的父亲邓小平——"文革"岁月》，中央文献出版社2000年版，第44页。

② 毛毛：《我的父亲邓小平——"文革"岁月》，中央文献出版社2000年版，第44页。

③ 中共中央文献研究室编：《邓小平年谱（1904—1974）》下，中央文献出版社2004年版，第1937页。

是程度与刘少奇不同。

就在7月14日这一天，中南海的造反派提出要开“批斗刘少奇”的大会，写了给汪东兴并周恩来的请示信由戚本禹转交，可戚本禹没有将信交给周恩来，而是直接给了陈伯达。陈伯达把信中“批斗刘少奇”中的“少奇”二字划掉，加上了“邓、陶（铸）夫妇”几个字。7月17日，江青、康生等人还在人民大会堂开会，策划如何批斗“刘、邓、陶夫妇”的问题。

7月18日，中南海的造反派对刘少奇、王光美夫妇进行残酷批斗，随即抄家，身为中华人民共和国主席的刘少奇从此失去了人身自由。

7月19日，中南海的造反派把邓小平、卓琳夫妇叫到怀仁堂，说有事情要问。然后来到邓小平家中，开始抄家，可是什么也没有找到。造反派本想找到笔记本之类的东西，以取得邓小平的“罪证”，但邓小平开会不做记录，平时不写笔记，发言讲话不写讲稿。一无所获的造反派们沮丧地说：“一点笔记都没有，这个总书记，也不知道是怎么当的!”造反派们还责令家属交出存折，以便作为邓小平生活腐化的证据，可邓小平家不但没有存款，还因家里人口多，欠了公家200元钱。折腾了半天的造反派大失所望。

8月5日，天安门广场举行上百万人参加的群众大会，庆祝毛泽东《炮打司令部——我的一张大字报》发表一周年。与此同时，根据中央文革的布置，中南海分三处批斗刘少奇和王光美、邓小平和卓琳、陶铸和曾志夫妇。对于邓小平批斗会的情况，他的女儿毛毛在《我的父亲邓小平——“文革”岁月》中写道：

> 中南海的造反派冲进家后，从屋里把父母亲押出来，由造反派团团围在院子中间。一些造反派上前将父母的头强行按下，让他们弯腰、低头认罪。一阵震耳欲聋的“打倒”口号声后，造反派们气势汹汹连喊带叫地批判了一通，然后便七嘴八舌乱糟糟地进行质问。我清楚地记得，一个从上海调来的中办秘书局的女造反派喊叫的声音特别尖锐特别刺耳。母亲的眼镜让造反派给拿掉了，她低着头想看一下父亲都看不清。父亲耳聋，又弯着腰，根本听不清那些吼叫，因此也无从回答。他刚刚辩解了几句，话还未说完，便被粗暴地打断。造反派说他态度不好负隅顽抗，接着便又是一阵乱批乱

吼。造反派还在院内架上喇叭，把同时在天安门广场进行的批判大会实况放给他们听。①

9 月 18 日，邓小平致信汪东兴：“‘首都无产阶级揪邓联络站’给我的勒令，是昨晚收到的。同样性质的勒令，过去有好几件，今后还会有。对于这些勒令限期交待的文件，我自己不知如何处理是好，理应报告和请示主席和中央。现将原件附上，请转向主席、中央报告和请示。”信中再次提出见毛泽东的要求。汪东兴将信转呈毛泽东，毛泽东阅批：“林、周（指林彪、周恩来，引者）、中央文革各同志阅，退汪存。”②

虽然邓小平被当作“刘邓资产阶级司令部”中的第二号人物，但在毛泽东的眼中，刘、邓还是有区别的。这年 9 月 19 日，毛泽东在武昌同杨成武、张春桥（时任上海市革命委员会主任）、汪东兴、余立金（时任空军政治委员）谈到召开中共九大的问题时提到：选中央委员，刘、邓是不是有区别？我看是应该有区别。邓小平打过仗。可不可以当中央委员？你们赞成不赞成？第二天，他在同武汉军区司令员曾思玉、政治委员刘丰等人谈话中又说：邓小平恐怕要保。一个，他打过一些仗。第二，他不是国民党的人。第三，他没有“黑修养”（指刘少奇写的《论共产党员的修养》一书，引者）。可不可以选他当中央委员，你们看？你们讨论一下，九大谁可以当选中央委员？邓小平是一个标兵。9 月 24 日，毛泽东在北京召集周恩来等开会，谈到召开中共九大问题时，在肯定接班人是林彪的同时，又说：刘少奇、邓小平要有区别。③

10 月 9 日，毛泽东在审阅陈伯达、江青关于选编《刘少奇言论》的报告及所附此书的《出版说明》稿时，把《出版说明》中的“他伙同党内另一个最大的走资本主义道路的当权派邓小平”一句改为“伙同其他一些走资本主义道路的当权派”，并删去另一处同刘少奇并列的邓小平的名字。毛泽东还批示：“《说明》中，不提邓小平。是否妥当，请酌

① 毛毛：《我的父亲邓小平——“文革”岁月》，中央文献出版社 2000 年版，第 53—54 页。

② 中共中央文献研究室编：《邓小平年谱（1904—1974）》下，中央文献出版社 2004 年版，第 1939 页。

③ 中共中央文献研究室编：《邓小平年谱（1904—1974）》下，中央文献出版社 2004 年版，第 1939—1940 页。

定。”后来该书以“人民出版社资料室”名义内部出版，《出版说明》中没有点邓小平的名字。[①]

此前的这年9月，中南海里的造反派和中共中央办公厅派人到邓小平家中宣布：邓小平的子女立即回学校，邓小平的继母夏伯根立即回老家，只留下厨师和公务员。经过子女抗争，不久，邓小平的子女和继母被安排在北京市宣武门外方壶斋胡同的两间房子里。邓小平夫妇虽然还住在中南海里，但过的是与外界完全隔离的囚禁生活。这样的日子，持续了整整两年的时间。

1968年5月上旬，“邓小平专案组”成立。5月16日，专案组在人民大会堂开会，主管专案工作的康生在讲话中说：邓小平的问题不能直接提审，但要注意内查外调找证据，邓小平的历史问题一直没搞清。鉴于已有的材料不足以定“罪”，中共中央又不准直接提审邓小平，专案组写报告提出：可由邓本人先写出一份历史自传，以便提供“线索”。“自传”应从8岁写起，随写随送，限定最迟至7月初全部写完。此报告经黄永胜批准后，由汪东兴转交邓小平本人。

6月20日起，邓小平在家中开始写《我的自述》，至7月5日写出2.65万字的初稿。《我的自述》分“我的家庭和我的幼年”“我在法国期间和苏联一年”“在西安半年”“在党中央工作两年”“红七军工作期间”“一九三一年一月到七月”“中央苏区的三年半”“从遵义会议到抗战爆发的一段”“在太行山八年”“三年解放战争”“在西南局工作两年半”“到北京以后”等12个小标题，叙述了自己的出身和经历。邓小平在《我的自述》中表示：“我的最大的希望是能够留在党内，做一个普通党员。我请求在可能的时候分配我一个小小的工作，参加一些力所能及的劳动，给我以补过自新的机会。”[②] 身陷逆境中的邓小平，想得最多的不是个人的荣辱得失，而是如何能为党做一点工作，尽一个共产党人的责任。

“邓小平专案组”虽然搞了大量的内查外调，但还是没有发现邓小

① 中共中央文献研究室编：《邓小平年谱（1904—1974）》下，中央文献出版社2004年版，第1941页。

② 中共中央文献研究室编：《邓小平年谱（1904—1974）》下，中央文献出版社2004年版，第1944页。

平有任何“历史问题”。“历史问题”在当时可是头等大事，尤其是过去长期在白区工作过的干部，往往由于所谓“历史问题”而受到残酷迫害。

转眼到了1968年夏，“文化大革命”已经进行两年的时间了。到1968年9月1日，全国除台湾以外的29个省、市、自治区全都成立了革命委员会，实现了“全国山河一片红”，“文化大革命”取得了“全面胜利”。毛泽东认为，有必要召开党的第九次全国代表大会，对“文化大革命”该有所总结了。

要召开九大，就必须先开一次中央全会，除了研究召开九大的若干问题外，还需要对已被打倒的刘少奇等人作出组织结论。在这个问题上，毛泽东对刘、邓仍是采取分别对待的态度。

1967年11月5日，毛泽东与中央文革小组成员就召开九大和整党问题作了一次谈话。毛泽东说：刘邓互相合作，八大决议不经过大会主席团，也不征求我的意见就通过了。刚通过，我就反对。1963年搞了个十条，才隔三个月，他们又开会搞后十条，也不征求我的意见，我也没到会。邓小平要批，请军委准备一篇文章。我的意见还要把他同刘少奇区别一下，怎样把刘邓拆开来。

1968年6月30日，毛泽东在同中央文革碰头会成员及其他中央负责人谈话时说：要允许犯错误。人家犯错误就要打倒，你自己就不犯错误？对邓小平，我的观点还是一样。有人说他与敌人有勾结，我就不太相信。你们那样怕邓小平，可见这人厉害。①

同年10月13日至31日，扩大的中共八届十二中全会在北京召开。会议在极不正常的情况下，作出了将刘少奇“撤销党内外一切职务”“永远开除出党”的错误决议，造成了共和国历史上最大的一桩冤案。会上还印发了“邓小平专案组”提交的《党内另一个最大的走资本主义道路的当权派邓小平的主要罪行》，实际上撤销了邓小平党内外一切职务。林彪、江青、康生、谢富治等人在全会分组会上对邓小平大加指责，并要求开除邓小平的党籍。在10月13日全会开幕会上，毛泽东在讲话中说：邓小平这个人，我总是替他说一点话，就是鉴于他在抗日战

① 中共中央文献研究室编：《邓小平年谱（1904—1974）》下，中央文献出版社2004年版，第1944页。

争跟解放战争中间都是打了敌人的，又没有查出他的别的历史问题来。在 10 月 31 日全会闭幕会上，毛泽东在讲话中说：邓小平，大家要开除他，我对这一点还有一点保留。我觉得这个人嘛，总要使他跟刘少奇有点区别，事实上是有些区别。我这个人的思想恐怕有点保守，不合你们的口味，替邓小平讲几句好话。①

次年 3 月 12 日，毛泽东召集中央文革碰头会成员开会，在讨论九大政治报告起草问题时说：我历来不主张把邓小平同刘少奇弄到一起。3 月 22 日，毛泽东在同中央文革碰头会成员谈九大准备工作时，再次表示：九大报告上只写我和刘少奇的名字。邓小平与刘少奇要有区别。这次犯错误的同志，没有王明犯得大。我们还是按过去的老规定，凡是能团结的，都应团结，允许人家犯错误，允许人家改正错误。大多数当作人民内部矛盾处理，不当敌我矛盾处理。②

正是因为有了毛泽东的这种态度，使邓小平能够留在党内，这不但对邓小平来说意义重大，就是对于整个党和国家也是意义重大。如果没有这一点，中国历史发展也许会是另一种情况。

---

① 中共中央文献研究室编：《邓小平年谱（1904—1974）》下，中央文献出版社 2004 年版，第 1946 页。

② 中共中央文献研究室编：《邓小平年谱（1904—1974）》下，中央文献出版社 2004 年版，第 1947 页。

# 七、从下放到复出

## 1. 下放江西

1969年4月1日至24日，中国共产党第九次全国代表大会在北京召开。此时距上次党代会已有13年了。在中共八大上，邓小平代表中共中央作了关于修改党章的报告，当选为总书记，成为这届中央领导集体的核心成员。这一次党代会，被错误打倒了的邓小平自然不可能与会。他是在大会开完之后从报纸上和广播新闻中知道九大已经召开的消息的。

九大开完一个多月后，即5月3日，邓小平给汪东兴写了一封信。信中说："九大开过了，不知是否已到处理我的问题的时候，对此，我完全静候党的决定。我本人的最大要求是能够留在党内，使我能有机会，以一个普通党员的身份，执行新党章的规定，在我的余年中，努力做好党分配给我的工作，或参加力所能及的劳动，不断地用毛泽东思想来改造自己的世界观，尽力做一些有利于人民的事情，以求补过于万一。"①

两天后，毛泽东看到了邓小平的信，并将信批转给了林彪及在京政治局委员阅。此后，邓小平的处境有所改善，近两年一直不许见面的子女也可以不定期探望了。

九大召开半年后的10月中旬，毛泽东到了他比较喜欢的城市之一——武汉。林彪也以"紧急战备"的名义，"疏散"到了苏州。

---

① 中共中央文献研究室编：《邓小平年谱（1904—1974）》下，中央文献出版社2004年版，第1948页。

自中苏关系恶化以来，中国面临的国际环境的确很严峻。因此，毛泽东“准备打仗”的意识一直很强烈。1969 年 3 月，苏联军队侵入黑龙江省的珍宝岛地区，我边防部队在忍无可忍的情况下被迫自卫还击。珍宝岛事件后，中苏之间虽然未曾发生大规模的战争，但中国的边境形势非常紧张，从而也进一步加重了毛泽东对世界大战不可避免的判断，全国上下加紧了战备工作。

10 月 18 日，刚到苏州的林彪向中央军委办事组组长、总参谋长黄永胜下达了《关于加强战备，防止敌人突然袭击的紧急指示》，要求“立即组织精干的指挥班子，进入战时指挥位置”；“各级要加强首长值班，及时掌握情况。”这个指示，以“林副主席第一个号令”名义正式下达。当晚，全军进入紧急战备状态。

为配合战备需要，根据中共中央的统一部署，在京的一些党和国家领导人，大批的党政机关和干部家属，被“紧急疏散”到外地。其中，朱德、董必武到了广东，叶剑英到了湖南，陈云、王震等到了江西，聂荣臻、陈毅等到了河北。一些被打倒了的领导人，也被送出北京，身患重病的刘少奇和陶铸被送往河南开封和安徽合肥。对于邓小平，则决定送往江西。

随后，汪东兴带着中央办公厅政治部主任王良恩，前往邓小平的住处，把准备疏散到江西的安排通知了邓小平夫妇。邓小平希望年岁已大的继母也能一同去江西，以便有所照顾，汪东兴当即表示同意。邓小平最后说，以前主席说过，有事情找你，到江西后是不是还可以给你写信？汪东兴表示可以。

10 月 18 日，周恩来亲自给江西省革委会核心小组办公室打电话，要求省革委会妥善安排即将去江西的陈云、邓小平、王震及家属。周恩来还在电话中特地说：毛主席不是在九大说过吗，邓小平的问题和别人不同。他下去是劳动锻炼。当然，这些人也不能当全劳力使，也是六十多的人了，身体也不大好，收房费也要照顾一点。

次日，江西省革委会报告说，准备将邓小平夫妇安排到赣南的赣州。周恩来认为，去赣州不合适，那里交通不便，山区条件差，要求省革委会将邓小平夫妇安排在南昌市郊为宜，最好是一栋两层小楼，楼上他们夫妇住。当时的江西省革委会负责人程世清与林彪关系密切，但由于周恩来作出了明确指示，也只好同意将邓小平夫妇安置在南昌市郊。

临去江西的前一天，即10月21日，邓小平给汪东兴写了一封信。信中表示接受中共中央对于他的处理，重申对中共中央和毛泽东做出过的保证，以一个普通党员和社会主义公民的身份，尽力工作和劳动，并希望将此信转报毛泽东和中共中央。

10月22日清晨，邓小平夫妇和继母夏伯根来到京郊的沙河机场，乘坐一架老式的伊尔-14型军用飞机飞往南昌。机上还有两名特殊的乘客——“邓小平专案组”组长和一个工作人员。几个小时之后，飞机缓缓降落在南昌的向塘机场。

随后，邓小平被安排住在南昌滨江招待所。三天后，一同来南昌的“专案组”人员选定了原福州军区南昌陆军步兵学校校长住的一栋小楼，作为邓小平的住地。这里离新建县拖拉机修造厂只有二三里路的路程，便于邓小平前去劳动。“专案组”人员将情况报告了北京有关方面，获得同意。

“专案组”人员离开南昌前，与邓小平进行了十多分钟的谈话。他们向邓小平通告了关于住处和劳动地点的安排情况，并问邓小平有什么要求，以便回京向中央反映。邓小平说：“我同意中央对我的安排。我到江西来了，但我还会出来工作的，我还能为党工作十年。”

10月26日下午，邓小平离开滨江招待所，由江西省革委会安排前往住地。同时，江西省革委会派来了省军区的一名干事和一个战士，负责监督并保卫邓小平家。院外还有一个班，在暗处负责监管。28日，返回北京的“邓小平专案组”人员在给其上级的报告中说：“22日送邓小平、卓琳、夏伯根去江西，今日归来。邓押于南昌西北十三公里处，原步兵学校，现是五七干校，××军××师炮团和原步兵学校留守处住。由省革委会管，派炮团一个班十二人监管，单住一小楼上，下住一个干事和一战士管他。平日劳动，仍用邓小平名。”①

就这样，邓小平开始了在江西长达三年的半软禁和监管生活。

① 毛毛：《我的父亲邓小平——“文革”岁月》，中央文献出版社2000年版，第138页。

## 2. 劳动生活

参加劳动是邓小平到江西后的主要任务。劳动的地点就在步校附近的新建县拖拉机修造厂。

这是一个生产和修理农机配件的县办小厂。厂党总支书记罗朋，抗日战争时期在邓小平领导下的冀鲁豫军区工作，解放后，曾在公安部任副局级干部，1959 年庐山会议“反右倾”时因“犯错误”被下放到江西，担任这个只有八十来人的县级小厂负责人。

邓小平来了之后，省革委会的一位副主任曾交代罗朋：一是要保证邓小平的安全，到了厂区后不能出事；二是安排在车间劳动，每天三四个小时，邓年纪大了，活儿也不要太重，派些力所能及的即可。三是既不能叫同志，也不要直呼其名，就叫老邓。

11 月 9 日清晨，身着工装的邓小平夫妇来到了拖拉机修造厂，开始了在江西的劳动生活。毛毛在《我的父亲邓小平——“文革”岁月》中这样写道：

> 走了约四十分钟，到了工厂。在一间办公室里，罗朋向他们简单地介绍了一下厂里的情况，然后就到车间。车间负责人姓陶名端缙。像当时不少工厂那样，这里按部队的连、排编制，车间主任就称排长。陶排长厚道直爽，人很和气又很心细。邓小平在他的车间里干活，他很欢迎，是真心诚意的欢迎。陶排长是一个工人，一个小小的县办工厂里普通得再也不能普通的工人。工人，就是干活，就是要干好活。他和这个工厂里所有的工人一样，干革命、搞运动是一回事，干活、工作、养家又是一回事，而且是更加重要的一回事。在革命风暴席卷全国的年代，这个工厂里，竟然没有红卫兵组织，也是少有的事。虽然也搞运动，也闹革命，但整个工厂风平浪静，波澜不起，俨然一个小小的世外天地。陶排长心里是坦然的，什么“走资派”，来我这里干活，就和我们一样。厂里的工人们想的和陶排长也是一样的，老邓年纪大了，放把椅子，累了可以坐坐。老卓身体不好，能干多少就干多少吧。
>
> 安排老邓干什么活呢？这可是费了陶排长的一番心思。一开

始，他想让邓干点轻活，就分配他用汽油洗一些零件。但是邓年纪大了手抖，拿不住东西，而且弯腰也困难。洗东西不行，陶排长又想安排邓干点看图纸的轻活儿，结果邓眼睛老花了看不清楚。最后，还是邓自己提出，想干一点出力气的活。陶排长问邓，用锉刀干点钳工锉点零件怎么样？邓立刻表示同意。钳工工作台在车间的一角，上面放着钳工工具。邓看见后很高兴，拿起锉刀便开始干活。陶排长一看，邓完全不像一个新手的样子。他哪里知道，早在四十年前，邓在法国勤工俭学时，就在有名的雷诺汽车厂里干过钳工，虽时隔已久，但对这门手艺并不陌生。当听到陶排长意外的赞叹时，邓笑了笑。邓自己也没有想到，早年在法国一边干革命工作，一边学会的这门手艺，几十年后竟然在江西的这个小工厂中派上了用场。真可谓世事难料呀。[1]

在邓小平夫妇来厂之前，根据上面的交待，任何人不经许可，不许与他们接触。初来之时，工人们只能向邓小平夫妇投以好奇的目光。渐渐地，工人们发现，邓小平同他们一样，每天都来，每天都在一起，干着一样的活，他们感到这个中国“第二号走资派”其实是一个平易近人的长者，于是交往就多起来了。三年的劳动生活，邓小平与拖拉机修造厂的工人结成了很深的感情。后来，他在离开拖拉机修造厂时，曾动情地说：“这里工人，没有一个人把我当作大走资派的。对我都亲切、照顾和关心。我们的工人同志，就是忠厚、善良，这很难得呀！一个人身处逆境时，有人关心他一下，他一辈子都忘不了。”

一开始，邓小平从步校到工厂从大路走，要绕一个大圈子，差不多要四十分钟的时间，中间还要经过一个长途汽车站。这个路线既费时间，又不安全。罗朋和工人们发现，如果从邓小平居住的小楼院墙上开个口，到工厂的路程可以缩短一半。工厂方面把这个意思同负责监管的军区干事说了，得到同意。于是，工人们就在小楼围墙上开了一个小门，沿着荒坡和田埂修出一条小路，这样，邓小平只需用二十来分钟就可以从步校径直走到工厂。

---

① 毛毛：《我的父亲邓小平——“文革”岁月》，中央文献出版社 2000 年版，第 143—145 页。

到江西仅过了三个月，邓小平夫妇原级别的工资被停发，改为发生活费，其余的钱暂时由中央办公厅代为保管。这样一来，每月的收入减少了一半。这点生活费对一个九口之家来说，就格外紧张了，邓小平夫妇不得不在平时就已相当俭朴的生活开销上进一步节省开支。为此，邓小平改掉了多年喝茶的习惯，改喝白开水；抽了几十年的烟一下子戒不了，就减量，控制三四天抽一包；酒也只喝江西本地产的便宜的三花酒；肉则只有儿女回家时才吃，平时尽量不吃。第二年春天，邓小平还在院子里开出一块菜地，种上辣椒、蚕豆、豇豆、西红柿、茄子、小白菜等蔬菜。

到江西一个月后，邓小平给汪东兴写了一封信，谈到了在工厂劳动的情况，同时希望能够将来江西时因飞机超重未能带来的行李和书籍托运来江西。汪东兴收到信后，送给周恩来、陈伯达和康生看了。不久以后，所有的行李和几大木箱书籍全部运到了江西。

从此，劳动之余，邓小平读了大量的书籍，其中有马列著作，有“二十四史”，还有古今中外的其他书籍。有一次，邓小平看到报纸上刊出人民文学出版社出版了一批古典文学名著，就托人买来了全套的《三国演义》《红楼梦》《水浒传》和《西游记》。

除了劳动、看书，邓小平更多的是思考。他女儿回忆说：

> 在江西的这一段时间里，父亲有一个习惯，每天黄昏落日之前，总是十分规律地围着我们那个小小的院子散步。他沉思不语，步伐很快，就这样一圈一圈地走着。日复一日、月复一月、年复一年，那红色的砂石地上，已然被他踏出了一条白色的小路。我时常看着父亲，看着他永远那样认真、永远那样沉静的神情，看着他向前迈出的快速而稳健的步伐。我想，就在这一步一步之中，他的思想、他的信念、他的意志，随着前进的每一步而更加明确，更加坚定起来。这些思想的蕴育成熟，是否已为日后更加激烈的斗争做好了最充分的准备呢？①

中共九大之后，在“文化大革命”中攫取了党和国家很大权力的林彪集团和江青集团，各自为了获取更大的权力产生了尖锐的矛盾。围绕

① 毛毛：《在江西的日子里》，《人民日报》1984年8月22日。

设国家主席的问题，双方展开明争暗斗。1970 年 8 月，中共中央在庐山召开九届二中全会。在这次会议上，林彪集团和江青集团的矛盾终于公开化了。

九届二中全会一开始，林彪就在会上抢先发表讲话，仍然坚持设国家主席的主张，还一个劲地鼓吹毛泽东是“天才”的观点，把矛头指向江青集团。8 月 24 日下午，在讨论林彪讲话的分组会议上，林彪集团的几员大将分别在各个组发言，并宣讲一份由陈伯达选编的题为《恩格斯、列宁、毛主席关于称天才的几段语录》的材料。参加会议的绝大多数成员不明事情真相，听说有人“否认主席是天才”“不赞成毛主席当国家主席”，都表示极大的愤慨，要求把这种人“揪出来”，会议的局势顿时紧张起来。

毛泽东察觉到林彪等人为争夺个人权力进行的宗派活动后，采取立即停止讨论林彪的讲话、责令陈伯达检讨等措施，扭转了会议的方向。31 日，毛泽东写了《我的一点意见》，对陈伯达作了严厉的批评。随后，全会按照毛泽东的意见，对陈伯达展开揭发批判。林彪集团的吴法宪等人也受到批评。会后，中共中央于 11 月发出高级干部学习马列著作的通知，提出高级干部“只有读一些马、恩、列、斯的基本著作，才能识别真假马列主义”。接着又召开华北会议，揭发批判陈伯达，并在全国范围内开展批陈（伯达）整风运动。

虽然庐山与南昌不过几个小时的路程，但劳动中的邓小平，对庐山所发生的一切自然全不知晓，在会后的新闻中，他才得知中央在庐山开了二中全会。9 月 13 日，邓小平给汪东兴写了一封信，对全会的召开做个表态，并请汪东兴报告毛泽东和中共中央。同一天，他还给汪东兴写了另外一封信，主要是谈自己在江西的情况，以及他的家人的事情。邓小平在信中讲的虽然是家庭生活琐事，但他是用这种方式“一边向中央通报情况，一边留了一份心思：保持沟通，如果家中一旦有事发生，好找中央帮助解决”①。在江西的三年，邓小平用给汪东兴写信的方式，保持着同毛泽东和中共中央的联系。虽然有的信根本没有回音，但他以

① 毛毛：《我的父亲邓小平——“文革”岁月》，中央文献出版社 2000 年版，第 185 页。

一个政治家的韧性坚持着，相信毛泽东一定会看到他的信。

## 3. 出现转机

庐山会议之后，毛泽东采取了一系列的措施，削弱了林彪集团的权势，打乱他们的阵脚，使其陷入被动的境地。

然而，面对毛泽东的批评和挽救，林彪并未悬崖勒马，反而铤而走险，策划武装政变，甚至企图用暗杀的手段加害毛泽东。1971 年 9 月 13 日，阴谋败露后仓皇出逃的林彪机毁人亡，史称“九一三事件”。这一切，远离政治中心的邓小平也和普通的中国人一样，是一个多月后才知道的。

九一三事件发生五天后，经毛泽东批准，中共中央发出关于林彪叛国出逃的通知。十天后，扩大传达到地、师一级。10 月 6 日，中共中央又发出关于林彪集团罪行的通知。10 月中旬，传达扩大到地方党支部书记一级。10 月 24 日，中共中央的传达扩大至全国基层群众。

11 月 6 日，拖拉机修造厂根据新建县委的部署，向全厂职工宣读中共中央关于林彪反革命罪行的通知。邓小平夫妇也被通知去听文件。厂总支书记罗朋知道邓小平听力不好，就招呼他和卓琳坐到前边去，邓小平夫妇便换到了第一排坐下。

文件整整念了两个多小时，全厂八十多号人全神贯注地听着。邓小平听得很仔细，始终没有同别人说话。文件传达完后，各车间进行讨论。邓小平所在的修理车间里，工人们七嘴八舌地议论，邓小平只是静静地听着，仍是一言未发。不须说，此刻的邓小平心里一定想了很多。最后，车间主任（当时称排长）陶端缙向罗朋建议让邓小平把文件带回家去看，罗朋同意了。对于邓小平回到家里的情形，他女儿回忆说：

> 已是下午一点多钟了，好不容易盼到父母亲回来。我迎上前去想问。妈妈一把拉住我的手，一直把我拉到厨房，在我的手心用手写：“林彪死了！”在“文革”中，为了防止“隔墙有耳”，我们经常这样用在手心写字的方法“说话”。当我看清这几个字时，一下子好像全身的热血一齐冲到头上。因怕有人听，当时也不敢多问。我快步走到哥哥屋里，关上门，悄声把消息告诉了他。我看见哥哥

浑身绷着劲，兴奋之情溢于言表。回来后，父亲依然没有说话。全家吃完午饭后，上了楼，关上门。妈妈激动地告诉我传达的详情，我激动地听着不禁热泪涌起。父亲没有坐下，一直站在那里，一边抽烟，一边看着我们。他竟然一改一贯的严肃和沉静，显得和我们一样的兴奋和激动。他的话不多，只说了一句："林彪不亡，天理不容！"①

两天后，邓小平给毛泽东写了一封信。他在信中写道："在传达前，我对林陈（陈即陈伯达，引者）反党叛国集团的事一无所知，只是感觉到陈伯达出了问题。对林彪则是非常突然的，所以，在听到林陈集团那些罪该万死的罪恶行动时，感到十分的震惊和愤慨！"邓小平表示坚决拥护中央关于林彪反党集团的决定，写道："林陈反革命集团这样快地被揭发被解决，真是值得庆幸的大事。如果不是由于主席和中央的英明领导和及早地察觉，并且及时地加以解决，如果他们的阴谋得逞，正如中央通知所说，即使他们最终也得被革命人民所埋葬，但不知会有多少人头落地，我们社会主义祖国会遭到多少曲折和灾难。现在终于解决了这个危险，我和全国人民一道，是多么地高兴呵！"

接着，邓小平向毛泽东汇报他自己的情况。信中写道："我在主席的关怀下，到江西整整两年了。这两年，我每天上午到工厂劳动，下午和晚上，看书、看报、听广播和做些家务劳动，除到工厂外，足不出户，与外界是隔绝的。在这时期，我遵照主席指示，努力通过劳动和学习自我改造，绝对遵守我向党作的保证，除自己的亲属外，没同任何人有来往。我们的生活，由于组织上的照顾，没有什么困难。"

信中，邓小平希望能有机会为党再做工作，他说："我个人没有什么要求，只希望有一天还能为党做点工作，当然是做一点技术性质的工作。我的身体还好，还可以做几年工作再退休。报上每天看到我们社会主义祖国在国内建设的突飞猛进，和国际威望的空前提高，都使我的心情激动起来，想做点事，使我有机会能在努力工作中补过于万一。"

在这年2月份的时候，邓小平因大儿子邓朴方来江西的事给汪东兴

---

① 毛毛：《我的父亲邓小平——"文革"岁月》，中央文献出版社2000年版，第207页。

写信，并要江西省革委会转交，可是江西方面却告诉他，以后不要再写信了。此后几个月，邓小平再没有给汪东兴写信。为了以后能和中央联系，邓小平给毛泽东写了一封信，在信中特地提道："过去，主席交代我有事情找汪东兴同志，今年初因我大儿子的事写信给他，工作同志告我不要再写信了，所以十一个月来，我没有再写信。不知以后有事，是否还可以写信给汪东兴同志。"①

不久，毛泽东收到了邓小平的信，并对汪东兴说："你怎么不管人家啦？"汪东兴对江西方面不让邓小平写信一事并不知情，回答说："没有不管啊。我跟你在外地，不在北京，就让中办副主任王良恩管着的。"毛泽东对汪东兴说："小平同志的信上讲了，他的事还要让汪东兴管！"在邓小平的来信的信封上，毛泽东批示道："印发政治局。他家务事请汪办一下。"

不过，毛泽东在看了邓小平的信后，并没有直接回复任何信息。解决邓小平的问题仍需要时间。

林彪事件使毛泽东看清了许多事情的真相，使他认识到，许多以前他认为反对他的主张至少是对他的主张不积极贯彻的老干部，实际上是真心拥护他的，而林彪那种"语录不离手，口号不离口"的人，却在背后下毒手，是真正的阴谋家和伪君子。林彪事件后不久，毛泽东在接见新成立的军委办公会议成员时说："文化大革命中整几位老帅，是林彪、陈伯达他们搞的。"同年11月14日，他在接见参加成都地区座谈会人员时，当着叶剑英的面对众人说："你们再不要讲他'二月逆流'了。'二月逆流'是什么性质，是他们对付林彪、陈伯达、王（力）、关（锋）、戚（本禹）。"这样一来，等于公开为"二月逆流"平了反。

1972年1月10日，毛泽东抱病参加了陈毅的追悼会。他对陈毅的夫人张茜说："陈毅同志是一个好人，是一个好同志。陈毅同志是立了功的。"又指着在座的周恩来、叶剑英等说："要是林彪的阴谋搞成了，是要把我们这些老人都搞掉的。"在这次谈话中，毛泽东提到了邓小平，把邓小平和在当时任政治局委员的刘伯承并列在一起，说邓小平与刘少

---

① 毛毛：《我的父亲邓小平——"文革"岁月》，中央文献出版社2000年版，第207—211页。

奇是有区别的，是人民内部矛盾。①

毛泽东亲自参加陈毅的追悼会，固然因为陈毅是井冈山时期的老战友，而陈毅生前曾受到不公正的待遇，毛泽东以此表达对老战友的怀念和歉意，更重要的是，他是通过此举向全国发出一种“暗示”：广大老干部包括对“文化大革命”有严重抵触情绪的老干部是好的，应当适时给予“解放”和平反。②

1月24日，周恩来和部分政治局成员在人民大会堂接见来京出席新疆工作会议的代表。当说到邓小平问题时，周恩来说，林彪这伙人就是要把邓小平搞成敌我矛盾，而毛主席讲邓还是人民内部矛盾，两类不同性质的矛盾不能混淆。周恩来显然是在为解决邓小平问题制造舆论。

毛泽东、周恩来的上述表示，远在江西的邓小平自然不知道。

4月22日，邓小平又给汪东兴写了一封信，内容仍然是子女的上学问题和家里的日常琐事，希望有机会为长子邓朴方做进一步的治疗，然后委婉地提出希望“能再做几年工作”。5月30日，汪东兴将信批报周恩来，并建议邓小平的工资照发。6月27日，周恩来批示：“邓和卓琳的工资照发。如邓的大儿子能再施手术似可让其来京施手术。”③ 照发工资不单单是生活待遇问题，更重要的是意味着政治上也没有多大问题了。

1972年8月1日，邓小平在江西新建县拖拉机修造厂和全厂职工一起第四次听了关于林彪事件的传达。当天，邓小平给毛泽东写信。信中除表示坚决拥护中共中央对林彪集团的揭露和批判，对林彪集团作进一步的揭发、批判，对自己的“错误”作简要的检查外，还明确地提出了工作的要求。信中说：

> 对于林彪和陈伯达，没有什么重要材料可以揭发，只能回忆一些平时对他们的感觉。对林彪，觉得他是一个怀有嫉妒心和不太容人的人。对于林彪高举毛泽东思想伟大红旗，现在看来，他的确是

---

① 《我的父亲邓小平——“文革”岁月》，中央文献出版社2000年版，第217页。

② 参见中共中央文献研究室：《毛泽东传（1949—1976）》下，中央文献出版社2003年版，第1615页。

③ 中共中央文献研究室编：《邓小平年谱（1904—1974）》下，中央文献出版社2004年版，第1959页。

为的打着红旗反红旗，是准备夺权。过去在两点上我一直是不同意的。一是林彪只强调‘老三篇’（指毛泽东的《为人民服务》《纪念白求恩》《愚公移山》三篇文章，引者），多次说只要‘老三篇’就够用了。我认为毛泽东思想是一切领域中全面地发展了马克思列宁主义，只讲‘老三篇’，不从一切领域中阐述和运用毛泽东思想，就等于贬低毛泽东思想，把毛泽东思想庸俗化。一是总觉得林彪的提法是把毛泽东思想同马列主义割裂开来，这也是同样贬低了毛泽东思想的意义，特别是损害了毛泽东思想在国际共产主义运动和反对国际修正主义运动中的作用。对陈伯达，印象是，这个人很自负，很虚伪，从来没有自我批评。他会写东西，对于能写的别人，他是嫉妒的。我同全党全国人民一道，热烈地庆祝摧毁了林彪反党反革命集团的伟大胜利。在去年（一九七一年）十一月我在呈给主席的信中，曾经提出要求工作的请求。我是这样认识的：我在犯错误之后，完全脱离工作，脱离社会接触已经五年多快六年了，我总想有一个机会，从工作中改正自己的错误，回到主席的无产阶级革命路线上来。我觉得自己身体还好，虽然已经六十八岁了，还可以做些技术性的工作（例如调查研究工作），还可以为党、为人民工作七八年，以补过于万一。①

这封信经江西省革委会转送到了毛泽东手中。8 月 14 日，毛泽东看了信后，写下了这样的批语："请总理阅后，交汪主任印发中央各同志。邓小平同志所犯错误是严重的。但应与刘少奇加以区别。（一）他在中央苏区是挨整的，即邓、毛、谢、古四个罪人之一，是所谓毛派的头子。整他的材料见《两条路线》、《六大以来》两书。出面整他的人是张闻天。（二）他没历史问题。即没有投降过敌人。（三）他协助刘伯承同志打仗是得力的，有战功。除此之外，进城以后，也不是一件好事都没有作的，例如率领代表团到莫斯科谈判，他没有屈服于苏修。这些事我过去讲过多次，现在再说一遍。"②

看到毛泽东批示的当天晚上，周恩来在主持中央政治局会议时，立

---

① 中共中央文献研究室编：《邓小平年谱（1904—1974）》下，中央文献出版社 2004 年版，第 1960 页。

② 《建国以来毛泽东文稿》第十三册，中央文献出版社 1998 年版，第 308 页。

即传达了批示的内容。

随后，中共中央通知中共江西省委，恢复邓小平党的组织生活，可以参加一些调查活动。

这年9月，邓小平向江西省委提出，请示一下中央，能不能在江西省内，到井冈山、赣州老区走一走。江西方面自然不敢作主，就把邓小平的想法向中共中央作了汇报。9月底，中共中央批准了这一要求。江西省委随即做出了邓小平上井冈山的具体安排：出发时按省级干部对待，坐伏尔加轿车，凡要去的地方，均可由省里先打招呼，以便接待。

11月12日，邓小平从家里出发，经樟树、吉安，首先到了井冈山下的永新县，参观了著名的“三湾改编”旧址。他在这里说：三湾改编很重要，秋收起义部队受挫，甩掉了追赶的敌人来到三湾，在这个清静的地方采取果断措施，对这支面临崩溃的部队进行改编，这是毛泽东同志的一个创举，三湾改编和古田会议一样重要。

离开永新，邓小平来到宁冈的砻市。这里是毛泽东和朱德会师的地方。他对当地干部说：“井冈山精神是宝贵的，应当发扬。传统甩不得。”他还一字一句地说道：我们的党是好的，是有希望的；我们的人民是好的，是有希望的；我们的国家是好的，是有希望的。来到井冈山后，邓小平参观了黄洋界、八面山、双马石、砂冲、桐木岭五大哨所以及大小井、黄坳、茨坪等地，还参观了井冈山博物馆、工艺美术厂。

离开井冈山，邓小平又来到泰和县考察农业机械化。他在询问了小型拖拉机的生产情况，观看了农用水田插秧机操作表演后，认为“农业机械化是个方向”。

在泰和，邓小平见到了刚刚解放的原红一方面军的老红军池龙，两人共同谈起了林彪。邓小平说：“这帮人整人是不择手段的。‘文化大革命’是‘左’了，被坏人钻了空子。”又说：“林彪这个人不能说没有本事，但是个伪君子。利用毛主席的威望发布一号命令，贬低毛主席，抬高自己。”他们还共同说起了毛泽东和周恩来，认为毛泽东是个伟人，周恩来吃了很多苦，保护了很多干部。

从井冈山回来不久，邓小平又决定前往曾经战斗和生活过的赣南中央苏区。12月5日，邓小平驱车向南，经赣州、兴国、于都到会昌、瑞金、宁都、广昌。对这一片曾经浴血战斗过的土地，邓小平有着特殊的感情。到了兴国，他说："总算了了心愿。"在于都，他对陪同的人说："千里迢迢，来一次故地不容易，已经四十年了，才来上一次。看来，这一辈子也就只有这一次了。"在瑞金参观一家糖厂时，听完汇报后准备去车间参观，人们告诉他，去车间有两条路，近路不好走。邓小平说："不要紧，为什么近路不走，偏要走远路？中国革命的道路是曲折的，不是笔直的。"别人在路上要搀扶他，他说："不要扶，我还可以干二十年。"

## 4. 重返中央

转眼到了 1972 年底。从 8 月 14 日毛泽东对邓小平的来信作出批示到现在，已经过去三个多月，邓小平虽然结束了监管生活，但工作问题仍没有解决。

林彪事件后，周恩来主持中央日常工作，花了大量的精力批判极左思潮，恢复混乱的社会秩序和工农业生产，并协助毛泽东改善中美关系，恢复中日邦交，打开了外交工作的新局面。在整个"文化大革命"期间，周恩来处在风浪口上，忍辱负重，夜以继日地工作，从而严重地损害了健康。1972 年 5 月，他被确诊为膀胱癌后，尽管以顽强的毅力与病魔作斗争，但健康状况已趋恶化，因而迫切需要一个能统筹全局、具有治国安邦能力和丰富经验的人协助他工作，并在必要时可以接替他。环顾党内的各级干部，唯有邓小平堪当此重任。

8 月份毛泽东就邓小平的来信作出批示后，周恩来便立即抓紧在连续召开的政治局会议上讨论这个问题，可是碍于江青等人的消极态度，问题迟迟未能解决。1972 年 12 月 18 日，周恩来致信时任政治局候补委员的纪登奎和政治局候补委员、中央办公厅主任汪东兴，催促他们尽快解决邓小平的工作问题。信中说："邓小平同志一家曾要求做点工作，请你们也考虑一下，主席也曾提过几次。"[①] 同一天，周恩来又约纪、汪两人谈话。

27 日，纪登奎、汪东兴就安排邓小平工作问题向周恩来报告，建

---

① 《周恩来书信选集》，中央文献出版社 1988 年版，第 620 页。

议邓小平回京后仍担任国务院副总理。周恩来看后表示：邓小平的工作待请示主席后再定。毛泽东虽然肯定邓小平“没有历史问题”，“有战功”，“没有屈服苏修”，应与刘少奇的问题区别对待，但是“区别对待”到什么程度，必须根据毛泽东的意见来决定。

1973 年 1 月，中共中央通过江西省委通知邓小平：中央通知他近期之内返回北京。2 月 19 日，邓小平一家从南昌乘车到鹰潭，次日，转乘从福州到北京的特快列车，从此结束了三年多的劳动生活。后来，邓小平在同意大利记者法拉奇谈起这段经历时，这样说：“有不少外国朋友问我，为什么能活下来？我说我是乐观主义者，相信问题总有一天会得到解决。我还可以告诉你，我长期在毛主席领导下工作，就我个人内心来说，对毛主席抱有希望。我相信毛主席了解我。事实证明，1973 年他又把我接回来了并很快委托我非常重要的任务。”①

22 日，邓小平回到北京，住在西郊马神庙附近一个新盖大院内的一栋灰色的两层小楼里。

到北京的当天晚上，汪东兴前来看望邓小平。邓小平表示感谢汪东兴几年来的关照，汪东兴说：“我是按毛主席的意思办的。”②

邓小平回到北京后，周恩来进一步抓紧了邓小平复出的工作。1973 年 2 月下旬至 3 月初，周恩来抱病连续几次主持中央政治局会议，专题讨论邓小平的问题。江青等人自然不会赞成邓小平的复出，极力加以阻挠。不过，因为毛泽东已有让邓小平复出的意思，他们的反对已不能奏效了。

3 月 9 日，周恩来将草拟的《中共中央关于恢复邓小平同志的党的组织生活和国务院副总理的职务的决定（送审稿）》报送给毛泽东，并在给毛泽东的报告中说：“关于恢复邓小平同志的国务院副总理职务问题，政治局会议几次讨论过，并在主席处开会时报告过。现在小平同志已回北京。为在全国树立这样一位高级标兵，政治局认为需要中央作出一个决定，一直发到县团级党委。”周恩来在送审稿中写道：1972 年 8

① 钱其琛：《一次极不寻常的谈话》，《回忆邓小平》上，中央文献出版社 1998 年版，第 39 页。

② 毛毛：《我的父亲邓小平——“文革”岁月》，中央文献出版社 2000 年版，第 270 页。

月14日，在邓小平同志写给主席的一封信上，主席作了重要批示，中央政治局认真讨论了主席的指示和邓小平同志的问题，决定“恢复邓小平同志的党的组织生活，恢复他的国务院副总理职务，由国务院分配他担任适当工作”。毛泽东阅后批示：“同意。”①

周恩来立刻将批件和附件送给邓小平，征求他本人意见。3月10日，中共中央正式发出《关于恢复邓小平同志的党组织生活和国务院副总理的职务的决定》。

3月28日，周恩来同李先念及江青在北京西郊玉泉山约见了邓小平。29日下午，邓小平到毛泽东的住处参加政治局会议。会前，在周恩来陪同下，毛泽东在中南海住地会见邓小平。握手时，毛泽东对邓小平讲了八个字：“努力工作，保护身体。”毛泽东问邓小平这些年是怎么过来的，邓小平回答说：“等待。”②

当天晚上，中央政治局会议根据毛泽东的意见，对邓小平的工作安排作出议定：邓小平正式参加国务院业务组工作，并以国务院副总理身份参加对外活动；有关重要政策问题，列席政治局会议参加讨论。

4月1日，周恩来召集中央国家机关各部委负责人开会，宣布中央政治局的决定。又说：今天这个会是毛主席催促要开的，再不传达就失职了。③

4月12日，柬埔寨国家元首西哈努克亲王由柬埔寨解放区返回北京，周恩来主持盛大国宴为亲王一行接风，邓小平以国务院副总理身份参加宴会。这是邓小平复出后的第一次公开露面。新华社在这一天的电讯中说：

> 国务院总理周恩来今天晚上在人民大会堂宴会厅举行盛大宴会，热烈欢迎柬埔寨国家元首、柬埔寨民族统一阵线主席诺罗敦·西哈努克亲王和夫人从柬埔寨解放区到达北京。

---

① 中共中央文献研究室编：《邓小平年谱（1904—1974）》下，中央文献出版社2004年版，第1972页。

② 中共中央文献研究室编：《邓小平年谱（1904—1974）》下，中央文献出版社2004年版，第1973页。

③ 中共中央文献研究室编：《毛泽东传（1949—1976）》下，中央文献出版社2003年版，第1652—1653页。

……

出席宴会作陪的有：中共中央军委副主席叶剑英，中共中央政治局委员张春桥、姚文元，国务院副总理李先念，中共中央政治局候补委员纪登奎，中国人民解放军总政治部主任李德生，中共中央政治局候补委员汪东兴，中共中央委员王洪文、华国锋、邓颖超，人大常委会副委员长徐向前、郭沫若，国务院副总理李富春、聂荣臻、邓小平，外交部部长姬鹏飞，中联部部长耿飚，外经部部长方毅，北京市革命委员会主任吴德。①

而在场的一名外国记者后来则是这样描述邓小平的："他那对大而近似欧洲人的眼睛，正扫视着所有在场的人，似乎这孤独丝毫没有使他感到难堪和不安"。"这天晚上，宴席未散就抢先急匆匆地走下楼梯的不是外交官，而是各国的新闻记者。他们直奔近处的邮电总局，向全世界传播一件重大新闻：'邓小平复出！'"②

之后，邓小平开始参加国务院业务会议，行使国务院副总理的职权。

5 月下旬，中共中央举行工作会议，主要讨论即将召开的中国共产党第十次全国代表大会的有关问题。邓小平参加了这次会议。会议期间，周恩来向与会者强调：中央关于恢复邓小平同志职务的文件，是一个有代表性的文件，对此，绝大多数同志都是满意的。小平同志今天出席了会议，同样情况的，还有其他一些人也出席了会议。

复出之后，邓小平立即投入到紧张的工作中，并参加了许多的外事活动。从 4 月 12 日至 8 月 28 日十大召开时，他有 39 天的时间或单独或陪同周恩来接见外宾。8 月 27 日，他接见阿拉伯也门共和国新闻代表团，在介绍中国的情况时说：第一条就是人口多；第二条是地方大；第三条是经济还很落后，是正在发展中的国家；第四条我们还是第三世界的朋友；第五条，作为地广人多的国家，我们对世界应当有自己的贡献，但我们自己还是一个落后的、发展中的国家，贡献还很小，不相称。在"文化大革命"大唱赞歌的年代，邓小平对中国国情的概括，充分体现了他一贯的求真务实作风。

---

① 《人民日报》1973 年 4 月 13 日。

② ［匈］马拉奇·代内什：《邓小平》，解放军出版社 1988 年版，第 2 页。

同年8月，中国共产党召开第十次全国代表大会。在大会的选举中，邓小平当选为中央委员。

这年10月，加拿大总理特鲁多访华，邓小平以副总理的身份，出席周恩来主持的欢迎仪式，陪同客人观看了舞剧《红色娘子军》。10月15日，他又陪同特鲁多到有“山水甲天下”之称的桂林参观访问。这是1973年桂林正式开放后迎来的第一位外国领导人。第二天，邓小平陪同客人游览漓江风光。当时，漓江被严重污染，江水浑浊不堪。见此情景，邓小平当即找来自治区和桂林市的领导分析污染原因，商讨治理办法。回到北京后，又亲自主持国务院会议，讨论对漓江的治理问题。不久，国务院颁发了《尽快恢复并很好保持桂林山水甲天下的风貌》的决定。国务院还责成广西壮族自治区政府应把治理漓江提上议事日程，予以高度重视，采取切实措施，尽快把漓江治理好。

送走外宾后，邓小平专程前往湖南，于10月19日到毛泽东的家乡韶山参观。在韶山宾馆松山1号楼休息室，邓小平对接待人员说：“这个地方我很早就想来，1965年想来，因工作忙没来成，后来就来不成了。”

在毛泽东旧居，邓小平看得很认真、很仔细，亲手提了提毛泽东少年时挑过水的水桶，摸了摸毛泽东出生的木床。在毛泽东亲自创立的韶山党支部开成立会的阁楼参观时，邓小平说：“这虽不是中国农村最早的党支部，却是较健全、较早作出贡献的农村党支部。”

参观纪念馆时，邓小平在第一展室对毛泽东一家6位烈士的事迹陈列看得很仔细，特别是在毛泽覃的遗像前伫立良久，沉思不语。当年在中央苏区，邓小平和毛泽覃、谢唯俊、古柏遭“左”倾错误打击，被称为是“江西罗明路线的代表”，实际上是代毛泽东受过，执行王明“左”倾教条主义错误的人其实是将矛头对向毛泽东的，但一时找不到借口，就通过整邓、毛、谢、古来攻击毛泽东。毛泽东其实是一个很讲友情也很念旧情的人，在“文革”中他始终不同意开除邓小平的党籍，除了邓小平确有治党治国的才干外，这段历史多少也是一个原因。邓小平见了毛泽覃的遗像，如同见到故人，思绪不觉回到在江西苏区的艰难岁月，他动情地对陪同的人员说：“毛泽覃是个好同志。如果参加长征，也许不会牺牲。”在参观毛泽覃的卧室时，工作人员介绍，红军长征后，毛泽覃留在中央苏区任赣南独立团团长，邓小平当即纠正说，不是团长，是师长。看完陈列，工作人员请他作指示，他笑着说："没有什么指示。你们陈列的是历史，只要符合历史就行！"① 话语虽短，含义却深。

10 月 22 日，从湖南回北京途经河北时，邓小平还特地在邯郸作了停留，听取了邯郸发展钢铁工业的汇报。邯郸是他当年战斗过的地方，这里曾是以他为书记的中共晋冀鲁豫中央局所在地，所以晋冀鲁豫中央局又被称为邯郸局。他高兴地说："邯郸是个好地方，我也非常怀念这个地方。这里有煤有铁有水有电，西部地下资源多，东部平原又盛产棉粮，条件非常好，比起西德著名的鲁尔工业区的自然条件也不差，可以像鲁尔工业区那样，搞个大型的邯邢（指邯郸和邢台）钢铁生产基地。"他还对中共河北省委的负责人说："你们省里可以拿出个详细计划，直接报国务院审批，我支持你们！"当说到"支持"两字，他特别加重了语气。

这天下午，虽然时间很紧，邓小平还是坐上环行火车到当年战斗工作过的西部山区走了一大圈。在武安车站，邓小平嘱咐武安县委领导：战争年代老区人民对革命作了很大贡献，中央也很重视老区建设，你们一定要把老区建设和群众生活搞好，把工农业生产搞上去。他原本想到当年晋冀鲁豫军区司令部驻地冶陶镇看看，因时间太紧未能去成，乃特地嘱咐当地干部代问老区人民好。②

1973 年 11 月，基辛格第二次访华。周恩来、叶剑英就中美关系、台湾问题及其他有关问题多次与基辛格进行会谈。送走基辛格后，周恩来到毛泽东的住处准备汇报有关情况，由于毛泽东已经休息只好作罢。过了两天，毛泽东认为周恩来没有立即向他报告此事，加之他依据别人不可靠的汇报，误认为周恩来在与基辛格会谈时说了错话。于是，中央政治局召开会议，错误地批评周恩来、叶剑英是"右倾投降主义"。会上，江青、姚文元别有用心地提出这是"第十一次路线斗争"，污蔑周恩来是"错误路线的头子"，是"迫不切待"地要取代毛泽东。会后，

---

① 中共湖南省委：《三湘留足迹，四水颂伟人》，《回忆邓小平》（下），中央文献出版社 1998 年版，第 271 页。

② 中共河北省委：《伟业垂千古，风范存燕赵》，《回忆邓小平》（下），中央文献出版社 1998 年版，第 63—64 页。

毛泽东先后找周恩来、王洪文谈话，一方面肯定“这次会议开得好”；另一方面又认为有人讲了两句错话，一个是讲“十一次路线斗争”，不应该那样讲，实际上也不是，一个是讲总理“迫不切待，总理不是迫不切待，江青自己才是迫不切待”。

毛泽东对参加了这次会议的邓小平的表现十分关注，他想通过此事进一步观察邓小平是否可以委以重任。

会议的中间，毛泽东曾问前来汇报会议情况的外交部部长助理王海容和美大司副司长唐闻生：“邓小平发言了没有?”

邓小平虽然在十大被选为中央委员，但不是政治局的成员，只能列席政治局会议。在会上，他一直沉默，没有发言。在所有的人差不多都发了言之后，到了会议快结束的时候，他才作了一个言。发言一开始，他也不得不按毛泽东的要求，批评周恩来。可是，讲了寥寥数语之后，他就把话锋一转，开始讲怎样看待国际战略形势的问题、当前的国际战略态势，以及中美、中苏、美苏之间错综复杂的战略关系，说看待国际关系和国与国关系，不能凭一次谈判和某一句话来进行判断，关键要看大的形势。又说，目前来看，要讲打仗，大家都还没有准备好。特别是美苏两家自己没有准备好。但是，如果真打起仗来也不可怕，以前用小米加步枪我们打败了日本侵略者，今天就是用小米加步枪，也能打赢，等等。

王海容、唐闻生把邓小平发言的情况向毛泽东作了报告，毛泽东听后高兴地说：“我知道他会发言的，不用交待也会发言的。”他还问有谁知道邓小平的住处，要马上把邓小平找来，只是当时夜深了，找邓小平之事只好作罢。①

通过半年多的观察，毛泽东觉得，邓小平可以重用了。

12 月 12 日，毛泽东在他的住地亲自主持召开了一次中央政治局会议，主要是讨论八大军区司令员互调的问题。他解释了各大军区司令员为什么要互调的理由，并且说：“我和剑英同志请邓小平同志参加军委，当委员。是不是当政治局委员，以后开二中全会追认。”他还对邓小平说：“你呢，我是喜欢你这个人的，咱们中间也有矛盾啊，十个指头有

---

① 毛毛：《我的父亲邓小平——“文革”岁月》，中央文献出版社 2000 年版，第 288—289 页。

九个没有矛盾，就是一个指头有矛盾。”又说：“政治局要议政。军委要议军，不仅要议军，还要议政。军委不议军，政治局不议政，以后改了吧。你们不改，我就要开会，到这里来。我毫无办法，我无非是开个会，跟你们吹一吹，当面讲，在政治局。”①

随后，政治局会议转到人民大会堂继续举行，会议由周恩来主持。会议一致同意邓小平列席政治局会议和参加政治局工作，作为政治局成员，将来提到十届二中全会追认，并补为军委委员，参加军委和军委办公会议的工作。

12 月 14 日，毛泽东继续找政治局的有关人员谈大军区司令员互调的问题。他提议与会者一同唱《国际歌》，然后讲了一个人在一个地方做久了不好的道理。接着，他对出席会议的人员说：“现在请了一个军师，叫邓小平。发了通知，当政治局委员、军委委员。政治局是管全部的，党政军民学，东西南北中。”他指着邓小平说：“我想政治局添一个秘书长吧，你不要这个名义，那就当个参谋长吧。”②

会议的第四天，毛泽东在向与会的部分政治局成员和北京、沈阳、济南、武汉四大军区的负责人的讲话中再次谈到邓小平，他说：“我们现在请了一位总参谋长。他呢，有些人怕他，但是办事比较果断。他一生大概是三七开。你们的老上司，我请回来了，政治局请回来了，不是我一个人请回来的。”他又对邓小平说：“你呢，人家有点怕你，我送你两句话：柔中寓刚，绵里藏针。外面和气一点，内部是钢铁公司。过去的缺点，慢慢地改一改吧。不做工作，就不会犯错误。一做工作，总要犯错误的。不做工作本身也是一个错误。”③

12 月 21 日，毛泽东在中南海接见了参加中央军委会议的成员，他同与会者一一打招呼，并说上几句话。他对朱德说：“红司令，现在没有人骂你了吧！”朱德回答说：“没有了。”毛泽东说：“那好些了。这位

---

① 中共中央文献研究室编：《邓小平年谱（1904—1974）》下，中央文献出版社 2004 年版，第 1991 页。

② 中共中央文献研究室编：《邓小平年谱（1904—1974）》下，中央文献出版社 2004 年版，第 1991 页。

③ 中共中央文献研究室编：《邓小平年谱（1904—1974）》下，中央文献出版社 2004 年版，第 1992 页。

同志跟我们一起几十年了。”朱德答：“四十年了。”毛泽东说：“我跟你，四十年了。”毛泽东当着大家的面，对邓小平说：“这位同志也是。邓小平同志现在是中央政治局委员、军委委员了。他呢，我喜欢他，有些人有些怕他。打起仗来呢，此人还是一个好人啊！姓邓，名小平。”①

第二天，中共中央正式发出邓小平任职的通知。通知说，邓小平担任中央政治局委员、中央军委委员，参加中央和军委领导工作，并且注明此通知可下达到党内外群众。

## 5. 出席特别联大

邓小平复出后不久，作为中国政府代表团团长，出席了 1974 年 4 月召开的联合国大会第六届特别会议。

联合国大会第六届特别会议以讨论原料和发展问题为主题。会前，已有许多国家的元首或政府首脑表示要参加这次会议，使这次会议的规格明显提高。参加这次会议对于广泛宣传毛泽东提出的“三个世界”理论，广交朋友，扩大中国的国际影响和提高国际地位都十分重要。因此，中共中央和毛泽东决定派团参加这次联大特别会议，并提出以邓小平为中国代表团团长。

3 月 20 日，毛泽东通过外交部副部长王海容转告周恩来：由邓小平担任团长好，但暂不要讲是我的意见，可以先由外交部在给中共中央的报告中提，报请政治局批准。

3 月 22 日，外交部向周恩来送呈《关于参加特别联大的请示报告》，建议由邓小平任团长，乔冠华、黄华为副团长。在向中央政治局大部分成员通报后，周恩来于 24 日将报告送毛泽东审批，毛泽东圈阅同意。

可是，江青却在当天夜里把王海容等找到她的住地，对外交部的报告无端指责，要求外交部撤回报告，重新考虑团长人选。

江青本来就容不得邓小平复职，如果由邓小平率团出席联大特别会议，无疑会扩大邓小平的国际影响，更为要紧的是，拖了多年未能召开

① 中共中央文献研究室：《毛泽东传（1949—1976）》下，中央文献出版社 2003 年版，第 1677 页。

的四届全国人大很快就要举行，在江青看来，地位和影响力日益上升的邓小平是其篡夺党和国家更大权力的障碍。

3 月 24 日至 27 日，中央政治局就代表团人选召开会议进行讨论。由于会前周恩来做了工作，会上，多数政治局成员赞成由邓小平率团出席联大特别会议，江青在会上显得很孤立，但她仍固执己见，以“安全问题”和“国内工作忙”为由，声称她本人对邓小平出国一事“保留意见”。

毛泽东在得知政治局会议的讨论情况后，十分生气，25 日派人转告周恩来说：“邓小平出席联大，是我的意见，如政治局同志都不同意，那就算了。”周恩来当即表示：“完全同意毛主席的意见。”还要在场的王洪文负责向江青、张春桥、姚文元传达。在 26 日的政治局会议上，除江青外，与会成员均表示同意由邓小平率团出席联大会议。周恩来派人将会议情况报告毛泽东。27 日，毛泽东写信批评江青：“邓小平同志出国是我的意见，你不要反对为好。小心谨慎，不要反对我的提议。”当天晚上，在中央政治局主管批林批孔运动的七人小组会议上，江青勉强同意由邓小平率团参加联大特别会议。会后，周恩来致信毛泽东：“大家一致拥护主席关于小平同志出国参加特别联大的决定。小平同志已于二十七日起减少国内工作，开始准备出国工作。”“小平等同志出国安全，已从各方面加强布置。四月六日代表团离京时，准备举行盛大欢送，以壮行色。”①

27 日和 28 日两天，周恩来还召集外交、民航等部门负责人开会，研究邓小平率团出席联大会议的送迎礼仪和飞行安全问题。

毛泽东和中共中央决定邓小平率团出席联大特别会议后，邓小平除日常工作外，开始准备出国的工作。随团参加联大会议的凌青回忆说：

> 当时，乔冠华同志（按：时为外交部副部长）率领我和其他两位同志直接到小平同志住处，请示工作。小平同志被第二次“解放”才一年，住在北京西郊的一个大院里。院中有好几幢独立的小楼，小平同志就住在其中的一座。当我们步入客厅时，客厅里空荡

---

① 中共中央文献研究室编：《周恩来年谱（1949—1976）》下，中央文献出版社 1997 年版，第 658 页；中共中央文献研究室编：《邓小平年谱（1904—1974）》下，中央文献出版社 2004 年版，第 2005—2006 页。

荡的，除了几个旧沙发外，什么也没有，陈设非常简陋。

几位同志坐定后，小平同志出来和大家握手。当乔冠华同志说明党中央决定后，问小平同志身体怎样？去联合国要不要带医生？小平同志神态自如地说："医生，早就没有了。"当时，我们大家听了，都有这样的印象：一位伟大政治家对个人生活待遇，是完全不会放在心上的。乔冠华同志再问：准备工作应当如何进行？小平同志只说了一句："重要的是要有一篇好的发言稿。"小平同志60年代曾率领中共代表团同苏共进行谈判，有着丰富的国际斗争经验，因此，一下子就抓住要害。随后，我们就集中精力，准备这篇发言稿。代表团务虚时，觉得这篇发言除支持第三世界关于建立国际经济新秩序的各项主张外，还应当向国际社会传达我们党对当时国际形势的新看法，即毛泽东主席关于划分三个世界的新提法。代表团把这个想法向小平同志请示后，小平同志立即首肯。然后，大家就忙着分工起草发言初稿。初稿写成后，小平同志和大家一起，花了一整天时间，在人民大会堂一段一段地讨论。中午，就在讨论场所用餐，小平同志和大家一样，每人各分得一份菜饭。吃完后，靠在沙发椅上略事休息，就继续讨论。当时，小平同志已达70岁高龄，还和大家一起讨论，一点也不觉得辛苦，而且认真听取每个同志发言，还不时表示：你们提的这个意见很好。这种不是高高在上的指挥，而是和群众一道工作的精神，大家都非常感动。①

3月31日，在邓小平主持下，制订出中国代表团出席联大特别会议的方针、对策和讲话等文件。4月2日，周恩来召集中央政治局会议讨论这些文件时，江青、张春桥、姚文元却借口"有病"，拒不参加讨论。4月4日，周恩来、邓小平联名致信毛泽东，报告联大讲话稿的修改情况。毛泽东在信上批示："好，赞同。"这一天，他还约周恩来、邓小平、乔冠华等见面，谈了出席联合国大会的要求。

4月6日，邓小平率中国代表团一行启程赴纽约参加联大特别会议。周恩来抱病前往机场，与数千名群众一起隆重欢送邓小平一行。

途中，代表团在伊朗德黑兰和法国巴黎作短暂停留，于4月7日抵

① 凌青：《回忆小平同志指导我国在联合国的工作》，《回忆邓小平》上，中央文献出版社1998年版，第440页。

达纽约。阿尔及利亚常驻联合国代表阿卜杜勒拉蒂夫·拉哈勒、阿尔巴尼亚常驻联合国代表纳乔·拉科、罗马尼亚常驻联合国代表扬·达特库、朝鲜民主主义人民共和国常驻联合国观察员权敏俊以及中国代表团副团长、中国常驻联合国代表黄华和中国常驻联合国代表团工作人员到机场欢迎。

4 月 9 日，邓小平和代表团副团长乔冠华、黄华出席了联合国秘书长瓦尔德海姆为参加这次会议的一些国家元首和政府负责人举行的晚宴。宴会前，邓小平会见了瓦尔德海姆。

第二天，邓小平在大会的一般性辩论中发言，系统地阐述了毛泽东关于三个世界划分的战略思想。

邓小平首先提出，在“天下大乱”的形势下，世界上各种政治力量经过长期的较量和斗争，发生了急剧的分化和改组。一系列亚非拉国家纷纷取得独立，在国际事务中起着愈来愈大的作用。在战后一个时期内曾经存在的社会主义阵营，因为出现了社会帝国主义，现已不复存在。由于资本主义发展不平衡的规律，西方帝国主义集团，也已四分五裂。从国际关系的变化看，现在的世界实际上存在着互相联系又互相矛盾着的三个方面、三个世界：美国、苏联是第一世界；亚非拉发展中国家和其他地区的发展中国家，是第三世界；处于这两者之间的发达国家是第二世界。

邓小平接着指出：原料和发展问题的实质，就是发展中国家维护国家主权，发展民族经济，反对帝国主义特别是超级大国的掠夺和控制的问题。这是当前第三世界国家和人民反殖、反帝、反霸斗争的一个极其重要的方面。第三世界的国家要发展自己的经济，首要的前提是维护政治独立。但是，一个国家的人民取得政治独立，还只是走了第一步，还必须巩固这个独立，因为在国内还存在殖民主义的残余势力，还存在着帝国主义、霸权主义进行颠覆和侵略的危险。巩固政治独立必须经历一个反复斗争的过程。归根结底，政治独立和经济独立是不可分的。没有政治独立，就不可能获得经济独立；而没有经济独立，一个国家的独立就是不完全、不巩固的。

新中国一向坚持独立自主、自力更生的外交方针，对于什么是自力更生，邓小平在发言作了明确的解释。他指出，我们说的自力更生，就是主要依靠本国人民的力量和智慧，掌握本国的经济命脉，充分利用本国的资源，努力增加粮食生产，有计划地、逐步地发展本国的民族经济。自力更生绝不是“闭关自守”，拒绝外援。我们一向认为，各国在尊重国家主权、平等互利、互通有无的条件下，开展经济技术交流，取长补短，对于发展民族经济，是有利的和必要的。

发言中，邓小平还阐述了中国建立新的国际政治经济秩序的主张，这就是：

——国家之间的政治和经济关系都应当建立在互相尊重主权和领土完整、互不侵犯、互不干涉内政、平等互利、和平共处五项原则的基础上；

——各国的事务应当由各国人民自己来管；

——国家不论大小，不论贫富，应该一律平等，国际经济事务应该由世界各国共同来管，而不应当由一两个超级大国来垄断；

——国际贸易应当建立在平等互利、互通有无的原则基础上；

——对发展中国家的经济援助，应当严格尊重受援国的主权，不附带任何政治、军事条件，不要求任何特权或借机牟取暴利；

——对发展中国家的技术转让必须实用、有效、廉价、方便，派往受援国的专家和人员有责任向受援国人民认真传授技术，尊重受援国的法令和民族习惯，而不应当要求特殊待遇，更不得进行非法活动。

最后，邓小平强调：中国是一个社会主义国家，也是一个发展中的国家。中国属于第三世界。中国政府和中国人民，坚决支持一切被压迫人民和被压迫民族争取和维护民族独立，发展民族经济，反对殖民主义、帝国主义、霸权主义的斗争，这是我们应尽的国际主义义务。中国现在不是，将来也不做超级大国。

发言结束后，会场里响起了经久不息的掌声，许多第三世界国家的代表纷纷拥上前来，同邓小平握手，并赞扬他的发言。随后，世界各大通讯社都报道了邓小平发言的内容。发言中关于“三个世界”的理论和中国永远不称霸的承诺，在全世界产生了广泛的影响。

在出席联大会议期间，邓小平同各国领导人进行了广泛的接触，会见了多个国家的代表团团长。4 月 16 日，邓小平率代表团离开纽约回国。按照原定的路线，代表团回国时再次在巴黎作短暂停留。邓小平在巴黎会见了法国总理梅斯梅尔。

50多年前，年仅16岁的邓小平离开家乡，来到法国勤工俭学，从此投身革命。直到1926年，为避开法国军警的搜捕，才不得不离开法国前往苏联学习。此次故地重游，虽然时间紧迫，但他还是在当年生活过的地方看了看，并想找到曾经住的小旅馆，遗憾的是由于不能下车，小旅馆没有找到。临走前，中国驻法大使曾涛问他带点什么东西回国，他想了想，就请大使馆帮助买点法国的牛角面包和奶酪。回国后，他亲自分配，将这些面包和奶酪分送给了当年一同在法国勤工俭学的老战友周恩来、李富春、聂荣臻等。

## 6. “人才难得”

邓小平从纽约回来时，周恩来的病情更严重了。医生已一再动员周恩来住院动手术，但邓小平没有回来之前，他放不下手中的工作。现在，邓小平回来了，周恩来才放心地住进了医院。

回国之后，邓小平的工作更忙碌了。在国务院，他和李先念一起协助周恩来处理日常工作；在军队，他协助叶剑英，处理战备、训练、装备、院校各项事务，以及清理整顿林彪事件遗留的人事等各种问题。

与此同时，邓小平还用大量的时间和精力，接待来访外宾和处理各种外事工作。以5月中旬为例，他几乎天天都要接见外宾。5月11日上午，到机场欢迎应邀来访的巴基斯坦总理布托；当天晚上，陪同毛泽东与布托谈话。12日上午，参加周恩来同布托的会谈；晚上，同叶剑英会见布托及随行人员，然后出席周恩来为布托举行的招待会。13日上午，会见日本大阪府知事黑田了一等；下午，同布托会谈；晚上，出席布托总理举行的告别宴会。14日上午，同布托继续会谈；下午，到机场欢送布托回国。15日晚上，会见斯里兰卡议会事务兼体育部长拉特纳亚克等，接着又会见了应邀来参加中、朝、日、瑞（典）、南（斯拉夫）五国乒乓球友谊赛的各国代表团团长。17日、18日、19日三天，塞浦路斯总统马卡里奥斯来华访问，邓小平或前往机场迎接，或陪同毛泽东、周恩来接见，或参加会谈，或陪同客人观看演出，天天没有间断。20日上午，接见刚果新闻代表团；晚上，出席马卡里奥斯总统的告别宴会。

周恩来自6月1日住进医院接受治疗后，虽然以顽强的毅力同病魔作斗争，但无奈呕心沥血的工作已严重地损害了他的健康，病情非但没有好转，而是愈来愈严重了，身体状态已不再允许他继续担任繁重的工作。出于对老战友的关心，毛泽东决定将中共中央的日常工作交由王洪文主持，当然也包含借此让王洪文锻炼锻炼的意思。

对于周恩来所主持的国务院工作，毛泽东经过考虑后，决定让邓小平主持。10月4日，时在武汉的毛泽东让身边的秘书打电话告诉王洪文，并让王洪文转告周恩来，提议由邓小平出任国务院第一副总理，并要王洪文向中央政治局传达这个意思。

毛泽东让邓小平担任第一副总理，当然不单单出于减轻周恩来负担的考虑，更重要的是，中共中央已决定在1974年年内或1975年春召开四届全国人大，这样就可以顺理成章地使邓小平在四届全国人大继续当选第一副总理，主持国务院工作，在周恩来出现万一时能够接替总理职务。

可是，王洪文接到这个电话后，并没有按照毛泽东的指示马上转告周恩来，而是在当天晚上首先告诉了江青等人。这对急于谋求在四届全国人大时“组阁”的江青来说，无疑是一个最不愿听到的消息。虽然自邓小平复出以来，毛泽东越来越倚重邓小平，但江青没料到毛泽东会迅速作出这样的安排。拖了两天以后，王洪文极不情愿地将这一指示告诉了中共中央政治局和周恩来。

对于毛泽东作出的决定，江青等人不敢正面对抗，但又极不甘心。于是，他们一方面采取直接插手人事安排的做法，企图在四届全国人大时安插自己的人，一方面则制造各种事端，千方百计企图扳倒周恩来和邓小平。

10月6日晚，江青迫不及待地赶到解放军305医院，同周恩来谈话，提出了对四届全国人大人事安排及解放军总参谋长人选的意见。任凭江青絮絮叨叨讲了两个多小时，富有政治经验的周恩来对她的方案就是不表态。回到住地，江青气呼呼地向王洪文“声明”，要“保留提名观点”。江青还煽风点火，说周恩来在医院里经常找人谈话，谈得很晚，经常到周恩来那里谈话的有叶剑英、邓小平、李先念。

直接安插人这一手未能奏效，江青等人就利用所谓“风庆轮事件”大做文章。1970年代初，我国曾自行生产了若干艘远洋货轮，同时也利用当时国际航运业不景气的机会，从国外低价购进了一批货轮，以发展我国的远洋航运事业。风庆轮是我国自行设计制造的一艘万吨货轮，1974年国庆节前，远航150天后返港。在这艘船远航过程中，交通部派到风庆轮工作的干部拒绝参与所谓买船是“崇洋媚外”“卖国主义”的批判，还对王洪文、上海市委和京剧样板戏表示过不满，在航行过程中他们与“四人帮”在船上的追随者之间一直存在斗争。风庆轮远航成功后，“四人帮”在上海的亲信认为，这是一个批判“造船不如买船”的“洋奴思想”的好机会，于是以《解放日报》党委办公室的名义，编印了一份题为《发生在风庆轮远航途中的斗争：群众来信揭发副政委李国堂的错误言行》的材料，无限上纲，大造舆论，污蔑国务院、交通部不支持国内造船，热衷于买船，是“崇洋媚外”“投降卖国”，矛头直指周恩来。这份材料送到北京后，姚文元立即批交新华社《国内动态清样》刊发。

10月14日，江青看到了前一天的《国内动态清样》有关“风庆轮事件”的报道后，认为这是一个借机批判周恩来、邓小平的好机会，乃在上面批示：“试问，交通部是不是毛主席、党中央领导的中华人民共和国的一个部？国务院是无产阶级专政的国家机关，但是交通部确有少数崇洋迷（媚）外、买办资产阶级思想的人专了我们的政。”“这种洋奴思想、爬行哲学，不向它斗争可以吗？”她以此致信在京的中央政治局成员，并提出：“政治局对这个问题应该有个表态，而且应采取必要的措施。”①

王洪文、张春桥、姚文元、康生也先后在江青的信上作了批示，表示“完全同意”江青的意见，指责李国堂“代表了一条修正主义路线”，要求抓住风庆轮问题“对交通部进行彻底检查整顿”。

与“四人帮”态度截然相反的是，邓小平只在这份材料上画了个圈，周恩来也仅批了“已阅”二字。

10月17日晚，中央政治局召开例会。当会议快要结束时，江青突

① 中共中央文献研究室编：《邓小平年谱（1904—1974）》下，中央文献出版社2004年版，第2056页。

然又提出风庆轮问题，问邓小平：你对这个问题是什么态度？邓小平知道来者不善，乃不亢不卑地回答：我已经圈阅了。同时又表示：这件事还要调查一下，首先应该把情况弄清楚，不能搞强加于人的做法。他原来坐着，后来站起来说。理屈词穷的江青竟对邓小平肆意谩骂，张春桥、姚文元也跟着起哄，一齐攻击邓小平。邓小平忍无可忍，气愤地说，问题还没有清楚，就戴了这么大的帽子，这会怎么开？说完，愤然退场。这时，张春桥居心叵测地说："我早就知道邓小平要跳出来，果然跳出来了。"

会议结束后，江青召集张春桥、王洪文、姚文元密谋。江青说："邓小平对文化大革命不满，对文化大革命从来不表态，邓小平不支持新生事物。"一番密谋后，决定王洪文赶赴长沙，抢在邓小平 10 月 20 日陪同外宾到长沙见毛泽东之前向毛泽东告邓小平和周恩来的"状"，以使毛泽东改变让邓小平出任国务院第一副总理的决定。

18 日清晨，王洪文给毛泽东写信说："最近在筹备召开四届人大的工作中和其他工作中碰到了一些问题。首先是在筹备四届人大在人事安排上政治局内部有争论，这些争论也未公开化，但在别的问题上已经表现出来，矛盾已经表面化。""我们几个同志商量，是否能当面向主席汇报，听取主席的指示。因为书面一时谈不清楚。来时由我一人来，以免惊动别人。"

当天上午，王洪文背着周恩来和中央政治局多数成员，擅自飞赴长沙。他一见到毛泽东，便称这次是"冒着危险来的"，诬告说邓小平仍在继续推行"造船不如买船"，北京现在大有 1970 年庐山会议的味道。他还说：周总理虽然有病，但还昼夜忙着找人谈话，经常去总理那里的有邓小平、叶剑英、李先念等。他们频繁来往，一定和四届全国人大的人事安排有关。邓小平出来工作，一直对"文化大革命"不表态。这次在政治局会议上与江青发生争吵，吵得很厉害。邓小平情绪那样大，最近在参谋长人选和总政主任人选问题上江青与邓小平分歧很大。王洪文还想谈风庆轮的问题，但被毛泽东把话岔开了。

毛泽东看了王洪文的信，又听了他的一通汇报，已经知道究竟是怎么一回事，对王洪文的这种做法很不满，批评王洪文说：有意见当面谈，这么搞不好！要跟小平同志搞好团结。又说，你回去要多找总理和剑英同志谈，不要跟江青搞在一起，你要注意她。

王洪文讨了个没趣，当晚灰溜溜地返回了北京。

但是，江青等人并不死心，约见即将去长沙的王海容、唐闻生，胡说什么“邓小平跳出来不是偶然的”，邓小平在10月17日会上与她对着干是“二月逆流”的重演，对外贸易中出现的逆差是国务院领导人“崇洋迷（媚）外”造成的，等等。要王、唐把这些情况报告毛泽东。

19日，周恩来也把王海容、唐闻生约到了305医院，向她们介绍了10月17日政治局会议的真实情况，并且说，江青已经不止一次问邓小平（指风庆轮问题，引者），邓小平已经忍了很久了。看来，他们是事先计划好的。周恩来还说，已经告诉邓小平，这次陪外宾见主席时不要为此事干扰主席，回来后慢慢解决。

10月20日，王海容、唐闻生向毛泽东汇报了“四人帮”和周恩来同她们谈话的全部情况，毛泽东听后很不高兴。他说，风庆轮问题本来是一件小事，而且李先念、纪登奎同志已经在办，江青不应该那样做。毛泽东还通过王海容、唐闻生向中共中央转达他的意见：总理还是我们的总理。如果他身体可以，由他和王洪文一起跟各方面商量，提出一个人事安排的名单。邓小平任第一副总理兼总参谋长，这是叶剑英的意见，我赞成照他的意见办。战时有事，平时无事，挂个名。杨成武可以做个副总长。王洪文来的时候没有这样明确，再明确一下。委员长一二把手再考虑。总之，方针要团结，要安定。他特别让王、唐二人带话给王洪文、张春桥、姚文元三人，不要跟在江青后面批东西。①

“四人帮”这次恶人先告状，结果非但没有把邓小平告下来，反而使毛泽东更明确地将第一副总理以及总参谋长的职务交给邓小平，使“四人帮”的“组阁”阴谋未能得逞。

10月20日下午，邓小平陪同丹麦首相哈特林到长沙见毛泽东。送走外宾后，毛泽东问邓小平有什么事要说没有。邓小平回答说，我没有什么要说的，主席有什么话没有。毛泽东说，我不大懂北京的事，听说要开人大，我看用不着那么急，要看总理的身体情况，看准备工作情

① 中共中央文献研究室编：《邓小平年谱（1904—1974）》下，中央文献出版社2004年版，第2060—2061页。

况。邓小平说，我把主席的话带回去。毛泽东点头称是。[①] 第二天，邓小平就将与毛泽东谈话的内容致信王洪文，要他通报给政治局成员。

11 月 12 日，邓小平陪同也门民主共和国总统委员会主席鲁巴伊到长沙见毛泽东。接见外宾后，毛泽东问起 10 月 17 日政治局会议的情况，下面是他们的一段对话：

毛：“你开了一个‘钢铁公司’！”

邓：“主席也知道了。”

毛：“好！”

邓：“我实在忍不住了，不只一次了。”

毛：“我赞成你！”

邓：“她（按：指江青）在政治局搞了七八次了。”

邓：“强加于人哪，我也是不高兴的。她们（按：指在场的王海容、唐闻生）都不高兴。”

邓：“我主要是感觉政治局的生活不正常。最后我到她那里去讲了一下，‘钢铁公司’对‘钢铁公司’。”

毛：“这个好。”

邓：“最近关于我的工作的决定，主席已经讲了，不应再提什么意见了。但是看来责任是太重了一点。”

毛：“没办法呢，只好担起来。”[②]

同一天，毛泽东在江青写给他的信上批道：“不要多露面，不要批文件，不要由你组阁（当后台老板）。你积怨甚多，要团结多数。至嘱。”“人贵有自知之明。又及。”

过了几天，江青又给毛泽东写信说：“自九大以后，我基本上是闲人，没有分配我什么工作，目前更甚。”11 月 20 日，毛泽东在江青的信上批道：“你的职务就是研究国内外动态，这已经是大任务了。此事我对你说了多次，不要说没有工作。此嘱。”[③]

---

① 中共中央文献研究室编：《邓小平年谱（1904—1974）》下，中央文献出版社 2004 年版，第 2060 页。

② 中共中央文献研究室：《毛泽东传（1949—1976）》下，中央文献出版社 2003 年版，第 1707—1708 页。

③ 《建国以来毛泽东文稿》第十三册，中央文献出版社 1998 年版，第 374—375 页。

不久，江青又托人向毛泽东转达她提名王洪文当全国人大常委会副委员长。毛泽东一眼就看穿了江青的真实用意，尖锐地指出：“江青有野心。她是想叫王洪文做委员长，她自己作党的主席。”毛泽东还明确：全国人大常委会，朱德、董必武之后，要安排宋庆龄；邓小平、张春桥、李先念等任国务院副总理；其他人事由周恩来主持安排。

离召开四届全国人大的日期越来越近了。人大会上的《政府工作报告》自然仍由周恩来作，但是到这年 11 月中旬，《政府工作报告》还没有动手写，周恩来的身体状态越来越差，不能再把这项繁重的工作由他主持。根据毛泽东和周恩来的决定，邓小平承担了主持起草周恩来在四届全国人大上作的《政府工作报告》的工作。

11 月下旬，邓小平组织班子，抓紧起草工作。考虑周恩来要在会场上站着念《政府工作报告》，如果报告太长，他的身体肯定吃不消。为此，邓小平向毛泽东建议，《政府工作报告》限定在五千字以内，毛泽东表示同意。

报告的字数少了，也就更难写了。从三届全国人大至今，已经整整十年没开全国人大了。这十年中国发生了许多的变化，要把这种变化，把对中国未来走向的描绘，都浓缩到报告里，的确不容易。于是，邓小平亲自草拟了三段，每一段一千几百个字，讲的都是实际内容，虚的东西能少能免的就尽量减。很快，《政府工作报告》草稿写出来了。12 月，周恩来主持召开中央政治局会议，讨论《政府工作报告》草稿并加以修改。20 日，周恩来致信王洪文和邓小平，表示基本同意报告草稿。

12 月 17 日，邓小平陪同扎伊尔总统蒙博托到长沙见毛泽东。在会见外宾结束后，毛泽东又同邓小平作了长时间的谈话。

邓小平说：“四届人大正在搞名单，20 日可以完成，准备先送给主席看了以后，总理和洪文来一下。”毛泽东说：“可以。”

接着，两人谈起了《政府工作报告》。邓小平说：“工业十年来增加了一点九倍，每年递增百分之十一点几，这个数目还可以。”邓小平又谈到了对外合作和贸易，说：“当然，我们什么也不搞，也可以发展，但是速度慢些。现在国际上没有哪个国家可以脱离国际范围，都是取长补短，包括美国。”“以后国际环境可能还能争取到五年，主要是美国不敢打，铺得很开，苏联很集中。”“我们要利用这五年时间，不能耽误。”

邓小平还同毛泽东谈了安定团结的重要性，说：“归根到底就是主席讲的要安定团结。搞建设不安定不行。我觉得主要的关键是要有稳定的、有威信的省委，要能够发号施令，大家都听，当然要发得对。这么大的国家，都靠中央不行。”“现在下边议论，大家不安，大家感到乱哄哄的。比如，搞科研的绝大多数没有做什么事，不是说群众不要求工作，是没办法。旷工不是个别的，少数的，而是相当大量，但这并不等于工人群众对现状满意。”

讲到这里，毛泽东说：“要先念、余秋里、你合作。”邓小平说：“这个不成问题。恐怕还是革命和生产的位置怎么摆的问题。不安定，生产搞不起来，我看。主席讲，八年了。这里面包括怎样帮助省委树立威信。”毛泽东说：“你这个想法好。”①

对于新一届国务院的人事安排，因为江青等人在“组阁”不成的情况下，竭力要把自己的亲信安插到教育、文化、体育等部门，周恩来就不得不亲自抓。他在同李先念、纪登奎商量后，认为教育部部长一职至关重要，不能让“四人帮”的人当，文化、体育两部可做些让步。然后，周恩来亲拟了四届全国人大常委会委员长、副委员长和国务院副总理的名单。

12 月 23 日下午，根据中共中央政治局的意见，周恩来、王洪文带着名单飞往长沙，向毛泽东当面汇报四届全国人大的准备情况。

24 日，在毛泽东的住地，周恩来、王洪文同毛泽东会面。一见面，毛泽东就说：“多住几天。你们两位在这里，让邓小平在北京管事。”周恩来说：我们都拥护主席的意见，小平做军委副主席、第一副总理兼总参谋长。从 24 日到 27 日，毛泽东同周恩来、王洪文进行了三次谈话，又同周恩来单独长谈了一次。

毛泽东这几次谈话的主要内容可归纳为以下三条：

一是批评以江青为首的“四人帮”。毛泽东对王洪文说：“不要搞‘四人帮’”，“不要搞宗派，搞宗派要摔跤的”。又说：“江青有野心。你们看有没有？我看是有。我在做江青的工作，劝她‘三不要’：一不要乱批东西，二不要出风头，三不参加组织政府。”同时，毛泽东又说，

---

① 中共中央文献研究室：《毛泽东传（1949—1976）》下，中央文献出版社 2003 年版，第 1709—1710 页。

对江青要“一分为二”，提出江青应该作自我批评，要王洪文写出书面检查。

二是高度评价邓小平。毛泽东称赞邓“政治思想强”，“人才难得”，再次提出由邓小平任国务院第一副总理、中央军委副主席，还采纳周恩来的建议，在四届全国人大前召开的中共十届二中全会上补选邓小平为中央政治局常委、副主席。

三是关于四届全国人大的人事安排。毛泽东重申：“总理还是我们的总理。”毛泽东嘱咐周恩来说：你身体不好，人大开过后，你可安心养病，国务院的工作让邓小平去顶。谈话中毛泽东还就四届全国人大常委会和国务院的人选问题，提出一些具体意见。①

1975 年 1 月 5 日，中共中央发出经毛泽东圈阅的这年一号文件，任命邓小平为中央军委副主席兼中国人民解放军总参谋长。

1 月 8 日，中共中央在北京召开十届二中全会，讨论了四届全国人大的各项准备工作，选举邓小平为中共中央副主席、中央政治局常委。

1 月 13 日至 17 日，四届全国人大第一次会议在北京举行。会议根据中共中央的提议，任命周恩来为国务院总理，邓小平、张春桥、李先念等 12 人为国务院副总理。

四届全国人大第一次会议闭幕后，周恩来于 2 月 1 日主持召开第一次国务院常务会议，会议确定邓小平“主管外事，在周恩来总理治病疗养期间，代总理主持会议和呈批主要文件”。周恩来在会上说：“我身体不行了，今后国务院的工作由小平主持。”

随后，周恩来又主持召开国务院全体会议，并明确宣布：“今后国务院的工作由小平同志主持。”他还向与会人员传达了毛泽东关于邓小平“政治思想强”“人才难得”的评价。② 邓小平发言说：国务院的头还是周总理，我们帮助总理，因为他有病，具体事情有十二个副总理。将来国务院要有几个人搞常务，经中央批准后再通知大家，请他们多做

① 中共中央文献研究室：《毛泽东传（1949—1976）》下，中央文献出版社 2003 年版，第 1712 页；中共中央文献研究室编：《邓小平年谱（1904—1974）》下，中央文献出版社 2004 年版，第 2076 页。

② 中共中央文献研究室：《周恩来传（1949—1976）》，中央文献出版社 1998 年版，第 1162 页。

工作。毛主席在十届二中全会就提出，现在还是以安定团结为好。这是我们要注意的一个重要指示。现在看来，国际形势对我们是很有利的。这次，周总理在《政府工作报告》中对革命与战争的关系问题的提法有改变，就是“革命和战争的因素都在增长”。这也是毛主席同意的。世界大战的危险是个现实问题，但是可不可以争取几年之内不打？我们利用这段时间把我们的力量加强，把社会主义经济基础加强，也包含军事力量特别是装备的加强。所以，我们要好好地把建设抓一下。今天在座的各部门要认真地注意抓这个工作。①

2 月 2 日，周恩来致信毛泽东报告国务院副总理分工的情况。毛泽东圈阅同意。

从这时起，邓小平代重病的周恩来主持国务院的工作。

① 中共中央文献研究室编：《邓小平年谱（1975—1997）》上，中央文献出版社2004 年版，第 15 页。

# 八、主持全面整顿

## 1. 以铁路为突破口

当邓小平主持国务院工作的时候，“文化大革命”已经进行八年半的时间了。

毛泽东在发动“文化大革命”之初，曾乐观地设想通过“天下大乱”达到“天下大治”的目的。可是，大乱之后并未实现大治。林彪事件后，周恩来通过批极左思潮，曾使各方面的工作有了起色。但是，“四人帮”将周恩来看作是他们篡夺党和国家更多权力的障碍，利用1974年初发动的“批林批孔”运动，将矛头对向周恩来。经过艰苦努力刚刚好转的形势又发生逆转，许多部门和地区再度发生混乱，一些地方旧的派性尚未消除，又因为运动的开展引发新的矛盾，甚至武斗现象又有发生，许多企业出现半瘫痪状态，致使国民经济状况极为严峻。

1974年，不少地区、部门工业生产没有完成计划，钢铁、化肥和一些军工产品欠账很多，特别是煤炭生产和铁路运输的问题十分严重。1974年，工农业产值仅比上年增长1.4%，其中工业产值增长0.3%。作为工业基础的钢和原煤产量下降严重，1974年钢产量2112吨，比上年下降16.3%，原煤4.13亿吨，下降0.96%，铁路货运量7.697亿吨，下降3.2%。国家财政总收入783.1亿元，总支出790.8亿元，国家出现财政赤字7.7亿元。

经过多年的社会动乱后，广大人民群众已经厌倦了“文化大革命”这种对国家、对人民没有任何好处的“革命”，人心思定。他们对江青、张春桥一类“文革”暴发户的真实面目的认识逐渐深入，热切地希望邓小平等老一辈革命家复出掌握党和国家的大权，实现社会安定，把国民经济搞上去。中共中央宣布邓小平担任总参谋长之后，四川成都的一位技术员给邓小平写信说："当你任总长的消息传达后，全国，特别是军队，掌声雷动，经久不息，多少人感动得热泪长流。""是谁，使国家蒸蒸日上，欣欣向荣；是谁又使国家落到这步田地。谁是人民的儿子，谁又是民族的罪人，人民都看清楚了。"①

邓小平就任中共中央军委副主席兼总参谋长不到半月，即1975年1月19日，中央军委召开了一次各大军区负责人座谈会。邓小平根据毛泽东关于军队要整顿的指示，在会上明确提出：军委只准备两个工作，第一是召开军委扩大会议，其中一个大题目就是军队要整顿。第二是战备，要准备打仗，解决战略方针、装备等问题。邓小平由此发出了要进行全面整顿的信号。

1月25日，解放军总参谋部机关举行团以上干部会，邓小平亲自参加了这个大会。这是邓小平任总参谋长后第一次同总参的干部见面。会上，他没有讲别的，就是传达毛泽东提出的军队要整顿的指示。

他一开头就说："我们这个军队有好传统。从井冈山起，毛泽东同志就为我军建立了非常好的制度，树立了非常好的作风。我们这个军队是党指挥枪，不是枪指挥党。经过长期反对军阀主义的斗争，军队内部很团结，联系群众也很好。可是从一九五九年林彪主管军队工作起，特别是在他主管的后期，军队被搞得相当乱。现在，好多优良传统丢掉了，军队臃肿不堪。军队的人数增加很多，军费开支占国家预算的比重增大，把很多钱花费在人员的穿衣吃饭上面。更主要的是，军队膨胀起来，不精干，打起仗来就不行。""所以毛泽东同志提出军队要整顿。"②

接着，邓小平指出了整顿的具体目标：军队的总人数要减少，编外干部太多要处理，优良传统要恢复。那么，军队的整顿如何进行？针对军队存在的闹派性问题，邓小平强调，解决问题的关键是消除干部的派性。他说，不消除派性，安定团结不起来，军队战斗力也一定会削弱，每个干部都要把党性放在第一位。喜欢搞派性的，要觉悟，要改正，改

---

① 余习广主编：《位卑未敢忘忧国》，湖南人民出版社1989年版，第209—213页。

② 《邓小平文选》第二卷，人民出版社1994年版，第1页。

正了就好。今后军队干部的使用、提升，一条重要的原则，就是不能重用派性严重的人，不能重用坚持派性不肯改正的人。

邓小平还讲到如何加强军队的纪律问题，要求军队加强纪律性，首先从北京的机关、部队做起。

这是邓小平主持国务院和军队工作以后首次发表的重要讲话，锋芒直指“文化大革命”以来地方和军队普遍存在的“闹派性”的问题。这篇重要讲话，成为他领导1975年全面整顿的先声。

经过多年的“文化大革命”，各个方面都存在成堆的问题，当时最要紧的是如何把国民经济搞上去。

把国民经济搞上去，这也是毛泽东的要求。

1974年11月，李先念和汪东兴到长沙向毛泽东汇报国民经济计划的执行情况，虽然当时全年的统计数字还没有出来，但总的趋势不好，大部分计划指标完成不了已成定局。1975年是第四个五年计划的最后一年，如果这年的计划完成不了，就要影响整个“四五”计划的完成。听完汇报，毛泽东只说了一句话：“把国民经济搞上去。”

回到北京，李先念把毛泽东的这个指示向中央政治局作了传达。于是，“把国民经济搞上去”就成了经济工作的指导方针，也是邓小平领导开展全面整顿的重要依据。

然而，要把国民经济搞上去并非易事。国民经济部门众多，牵涉面广，而且此时各个部门无一不是问题成堆，积重难返。因此，要把国民经济搞上去，就必须对各个部门进行全面的整顿。但是，全面整顿一下子全都铺开就势必分散力量。为此，邓小平决心以问题严重而对国民经济又起关键作用的铁路作为整顿的突破口。

铁路是当时国民经济各部门中“闹派性”的重灾区。1974年，全国铁路的货运量只完成了计划的92%。进入1975年，铁路运输形势仍未见好转。这年头2个月，全国20个铁路局中，只有北京、锦州、吉林、柳州、成都5个局完成了运输计划，其余的15个局均未完成。1月份，铁路装车量只完成了计划的91.72%，2月份又比1月份大幅度减少，致使钢铁、电力、化肥等生产受到严重影响，成为制约国民经济发展的瓶颈。

与此同时，铁路事故却大量增加。1974年全路共发生行车重大事故和大事故755起，比上年增加了48%，是10年前的1964年的8倍多。列车正点率也大大降低。1975年1月，旅客列车正点率只有68.8%，货运列车正点率也只有70%。铁路堵塞极为严重，其中尤以徐州、南京、南昌等局管辖的路段为甚。1975年1月，徐州铁路局的造反派头头纠集一帮人，强行占据了中共徐州市委大楼，声称“不砸碎徐州市委这个乌龟壳决不罢休”。这个局已连续20个月没有完成运输任务，货场上待运送的物资堆积如山。更为严重的是，连毛泽东的专列安全运行也没有保证。1975年2月初，毛泽东准备离开长沙前往杭州过春节。从长沙到杭州的浙赣线一直不通畅，西边南昌局所辖的向塘站由于派性作怪经常阻塞，东边的金华站所在的金华地区，两派经常动用轻重武器进行武斗，行车无法保证安全。后来，浙江省委下达紧急通知，严令停止武斗，规定谁开枪就将谁作为反革命分子论处，才使专列安全通过。

1月28日，邓小平召见新上任的铁道部部长万里，听取他的工作汇报。万里扼要地汇报了有关情况：目前铁路问题严重，情况十分复杂。“文化大革命”以来，由于“打倒一切”，“全面内战”，不少单位处于瘫痪、半瘫痪状态。“批林批孔”运动后，长期存在的问题不但没有解决，反而更严重了。万里在汇报中列举了铁路存在的主要问题，如运输生产下降，事故惊人，机车损坏严重，一些铁路枢纽、重点站段经常发生堵塞等，并还着重介绍了徐州和郑州两个铁路局的严重情况。

邓小平在听完汇报后说，看来有这么几个问题要解决：第一，关于体制问题，应当实行铁路运输的集中统一领导，把权力集中到中央，铁道部在中央直接领导下工作。第二，关于干部管理，由铁道部统一管理、调配使用，与地方脱钩。第三，关于运输生产，要建立健全规章制度，加强组织纪律性，保证安全正点。过去我们的正点率一直是很好，在全世界都数得着，现在问题这么严重，怎么能行？

讲完后，邓小平又问万里还有什么问题。万里说，铁路问题复杂，不仅有体制问题，恐怕派性是个更重要的问题。解决铁路问题难度较大，要在调查研究的基础上，争取半年解决问题。

邓小平听了，觉得半年时间太久，就明确指出：不行，不能拖，不能等，要用最快的速度，最坚决的措施，迅速扭转形势，改变面貌。他还要求万里回去以后研究一下，给国务院写个报告。①

2月6日，邓小平再次召见了万里，重申了1月28日的意见，并要求铁道部代中共中央起草一份关于解决铁路问题的文件，并指示说，文件要写清楚有关方针政策，不要写成业务性的，文字也不要太长，关键的东西要写明白。

2月11日这一天是农历正月初一，邓小平顾不得与家人团聚，将分管基本建设和工业的副总理谷牧、国家计委副主任袁宝华及万里找来开会，讨论铁路和工业问题。万里提出，以解决铁路问题为重点的全国工业书记会议，准备在3月召开，邓小平说，不行，要在2月25日召开。②

2月25日至3月8日，全国各省、市、自治区主管工业的书记会议在北京召开，会议由副总理王震主持，中心议题是解决铁路运输问题。

3月5日，邓小平出席了会议。当他走进会场时，各省的工业书记们争相前来握手。邓小平把手摆了摆说，不拉手了，现在工业情况还不好，等你们工业情况搞上去了，再拉手。

按照预先的安排，邓小平在会上作了《全党讲大局，把国民经济搞上去》的讲话。

讲话一开头，邓小平就说："现在有一个大局，全党要多讲。大局是什么？三届人大一次会议和四届人大一次会议的政府工作报告，都讲了发展我国国民经济的两步设想：第一步到一九八〇年，建成一个独立的比较完整的工业体系和国民经济体系；第二步到二十世纪末，也就是说，从现在算起还有二十五年时间，把我国建设成为具有现代农业、现代工业、现代国防和现代科学技术的社会主义强国。全党全国都要为实现这个伟大目标而奋斗。这就是大局。"

在"文化大革命"中，那些一心一意要把生产搞上去的干部，被指责为是搞"唯生产力论"，遭受错误批判，致使许多干部不敢抓生产，有的人甚至还提出"抓革命保险，抓生产危险"。对此，邓小平明确指出："这是大错特错的。"他分析了生产的形势，严肃地指出："工业方

① 张广友、丁龙嘉：《万里》，中共党史出版社2000年版，第125—126页。

② 程中原等：《历史转折的前奏：邓小平在一九七五》，中国青年出版社2003年版，第56页。

面，那就确实值得引起严重注意。现有的生产能力没有发挥出来。去年一年，工业生产情况是不好的。今年是第四个五年计划的最后一年，生产再搞不好，势必影响第五个五年计划的实行。我们必须预见到这种形势，认真抓这个问题。”

那么，怎样才能把国民经济搞上去？他分析说，当前的薄弱环节是铁路，“铁路运输的问题不解决，生产部署统统打乱，整个计划都会落空。所以中央下决心要解决这个问题”。

他继而提出了解决铁路问题的方法，这就是要加强集中统一，建立必要的规章制度，增强组织性纪律性。邓小平认为，必要的规章制度一定要恢复和健全，组织性纪律性一定要加强。

邓小平着重谈到反对派性的重要性。他说：“现在闹派性已经严重地妨害我们的大局。要把这个问题摆到全体职工面前，要讲清楚这是大是大非问题。这个问题不解决，光解决具体问题不行。对闹派性的人要再教育，要反对闹派性的头头。大概有这样两种情况：一种是被派性迷了心窍的人，打几年派仗打昏了头，马克思主义不见了，毛泽东思想不见了，共产党也不见了。要对他们进行教育，教育过来，既往不咎，再不转变，严肃处理。另外一种是少数坏人，各行各业、各个省市都有那么一些，他们利用派性混水摸鱼，破坏社会主义秩序，破坏国家经济建设，在混乱中搞投机倒把，升官发财。对这样的人，不处理不行。”“把这些问题讲清楚，理所当然地会得到绝大多数铁路职工的拥护。所以，三月份的动员要很深入，包括对职工家属、铁路沿线农民，都要做到家喻户晓。”

邓小平最后说：“解决铁路问题的经验，对其他工业部门会有帮助。对于当前存在的问题，要有明确的政策。要从大局出发，解决问题不能拖。拖到哪一年呢？搞社会主义怎么能等呢？”①

在邓小平讲话的同一天，中共中央发出1975年第九号文件——《关于加强铁路工作的决定》。文件指出，铁路运输当前仍然是国民经济中一个突出薄弱环节，不能适应工农业生产发展的需要，不能适应加强战备的需要。为了迅速改变这种状况，中共中央决定：

---

① 《邓小平文选》第二卷，人民出版社1994年版，第4—7页。

——全国所有铁路单位都必须坚决贯彻执行安定团结的方针，掀起社会主义建设新高潮。

——全国铁路由铁道部统一管理，铁路运输由铁道部集中指挥，铁路职工由铁道部统一调配，铁路的政治工作和运输指挥工作必须统一。

——省、市、自治区党委对铁路单位的政治运动、地区性社会活动和党的思想政治工作继续抓紧抓好，对极少数问题较多的严重影响全国铁路运输的铁路单位，要采取有力措施限期解决，不能再拖。

——建立健全必要的规章制度，发动群众，把岗位责任制、技术操作规程、质量检验及设备管理维修建立起来，确保安全正点。铁路职工要一切行动听指挥，做好本职工作，对于少数资产阶级派性严重、经过批评教育仍不改正的领导干部和闹派性的头头要及时调离，不宜拖延不决，妨害大局，对严重违法乱纪的要给予处分。

——整顿铁路运输秩序，任何人不得以任何借口妨碍正在进行指挥、调度和各种勤务的工作人员的正常工作，阻拦列车、中断运输、损坏列车和铁路设施都是违法的，必须坚决制止，严重的要严肃处理。对少数职工利用职权，内外勾结，搞资本主义的行为，必须坚决反对，严肃批评，警惕阶级敌人的破坏活动，对制造事故、杀人抢劫、煽动停产、煽动哄抢物资、盗窃铁路器材的反革命分子和坏分子，要坚决打击，依法惩办。

这个《决定》是邓小平与王震、谷牧和万里多次商议后起草的。其中的“对于少数资产阶级派性严重……给予处分”这一段文字，是邓小平亲笔增写的。

3 月 7 日，铁道部召开全国铁路工作电话会议，万里传达中共中央《关于加强铁路工作的决定》。随后，铁道部和江苏省委联合组成工作组，由万里率领赶赴全路的重灾区徐州，开始着力整顿徐州铁路局生产运输问题。

3 月 9 日，徐州的大街上贴出了江苏省革命委员会的通告：大搞“打砸抢”的极少数人员，限两天内退出强占的一切公用房屋，交出抢走的车辆和其他公共财物，立即向公安机关交代自己的违法行为。同时宣布对煽动派性、搞“打砸抢”的坏头头予以拘留审查。

与此同时，工作组着力整顿铁路局领导班子，对派性严重的干部限期改正，不肯改正的坚决调走或就地给予处分；建立健全规章制度，加强职工队伍的组织纪律性。万里和江苏省革委会负责人还亲自主持铁路局党委会、全体职工大会、家属大会和各种形式的座谈会，深入宣传中央九号文件，批判派性，号召广大职工把运输生产搞上去。

由于采取了坚决有力的措施，徐州铁路局的形势迅速改观。列车通过对数由原来的每天 38 对增加到 72 对，日平均装车由 700 辆上升到 1400 辆。到了 4 月份，还提前 3 天完成了全月的运输任务。

邓小平对九号文件的贯彻抓得很紧。全国工业书记会议之后仅 20 天的时间，他就两次召开国务院会议检查文件的贯彻执行情况。

3 月 22 日，万里从徐州回到北京。过了两天，邓小平将万里找去，要他汇报徐州铁路局的整顿情况。他听得很仔细，不时作了插话。他说：平反工作要真正搞起来也快，要一批一批地搞，不要一个一个地搞。要放手发动群众，釜底抽薪，把群众的问题解决了就好办了，就能把坏头头弄出来，不然不行。对于那些闹派性的干部，只要核查确定的，就坚决调走，个别的当场撤职。铁路一通，就暴露出冶金、电力等各行各业的问题。各部都要自己打算打算，怎样工作，怎样解决老大难问题。

随后，万里又率工作组，先后去了太原、郑州、长沙等铁路局，指导整顿工作。通过发动群众，消除派性，严肃纪律，强化管理等措施，这些局所辖路段的运输情况很快好转。全路经过一个多月的整顿，铁路运输不畅这个“文化大革命”以来的“老大难”问题迅速得到解决。到 4 月底，全国 20 个铁路局有 19 个超额完成了运输任务，日装车数达到了历史最高水平，列车正点率也大为提高，铁路的整顿取得了巨大的成效。

## 2. 解决钢铁问题

邓小平主持国务院工作之际，不但铁路运输形势严峻，作为工业龙头的钢铁生产形势也很不乐观。受“批林批孔”运动的影响，1974 年钢产量比 1973 年减少了 411 万吨，仅完成全年计划的 81.2%。因此，在整顿铁路的同时，钢铁企业的整顿也提到议事日程上来。

2月10日，中共中央发出《批转1975年国民经济计划的通知》，批准和下达1975年国民经济计划。计划规定的这年钢产量指标为2600万吨左右，比上年增长490万吨。中共中央要求发动群众，讨论和落实计划，强调当前特别要把交通运输和煤炭、钢铁生产抓上去，克服困难，努力完成和超额完成1975年计划和第四个五年计划。可是，1至4月份，全国钢铁生产形势仍很被动，产量比计划要求少195万吨。其中鞍钢、武钢、包钢、太钢等大型钢厂，由于企业领导班子不团结，少数人闹派性，造成了群众没有生产积极性，生产欠产严重。四大钢铁企业欠产的钢，占全国欠产总数的一半。

为了扭转钢铁生产下滑的局面，保证完成全年钢产量指标，5月8日至29日，中共中央在北京召开全国钢铁工业座谈会，17个省、市、自治区和11个大型钢厂及国务院有关部委的领导参加了这次座谈会。国务院副总理李先念在会上发表讲话，他严厉地批评了派性、不团结等现象，指出："毛主席提出安定团结的指示快一年了，为什么你那里还有派性，政策不落实，还不安定团结？到底问题在哪里？我看关键在领导。少数人在捣乱，工人在着急，但那里的领导却软弱无力，不敢碰。""对这些人的问题要严肃对待，该处分的处分，该调动的调动，该批评的批评。对那些屡教不改的人，老是迁就，不处理，怎么得了！"李先念以十分严肃的口吻说："希望这次会后能确实解决问题。同志们回去不要轰一轰、开个万人大会就完了，要做扎扎实实的工作。钢铁工业再不赶上去不行了。钢铁上不去，什么都被拖住，农业机械化、国防建设、基本建设，统统都谈不上。"①

解决钢铁问题是邓小平领导整顿工作的又一重点。在全国钢铁座谈会期间，即5月21日，邓小平主持召开国务院办公会议，讨论钢铁工业座谈会文件。他在会上说：对钢铁生产，我看到了解决问题的时候了，解决的条件也成熟了。各个行业都要支持。现在的问题是，你们敢不敢接受中央的支持，敢不敢按中央这次批示的要求去办。不管是哪一级的领导，不能总是怕这怕那。现在，干部中的一个主要问题，就是怕字当头，不敢摸老虎屁股。我们一定支持你们，也允许你们犯错误。要

---

① 《李先念文选》，人民出版社1989年版，第309—310页。

找那些敢于坚持党的原则、有不怕被打倒的精神、敢于负责、敢于斗争的人进领导班子。我是维吾尔族姑娘，辫子多，一抓一大把。要敢字当头。毛主席讲矫枉必须过正，解决老大难问题不过正就不能矫枉。更重要的是，要严格，对坚持闹派性的人该调的调，该批的批，该斗的斗，不能慢吞吞的，总是等待。

邓小平还讲到企业管理体制的问题，他说：大的钢铁厂整个生产过程从上到下是一环扣一环的，要有一个指挥生产的好办法。公司必须单独有一个班子，不是管油、盐、酱、醋、柴，而是指挥生产的，有一个单独的系统。领导鞍钢这样大的企业，那么复杂，没有懂行的，没有一个强有力的指挥机构，不打败仗才是怪事哩！

针对一些干部怕抓生产、不敢抓生产的顾虑，邓小平指出：我们反对“唯生产力论”，但是搞社会主义建设，不能不搞生产，不能不搞科学技术。我们强调劳动生产率，强调科学技术，不能算作“唯生产力论”。如果不讲这些，还能谈得上社会主义总路线吗？我们总是要把革命和生产都搞得好才行。①

5 月 29 日，邓小平、叶剑英、李先念、陈锡联等国务院领导接见了参加座谈会的代表。邓小平作了讲话。他指出，把钢铁工业搞上去，重点要解决四个问题：

第一，必须建立一个坚强的领导班子。钢铁生产搞不好，关键是领导班子问题，是领导班子软、懒、散。领导班子就是作战指挥部。搞生产也好，搞科研也好，反派性也好，都是作战。指挥部不强，作战就没有力量。领导班子问题，是关系到党的路线能不能贯彻执行的问题，因此我们首先强调要把领导班子解决好。

第二，必须坚决同派性作斗争。对于派性，领导上要有个明确的态度，就是要坚决反对，要敢字当头。还要发动群众起来共同反对。

第三，必须认真落实政策。不仅要解决戴上帽子的那些人的问题，而且要解决他们周围受到牵连的人的问题。要特别注意那些老工人、技术骨干、老劳模，要把这一部分人的积极性调动起来。

第四，必须建立必要的规章制度。执行规章制度宁可要求严一些，

① 中共中央文献研究室编：《邓小平思想年谱》，中央文献出版社 1998 年版，第 7—8 页。

不严就建立不起来。①

在这次讲话中，邓小平还说：毛主席最近有三条重要指示，一条是关于理论问题的，要反修防修，再一条是关于安定团结的，还有一条是要把国民经济搞上去。这三条重要指示，就是我们今后一个时期各项工作的纲。这三条是互相联系的，不能分割的，一条都不能忘记。这是他首次提出“三项指示为纲”。毛泽东的这三项指示的基本内容，虽然以前他曾在不同的场合讲过，但讲得较多的是 1974 年底和 1975 年初。这“三项指示”，就成为邓小平领导 1975 年整顿的理论依据。

全国钢铁座谈会后不久，中共中央作出《关于努力完成今年钢铁生产计划的批示》，并批转了中共冶金工业部核心小组《关于迅速把钢铁工业搞上去的报告》。中共中央在批示中指出：“当前钢铁生产计划完成得不好的情况，值得引起我们的注意。”批语要求那些至今生产还上不去的钢铁企业的有关领导应当认真地检查思想政治路线是否端正，群众是否真正发动起来，一个强有力的领导核心是否建立，派性是否克服，党的政策是否认真落实。同时要求各省、市、自治区党委必须加强对钢铁工业的领导，主要负责同志要亲自动手，对问题多的单位进行调查研究，采取有力措施，认真加以解决。

同年 9 月，国务院成立以谷牧任组长、纪登奎任政委的钢铁工业领导小组领导全国钢铁生产。钢铁工业企业经过整顿，初步扭转了生产下降的势头。

## 3. 排除干扰

正当邓小平大张旗鼓地领导各个领域的整顿工作的时候，“组阁”阴谋没有得逞的江青等人千方百计地制造障碍，阻挠整顿工作的顺利进行。在他们看来，邓小平的事业获得成功，就意味着他们篡党夺权的阻碍更大。于是，他们别有用心地提出要开展对“经验主义”的批判，将矛盾直接对向支持邓小平整顿的周恩来，并以此达到搞倒周恩来和邓小平的目的。

---

① 《邓小平文选》第二卷，人民出版社 1994 年版，第 8—11 页。

这年3月1日，张春桥在全军各大单位政治部主任座谈会上的讲话中大谈反对“经验主义”的问题。他说：全国解放以后，对“经验主义”没有注意批过，“经验主义”是作为教条主义的助手出现的。对“经验主义”的危险，恐怕还是要警惕。他还说，什么物质刺激、利润挂帅、奖金，等等，1971年和1972年都有。如果理论上不搞清楚，以为这些都是好的，就会跟着刘少奇那条路线走。针对周恩来在四届全国人大《政府工作报告》中提出的四个现代化目标，张春桥说：四届全国人大提出了一个很宏伟的目标，在本世纪内，也就是本世纪末，要把我们的国家建设得很强大，走在世界各国的前列，无非就是搞几千亿斤粮食，几千万吨钢。但是，如果我们把理论问题搞不清楚，就会重复斯大林的错误。当时他们有几千万吨钢，粮食没有我们这么多，他们是卫星上天，斯大林的旗帜落地。

同一天，《人民日报》发表姚文元的文章《论林彪反党集团的社会基础》。文章歪曲引用毛泽东1959年说过的一句话——“现在，主要危险是经验主义”，突出强调当前的主要危险是“经验主义”，说“经验主义者”不仅不能识别林彪一类新生的资产阶级，反而跟着林彪反党集团上当受骗。

为了进一步煽动起对“经验主义”的批判，姚文元指使《人民日报》3月21日发表题为《领导干部要带头学好》的社论。社论煞有介事地说：“经验主义是修正主义的助手。犯有经验主义错误的人，轻视理论，轻视坚持毛主席的正确路线的重要性，把局部经验误认为普遍真理。他们的实践带有很大的盲目性，很容易跟着修正主义路线走。”姚文元还指令新华社说：“社论说到主要危险是经验主义，你们要组织宣传，要搞典型，配评论，这样才效果好。”此后，“四人帮”利用其操纵下的宣传工具，连篇累牍地刊登批判“经验主义”的文章。

这时，被毛泽东批评后蛰伏了一段时间的江青，以为时机已经到了，又重新活跃起来。4月4日，她给手下的一员大将打电话说：“现在我们的主要危险不是教条主义，而是经验主义，这个问题进城以后就屡次提出过，在全党没有提起应有的警惕。现在我们应该按照毛主席的教导，对经验主义的危险性，擦亮眼睛，要认识清楚，保持高度警惕。经验主义是修正主义的帮凶，是当前的大敌。”

在延安整风的时候，周恩来曾被批评为“犯经验主义错误”。“四人帮”在这个时候鼓噪批“经验主义”，明眼人一看就知，矛头对向的就是周恩来。而周恩来又是邓小平的坚定支持者，在“四人帮”看来，拱倒了周恩来，同时也打击了邓小平。

对“四人帮”掀起的批“经验主义”的浊浪，邓小平进行了针锋相对的斗争。4 月 14 日，毛泽东在南方生活了九个月后回到了北京。4 月 18 日，毛泽东会见金日成率领的朝鲜党政代表团，邓小平陪同会见。谈话中，毛泽东将邓小平介绍给金日成。金日成说，我们很早就认识了，他做过很多工作，是老朋友、老同志了。毛泽东说，他会打仗。金日成接过话头说，不但会打仗，而且会做政治工作，进行思想斗争。毛泽东补充说，还会反修正主义。金日成说，是啊，我们很清楚他。我和邓小平副主席十年没见了。毛泽东解释说，红卫兵整他，现在无事了。那个时候打倒了好几年，现在又起来了。金日成说，很好，我们欢迎。毛泽东说，我们要他。

会见结束后，邓小平向毛泽东反映北京的最近情况，特别讲到江青等大批所谓“经验主义”的问题。邓小平表示，他不同意关于“经验主义是当前主要危险”的提法。毛泽东明确赞同邓小平的意见。

4 月 20 日，姚文元给毛泽东送来了一份新华社《关于报道学习无产阶级专政理论问题的请示报告》。报告中说，在今后一段时间的宣传报道工作中，要特别注意宣传各级干部通过学习认识和批判经验主义的危害，自觉克服经验主义。毛泽东批示道：

> 提法似应提反对修正主义，包括反对经验主义和教条主义，二者都是修正马列主义的，不要只提一项，放过另一项。各地情况不同，都是由于马列水平不高而来的。不论何者都应教育，应以多年时间逐渐提高马列为好。
>
> 我党真懂马列的不多，有些人自以为懂了，其实不大懂，自以为是，动不动就训人，这也是不懂马列的一种表现。
>
> 此问题请提政治局一议。[①]

按照毛泽东“此问题请提政治局一议”的指示，中央政治局于 4 月

① 《建国以来毛泽东文稿》第十三册，中央文献出版社 1998 年版，第 426 页。

27 日召开会议，传达这个批示。邓小平、叶剑英等在会上发言，对江青等人 1973 年以来屡次攻击周恩来的行为进行了严厉的批评。对“四人帮”发起的反“经验主义”的宣传，邓小平更是气愤地指出：很明显，这是一次有计划、有组织的反总理的行动！

面对批评，江青非但不承认自己的错误，反而气急败坏地说这是对她搞“突然袭击”，是 1970 年“庐山会议的再现”。王洪文也写信给毛泽东，说邓小平、叶剑英等总是把形势说得一团漆黑。信中说：“这场争论，实际上是总理想说而不好说的话，由叶、邓说出来，目的是翻前年十二月会议的案。”①

5 月 3 日，毛泽东召集在京的中央政治局委员，发表重要讲话。关于反经验主义问题，毛泽东说：

“我自己也犯了错误，春桥那篇文章（应为姚文元的文章，引者），我没有看出来，只听了一遍，我是没有看，我也不能看书，讲了经验主义的问题我放过了。我自己也犯了错误，我要负责任。”“你们只恨经验主义，不恨教条主义。经验主义的人多，无非是不认识几个字，马列也不能看，他们只好凭经验办事。”

“现在我们的一部分同志犯了错误要批评。三箭齐发，批林批孔、批走后门。”

“要搞马列主义，不要搞修正主义；要团结，不要分裂；要光明正大，不要搞阴谋诡计。不要搞‘四人帮’，你们不要搞了，为什么照样搞呀？为什么不和二百多个中央委员搞团结，搞少数人不好，历来不好。”

“批经验主义的人，自己就是经验主义。”

“我看江青就是一个小小的经验主义者。”

“不要随便，要有纪律，要谨慎，不要个人自作主张，要跟政治局讨论，有意见要在政治局讨论，印成文件发下去，要以中央的名义，不要用个人的名义，比如也不要以我的名义，我是从来不送什么材料的。”

会上，毛泽东一面对江青等人作了批评，一面又说：我看问题不

---

① 中共中央文献研究室：《毛泽东传（1949—1976）》下，中央文献出版社 2003 年版，第 1730 页。

大，不要小题大做，但有问题要讲明白，上半年解决不了，下半年解决；今年解决不了，明年解决；明年解决不了，后年解决。

毛泽东还讲起 1930 年代在中央苏区抵制王明“左”倾教条主义错误时“邓、毛、谢、古”的事，当着众人的面指着邓小平说：“其他的人都牺牲了。我只见过你一面，你就是毛派的代表。”①

5 月 27 日，经毛泽东批准，由邓小平主持召开中央政治局会议，对“四人帮”进行批评。邓小平在会上作了中心发言。他首先谈到对毛泽东 5 月 3 日讲话的理解：主席这篇讲话，对于我们党非常重要，因为主席是对政治局讲的，是党的核心。主席提出要政治局安定团结，“三要三不要”，联系批评宗派主义、“四人帮”。这是很重要的原则问题，需要好好讨论。

发言中，邓小平针对江青等人对 4 月 27 日中央政治局会议的无理指责作了驳斥。他说：有人说这次会上的讲话“过了头”，还有人讲是“突然袭击”、是“围攻”。其实，百分之四十也没有讲到，有没有百分之二十也难讲。

邓小平最后强调，这里有三件事需要讲清楚：一是前年十二月会议上提出“第十一次路线斗争”，二是“批林批孔”中又批“走后门”，三是学理论又提出批“经验主义”。倒是问一问，这是为什么？不讲明白，没有好处。②

邓小平讲完后，吴德、李先念、陈锡联等也相继发言，批评“四人帮”。随后，中央政治局又召开了两次会议，对“四人帮”进行批评。

6 月 7 日，邓小平在陪同毛泽东接见外宾时，汇报了政治局会议的有关情况。毛泽东听后对会议表示满意，对邓小平说，这次政治局会议有成绩，把问题摆开了。又说：“他们几个人现在不行，反总理、反你、反叶帅。”他鼓励邓小平说：“你要把工作干起来！”邓小平表示：“在这方面，我还有决心就是了，反对的人总有，一定会有。”毛泽东笑着说：

---

① 中共中央文献研究室：《毛泽东传（1949—1976）》下，中央文献出版社 2003 年版，第 1732—1733 页。

② 中共中央文献研究室编：《邓小平年谱（1975—1997）》上，中央文献出版社 2004 年版，第 49 页。

"木秀于林，风必摧之。"[①]

受过政治局会议批评的江青等人，虽然心怀不满，但也不得不作了检讨。

中共十大之后，毛泽东本是将"造反"起家的王洪文作为接班人之一加以培养的，但无奈王洪文不争气，无德无才，毛泽东深感失望。6月下旬，王洪文被毛泽东和中共中央派往上海、浙江"帮助工作"。叶剑英向毛泽东建议，由邓小平主持中共中央日常工作，毛泽东表示同意。从7月初起，邓小平除了主持国务院日常工作外，又主持中共中央日常工作。

7月4日，邓小平对中央读书班第四期学员作了题为《加强党的领导，整顿党的作风》的讲话。他再次指出：毛泽东同志有三条重要指示，这是我们这一时期工作的纲。毛泽东同志去年就讲过，"文化大革命"已经八年了，以安定团结为好。现在加一年，九年了，要团结起来，安定起来。我们有好多事要办。国际方面的斗争，事情很多。国内也有许多事情要做，特别是要把国民经济搞上去。

主持中央日常工作后，邓小平在一次工作汇报中对毛泽东说：全国生产情况形势不错。钢没有完全达到指标，但是有希望。今年农业，夏粮是丰收了，秋粮还不错。接着，他又谈了解放干部和文艺政策问题。汇报结束时，他对毛泽东讲：都说我两次讲话叫复辟，说是刘少奇的班底又起来了，有人不高兴。毛泽东鼓励说："再过两三年就好一些了。"邓小平说："有人讲点，有好处，没坏处。"毛泽东说："是啊，无非是挨骂。我历来就是挨骂的。"[②] 言语之中，透露出毛泽东对邓小平的支持与期待。

就在"四人帮"借批判"经验主义"制造事端之际，邓小平对法国进行了为期五天的访问。

法国是西方大国中与中国建交较早的国家之一。两年前，法国总统蓬皮杜对中国进行了正式访问，毛泽东、周恩来都与他作了会晤与会

---

① 中共中央文献研究室：《毛泽东传（1949—1976）》下，中央文献出版社2003年版，第1737页。

② 中共中央文献研究室：《毛泽东传（1949—1976）》下，中央文献出版社2003年版，第1739页。

谈。由此，两国关系有了进一步的发展。接着，法国政府正式邀请中国领导人访法。毛泽东在1950年代两度出访苏联后，一直没有出过国。周恩来作为政府总理出访过亚非许多国家，但此时病魔缠身，不能再承担出访的任务了。于是，毛泽东决定由邓小平率领中国政府代表团访问法国，同时也有意使邓小平在国际上进一步扩大影响。

5月12日，邓小平一行乘专机抵达巴黎，法国总理希拉克到机场迎接。

这是邓小平成为党和国家的领导人后第二次踏上法兰西的土地。一年前，他率中国代表团出席联大特别会议时，曾在巴黎作短暂停留。邓小平对法国有着特殊的感情，50多年前，年仅16岁的他从偏僻的四川广安来到这里勤工俭学，从此开始了他的革命生涯。为了革命，他曾遭受法国军警的监视和追捕，最后不得不根据组织的安排，离开法国前往苏联。这一次，邓小平是作为法国政府的贵客到法国进行正式访问。真是世事沧桑，变幻难测。

邓小平是以国务院副总理的身份访法的，但法国政府却给了邓小平国家最高领导人的礼遇。德斯坦总统还亲自主持宴会，欢迎邓小平的来访。

邓小平分别同德斯坦总统、希拉克总理就重大国际问题和发展两国关系问题举行了会谈。在同希拉克总理会谈时，邓小平说：随着中法两国政治关系的发展，应当进一步发展两国的经济关系。中国现在还是一个发展中国家，受经济发展水平的限制，有些问题现在还不可能一下解决，如贸易平衡问题。就我们经济建设的需要来说，我们希望从一些发达国家购买更多的技术和产品，但受到支付能力和条件的限制。当然，随着我们经济建设的发展，这个情况将逐步得到改善，所以我们说这是暂时现象。从长远来说，我们在这方面有着广阔的前景。

在法国访问期间，邓小平还前往法国的工业城市里昂参观了有名的贝里埃汽车厂和加尔省的马库尔核中心。5月17日，邓小平结束了对法国为期五天的访问后回国。

主持国务院工作以来，邓小平虽然只有这么一次出访，但在国内却有着繁忙的外事接待工作，有的时候是天天接待外宾，甚至一天要接见几批客人。在会见外宾时，邓小平就中国的对外政策和许多重大的国际问题发表了重要意见。

2月2日，他会见冈比亚共和国外交部部长阿利乌·巴达拉·恩吉时说：如果从人口多、地方大这个意义上说，我们算是一个大国。但是，按经济发展水平来说，我们还是一个小国，所以根本没有资格当超级大国。问题是再过二十年三十年，中国有了成亿吨钢，粮食有了富余，那时候当不当超级大国？毛主席号召我们全国人民，要教育我们的子孙后代，永远不做超级大国。我们现在说我们属于第三世界，就是到将来我们比较发达了，也属于第三世界。超级大国不能当。就是人们说的中国是第三世界的头头，这也不行，不能当头头。想当头头，本身就居心不良。谁要想当头头，他就想发号施令，就不会以平等的态度来对待别人了。①

3月1日，他在同刚果人民共和国总理洛佩斯会谈时指出：社会主义阵营已不再存在，两大阵营的概念已不合乎今天的实际。因为不但社会主义阵营发生了变化，帝国主义阵营也发生了变化。拿帝国主义阵营来说，当然老殖民主义还在采用新殖民主义的方式掠夺第三世界，但欧洲、日本同美国之间的关系发生了很大变化。它们有相互依赖的一面，但控制和反控制的斗争成了它们之间关系的一个很重要的特点，而且它们面临着一个新的问题，就是出现了一个苏联社会帝国主义。②

一个月后，邓小平在会见美国众议院议长艾伯特、众议院共和党领袖罗兹时说：我们这个国家还很落后。我们也有一些雄心壮志，看能不能在二十世纪末达到比较发展的水平。所谓比较发展的水平，比你们、比欧洲的许多国家来说，还是落后的。我们的人口多，有八亿人，人均国民收入还是很低的。钢要达到你们和欧洲、日本的水平，至少要五十年的时间，而到那时候，你们又发展了。所以，我们现在需要一个和平的国际环境来建设我们的国家。在谈到中美关系时，他表示：一直到现在，我们还是很欣赏当时尼克松总统走出了勇敢的一步，亲自到中国来，双方签订了上海公报，这是我们两国关系的转折点，是新的开端。

---

① 中共中央文献研究室编：《邓小平年谱（1975—1997）》上，中央文献出版社2004年版，第16页。

② 中共中央文献研究室编：《邓小平年谱（1975—1997）》上，中央文献出版社2004年版，第22页。

我们一直认为，我们两国的社会制度不同，意识形态不同，对国际政治的许多主张也不同，但我们还有一些共同的语言，甚至在一些重大国际问题上有些共同的语言。只要遵循上海公报的精神和原则，逐步发展两国的关系是完全可能的。①

4月16日，池田大作为团长的日本创价学会第三次组团访华，邓小平在会见代表团时，谈到了正在酝酿之中的中日和平友好条约中写进反对霸权主义的内容问题。他说，中国和日本都不在亚洲、太平洋地区谋求霸权，都不搞霸权主义。我们中国愿意用这点来限制我们自己，中国承担了义务，不在亚太地区谋求霸权。日本承担在亚太地区不谋求霸权的责任，这是经过两次世界大战和近百年的历史总结出来的经验。由于长期的历史渊源，日本在亚太地区的形象是受了影响的。写上这一条，对日本改善同亚太地区国家的关系，不但是有益的，而且是必要的。②

6月2日，在会见美国报纸主编协会代表团时，邓小平说：中美两国之间的关键问题是台湾问题。我们的立场很清楚，要实现中美关系正常化，台湾问题只能采取日本方式解决，具体地说就是美国从台湾撤军，同台湾废约、断交。其他方式，我们不能考虑。如果美国政府考虑还不成熟，我们也可以等一等。总之，“两个中国”“一个半中国”“一个中国，一个台湾”的立场，我们都是不能接受的，变相形式的这种立场，我们也不能接受。③

## 4. 全面整顿

军队的整顿是邓小平领导的全面整顿中着力抓的又一项重要工作。人民解放军是一支听党的指挥、战无不胜的人民军队。但是，“文化大革命”以来，由于林彪等人的破坏，军队建设中也存在不少问题。这主

---

① 中共中央文献研究室编：《邓小平年谱（1975—1997）》上，中央文献出版社2004年版，第30—31页。

② 中共中央文献研究室编：《邓小平年谱（1975—1997）》上，中央文献出版社2004年版，第35页。

③ 中共中央文献研究室编：《邓小平年谱（1975—1997）》上，中央文献出版社2004年版，第52页。

要是军队部分单位、部分人存在肿、散、骄、奢、惰的现象。邓小平曾对这些现象进行过深刻的剖析，他指出：

“肿”，不言而喻，就是军队的人数增加很多，军费开支占国家预算的比重增大，把很多钱花费在人员的穿衣吃饭上面。更主要的是，军队膨胀起来，不精干，影响战斗力。

“散”，主要表现在有派性和组织纪律性不强。军队本不存在派性的问题，这是军队在“支左”当中出现的新问题。军队“支左”，许多人也卷到派性里面去了。一些人卷到这一派里，另一些人卷到那一派里。以后又把派性带回到军队，在军队内部不少单位也分成了两派。派性又影响到军队的组织纪律性，以致出现了不服从上级、不服从组织的现象。

“骄”，就是“军队支左，权力大得很。大权在握，加上其他一些原因，在军队一部分人中，滋长了骄气。有的甚至不只是骄气，而是骄横。有的人喜欢指手画脚，把群众路线的优良传统也丢掉了”。

“奢”，表现有的人“追求资产阶级生活方式”，闹享受，闹待遇，有的甚至公私不分，请客送礼，修建楼堂馆所。

“惰”，就是有些高级干部革命意志衰退，追求个人利益，不注意保持革命晚节。有的人小病大养，无病呻吟，官僚主义，工作不努力，不踏实，不深入基层，不亲自动手，不动脑筋，靠秘书办事，讲五分钟话都要人家写成稿子照着念，有时还念错了。这是思想懒惰。有的人怕字当头，不敢办事，不敢讲话，怕讲错了挨批。①

为了解决军队中存在的上述问题，经中共中央和毛泽东批准，中央军委于 6 月 24 日至 7 月 15 日举行扩大会议，参加会议的有中国人民解放军各总部、各大军区、各军兵种、军事院校的负责人共 70 余人。7 月 14 日，邓小平在会上作了《军队整顿的任务》的重要讲话。

邓小平说，军队整顿什么？就是整顿“肿、散、骄、奢、惰”这五个字。他说，中央军委的工作，实际上就是两件事：第一件“军队要整顿”，第二件“要准备打仗”。“这两件事都是毛泽东同志讲的，我们军队工作的纲就是这个。”②

关于整编中的干部问题，邓小平指出，这个问题主要是两个方面，

---

① 《邓小平文选》第二卷，人民出版社 1994 年版，第 16—19 页。

② 《邓小平文选》第二卷，人民出版社 1994 年版，第 20 页。

一是在军队内部的处理问题，一是在地方的安置问题。设顾问是一个新事物，是我们军队现在状况下提出的一个好办法。最后，邓小平强调了高级干部的责任。他说，现在军队一些不好的现象能不能克服，几十年的优良传统能不能继承和发扬，主要靠老同志传帮带。只要大家带头努力，做到毛泽东同志说的八个字，团结、紧张、严肃、活泼，军队的问题是不难解决的，党的路线、方针、政策是可以贯彻好的。

这次会议在分析了国际国内的形势后认为，一方面，帝国主义是战争的策源地的状况没有改变，战争不可避免；另一方面，战争不是三五年内一定要打得起来的，有可能推迟。因此，有必要也有可能争取时间，搞好工作，准备打仗。会议集中讨论和重点解决了压缩军队定额、调整编制体制、配备领导干部和安排超编干部等军队的重大问题。会议提出，整顿军队的主要任务是先搞好军队的编制和体制整顿，压缩军队的人员定额，调整配备好各级领导，以此带动和影响军队其他问题的解决。会议通过了《关于压缩军队定额、调整编制体制和安排超编干部的报告》，确定在三年内军队总额减少 160 万人，安置超编干部 60 万人。

7 月 19 日，中共中央转发了中央军委关于这次会议情况的报告和邓小平、叶剑英在会上的讲话，要求全军认真传达学习，贯彻执行。随后，整顿工作在全军全面展开。仅总后勤部机关的编制员额一下子就精简了 39.3%，军以下后勤机关也作了大幅度的精简，对基层则相对精简较少，许多基层单位还得到增额充实。在精简整编中，总后勤部还及时制定了一系列政策规定，避免部队在撤并中出现损失浪费现象。总后勤部对撤销、合并和改变隶属关系的 900 多个团以上单位，顺利进行了经费物资的交接；对空闲的 3600 多万平方米营房，进行了调整使用和经营开发；对编余的 100 多万件武器装备，进行了检修和封存。①

在抓紧整顿军队的同时，国防工业的整顿也紧锣密鼓地进行。

1975 年 5 月，中央军委任命张爱萍为国防科委主任，主持国防科研和军工生产工作。

国防科委系统在“文化大革命”中遭受了严重的冲击，一些科研单位人员分成好几派，长期以来派仗不断，许多科技干部和科研工作者被

---

① 洪学智：《深切缅怀小平同志对军队后勤建设的伟大功绩》，《回忆邓小平》上，中央文献出版社 1998 年版，第 88 页。

扣上“特务”“里通外国”的帽子受到残酷打击，科研和生产工作陷于瘫痪、半瘫痪状态，以至一些尖端武器研制周期拖长，产品质量下降。张爱萍上任后，在邓小平、叶剑英等老一辈革命家的大力支持下，以消除派性为重点，大刀阔斧地进行整顿，很快打开了局面。

5 月 19 日，刚刚从法国出访归来的邓小平顾不上休息，就与叶剑英、聂荣臻等其他军委领导一起，听取国防科委关于科学试验、发展规划的汇报。邓小平在听取汇报后指出：不准再打派仗，凡是打派仗的，按照中央九号文件办，不管什么老虎屁股，都要摸。今后仍闹派性的干部，坚决调离，国防科委调不动，由中央军委调，配备的新干部一定要团结、能干事。他还鼓励张爱萍等国防科委的领导大胆地工作，不要怕说错话，并表示，只要是大胆地工作，即使错了，也由他和叶剑英负责。

7 月 20 日至 8 月 4 日，中共中央、国务院在北京召开国防工业重点企业会议。邓小平、叶剑英、李先念到会讲话。

邓小平在讲话中强调，解决军工企业的问题主要抓好三条：

第一，一定要建立敢字当头的领导班子。领导班子问题一定要抓紧解决，要找一些能够办事、敢于办事的同志来负责。主要是配备好一、二把手，一、二把手敢字当头，就可以把队伍带起来。

第二，一定要坚持质量第一，特别是军工产品。没有必要的责任制度，质量难于保证，这方面要很好地整顿。要发挥科技人员的积极性，要搞三结合，科技人员不要灰溜溜的。不是把科技人员叫“老九”吗？毛主席说，“老九不能走”。这就是说，科技人员应当受到重视。要给他们创造比较好的条件，使他们能够专心致志地研究一些问题。这对于我们事业的发展将会是很有意义的。

第三，一定要关心群众生活。这个问题不是说一句话就可以解决的，要做许多踏踏实实的工作。群众对生活方面的议论是相当多的，不要以为都是讲怪话。我们党和国家一定要关心群众生活，现在应该提出这个问题了。①

1975 年，我国的国防科技事业经过整顿后，取得了显著成就。这一年，我国成功地发射了人造卫星，还成功地进行了一次地下核试验。

---

① 《邓小平文选》第二卷，人民出版社 1994 年版，第 25—27 页。

中国科学院是“文化大革命”的又一重灾区。1967 年初，科学院被造反派夺了权，院党组成员全部被打倒，71 名司局级干部中有 59 人被列为打倒或重点审查对象，半数以上的处级干部也被打倒，各个所的党委基本瘫痪。广大的科研人员也被打成“反动学术权威”“白专典型”“修正主义苗子”，遭受批斗和迫害。到 1968 年底，科学院在北京地区的 170 名高级研究人员中，有 131 名被列为打倒或审查对象。

1975 年 7 月，邓小平做出了“整顿科学院，加强领导”的指示，下决心要将科学院整顿好，把科研工作搞上去。与此同时，中共中央批准国务院关于整顿中国科学院的报告，并决定派胡耀邦、李昌、王光伟去科学院担任党的核心小组副组长，率工作组领导科学院的工作。

胡耀邦到中国科学院后，根据邓小平有关整顿的讲话精神，提出主要抓六个方面的整顿工作：（一）深入学习理论，反修防修，坚持安定团结和把国民经济搞上去；（二）落实党的知识分子政策和干部政策；（三）批判资产阶级派性；（四）整顿院所领导班子；（五）整顿机构；（六）整顿科技出版。①

胡耀邦是一个敢于讲真话、讲实话的人。到科学院工作后，在短短的三个月时间里，他作了五十多次讲话，主要内容就是宣传邓小平关于全面整顿的思想，核心是要把科研工作搞上去。他说：所有搞科研的共产党员，业务上非搞上去不可。今后二十五年赶上世界先进水平，这是我们赌了咒、发了誓的。科研工作搞不上去，不仅是犯错误，也是犯罪。他还说，要刮搞业务的“台风”，而且刮八级“台风”还不行，必须刮十二级“台风”。他提出，科学院各所的业务、政治、行政三个部门，有一个共同的目标，就是繁荣社会主义的科学技术；所有的工作都要为这个目标服务，为把科研搞上去扫清障碍，创造条件。这年 10 月，在科学院共青团组织举行的纪念红军长征 40 周年大会上，胡耀邦面对 2500 名青年科技工作者，作了题为《实现四个现代化是新的长征》的报告，号召青年科技人员为实现四个现代化而奋斗，把我国建设成为一个伟大的社会主义强国。胡耀邦富于激情的讲话，深深地感动了在场的青年人，不少人热泪盈眶，一些原来参加过造反组织的人，表示再也不

---

① 路甬祥主编：《邓小平与中国科学院》，江西教育出版社 1999 年版，第 15 页。

能批判“唯生产力论”了。

胡耀邦还要求各个研究单位尽快配齐领导班子，要选择本专业比较有权威的人当所长。他还提出要解决好科技人员的生活困难，解决他们的房子、票子（经济困难）、妻子（两地分居）、孩子（入托上学）和炉子（煤气罐）的问题。

在胡耀邦等人的努力下，科学院的面貌迅速改观，出现了多年未见的科研人员争相搞科研的局面。

在1975年的整顿中，邓小平曾就教育问题讲过两段著名的话。他说：

“要后继有人，这是对教育部门提出的问题。大学究竟起什么作用？培养什么人？有些大学只是中等技术学校水平，何必办成大学？”“我们有个危机，可能发生在教育部门，把整个现代化水平拖住了。比如我们提高工厂自动化水平，要增加科技人员，这就要靠教育。提高自动化水平，减少体力劳动，世界上发达国家不管是什么社会制度都是走这个道路。科技人员是不是劳动者？科学技术叫生产力，科技人员就是劳动者！”“要解决教师地位问题。几百万教员，只是挨骂，怎么调动他们的积极性？毛主席讲消极因素还要转化为积极因素嘛！教育战线也要调动人的积极性。”①

“现在相当多的学校学生不读书，这也不符合毛泽东思想。毛泽东同志反对的是教育脱离实际、脱离群众、脱离劳动，并不是不要读书，而是要读得更好。毛泽东同志给少年儿童的题词是‘好好学习，天天向上’嘛。还有，毛泽东同志讲了四个现代化，还讲过阶级斗争、生产斗争、科学实验是三项基本社会实践，现在却把科学实验割裂出来了，而且讲都怕讲，讲了就是罪，这怎么行呢？”②

这也是1975年邓小平领导教育整顿的指导思想。

自这年5月起，教育部部长周荣鑫在周恩来、邓小平支持下，积极着手整顿教育工作。他多次召开教育系统干部、教师会议，听取意见和了解情况，针对林彪、江青一伙对教育事业的破坏，提出教育要与经济基础相适应，要重新为知识分子和教育工作者恢复名誉，要重新恢复被

① 《邓小平文选》第二卷，人民出版社1994年版，第33—34页。

② 《邓小平文选》第二卷，人民出版社1994年版，第37页。

严重破坏了的教育系统的各项工作。

8 月 23 日至 30 日，教育部召开北京、上海、天津、广东 4 省市城市中小学教育座谈会。周荣鑫在会上说："毛主席从来没有讲过不要文化。毛主席在《新民主主义论》中提出要建立民族的科学的大众的文化。现在一谈起文化，就谈虎色变，怕得要死，赶紧出来说话，什么'回潮'啊，'又是 1972 年的风'啊！毛主席指示过的，也可以不管，这样不成。""几百万教师在培养学生，还天天说他们是资产阶级知识分子，这不是自己打自己的嘴巴吗?""我的有些话可能刺痛了那些好搞形而上学的人，他们有些不满。""要打倒，我也不怕。要做小平同志讲的那样不怕被打倒的人。"① 讲话在教育界引起了强烈的反响。

8 月至 10 月，在教育部主办的《教育革命通讯》上，连续发表了《全面关怀青少年的成长》《研究基础理论为社会主义建设服务》等文章，对那种认为坚持以学为主原则，重视基础理论课教学，保证教学时间和质量就是搞"智育第一"的错误观点，作了公开的批评。

"文化大革命"并不是真正意义上的文化革命，相反是对文化事业的严重摧残。可是，"四人帮"中的多数人却是靠舞文弄墨发迹的。"文化大革命"以来，文化领域也一直被"四人帮"视为自己的"势力范围"，严加控制，使本应百花齐放的文艺界一片萧条，八亿人民长年累月只有八部"样板戏"可看。

对于这种局面，毛泽东也不甚满意，提出要调整文艺政策。这年 5 月 3 日，他在中共中央政治局会议上的讲话中提出：教育界、科学界、文艺界、新闻界、医务界、知识分子成堆的地方，其中也有好的，有点马列的。7 月初，毛泽东在同邓小平谈话时又说："样板戏太少，而且稍微有点差错就挨批。百花齐放都没有了。别人不能提意见，不好。"邓小平表示，现在文艺不活跃，这时毛泽东说："怕写文章，怕写戏。没有小说，没有诗歌。"② 7 月 14 日，毛泽东就调整文艺政策作出了书

---

① 转引自程中原、夏杏珍：《邓小平与一九七五年整顿》，人民出版社 2004 年版，第 452 页。

② 中共中央文献研究室编：《邓小平年谱（1975—1997）》上，中央文献出版社 2004 年版，第 64 页。

面谈话。他指出："党的文艺政策应调整一下，一年、两年、三年，逐步扩大文艺节目。缺少诗歌，缺少小说，缺少散文，缺少文艺评论。""对于作家，要惩前毖后、治病救人。如果不是暗藏的有严重反革命行为的反革命分子，就要帮助。"他还说："文艺问题是思想问题，但是不能急，人民不看到材料，就无法评论。""处分人要注意，动不动就要撤职，动不动就要关起来，表现是神经衰弱症。"①

根据毛泽东的谈话，邓小平为文艺整顿采取了一系列的措施。

6 月中旬，邓小平向中共中央提出，成立国务院政治研究室。不久，国务院政治研究室正式成立，负责人为胡乔木，吴冷西、胡绳、熊复、于光远、邓力群等也参与研究室的领导工作。这些人是党内有名的"秀才"，"文革"前参与了许多重要文件的起草，在"文革"中被打倒或受到不同程度的冲击。很显然，邓小平建议成立这样的机构，是为了组建一个强有力的写作班子，为全面整顿工作起草文件。

国务院政治研究室成立不久，邓小平就召集研究室的负责人开会，传达 7 月初毛泽东关于文艺问题的意见，并要求研究室通过调查研究，收集整理文化教育领域的情况。邓小平说，除百花齐放外，还有一个百家争鸣的问题。要防止僵化。现在的文章是千篇一律，是新八股。"双百"方针没有贯彻执行，文学、艺术不是更活泼、更繁荣。

根据这一指示，国务院政治研究室开始整理文艺领域的问题，发现文艺宣传中对毛泽东有关文艺方针的四句话都只引"古为今用""洋为中用""推陈出新"三句，不引用"百花齐放"这一句。国务院政治研究室将这个情况整理成材料上报邓小平。邓小平了解这个情况后很重视。10 月 4 日，他在中央农村工作座谈会上，对此作了严肃的批评：

> 我总觉得现在有一个很大的问题，就是怎样宣传毛泽东思想。林彪把毛泽东思想庸俗化的那套做法，罗荣桓同志首先表示不同意，说学习毛主席著作要学精神实质。当时书记处讨论，赞成罗荣桓同志的这个意见。林彪主张就学"老三篇"（后来加成"老五篇"），是割裂毛泽东思想。毛泽东思想有丰富的内容，是完整的一套，怎么能够只把"老三篇"、"老五篇"叫做毛泽东思想，而把

① 《建国以来毛泽东文稿》第十三册，中央文献出版社 1998 年版，第 446—447 页。

毛泽东同志的其他著作都抛开呢？怎么能够抓住一两句话，一两个观点，就片面地进行宣传呢？割裂毛泽东思想这个问题，现在实际上并没有解决。比如文艺方针，毛泽东同志说，要古为今用，洋为中用，百花齐放，推陈出新。这是很完整的。可是，现在百花齐放不提了，没有了，这就是割裂。现在相当多的学校学生不读书，这也不符合毛泽东思想。①

此前的7月18日，长春电影制片厂编剧张天民上书毛泽东和邓小平，对文化部核心小组批评电影《创业》的十条意见表示不同看法，建议《创业》重新上演。

《创业》是长春电影制片厂摄制的反映大庆油田艰苦创业事迹的故事片，1975年2月公开放映，受到了广大群众的热烈欢迎，但江青和她控制的文化部却对电影百般挑剔。就在上映的第二天，文化部做出几项决定：不继续印制拷贝，报纸上不发表评介文章，电台停止相关广播等。文化部将这些决定通知了全国各地。不久，又说影片在政治上、艺术上都有严重错误，政治上美化刘少奇，艺术上写真人真事，公式化概念化。4月8日，文化部核心小组“经过仔细认真讨论”，提出了十条“批评意见”，其实也就是给影片强加了十项罪名。

张天民在信中说：“我和文艺界不少同志对十条意见有不同看法，但谁也不公开讲。我想写信给毛主席，又担心会受到有关方面的责难。考虑再三，我觉得这不仅是一部影片的问题，而是关系到今后创作怎样搞的问题，是广大文艺干部所共同关心的问题。”张天民提出：“如果这部影片的错误还没有到十条意见指出的那样严重程度，我建议应该重新上演，相信经过无产阶级文化大革命锻炼的人民是会正确地鉴别它的。”

张天民先将信交给了国务院政治研究室的负责人胡乔木，胡乔木又及时把信送给了邓小平，由邓小平送到了毛泽东手里。

7月25日，眼睛刚刚动过手术的毛泽东对张天民的来信作出批示：“此片无大错，建议通过发行。不要求全责备，而且罪名有十条之多，太过分了，不利调整党的文艺政策。”“此信增发文化部及来信人所在单位。”②

① 《邓小平文选》第二卷，人民出版社1994年版，第36—37页。

② 《建国以来毛泽东文稿》第十三册，中央文献出版社1998年版，第450页。

7月26日，邓小平看到了毛泽东的批示。他对国务院政治研究室的负责人说，文化部处理问题太粗暴，连《创业》这样好的电影也不许放映，还有什么百花齐放？针对“四人帮”把“三突出”（指在所有人物中突出正面人物，在正面人物中突出英雄人物，在英雄人物中突出主要英雄人物）绝对化的倾向，邓小平说：我们社会主义社会里，还需要有讽刺文学。人民代表大会每次都有侯宝林当代表，而且主席每次开会都要问一问有没有侯宝林。[①]

毛泽东批示下发后，江青等人抵赖说“十条罪状”不是他们制造的，并攻击支持张天民的邓小平等领导人。江青在9月14日说：“对这部电影，我是提过意见，但十条不是我提的。张天民告了我的刁状，说我看了，立即就停演。”“张天民这个年青人给主席写信，后面总有人支持，可能有坏人。”

在邓小平的支持下，电影《海霞》也获准上映。

这部电影是根据黎汝清的小说《海岛女民兵》改编的，1975年初拍摄完成后，周恩来、朱德、叶剑英等人先后审看，肯定了该片，并建议上演。可是在江青的授意下，文化部查封了该片的全部底片和样片，还给该片提出了大大小小几十条意见，称该片是“黑线回潮的代表作”。该片编导谢铁骊、钱江就此事同江青在文化部的代理人据理力争，也无济于事。最后，他们愤而上书，并请国务院政治研究室的胡乔木和邓力群将信送交邓小平，由邓小平转呈毛泽东。

7月29日，毛泽东在谢、钱的来信上批示：“印发政治局全体同志。”

第二天，根据毛泽东的意见，邓小平与在京政治局委员在人民大会堂小礼堂审看《海霞》。看完之后，邓小平问道：大家看后有什么意见？李先念和其他政治局委员认为《海霞》一片没有问题。邓小平又问张春桥有什么意见，张春桥也说没意见。邓小平就对张春桥说：你管文化部，由你通知文化部，就这样演出吧。随后，此片在全国上映。

因为毛泽东已明确作出了指示，尽管江青等人胡搅蛮缠，但在邓小平的主持下，中共中央仍根据毛泽东一系列的指示精神，调整一些文艺

---

① 中共中央文献研究室编：《邓小平年谱（1975—1997）》上，中央文献出版社2004年版，第13页。

方面的政策。经中共中央批准，停刊多年的《人民文学》《诗刊》等杂志恢复出版，话剧《万水千山》、大型舞台艺术作品《长征组歌》等重上舞台，还举行了人民音乐家聂耳、冼星海纪念演出。1975 年的文艺界虽然还不是百花齐放，但改变了八部“样板戏”一统天下的局面。

在领导全面整顿的过程中，邓小平还试图对“文化大革命”期间制造的一些冤假错案进行平反。在一次中央政治局会议上，邓小平提出“六十一人叛徒”案（1936 年，刘少奇领导的中共中央北方局在征得中共中央同意后，决定让关押在北平草岚子监狱的一批干部履行狱方规定的一定手续后出狱，“文化大革命”中，江青、康生等人为打倒刘少奇，硬说这是刘少奇背着中央私自决定的，这些干部也被打成叛徒）需要重新审查，了解这一情况的中共北京市委第一书记吴德在会上也讲明了当时的真实情况，可是江青却在会上指责这是“给叛徒翻案”，邓小平也就无法再谈下去。

## 5. 三个重要文件

全面整顿展开并取得一定成效后，邓小平为了把整顿的成果巩固下来，主持起草了三个著名的文件——《关于加快工业发展的若干问题》《关于科技工作的几个问题（汇报提纲）》和《论全党全国各项工作的总纲》。

《关于加快工业发展的若干问题》是由国家计划委员会起草的，这是一个力图全面整顿工业的文件。

1975 年 7 月中旬，国家计委开始了文件的起草工作。邓小平对这项工作很重视，8 月 18 日，邓小平在国务院讨论这个文件时，作了重要讲话。邓小平主要讲了如下意见：

第一，确立以农业为基础、为农业服务的思想。工业支援农业，促进农业现代化，是工业的重大任务。

第二，引进新技术、新设备，扩大进出口。要争取多出口一点东西，换点高、精、尖的技术和设备回来，加速工业技术改造，提高劳动生产率。

第三，加强企业的科学研究工作。随着工业的发展，企业的科技人员数量应当越来越多，在全部职工中所占的比例应当越来越大。

第四，整顿企业管理秩序。企业管理是一件大事，一定要认真搞好。

第五，抓好产品质量。质量第一是个重大政策，提高产品质量是最大的节约。

第六，恢复和健全规章制度。关键是建立责任制。

第七，坚持按劳分配原则。这在社会主义建设中始终是一个很大的问题。[①]

《关于加快工业发展的若干问题》初稿为十四条，根据邓小平的意见，增加了部分内容，扩展为二十条（所以这个文件又简称为“工业二十条”），主要内容是：

——学习理论必须促进安定团结，促进生产发展。不能把搞好生产当作“唯生产力论”和“业务挂帅”来批判。

——整顿企业，首先要整顿党的领导。用一年左右的时间把所有企业的领导班子整顿好，改变“软、懒、散”的领导班子，把坏人篡夺了的权力夺回来，建立起一个精干的而不是臃肿的、坚强有力的而不是松散软弱的、能打硬仗的而不是一拖就垮的领导班子。

——整顿企业管理，严格遵守制度。所有企业要建立以岗位责任制为核心的生产管理制度。

——要落实党的政策。工人、技术人员、干部，凡是被戴上“保守派”、“站错队”等帽子的，一律摘掉。要信任科学技术人员，积极发挥他们的才能，不适当改行的，要加以调整。

——对于“造反”“反潮流”要进行具体分析。正确的要支持，错误的要批评，反动的要顶住。凡是以“造反”和“反潮流”作资本，向党伸手，要当党员，要当官的，一律不给，而且要批评。要坚决地同派性作斗争，针锋相对，寸步不让。

——坚持按劳分配的原则。不分劳动轻重、能力强弱、贡献大小，在分配上都一样，不利于发展生产。

——要坚持学习与独创相结合的方针，学习外国一切先进的优良的

① 《邓小平文选》第二卷，人民出版社1994年版，第28—30页。

东西，有计划有重点地引进国外的先进技术，为我所有，以加快国民经济的发展速度。

——实现社会主义现代化需要大批政治觉悟高而精通技术、精通业务的人才，干部、工人、科技人员都要走又红又专的道路。

“工业二十条”所规定的内容，都是很有针对性的，它比较全面地体现了邓小平有关整顿工业的精神。这年10月，国家计委提出报告，请中央政治局讨论后，再将这个文件送交全国计划会议讨论，然后正式下发执行。由于“四人帮”的阻挠，这个文件后来未能下发，但在起草和征求意见的过程中，得到了各级领导干部和广大职工的普遍欢迎，并对正在进行的工业整顿起到了良好的促进作用。

中国科学院党组的《关于科技工作的几个问题（汇报提纲）》（以下简称《汇报提纲》），是根据邓小平的多次指示，在国务院政治研究室负责人胡乔木的协助下，由胡耀邦主持，从7月份开始起草的。《汇报提纲》充分肯定了科技战线上的成绩，认为经过阶级斗争、生产斗争、科学实验三大革命斗争实践的锻炼，科技战线上的绝大多数人是拥护党、拥护社会主义、愿意为人民服务的，并且为独立自主地解决经济建设和国防建设中的一些重大科学技术问题做出了贡献。二十多年来，科技战线上绝大多数领导干部、科技人员和广大职工，辛勤努力，成绩是主要的。

同时，也是更重要的，《汇报提纲》对科研工作提出一系列的具体指导意见：

（一）科技部门一定要做到既有坚强的政治领导，又有切实具体的业务领导。党政领导干部应当朝又红又专方向努力。

（二）科学技术也是生产力，科研要走在前面，推动生产向前发展。没有现代化的科学技术，也就不可能有工业、农业、国防的现代化。

（三）必须充实和加强专业队伍，必须逐步建设一批新的专业科研机构。科学实践也是一种社会实践，生产斗争是不能代替它的。不能不加区别地要求任何科学研究工作都要实现“以工厂，农村为基地”，不宜笼统地提“开门办科研”这样的口号。

（四）自力更生，又不闭关自守。中国的科学技术同世界先进水平相比，还有不小的差距，为了争取时间，争取速度，有必要从国外引进一些先进的技术和设备。

（五）在搞好大量的应用研究的同时，要重视和加强理论研究工作。不能把理论研究与“三脱离”等同起来。

（六）在科技战线要大力加强学术活动，广泛开展学术交流，鼓励学术上不同意见的争鸣和讨论，改变学术空气不浓和简单地以行政方法处理学术问题的状况。要落实政策，把广大知识分子的积极性调动起来。

对于《汇报提纲》的起草工作，邓小平十分关心，他多次开会讨论，发表了许多讲话，并亲自对《汇报提纲》进行修改。9 月 26 日，在听取胡耀邦代表科学院作工作汇报时，邓小平多次插话，对《提纲》给予了充分的肯定。他说，如果我们的科学研究工作不走在前面，就要拖整个国家建设的后腿。现在科研队伍大大削弱了，接不上了。一些科研人员打派仗，不务正业，少务正业，搞科研的很少。少数人秘密搞，像犯罪一样。陈景润就是秘密搞的。像这样一些世界上公认有水平的人，中国有一千个就了不得。说什么“白专”，只要对中华人民共和国有好处，比闹派性、拉后腿的人好得多。现在连红专也不敢讲，实际上是不敢讲“专”字。

邓小平还说，科研工作能不能搞起来，归根到底是领导班子问题，不把领导班子弄好，谁来执行政策？领导班子，特别要注意提拔有发展前途的人。对于那些一不懂行、二不热心、三有派性的人，为什么还让他们留在领导班子里？科研人员中有水平有知识的为什么不可以当所长？要让党性好的组织能力强的人搞后勤。要给有培养前途的科技人员创造条件，关心他们、支持他们。提高自动化水平，减少体力劳动，世界上发达国家不管是什么社会制度都是走这个道路。科技人员是不是劳动者？科学技术叫生产力，科技人员就是劳动者！①

随后，根据邓小平的意见，胡乔木等人又对《汇报提纲》作了修改完善，国务院会议讨论并通过了《汇报提纲》。邓小平明确表示，这个文件很重要，不但能管科学院，对整个科技界、教育界和其他部门也起作用。后来，这个文件由于毛泽东未表态而没有下发。

为了总结和宣传全面整顿的指导思想，国务院政治研究室在邓小平

---

① 《邓小平文选》第二卷，人民出版社 1994 年版，第 33—34 页。

的指导下，由邓力群主持，从8月份起开始起草《论全党全国各项工作的总纲》(以下简称《总纲》)。

《总纲》是根据邓小平的多次讲话精神而起草的，其理论依据是毛泽东的“学习无产阶级专政理论”“还是安定团结为好”和“把国民经济搞上去”的三项指示。以当时流行的话说，是以“三项指示为纲”写成的。

文章说，学习无产阶级专政理论的成绩，是好是坏，是大是小，检验的唯一标志，就看我们是否应用这种理论，就看我们在应用中是否有利于把无产阶级专政的任务落实到基层，是否有利于促进安定团结的政治局面，是否有利于促进国民经济更快地发展。“可是我们一些同志至今还是用形而上学来对待政治和经济、革命和生产的关系，总是把政治和经济互相割裂开来，把革命和生产互相割裂开来，只讲政治，不讲经济，只讲革命，不讲生产，一听到要抓好生产，搞好经济建设，就给人家戴上‘唯生产力论’的帽子，说人家搞修正主义。这种观点是根本站不住脚的。”

《总纲》指出：“在艰苦的革命战争年代，毛主席都这样重视经济建设工作，这样重视增强革命战争的物质基础。现在我们的国家已经成为无产阶级专政的社会主义国家，有了进行和平建设的国内条件，而我们又面临着帝国主义和社会帝国主义颠覆和侵略的威胁，难道我们还不应当争取时间，加倍努力，尽快地把国民经济搞上去，增强社会主义的物质基础吗?”

毛泽东在中共七大《论联合政府》的报告中曾说过这样的一段话：“中国一切政党的政策及其实践在中国人民中所表现的作用的好坏、大小，归根到底，看它对于中国人民的生产力的发展是否有帮助及其帮助之大小，看它是束缚生产力的，还是解放生产力的。”《总纲》在特地引用了这段后指出：“区别真马克思主义和假马克思主义，区别正确路线和错误路线，区别真干革命和假干革命，区别真干社会主义和假干社会主义，区别干部所做工作的成绩是坏是好，是大是小，归根结底，只能也只应按照列宁和毛主席所提出的这个标准来衡量。”“一个地方、一个单位的生产搞得很坏，而硬说革命搞得很好，那是骗人的鬼话。那种认为抓好革命，生产自然会上去，用不着花气力去抓生产的看法，只有沉醉在点石成金一类童话中的人才会相信。”

《总纲》是将矛头对向“四人帮”的一篇理论性很强的文章，它从理论上阐明了整顿的指导思想和方针、政策，突出强调了发展生产力，在当时历史条件下，是一篇系统地批判极左思想的力作。这篇文章是按邓小平有关整顿的思想写出的，还未来得及送给邓小平审阅，就发生了所谓“反击右倾翻案风”，连同前面说过的“工业二十条”和《汇报提纲》，被四人帮污蔑为“三株大毒草”。

1977 年，邓小平在同两位中央负责人谈话中，曾对这三个文件做过这样的评价。他说：“三株大毒草”中的《论全党全国各项工作的总纲》我确实是在最近才看到的。文章写得好，针锋相对，很尖锐，是香花，不是毒草。《关于科技工作的几个问题（汇报提纲）》，当时就想争取通过，但没有能做到，有些问题现在要进一步写。《关于加快工业发展的若干问题》，看过第二稿，以后的稿子没看过。这些文章也有缺点，没有缺点的香花我看是没有的。①

1975 年 9 月 15 日至 10 月 19 日，中共中央、国务院先在山西昔阳后在北京召开全国“农业学大寨”会议，参加会议的有国务院有关单位负责人，各省、地、县负责人，农业、科技、财贸等许多单位代表，共 3700 多人。

召开全国农业学大寨会议早在 1972 年就提出来了，后来由于各种原因，会议始终未能召开。1975 年 8 月，副总理华国锋、陈永贵向国务院递交了《关于召开全国农业学大寨会议的请示报告》，确定这次会议的主题是：交流农业学大寨，特别是建设大寨式县的经验，研究进一步开展农业学大寨运动和迅速改变穷队面貌的问题。同时，交流农业机械化经验和讨论 1980 年基本实现农业机械化问题。8 月 15 日，邓小平批示了这个报告。

对于这次会议，毛泽东十分重视，他提出，凡是能去的中央政治局委员，都去参加会议，他还要邓小平代表中共中央在会上作报告。

9 月 15 日，即会议开幕的当天，邓小平从北京坐火车来到山西阳泉，转乘汽车去会议所在地昔阳。在阳泉火车站，邓小平对前来迎接的

① 中共中央文献研究室编：《邓小平思想年谱（1975—1997）》，中央文献出版社 1998 年版，第 29 页。

中共山西省委第一书记王谦说："不要怕别人说什么，重要的是要把领导班子整顿好，关键是用好人。"

全国农业学大寨会议由国务院副总理华国锋主持，当他宣布"现在，请中共中央副主席、国务院副总理邓小平同志向大会作重要讲话"时，作为大会会场的昔阳县拖拉机厂新厂房里，响起了热烈而持久的掌声。在几次示意大家停止鼓掌后，邓小平发表讲话。

他说：二十五年来，在农业方面，我们由过去旧中国的半饥饿状态做到了粮食刚够吃，这件事情不可小视，这是一个伟大的成绩。在工业方面，我们也打下了一个初步的基础。但是，我们应该有清醒的头脑，尽管有了这个基础，但我们还很穷、很落后，不管是工业、农业，要赶上世界先进水平还要几十年的时间。所以，我们说形势好，有希望，大有希望，但是，头脑要清醒，要鼓干劲，不仅路线要正确，而且要政策正确，方法正确。周总理在四届人大讲了毛主席提出的发展国民经济的任务，就是到本世纪末，全面实现农业、工业、国防和科学技术的现代化，使我国国民经济走在世界的前列。从明年起，二十五年，我们赌了咒，发了誓，要干这么一件伟大的工作，这真正够得上是雄心壮志。我们相信大家能够办到，但是不要疏忽大意，不要以为轻而易举。

邓小平继而指出：四个现代化，比较起来，更加费劲的是农业现代化。如果农业搞不好，很可能拉了我们国家建设的后腿。我们不能吹牛。类似大寨型的县、社、队，各地都有，但是很不平衡，全国还有部分县、地区，粮食产量还不如解放初期，即使是个别的情况，也是值得很好注意的事。社员收入有的很少，有的还倒欠账。这种状况，我们能满意吗？总之，形势要求我们走快一些。

他还讲了全面整顿的问题，指出：现在全国存在各方面要整顿的问题。毛主席讲过，军队要整顿，地方要整顿。地方整顿又有好多方面，工业要整顿，农业要整顿，商业也要整顿，文化教育也要整顿，科学技术队伍也要整顿。文艺，毛主席叫调整，实际上调整也就是整顿。①

听了邓小平的这番讲话，也来参加会议的江青自然极不舒服。就在邓小平讲话的当中，江青在旁边冷言冷语，无理插话，邓小平也就毫不

---

① 中共中央文献研究室编：《邓小平年谱（1975—1997）》上，中央文献出版社2004年版，第13页。

客气地加以反击。

邓小平说："这次会议很重要，可以说是1962年七千人大会以后各级领导干部来得最多的一次重要会议。"

江青在一旁阴阳怪气地插了一句："内容不一样。"

邓小平说："重要性一样。仅次于七千人大会。"

江青又在一旁说："相当于。"

出席会议的代表都对江青的这种做法很气愤，但她不管这些，继续纠缠不休。当邓小平说到部分地区粮食产量还不如解放初期时，江青又插话说："不能那么说，那只是个别的。"

邓小平回敬说："个别的也值得很好注意呀！据23个省、市、自治区的统计，人民公社基本核算单位农业产值按人口计算平均124元。最低的贵州，倒数第一，只有六十几块。社员有的还欠债。"

邓小平的话音未落，江青又尖着嗓子说："有些债要取消了。"

邓小平马上纠正说："那是政策问题，中央要另行研究。"他接着说："四川倒数第二，九十几块，这行吗？"

"八千万人口。"江青自以为了解情况，又在旁边插了这么一句。

邓小平说："九千多万啰！"后面这个"啰"字他故意拖了很长。邓小平接着严肃地说："类似四川一百元左右的还有好几个省。这是产值，还不等于社员收入。社员收入有的很少，我们能满意吗？"①

江青理屈词穷，无言以对。

9月23日至10月21日，中共中央在北京召开农村工作座谈会。参加会议的有中央主管农业的负责人和部分省、市、自治区党委第一书记等17人，李先念主持了座谈会。会议讨论了陈永贵于8月14日提出的关于在短期内将人民公社基本核算单位由生产队过渡到生产大队，以及取消社员自留地和家庭副业等改变农村经济政策的建议。因为这个问题涉及农村人民公社体制的变革，按照当时的生产力水平，如果急于过渡，只能是较穷的生产队"共"较富的生产队的"产"，再一次刮平均主义的"共产风"，许多人对1958年人民公社化运动时的"共产风"的危害仍记忆犹新，因此座谈会上只有个别人赞成陈永贵的意见，大多数

① 中共中央文献研究室科研部图书馆编：《邓小平人生纪实》中，凤凰出版社2011年版，第850—851页。

人认为目前仍应坚持三级所有，队为基础，不能急于过渡，否则对生产和社员生活均会产生严重后果。陈永贵的意见没有被采纳。

座谈会期间，邓小平于9月27日、10月4日在听取别人发言时，两次作了讲话，仍然是强调整顿的重要性。他说："当前，各方面都存在一个整顿的问题。""要通过整顿，解决农村的问题，解决工厂的问题，解决科学技术方面的问题，解决各方面的问题。""整顿的核心是党的整顿。只要抓住整党这个中心环节，各方面的整顿就不难。""整党主要放在整顿各级领导班子上，农村包括公社、大队一级的，工厂包括车间一级的，科研机构包括研究室一级的，这样解决问题比较快。领导班子整顿好了，党员的问题就容易解决了。"①

此时，邓小平想得最多的，是如何在已取得初步成果的基础上，进一步开展全面整顿，使因"文化大革命"遭到严重破坏的国民经济和各项事业，能够走出多年的低迷状态，迅速得到发展，使长期动荡不安的中国稳定下来，使广大人民能够尽早过上好日子。可是，就在这个时候，一场针对他的政治风暴也正在向他迎面刮来。

---

① 《邓小平文选》第二卷，人民出版社1994年版，第35—36页。

# 九、“反击右倾翻案风”的日子

## 1. 对待“文革”不“转弯”

对于邓小平主持的全面整顿，毛泽东本来是支持的。而且在他心目中，邓小平是周恩来的接班人及他本人身后主政的人选之一。9 月 24 日，毛泽东在会见越南劳动党第一书记黎笋时，对客人说，现在天下最穷的不是你们，而是我们。我们有 8 亿人口。我们现在有领导危机。总理身体不好，一年开过四次刀，危险。康生身体不好，叶剑英身体也不好。我八十二岁了，我也有病。毛泽东用手指着陪同会见的邓小平说，只有他算一个壮丁。① 由此可以看出，直到这时，毛泽东对邓小平仍寄予了相当大的希望。

但是，这次谈话后不久，毛泽东对邓小平的态度发生了变化。直接促使毛泽东改变态度的是两件事情。

一件事是毛远新向他作了邓小平要否定“文化大革命”的汇报。

毛远新是毛泽东的侄子，其父毛泽民 1943 年在新疆被军阀盛世才杀害。毛远新小时候在毛泽东家住过，毛泽东在下一代亲属中比较喜欢他。毛远新毕业于中国人民解放军军事工程学院，“文化大革命”时期参加造反派，后来担任中共辽宁省委书记、省革命委员会副主任、沈阳军区政委。1975 年 9 月下旬，毛远新随中央代表团从北京前往新疆，参加祝贺新疆维吾尔自治区成立二十周年的活动，10 月 10 日回来路过北京时留了下来，成为病情越来越重的毛泽东同中央政治局之间的非正式“联络员”。“毛远新同江青等在思想观点、政治倾向上是一致的。由

① 毛毛：《我的父亲邓小平——“文革”岁月》，中央文献出版社 2000 年版，第 410 页。

于毛泽东那时不愿意见江青，而毛远新可以经常见到毛泽东，他在许多问题上起了‘四人帮’所不能起的作用。”①

9 月 27 日和 11 月 2 日，毛远新两次向毛泽东汇报辽宁省情况。他说：

“今年以来，在省里工作，感觉到一股风，主要是对文化大革命。一是对文化大革命怎么看，主流，支流，十个指头，三七还是倒三七，肯定还是否定。其次是对批林批孔运动怎么看，是看主流，还是看支流。现在，只在口头上说两句成绩，但阴暗面却讲了一大堆，不讲批林批孔运动的成绩。第三是要不要继续批判刘少奇、林彪的路线。当前，批刘少奇的路线似乎不大提了。”

“工业现代化主要强调加强企业管理，规章制度，但工交战线的主要矛盾是什么？”

“农业、财贸战线也有类似问题，教育革命主流、成绩是什么？……文艺革命主流支流……总之，文化大革命中批判了刘少奇林彪的路线，批判了十七年中各条战线的修正主义路线还应不应该坚持下去。”

“对文化大革命，有股风，似乎比七二年批极左还凶些。”

“我很注意小平同志的讲话，我感到一个问题，他很少讲文化大革命的成绩，很少提批刘少奇的修正主义路线。”

毛远新又说：“（19）75 年国务院开的务虚会，辽宁省有两个人参加，他们把讲话稿带回去，我看了，觉得国务院几个副总理讲话有些问题。特别是中央（19）75 年四号文件发下去以后，群众反映很多。有人找我说，形势刚好，社员积极性也起来了，看了四号文件不理解，有情绪，还问主席知道不知道。”他还说自己“担心中央，怕出反复”。

毛远新的这番话很有煽动性。毛泽东认为，发动“文化大革命”是反修防修的一大举措，是他一生中办的两件大事中的一件。到这时，“文化大革命”已进行快十年了。在邓小平主持下，通过全面整顿，各方面的工作均有起色，毛泽东企盼的安定团结、把经济搞上去的局面正在形成。但是，关于“文化大革命”的评价却是毛泽东极为敏感的话题。他能容许邓小平进行整顿，但不能容许任何人以任何形式否定“文

① 中共中央文献研究室：《毛泽东传（1949—1976）》下，中央文献出版社 2003 年版，第 1753 页。

化大革命”。邓小平领导的全面整顿，虽然是在“三项指示为纲”的前提下进行的，但其具体做法，实际上是对“文化大革命”以来许多“左”倾政策的否定。毛远新的这些话，不能不引起毛泽东的共鸣。而且在毛泽东看来，毛远新一直在地方工作，比较接近实际，对事情的看法比较“客观”。“何况，他对毛远新还有一份特殊的亲情。”①

与此同时，又发生了另一件在毛泽东看来是对“文化大革命”进行否定的事。

1975年8月13日和10月13日，当时的清华大学党委副书记刘冰等人，两次给毛泽东写信，揭发清华大学党委书记迟群的跋扈专横行为。信中说，迟群最近的表现极为不好，搞了许多违背党的原则的活动，给党的事业已经带来了损失，发展下去将会使党的事业受到更大的损失。信中反映，谢静宜（清华大学党委副书记）越来越明显地袒护迟群的错误。随信还附有《关于迟群同志的错误》的报告。报告说：“党的十大、四届人大以后，由于没有当上中央委员，没有当上部长，迟群同志极为不满。他说：‘主席身边的人都有职位了，为什么不给我安排？中央不信任我’，‘总理老是给我出难题，难的地方都叫我去做’，‘老子辛辛苦苦干了这些年，落个这个下场’，‘主席的两个兵，屁！什么两个兵？’”“刘西尧、周荣鑫主持教育部后，迟群把周围的工作人员召集起来讲话说：‘你们不要光看现在，再过几年再看’，‘别人不提我当四届人大代表，主席提我’，‘我才四十岁，他们都六七十岁了，咱们走着瞧’。”

刘冰的信是经由邓小平转送给毛泽东的。在向毛泽东写信的同时，刘冰等人还将同样内容的信寄送给当时中共北京市委的主要领导人，并且向北京市委科教组负责人作了内容相同的口头汇报，要求北京市委调查处理迟群的问题。

对于刘冰等人的第一封信，毛泽东并未引起太大的注意。他看过后，指着放文件的桌子对秘书说：“先放着。”收到第二封信后，毛泽东把第一封信找出来，又看了一遍。他感到，刘冰等人实际上代表了对“文化大革命”不满的一批人的态度。这正是毛泽东很不满意的。

---

① 中共中央文献研究室：《毛泽东传（1949—1976）》下，中央文献出版社2003年版，第1753页。

10月19日，毛泽东在会见外宾后同李先念、汪东兴等谈话时说：“现在有一股风，说我批了江青。批是批了，但江青不觉悟。清华大学刘冰等人来信告迟群和小谢。我看信的动机不纯，想打倒迟群和小谢。他们信中的矛头是对着我的。迟群是反革命吗？有错误，批评是要批评的。一批评就要打倒，一棍子打死？小谢是带三万工人进清华大学的。迟群我还不认识哩。”他又说：“我在北京，写信为什么不直接写给我，还要经小平转。你们告诉小平注意，不要上当。小平偏袒刘冰。你们六人（按：指邓小平、李先念、汪东兴、吴德、谢静宜、迟群）先开会研究处理。此两封信印发中央政治局在京各同志。清华大学可以辩论，出大字报。”①

上述这两件事，触及毛泽东晚年最为敏感的如何对待“文化大革命”的问题。

根据毛泽东的意见，邓小平于10月23日主持召集有李先念、汪东兴、吴德、谢静宜、迟群参加的六人会议，传达毛泽东对清华大学刘冰等来信的批评。经过初步讨论，会议一致表示毛泽东的指示非常重要，并就如何贯彻提出两个方案：一、召开清华大学党委扩大会议，传达毛泽东的指示，其中毛泽东对邓小平、江青批评的内容不传达。毛泽东指示传达后，展开辩论。二、以刘冰等的两封信为主要内容，放手发动群众在全校开展大辩论。先是党委常委扩大会，然后再逐步扩大到全体工军宣传队、各系革委会主任，之后再扩大到全校干部和全校师生员工。由吴德到清华大学说明情况，迟群主持会议。10月底或11月初召开第一次会议。会议还建议向中央政治局原原本本地传达毛泽东的指示。10月27日，邓小平、李先念、吴德、汪东兴联名就六人会议的情况书面报告毛泽东。毛泽东阅后表示同意第二方案，还在第一方案中“主席对小平、江青同志批评的内容建议不传达”下面画线，并批示“对”。

11月2日，毛泽东对毛远新说：“有两种态度，一是对文化大革命不满意，二是要算账，算文化大革命的账。”“他们信中的矛头是对着我的。”“清华所涉及的问题不是孤立的，是当前两条路线斗争的反映。”“你找小平、东兴、锡联谈一下，把你的意见全讲，开门见山，不要吞

① 中共中央文献研究室：《毛泽东传（1949—1976）》下，中央文献出版社2003年版，第1754页。

吞吐吐。你要帮助他提高。”①

根据毛泽东的意见，11 月 2 日晚上，毛远新以“联络员”的身份，把邓小平、汪东兴、陈锡联找来开会，“帮助”邓小平。毛毛在《我的父亲邓小平——“文革”岁月》中，曾这样描写此次会议的场景：

> 邓小平抽着烟，坐在会议室里，沉静地听着毛远新说完“意见”。邓小平没有半点儿犹豫，随后即行发言，从容而尖锐地驳斥了毛远新提的“意见”。他直率地针对毛远新的话说：“这个问题还可以再想一下，你的描述，中央整个是执行了修正主义路线，而且是在所有领域里都没有执行主席的路线。说毛主席为首的中央搞了个修正主义路线，这个话不好说。”邓小平对自己的主要工作和讲话作了简略的回顾，他说：“我是从今年 3 月九号文件开始抓工作，主持中央工作是 7 月。九号文件以后是什么路线，我主持中央工作三个多月是什么路线，可以考虑嘛，上我的账，要从九号文件开始算起。从九号文件以后全国的形势是好一点，还是坏一点，这可以想想嘛。对九号文件以后的评价，远新同志的看法是不同的。是好是坏实践可以证明。”最后他明白而又简练地向与会者申明：“昨天（1 日）晚上，我问了主席，这一段工作的方针政策是怎样？主席说对。”②

第二天，毛远新将开会的情况报告了毛泽东。毛泽东知道，凭毛远新的“帮助”，邓小平是难以改变态度的。他对毛远新说：“你没有精神准备，他也没有料到，顶了起来，你有理，顺着不好，顶了他，这就叫帮助。”毛泽东还决定把会议的规模扩大一些，让李先念、纪登奎、华国锋、张春桥这四个政治局委员也参加，共同帮助邓小平“转弯”。毛泽东还说：“讨论限于文化大革命问题，做个决议。文化大革命是干什么的？是阶级斗争嘛。”“对文化大革命，总的看法：基本正确，有所不足。现在要研究的是在有所不足方面。三七开，七分成绩，三分错误。”“你们八个人先讨论。一次开不好，两次，三次，不要着急。”

按照毛泽东的要求，11 月 4 日，邓小平、陈锡联、汪东兴、李先

---

① 中共中央文献研究室：《毛泽东传（1949—1976）》下，中央文献出版社 2003 年版，第 1755 页。

② 毛毛：《我的父亲邓小平——“文革”岁月》，中央文献出版社 2000 年版，第 417 页。

念、纪登奎、华国锋、张春桥和毛远新八人开会，继续“帮助”邓小平。这次“帮助”会的效果也很不理想。当天晚上，毛远新向毛泽东汇报了此次八人会议的情况。汇报中讲到，汪东兴在会上说：主席一个时期批评这些人，一个时期批评那些人，为的是在路线上一致起来，不要一批就打倒似的。毛泽东对汪东兴的这个说法深以为然，明确表示：“对，不是打倒，而是改正错误，团结起来，搞好工作，我批评江青也是这样。”

毛泽东听完汇报后，又说：“对文化大革命，总的看法：基本正确，有所不足。现在要研究的是在有所不足方面，看法不见得一致。”毛远新问他：“这次会议争取在对文化大革命这个问题上能初步统一认识，对团结有利。目的是通过讨论，团结起来，搞好工作。是这样吧？”毛泽东肯定地回答：“对。”毛泽东还特别交待毛远新说：“这个不要告诉江青，什么也不讲。”①

从这里可以提出，这时的毛泽东其实在极力维护中国政治格局的平衡。“四人帮”干不了大事，且常常坏事，但毛泽东觉得他们在维护“文化大革命”这件事上同他是一致的，所以要批评，但不能打倒。同时，毛泽东一方面对邓小平否定“文化大革命”的做法不满，一方面认为对邓是帮助提高认识的问题，也不是要把邓小平打倒。经过多年的大乱之后，毛泽东认为中国需要大治，希望能出现一个安定团结的局面，把国民经济搞上去。可是，“文化大革命”的一整套做法，恰恰与安定团结格格不入，也是邓小平无法在这个问题上“转弯”的。

## 2.“反击右倾翻案风”

11 月 3 日，在清华大学党委扩大会议上，中共北京市委第一书记吴德传达毛泽东在 10 月 19 日关于刘冰等人写信的表态。清华大学开始批判刘冰等人，并贴出了《走资派还在走》《投降派确实有》等大字报。

第二天，邓小平、陈锡联、汪东兴、李先念、纪登奎、华国锋、张春桥和毛远新开会，讨论对“文化大革命”的认识问题。会上，张春桥等指责邓小平：刘冰之所以把信寄给你，是由于你与刘冰彼此立场、感

---

① 中共中央文献研究室：《毛泽东传（1949—1976）》下，中央文献出版社 2003 年版，第 1756 页。

情有某些一致的地方。当天晚上，毛远新向毛泽东汇报了八人会议讨论情况。毛泽东说："我批评某人不是打倒，而是改正错误，团结起来，搞好工作。安定团结不是不要阶级斗争，阶级斗争是纲，其余都是目。"毛泽东还指示八人会议要逐步扩大几个人。开会就是帮助小平同志及大家，互相帮助，搞好团结，搞好工作。①

11月12日，召开清华大学党委扩大会议，参加会议的有1700多人，学习、讨论毛泽东的指示。18日，清华大学召开全校大会，"揭发批判"刘冰和周荣鑫等人"否定教育革命，翻文化大革命的案"。会后，清华大学、北京大学相继贴出了大批大字报，公开点名批判刘冰和周荣鑫。以此为发端，"四人帮"掀起了所谓"反击右倾翻案风"的群众运动，将矛头直接对向邓小平。

11月15日晚，中共中央政治局又一次召开"帮助"邓小平的会议。会议仍由"帮助"对象邓小平主持，据列席会议的刘冰回忆：

> 8时整，邓副主席宣布开会，说："昨天主席接见外宾完了之后，把我留下，在场的还有张春桥。主席要胡耀邦、胡乔木、周荣鑫、李昌、刘冰同志参加政治局会议，主席说参加会议也是一种帮助。"邓副主席接着又传达了主席的其他一些指示后，走到张春桥面前说："我耳朵背，记不详细，请你把主席讲的整理一下。"然后把记的两片纸放在张春桥面前的茶几上。张春桥狂妄地说："我不整理，我没有记。"
>
> ……邓副主席刚回到座位上，姚文元插话说："今天列席会议的他们几位，恐怕还不知道主席对清华的批示吧？是否给他们传达一下？"邓副主席没有理睬他，他却大声嚷嚷重复着刚才的话，并指着我们问："你们听过没有？"我说："我听了，吴德同志传达过。"吴德立即声明："我没有传达，我只是说了主席批示的精神。"邓副主席说："那好吧，请毛远新给传达一下，远新你讲吧！"于是毛远新慢慢腾腾翻开笔记本念了毛主席的批示："清华大学刘冰等人来信告迟群和小谢。我看信的动机不纯，想打倒迟群和小谢。他们信中的矛头是对着我的。我在北京，写信为什么不直接写给我，

---

① 中共中央文献研究室编：《邓小平年谱（1975—1997）》上，中央文献出版社2004年版，第127—128页。

还要经小平转。小平偏袒刘冰。清华大学所涉及的问题不是孤立的，是当前路线斗争的反映。”

……毛远新还在讲一些别的，我已不能分辨他讲的内容，但我必须强迫自己冷静下来，只听到邓副主席说：“讨论吧！”王洪文说话了，他说他到上海去了一趟，听到“下面”许多反映，对胡耀邦、周荣鑫意见很大，他列举了一些只言片语后说：“你们和无产阶级专政下继续革命背道而驰，教育部不搞教育革命，专讲一些旧观点、旧思想，搞旧的一套。”张春桥插话说：“都是右的东西，周荣鑫不听我们的。”姚文元跟着说：“报纸记者也有反映，群众对你们有意见。”你一言，我一语，讲个不停，时间几乎被他们全占了。江青时而坐在沙发上，时而离开席位在会场旁边走动，嘴里嘟囔着，有时猛然提高嗓门，阴阳怪气地说几句什么，我听不清楚，但可以看出她是给王、张、姚打气的。其他政治局委员很少说话。叶剑英副主席除了偶尔喝点水或偶尔用毛巾擦脸，一直在默默地记笔记，什么话都没说。11点钟左右，邓副主席说：“今天的会到此为止，明晚8点钟继续开会。”政治局委员陆续退席，邓副主席和叶副主席走在后面，步伐缓慢而坚定。①

同一天，邓小平给毛泽东写了一封信，其中说：“现洪文同志已回，按例，从即日起，中央日常工作仍请洪文同志主持，近日召开的十七人会议（按：即中央政治局按照毛泽东的指示为讨论“文化大革命”而召开的会议）亦应请洪文同志主持。”毛泽东看了邓小平的信后，当天就作出批示：“暂时仍由小平同志主持，过一会再说。”② 毛泽东仍在等待邓小平“转弯”。

11月20日，中央政治局再次召开会议，专门讨论对“文化大革命”的评价问题。会前，毛泽东提出，由邓小平主持，中共中央作出一个肯定“文化大革命”的决议。按照毛泽东的想法，这个决议的基调应该是：对于“文化大革命”，总的评价是“七分成绩，三分缺点”。毛泽

---

① 刘冰：《风雨岁月——清华大学“文化大革命”忆实》，清华大学出版社1998年版，第242—244页。

② 中共中央文献研究室编：《邓小平年谱（1975—1997）》上，中央文献出版社2004年版，第130页。

东让邓小平主持作出这样一个决定，“一是让邓小平这样对‘文革’有看法的人来作这个决议，可以堵住对‘文革’持异议人的嘴，让人不敢再唱反调。二是，毛泽东再给邓小平一个机会，让邓小平改变观点”。“分析毛泽东的内心，他既真心地赏识邓小平的才干和品格，又恼恨邓小平对‘文革’的态度。他对邓小平一再留情，是希望邓小平能够就此妥协，顺从了他这一个最后的心愿。毛泽东实在是太老了，太疲倦了，这一番‘安定团结’的政治格局，是他经过很长时间的考虑所进行的选择，不到万不得已，他是不想再变动了。但是，令毛泽东悲哀的恰恰却是，邓小平具有和毛泽东一样的性格，也是一个在原则问题上绝对不会让步的人。”①

在维护还是否定“文化大革命”的问题上，毛泽东不肯让步，邓小平也不肯让步。这次中央政治局会议讨论的结果就可想而知了。会上，邓小平说：由我主持写这个决议不适宜，我是桃花源中人，“不知有汉，无论魏晋”。邓小平的意思说得清楚，“九年‘文化大革命’，他被打倒了六年，作为一个脱离运动的‘世外’之人，对于‘文革’，他既没有参与也‘不了解’，因此‘不适宜’由他来写。其实，最根本的，他不愿意违心地主持写一个肯定‘文化大革命’的决议”。②

在毛泽东看来，不肯拥护“文化大革命”并非只是邓小平一个人的问题，上面有邓小平这样的老同志，下面有清华大学刘冰那样的基层干部。为了使这些干部能在“文化大革命”问题上不再犯“错误”，把思想统一到“文化大革命”是“七分成绩，三分缺点”的认识上来，11月13日，毛泽东写了一个打招呼问题的批语，其中说：“过去只有河南同80%的县委书记打了招呼，所以没有受冲击。在多数人身上复杂一点。桃花源中人，不知有汉，何论魏晋。要估计这种情况。一些老同志打个招呼，如周荣鑫、李昌、胡耀邦、胡（乔木）、刘冰、李井泉等几十人也要打招呼。”③

---

① 毛毛：《我的父亲邓小平——“文革”岁月》，中央文献出版社2000年版，第426页。

② 毛毛：《我的父亲邓小平——“文革”岁月》，中央文献出版社2000年版，第427页。

③ 《建国以来毛泽东文稿》第十三册，中央文献出版社1998年版，第495页。

不久，毛泽东又决定扩大打招呼的范围。11月21日，邓小平在写给毛泽东的报告中说："遵照主席指示，向一些同志打个招呼，免犯错误。现拟了一个一百三十六人的名单，并拟了一个打招呼的谈话要点，都是由政治局会议讨论修改了的，现送上，请审阅批示。打招呼的方法是，把大家召集到一块谈，政治局同志都出席。政治局商量，准备把谈话要点发给各大军区司令员和政委以及省市委第一书记，也给他们打个招呼。此点也请主席批准。"毛泽东第二天批示道："很好。但不仅只是老同志，要有中年、青年各一人同听同议，如同此次十七人会议那样。即也要对青年人打招呼，否则青年人也会犯错误。请政治局再议一次，或者分两次开，或者先分后合。"过了一天，毛泽东觉得如何对待"文化大革命"主要是老干部的问题，乃决定"先给老同志打招呼。青年问题暂缓"。①

11月24日，中共中央召开打招呼会议，参加会议的主要是党、政、军机关一些负责人，共130余人。会议由邓小平宣读毛泽东批准的《打招呼的讲话要点》。《要点》指出："清华大学党委副书记刘冰等人，于1975年8月、10月两次写信给毛主席，他们用造谣诬蔑、颠倒黑白的手段，诬告于1968年7月带领工人宣传队进驻清华、现任清华大学党委书记迟群、副书记谢静宜两同志，他们的矛头实际上是对着毛主席的。""毛主席指出：'清华大学刘冰等人来信告迟群和小谢。我看信的动机不纯，想打倒迟群和小谢。他们信中的矛头是对着我的。"《要点》认为，毛泽东的指示非常重要。清华大学出现的问题绝不是孤立的，是当前两个阶级、两条道路、两条路线斗争的反映。这是一股右倾翻案风。尽管党的九大、十大对无产阶级文化大革命已经作了总结，有些人总是对这次文化大革命不满意，总是要算文化大革命的账，总是要翻案。根据惩前毖后、治病救人的方针，通过辩论，弄清思想，团结同志，是完全必要的。"中央希望大家认真学习无产阶级专政理论，正确对待群众，正确对待自己，同广大干部、广大群众团结在一起，以阶级斗争为纲，把各项工作做好。"

11月26日，中共中央发出《关于转发〈打招呼的讲话要点〉的通

① 《建国以来毛泽东文稿》第十三册，中央文献出版社1998年版，第504页。

知》。通知要求将《打招呼的讲话要点》扩大传达到省、市、自治区党委常委，大军区党委常委，中央国家机关各部委常委或领导小组、党的核心小组成员，军委各总部、各军兵种党委常委，要求他们进行讨论并将讨论情况上报中共中央。《打招呼的讲话要点》的传达，标志着持续了 9 个月的全面整顿工作为之中断。此后，全国形势急转直下，“反击右倾翻案风”运动在全国迅速展开。

虽然中共中央召开了打招呼会议，但许多老干部的思想并没有因此而被“打通”，他们仍认为邓小平是正确的。后来担任过中央军委副主席、当时担任解放军总后勤部副部长的张震回忆说：

> 在这期间中央召开的一次会议上，我看到了邓小平同志，他虽然沉默寡言，但表情依然十分坚毅。我问他身体好吗？他说：“还好。”我说：“你多保重。留得青山在，不怕没柴烧。”小平同志沉思着，没有吭声。我想，他一定明白了我话中的意思。①

进入 12 月后，中共中央政治局连续开会批判邓小平和他领导的全面整顿，邓小平也不得不违心检讨自己的“错误”。

12 月 20 日，邓小平主持中共中央政治局会议，并作检讨发言，表示感谢毛泽东的教育和大家的帮助，并介绍自己几个月来的思想状态。邓小平说：九号文件以前一段时间，看到相当部分工业生产上不去，事故比较多，不少地方派性比较严重，确实很着急。二三月间铁路运输问题很多，影响到各方面的生产，所以我提出首先从铁路着手解决问题。在这个问题上，除了在管理体制上提出强调集中统一以外，特别强调了放手发动群众，批判资产阶级派性，强调了抢时间，企图迅速解决问题。因此，在方法上强调对少数坚持打派仗的头头，采取坚决调离的方法。徐州问题的解决，铁路上的面貌很快地改观，我当时觉得，用这种方法的结果，打击面极小，教育面极大，见效也最快，同时我还觉得江苏运用铁路的经验解决全省其他问题，也得到较快较显著的效果，所以我认为这个方法可以用之于其他方面。紧接着，把这样的方法用之于钢铁，用之于七机部，用之于某些地区、某些省，用之于整顿科学院的工作。在这次会议之前，我还自认为这些方法是对头的，所以，当有同志

---

① 张震：《在邓小平同志领导下作战与治军》，《回忆邓小平》上，中央文献出版社 1998 年版，第 53—54 页。

对这些方针和方法提出批评的时候，我还觉得有些突然，有些抵触情绪。在谈了对派性，对工业生产，对文教系统，对老、中、青三结合，对新生事物，特别对“文化大革命”的态度后，邓小平说：检查原因，最主要、最根本的，是对“文化大革命”的态度问题。“桃花源中人”，八年未工作，不是主要原因，主要原因是思想认识问题。会议结束后，邓小平致信毛泽东：“在今（廿）晚的会议上，我对自己的错误作了一个检讨性的发言，现将这个发言送呈主席审阅。当然，这是一个初步的检讨，同志们还会继续给我以更多的批评和帮助，使自己得到更大的益处和提高。我希望能够取得主席的当面教诲，当然应在主席认为必要的时候。”①

1976年1月3日，邓小平就被迫在中央政治局会议上作第二次“检讨”。此次“检讨”的内容与上次大同小异，只是根据批判者的意见，加上了一条：提出“以三项指示为纲”这样的重大问题，没有请示主席，没有提到政治局讨论。随后，邓小平再次给毛泽东写信说：“上次在政治局会上作过初步检查之后，又听到远新同志传达主席的一些重要指示。先是六位同志，随后又是两次大的会议上，同志们又对我的错误，进行了严肃的分析、批评和帮助，使我进一步地认识到上次检查的不足。”“对我批判的会议，还要继续开，我除了继续听取同志们的批评和帮助外，总希望能够向主席当面陈述自己对于错误的认识，取得主席的教诲，当然要在主席认为可以的时候。”② 1月14日，毛泽东对邓小平1975年12月20日和1976年1月3日所作的“检讨”作出批示：“印发政治局讨论。”邓小平的“检讨”显然没有达到毛泽东的要求。

1976年1月8日，与病魔进行了顽强斗争的周恩来，带着对党和人民的无限忠诚与世长辞。周恩来是坚决支持邓小平的全面整顿的，这也是他多年想做而未做成的事。他去世前一个月，曾同邓小平谈过一次话，关切地问邓小平：“态度会不会变?”邓小平明确答复说：“永远不会!”听了这句话，周恩来心里感到很宽慰，高兴地说：“那我就放心

---

① 中共中央文献研究室编：《邓小平年谱（1975—1997）》上，中央文献出版社2004年版，第136—137页。

② 中共中央文献研究室编：《邓小平年谱（1975—1997）》上，中央文献出版社2004年版，第140页。

了！”言语中透露出对邓小平的无限希望。对于周恩来的逝世，邓小平极度悲痛。此时，邓小平把个人的安危得失置之度外，全身心地安排周恩来的丧事，以表达对老战友的哀思。

中共中央决定于1月15日为周恩来举行追悼会。悼词是中央政治局审定后又经毛泽东画圈同意的。邓小平虽然已经在政治局内受到错误批判，但他的职务仍没有撤销，仍名义上主持中央日常工作，按常理，应由邓小平在追悼会上致悼词。可是，张春桥却在追悼会前提出由叶剑英来致悼词。叶剑英看穿了“四人帮”的企图，明确表示应该由邓小平致悼词。

1月15日下午，党和国家领导人以及首都各界群众代表几千人，在人民大会堂为周恩来举行隆重的追悼大会。邓小平以中共中央副主席、国务院副总理的身份，代表中共中央致悼词。邓小平在悼词中高度评价了周恩来为中国革命和建设所作出的丰功伟绩，高度评价了他的伟大精神和高贵品格。邓小平说：“周恩来同志忠于党，忠于人民，为贯彻执行毛主席无产阶级革命路线，争取中国人民解放事业和共产主义事业的胜利，英勇奋斗，鞠躬尽瘁，无私地贡献了自己毕生的精力。”“周恩来的一生，是为共产主义事业光辉战斗的一生，是坚持继续革命的一生。他是我们全党全军和全国各族人民学习的榜样。”

周恩来追悼会之后，邓小平的处境进一步恶化。

这期间，邓小平曾向李先念表示，打算给毛泽东写信将职务辞掉。李先念认为不能写信辞职，一写信就会授“四人帮”以柄，说不愿为党工作了。

1月20日，中央政治局根据毛泽东的指示，对邓小平的问题进行“讨论”。所谓“讨论”，其实就是批判。会上，“四人帮”一再追问邓小平，为什么致主席的信中提出要见主席。邓小平回答说，要向主席当面陈述自己对于错误的认识，同时提出自己的工作问题。他说：“我觉得这样的要求是正常的，现在仍有这样的希望。”“四人帮”自然对邓小平这样的回答极不满意，乃轮番对邓小平进行指责和批判。

当天晚上，邓小平给毛泽东写了一封信，并附上了这天政治局会议上的发言记录。邓小平在信中说：“在上次会上同志们要求我在讨论之先，由我讲讲要对主席当面说些什么，所以我在今（二十）晚的会议上作了一个简短的发言，现送上，供审阅。”“我两次要求面见主席，除了讲自己错误和面聆主席的教导外，确实想谈谈我的工作问题。还在批判我的错误的时候，提出我的工作问题是否妥当，我自己确很踌躇。提，怕觉得我受不得批评。不提，也有什么恋栈之嫌。再三考虑，还是想当主席面谈这个问题为好。”“现在，已过去两个多月，批判还将继续下去，再不提出会妨碍中央的工作，增加自己的过失。因此，我首先向主席提出：解除我担负的主持中央日常工作的责任，恳请予以批准。”“我自己再不提出，实在于心有愧。”“至于我自己，一切听从主席和中央的决定。”①

1 月 21 日，毛远新向毛泽东汇报了 20 日中央政治局开会的情况。毛泽东说：邓小平还是人民内部问题，引导得好，可以不走到对抗方面去，如刘少奇、林彪那样。邓与刘（少奇）、林（彪）还是有一些区别，邓愿意作自我批评，而刘、林根本不愿意。毛远新又汇报说：小平同志要求向主席陈述自己的错误，除听取教诲外，还想讲他自己的工作问题。毛泽东表示：小平工作问题以后再议。我意可以减少工作，但不脱离工作，即不应一棍子打死。在毛远新请示说华国锋、纪登奎、陈锡联三位副总理提出请主席确定一个主要负责同志牵头处理国务院的工作，他们三个人做具体工作时，毛泽东说：就请华国锋带个头，他自认为是政治水平不高的人。小平专管外事。1 月 28 日，毛泽东正式提议由华国锋主持中共中央日常工作。

1 月 31 日，毛远新给毛泽东报告说，我已和王洪文、张春桥谈过，传达了主席对华国锋、陈锡联工作安排的指示。他们表示完全拥护，保证支持，并建议向政治局传达后，政治局应指定专人分别向国务院副总理、各部部长和军委常委、各总部负责人传达。我个人考虑，确实需要。这样做也等于向下打个招呼：小平同志有错误。如主席同意，可否这样讲：一、在国务院副总理、部长范围讲，经毛主席提议，政治局一致同意，国务院的工作，由华国锋同志主要负责。二、在军委常委、各总部负责人范围讲，经毛主席提议，政治局一致同意，中央军委的工作，在叶剑英同志生病期间，由陈锡联同志主要负责。毛泽东当晚批示

---

① 中共中央文献研究室编：《邓小平年谱（1975—1997）》上，中央文献出版社 2004 年版，第 145 页。

道："已阅，同意。还应同小平同志谈一下。"①

2月2日，中共中央发出通知，即1976年中共中央一号文件。通知说："经伟大领袖毛主席提议，中央政治局一致通过，由华国锋同志任国务院代总理。经伟大领袖毛主席提议，中央政治局一致通过，在叶剑英同志生病期间，由陈锡联同志负责主持中央军委的工作。"

2月25日，中共中央召集各省、市、自治区和各大军区负责人会议，传达《毛主席重要指示》，即由毛远新整理的毛泽东自1975年10月至1976年1月关于"批邓、反击右倾翻案风"的谈话。《毛主席重要指示》的主要内容有：

"社会主义社会有没有阶级斗争？什么'三项指示为纲'，安定团结不是不要阶级斗争，阶级斗争是纲，其余都是目。斯大林在这个问题上犯了大错误。列宁则不然，他说小生产每日每时都产生资本主义。列宁说建设没有资本家的资产阶级国家，为了保障资产阶级法权。我们自己就是建设了这样一个国家，跟旧社会差不多，分等级，有八级工资，按劳分配，等价交换。要拿钱买米、买煤、买油、买菜。八级工资，不管你人多人少。"

"文化大革命是干什么的？是阶级斗争嘛。"

"一些同志，主要是老同志思想还停止在资产阶级民主革命阶段，对社会主义革命不理解、有抵触，甚至反对。对文化大革命两种态度，一是不满意，二是要算账，算文化大革命的账。"

"搞社会主义革命，不知道资产阶级在哪里，就在共产党内，党内走资本主义道路的当权派。走资派还在走。"

"对文化大革命，总的看法：基本正确，有所不足。现在要研究的是在有所不足方面。三七开，七分成绩，三分错误，看法不见得一致。文化大革命犯了两个错误，1. 打倒一切，2. 全面内战。打倒一切其中一部分打对了，如刘、林集团。一部分打错了，如许多老同志，这些人也有错误，批一下也可以。无战争经验已经十多年了，全面内战，抢了枪，大多数是发的，打一下，也是个锻炼。但是把人往死里打，不救护

---

① 《建国以来毛泽东文稿》第十三册，中央文献出版社1998年版，第518—519页。

伤员，这不好。”

“小平提出‘三项指示为纲’，不和政治局研究，在国务院也不商量，也不报告我，就那么讲。他这个人是不抓阶级斗争的，历来不提这个纲。还是‘白猫、黑猫’啊，不管是帝国主义还是马克思主义。”

“他还是人民内部问题，引导得好，可以不走到对抗方面去，如刘少奇、林彪那样。邓与刘、林还是有一些区别，邓愿作自我批评，而刘、林则根本不愿。要帮助他，批他的错误就是帮助，顺着不好。批是要批的，但不应一棍子打死。对犯有缺点和错误的人，我们党历来有政策，就是惩前毖后，治病救人。要互相帮助，改正错误，搞好团结，搞好工作。”①

会上，国务院代总理华国锋作了讲话。华国锋说：“我们这个会是打招呼的会，不是解决具体问题的会。所以，可以早点结束，早点回去，把反击右倾翻案风的斗争开展起来。”华国锋代表中共中央提出了几点要求：

“第一，最重要的，是要认真学习毛主席的重要指示和中央文件。”

“第二，在学习毛主席重要指示和中央文件的基础上，深入揭发批判邓小平同志的修正主义路线错误。”

“第三，要牢牢掌握斗争大方向。毛主席说，错了的，中央负责。政治局认为，主要是邓小平负责。中央认为，应该划一个界限，以这次会议打招呼为界，这次会议前的问题，中央负责，有这样那样问题的地方，应转好弯子。这次会议后，还不转过来就不好了。这个精神同样适用于省以下各级领导。注意不要层层揪邓小平在各地的代理人。当前，就是要搞好批邓，批邓小平同志的修正主义错误路线，在这个总目标下把广大干部、群众团结起来。在有问题的单位，注意不要算历史旧账。不要纠缠枝节问题。对邓小平同志的问题，可以点名批判，但点名的大字报不要上街，不要广播、登报。”

“第四，对犯有错误的同志，要遵照毛主席的教导，实行‘惩前毖后，治病救人’的方针。不要揪住不放。不要一棍子打死。”

“第五，整个运动要根据毛主席指示，在党委一元化领导下进行。

---

① 《中共中央关于学习〈毛主席重要指示〉的通知》，1976 年 3 月 3 日。

不搞串连，不搞战斗队。要抓革命、促生产、促工作、促战备。通过反击右倾翻案风的斗争，进一步促进安定团结，发展巩固文化大革命和批林批孔运动的伟大成果。”①

这次会议还印发了清华大学《批判邓小平右倾投降的机会主义路线，教育革命大辩论掀起新高潮》的情况简报、《上海市委关于召开常委会批判右倾翻案风的情况报告》、《辽宁省委关于召开市地委书记会议情况的报告》以及在批邓打招呼会上《辽宁组的集体发言》。上海市委的《报告》诬称：“邓小平等人在打击革命力量的同时，千方百计地拼凑班底，搜罗干将，从组织上搞复辟。他把有些对文化大革命极为不满、至今不肯改悔的走资派，重新安置到重要部门、重要岗位上去，其中有的成了刮右倾翻案风的急先锋。”

3 月 3 日，中共中央发出《关于学习〈毛主席重要指示〉的通知》。《通知》说：“伟大领袖毛主席在亲自发动和领导回击右倾翻案风的斗争中，作了多次重要谈话。中央根据毛主席 1975 年 10 月至 1976 年 1 月的多次重要谈话，整理了《毛主席重要指示》，并经毛主席审阅批准。现将《毛主席重要指示》印发给你们，请你们组织县团以上干部认真学习，深刻领会，坚决贯彻执行。学习贯彻情况，请综合上报中央。”从此，“批邓、反击右倾翻案风”在全国范围内大规模地展开。

## 3. 再次被错误打倒

虽然毛泽东已决定批邓，并决定只让邓小平“专管外事”，实际上外事也无法管了。这年 1 月 2 日，邓小平会见共和党议员玛格丽特·赫克勒夫人为团长的美国国会女议员访华团后，就再也没有接见外宾了。

这期间，邓小平除了参加政治局会议接受批判外，已是无事可管。但到《毛主席重要指示》印发时，他的职务仍保留着。尤其是这时毛泽东还没有要彻底打倒邓小平，仍将之作为人民内部矛盾处理，仍不希望将邓小平的问题引导到对立面去，他仍在等待邓小平能改变对“文化大革命”的看法。这是“四人帮”最不甘心的。此时，“四人帮”对毛泽

---

① 《建国以来毛泽东文稿》第十三册，中央文献出版社 1998 年版，第 525—526 页。

东处理邓小平问题的态度，一则是喜，一则是忧。喜的是毛泽东终于同意在全党范围内批邓了，忧的是邓小平尚未完全打倒，仍是他们夺取党和国家最高权力的障碍。而且，毛泽东虽然对邓小平不满，但也没有把权力交给“四人帮”，而是交给了华国锋，这也是他们所未能预料的。

对于华国锋事实上成了接班人，“四人帮”自然是十分气恼。张春桥在这年 2 月初，也就是中共中央决定由华国锋主持国务院工作后，曾写了这样一首打油诗：“又是一个一号文件，真是得志更猖狂。来得快，来得凶，垮得也快。”1975 年的一号文件，中共中央任命邓小平为中央军委副主席、中国人民解放军总参谋长，张春桥的这首诗无疑是攻击邓小平“来得快，垮得也快”，同时也在咒骂华国锋“来得快，垮得也快”。“四人帮”虽然对这种安排极为不满，但这是毛泽东亲自作出的决策，他们也无可奈何，而且还不得不假惺惺地表示“完全拥护”。于是，他们便变本加厉地攻击邓小平，欲彻底搞倒批臭邓小平而后快。

2 月 20 日，江青在打招呼会议期间与上海代表谈话，攻击邓小平是“一言堂”“独立王国”“法西斯”。还说要集中火力揭批邓小平。

2 月 29 日，张春桥与参加打招呼会议的上海人员谈话，攻击邓小平就是买办资产阶级，把中国工人的劳动成果送给人家，再把石油垄断起来，把猪肉垄断起来，完全是垄断资产阶级，比蒋介石还厉害，蒋介石垄断不了全国。邓小平路线，有些人执行得可舒服呐，可积极呐，思想太一致了。他还诬蔑邓小平“对内搞修正主义，对外搞投降主义”。

同一天，王洪文起草在中央军委常委会议上的讲话时，攻击邓小平提出的“三项指示为纲”实质上就是反对毛主席提出的以阶级斗争为纲，篡改党的基本路线，反对我们党二十多年来的基本理论和基本实践，混淆了纲与目、统帅与被统帅的关系。

3 月 2 日，江青擅自召集十二省、自治区会议并发表讲话，污蔑邓小平“是个谣言公司的总经理，他的谣言散布的很多”，指责邓小平是“买办资产阶级，代表买办、地主资产阶级”，胡说“中国有国际资本家的代理人，就是邓小平”，“他是个大汉奸，现在已经走得很远了”。江青这篇讲话从风庆轮问题讲起，要求将风庆轮问题的材料印发给各省、市、自治区和各大军区负责人。

至此时，毛泽东仍不赞成对邓小平进行全盘否定，仍是希望对邓小平进行的批判能促使邓小平回到拥护“文化大革命”的立场上。他在知道江青的讲话后，批示道：“江青干涉太多了。单独召集十二省讲话。”对于印发风庆轮问题材料一事，毛泽东也明确表示：“不应该印发。此事是不妥的。”①

与此同时，“四人帮”利用他们掌握的宣传工具大造“反击右倾翻案风”、打倒邓小平的舆论。

2 月 1 日，江青向文化部的负责人布置说：“写与走资派作斗争的戏，能和当前的斗争紧密配合。今年就拿出来上演，纪念文化大革命 10 周年。”② 2 月 6 日，张春桥也指示文化部组织“写与走资派作斗争的有深度的作品”。他说：“现在很需要安排，文艺界与走资派作斗争的作品，搞这样的戏是当前斗争的需要，应该写一个地区、一个市、一个省，甚至一个部，这样作用就大了。”他还具体地说：“要注意刻画走资派，把邓小平那种特点写出来。”③

2 月 24 日，《人民日报》发表北京大学、清华大学大批判组的文章《再论孔丘其人》，影射攻击邓小平。文章说：孔丘“不仅是一个顽固的守旧复古派，而且一旦得到权势，还是一个十足的翻案复辟狂。他曾在一个不太长的期间在鲁国当过大官。虽然掌权时间不长，却疯狂地从政治上、思想上、组织上对新兴地主阶级进行了全面的反攻倒算，充分表现出他把没落奴隶主的复辟希望变为复辟行动的反动本质。孔丘这一套，为后世一切搞复辟倒退的人所效法。在去年夏季前后那股右倾翻案风中，不是可以清楚地看到孔丘的幽灵还在游荡吗？那股右倾翻案风的风源，就是在文化大革命前追随刘少奇搞修正主义、在文化大革命中被批判过而不肯改悔的走资派。其所作所为，与孔老二的行径何其相似乃尔！”

2 月 29 日，《人民日报》发表经姚文元修改，署名梁效、任明的文章《评“三项指示为纲”》，称“三项指示为纲”是一个否定“以阶级斗争为纲”的、彻头彻尾的修正主义纲领，这个纲领的要害，是复辟资

---

① 《建国以来毛泽东文稿》第十三册，中央文献出版社 1998 年版，第 527 页。

② 转引自张庚主编：《当代中国戏曲》，当代中国出版社 1994 年版，第 73 页。

③ 转引自陈东林、杜蒲主编：《共和国史记》第 3 卷，吉林人民出版社 1996 年版，第 1174 页。

本主义。文章攻击说，“党内不肯改悔的走资派”，“故意把安定团结和发展国民经济这些属于‘目’的东西，摆进‘纲’里，就是为了以目乱纲，以目代纲。经他们这样一摆，安定和不安定、团结和不团结的矛盾，还有科研落后和实现四个现代化的矛盾，等等，统统成了主要矛盾。他们就是这样用混淆主要矛盾和次要矛盾的手法，淹没了无产阶级同资产阶级这一社会主义社会的主要矛盾”。

3 月 1 日，《红旗》杂志第 3 期发表署名高路的文章《反修必须批孔》。文章说，1974 年的“批林批孔”运动“有力地回击了 1972 年出现的那股复辟资本主义的反动思潮”，污蔑 1972 年周恩来致力于纠正极左思潮是“复辟资本主义”。

3 月 2 日，《人民日报》转载由姚文元精心修改的《红旗》杂志文章《从资产阶级民主派到走资派》，污蔑邓小平是党内不肯改悔的走资派，说什么“资产阶级民主派的立场和世界观，代表资产阶级，就是右倾翻案风的阶级根源和思想根源”，攻击邓小平“就是那个作为右倾翻案风‘风源’的不肯改悔的走资派，曾经反对农业合作化和人民公社化，支持包产到户，鼓吹‘不管白猫黑猫，捉住老鼠就是好猫’的谬论，后来又反对文化大革命，镇压革命群众运动，现在又闹翻案、搞复辟”。

过了两天，《人民日报》又转载《红旗》杂志第 3 期发表的“初澜”的文章《坚持文艺革命，反击右倾翻案风》。文章攻击邓小平根据毛泽东关于调整文艺政策的指示精神而采取的一系列整顿文艺的行动，是“为修正主义文艺黑线和旧文化部评功摆好，扬幡招魂”，文艺界的“黑风”的风源“出自那个党内不肯改悔的走资派”。

3 月 10 日，《人民日报》发表题为《翻案不得人心》社论，说：“去年夏季前后，社会上刮起了一股右倾翻案风。刮这股风的人，反对以阶级斗争为纲，篡改党的基本路线，否定无产阶级教育革命、文艺革命，否定科技领域的社会主义革命，否定老、中、青三结合，否定各条战线的社会主义新生事物，否定无产阶级文化大革命，翻文化大革命的案，算文化大革命的账。”“煽起右倾翻案风的那个人，就是在文化大革命前追随刘少奇搞修正主义、对抗历次社会主义革命运动、在文化大革命中被批判过而不肯改悔的走资派。”从此开始，报刊上连篇累牍地发表“反击右倾翻案风”的文章，并以“党内那个不肯改悔的走资派”作为邓小平的代称。

“四人帮”策动大规模“批邓、反击右倾翻案风”的目的，在于不但要打倒邓小平，而且还要打倒“文化大革命”后期解放出来的老干部，并将矛头也对向支持邓小平主持全面整顿的周恩来。“四人帮”利用他们手中的权力，千方百计破坏和压制悼念周恩来的报道。《人民日报》和新华社不报道从 1 月 9 日至 14 日北京和全国各地的悼念活动；《红旗》杂志不刊登周恩来遗像，不刊登中共中央的讣告和悼词。1 月 13 日，姚文元在一天之内，三次给新华社下达指示：“不要因为刊登悼念总理的活动把日常抓革命促生产的报道挤掉了。”1 月 14 日，为了压制悼念周恩来逝世的报道，《人民日报》刊登姚文元指令撰写的《大辩论带来大变化》一文，说什么“近来，全国人民都在关心着清华大学关于教育革命的大辩论”。16 日，周恩来追悼大会后，姚文元下令：“治丧报道要立即结束。”由于姚文元的压制，纪念周恩来的新闻照片和纪念周恩来逝世的新闻电影被停止发行。2 月 13 日，《光明日报》发表“高路”（即梁效）的文章《孔丘之忧》，把广大人民群众对周恩来的悼念污蔑为“哭丧妇”，恶毒地攻击说：“让旧制度的‘哭丧妇’抱着孔丘的骷髅去忧心如焚，呼天号地吧。”3 月 5 日，《文汇报》在刊登新华社的一篇新闻稿时，全部删去周恩来关于学习雷锋的题词。3 月 25 日，《文汇报》在一篇题为《走资派还在走，我们就要同他斗》的报道中，公然把周恩来打成“走资派”，说什么“孔老二要‘兴灭国，继绝世，举逸民’，党内那个走资派要把被打倒的至今不肯改悔的走资派扶上台”。

“四人帮”的倒行逆施，激起了广大人民群众的无比愤慨。2 月 23 日，福建的刘宗利贴出大字报《“阿斗”的呼声》，历数“四人帮”的罪状。由此开始，武汉、贵阳、成都等地相继出现反对“四人帮”的大字报和标语。各地群众还纷纷向《文汇报》社发去抗议函电，警告“四人帮”“反周总理的人不得人心!”责问“《文汇报》成了谁家的报纸?”

这时，清明节就要到了。这是中国人祭奠逝者、追念亡灵的传统节日。3 月下旬，南京街头出现学生和市民自发举行的悼念周恩来、反对“四人帮”的集会游行，人们打出“保卫周恩来”“打倒张春桥”的标语。3 月 19 日，北京市朝阳区牛坊小学的学生们，在天安门广场的人民英雄纪念碑前，为周恩来献上了第一个悼念的花圈。随后，北京各界先后有数百万群众，自发地汇集到天安门广场的人民英雄纪念碑周围，向镌刻有周恩来手书碑文的纪念碑献上大量花圈、花篮、条幅、挽联和祭文。人们还在这里举行宣誓、默哀仪式，朗诵诗文、悼词，用各种方式表达对周恩来的怀念和对国家前途命运的忧虑，表达对“批邓、反击右倾翻案风”的不满。天津、武汉、西安、太原、青岛、杭州、郑州、福州、重庆、昆明、贵阳和长沙等地都发生类似情形。

面对这种情况，北京市有关部门采取措施，对去天安门广场悼念的群众强行干预，更引起人们的不满。4 月 4 日，即清明节这天，来到天安门广场的群众达到几十万人，不少外国驻京记者在现场采访和拍照。当天晚上，在华国锋的主持下，中央政治局召开紧急会议讨论对策，中共北京市委负责人汇报了天安门广场的情况。他说：在纪念碑前有花圈 2073 个，送花圈的有 1400 多个单位次，诗词、悼词、小字报等，有 48 件是恶毒攻击主席、中央的，看来这次是一个有计划的行动。今年出现这件事是邓小平搞了很长时间的准备形成的。性质是清楚的，就是反革命搞的事件。中央政治局会议认为，这是反革命事件，“文化大革命”以来没有过像这次这样严重的逆流。“是反革命煽动群众借此反对主席、反对中央，干扰、破坏斗争的大方向。”会议决定：在全国揭露敌人的阴谋，发动群众追查政治谣言，在“五一”前搞一次大的反击；立即清理天安门广场的花圈和标语；调民兵和公安人员在广场周围阻止群众送花圈和集会，调动卫戍部队在二线待命。

根据会议的决定，4 月 5 日凌晨，有关部门将天安门广场上的花圈、横幅等悼念物品清理一空，并逮捕了在场的一些群众。这天上午起，又有群众来到广场，高呼“还我花圈”“还我战友”等口号，当场与一部分民兵、警察发生冲突。面对这种局势，中共北京市委负责人奉命于当天下午 6 时半发表广播讲话称：“近几天来，正当我们学习伟大领袖毛主席的重要指示，反击右倾翻案风，抓革命、促生产之际，极少数别有用心的坏人利用清明节，蓄意制造政治事件，把矛头直接指向毛主席，指向党中央，妄图扭转批判不肯改悔的走资派邓小平的修正主义路线、反击右倾翻案风的大方向。我们要认清这一政治事件的反动性，戳穿他们的阴谋诡计，提高革命警惕，不要上当。”要求“革命群众应立即离开广场，不要受他们蒙蔽”。[1] 19时，北京民兵10000人、公安干警3000人、北京卫戍部队5个营分别在中山公园、午门、劳动人民文化宫、历史博物馆等地集结待命。21点35分，天安门广场的镇压行动开始，尚未撤出广场的群众遭到毒打，并有38人被捕。

4月5日深夜，中共中央政治局开会听取中共北京市委关于天安门事件经过的汇报，邓小平也参加了这次会议。他已是很长时间没有参加政治局的会议了。会上，张春桥竟对邓小平劈头盖脸地大骂，说：你看看，你就是纳吉。邓小平一言不发，根本没有理睬张春桥，也没有与其他人交谈。会议将“天安门事件”定性为“地地道道的反革命事件”，主持会议的华国锋提议由北京市委负责，立即把这两天的情况、性质、主要“罪行”、采取的措施整理出来，写个材料，尽快通报全国，准备应付更大情况的发生。

天安门广场与中南海虽然近在咫尺，但已是耄耋之年的毛泽东此时身体已极度虚弱，对于外面发生的一切，只能凭“联络员”毛远新的汇报来了解和判断。4月6日凌晨，毛远新将中央政治局会议讨论天安门事件的情况书面报告毛泽东。当天上午，毛泽东在报告上作出批示，表示赞成中央政治局的处理意见。

4月6日下午，江青也到毛泽东住地，当面向毛泽东报告处理天安门广场事件的经过。江青对毛泽东说：“我来这以前，特意到天安门广场绕了一圈，一路上硝烟弥漫，一伙人烧房子，烧汽车。这是以死人压活人，邓小平是他们的总后台，我要控诉。我建议开除邓小平的党籍。”毛泽东看了看江青，没有说话。[2]

4月7日上午，毛远新根据“四人帮”组织炮制、以工农兵通讯员和记者名义撰写的《天安门广场的反革命政治事件》的现场报道，向毛泽东作了事件的进展和处理意见的汇报。报道诬蔑广大人民群众悼念周恩来的活动是“一小撮阶级敌人打着清明节悼念周总理的幌子，有预谋、有计划、有组织地制造反革命政治事件”，“公开打出拥护邓小平的

---

① 《吴德同志在天安门广场广播讲话》，《人民日报》1976年4月8日。

② 中共中央文献研究室：《毛泽东传（1949—1976）》下，中央文献出版社2003年版，第1777页。

旗号，丧心病狂地把矛头指向伟大领袖毛主席，分裂以毛主席为首的党中央，妄图扭转当前批邓和反击右倾翻风斗争的大方向”。这些颠倒是非的汇报，进一步使毛泽东对天安门事件的性质作出错误判断，也加剧了他对邓小平的不满。毛泽东表示：这次，一首都，二天安门，三烧、打，这三件好。性质变了。他肯定了中央政治局对天安门事件采取的措施，并提议由中央政治局作出两项决议：华国锋出任中共中央第一副主席、国务院总理；撤销邓小平党内外一切职务，保留党籍，以观后效。毛泽东还同意公开发表那篇“现场报道”。

当晚，中央政治局开会，通过了《关于华国锋同志任中国共产党中央委员会第一副主席、中华人民共和国国务院总理的决议》。该决议说：“根据伟大领袖毛主席提议，中共中央政治局一致通过华国锋同志任中国共产党中央委员会第一副主席，中华人民共和国国务院总理。”会议还通过了《关于撤销邓小平党内外一切职务的决议》。该决议说：“中共中央政治局讨论了发生在天安门广场的反革命事件和邓小平最近的表现，认为邓小平问题的性质已经变为对抗性的矛盾。根据伟大领袖毛主席提议，政治局一致通过，撤销邓小平党内外一切职务，保留党籍，以观后效。”

4 月 8 日，《人民日报》公布了中央政治局的两个决议，发表了中共北京市委负责人在天安门广场的广播讲话，还发表了那篇所谓的“现场报道”。就这样，邓小平再一次被错误打倒。

毛泽东虽然作出了再次打倒邓小平的决定，但他仍对邓小平寄予某种希望。在他的心目中，邓小平始终是一个难得的治党治国治军人才，只有邓小平这样的人，才堪当领导中国大任。但是，邓小平在对待“文化大革命”的态度上总是与他不一致，总是转不了弯，而邓小平对“文革”的否定态度，恰恰是毛泽东所不能容忍的。在这种矛盾心理的驱使下，毛泽东对邓小平作出了既打倒但又保留党籍的决定。他这样做的用意十分明显，就是他自己说的“以观后效”。

在 4 月 7 日的政治局会议上，“四人帮”一口咬定邓小平是天安门事件的总后台，说邓小平曾坐着汽车到天安门广场亲自指挥，还说可能有“群众”要去冲击邓小平，把邓小平抓起来。汪东兴将有人可能冲击邓小平的情况向毛泽东作了汇报。毛泽东表示，不能再冲击，不能抓走，还问汪东兴有没有办法。汪东兴建议让邓小平搬到另外一处地方住下，毛泽东同意了。随后，在汪东兴的安排下，邓小平搬到了东交民巷的一个院子里，并且没有告诉任何人，从而避免了“四人帮”对邓小平可能下的毒手，保证了邓小平的人身安全。

对邓小平的这种处理，就毛泽东而言，是一种痛苦而又无可奈何的选择。毛毛在《我的父亲邓小平——“文革”岁月》中这样分析道：

> “文革”中第一次打倒邓小平时，毛泽东保留了邓小平的党籍。在这第二次打倒时，毛泽东仍保留了邓小平的党籍。毛泽东对于邓小平的态度，的确十分复杂。毛泽东在“文革”前确定邓小平为接班人之一，在“文革”中再次把复出的邓小平置于接班人的安排之中。可以认为，毛泽东认为邓小平政治思想强、人才难得、会打仗，赏识并寄予了很高的期望。但是，偏偏邓小平与毛泽东对“文化大革命”的看法背道而驰，这不能不让毛泽东大失所望。这种失望，是气恼的，是痛切的，也是悲哀的。邓小平复出后进行全面整顿，是在用行动否定“文化大革命”。为此，毛泽东批判了邓小平，但没有想再次打倒邓小平。毛泽东总是保持着一个想法，认为邓小平是“承认错误”的，是会回心转意的。没有想到，邓小平这次的态度，与“文革”初期相比，竟然这样的不同。正当此时，发生了“天安门事件”这场惊心动魄的政治风波，在这样一种情况下，毛泽东作出了再次打倒邓小平的决定。在决定打倒邓小平的同时，他再一次把邓小平保护了起来，免遭“四人帮”的毒手，并决定再一次保留邓小平的党籍。也许，毛泽东自知，他的“大限”已经不远，他是在最后的时刻，用一种特殊的方式刻意地保留下了邓小平。①

正是毛泽东的这种刻意安排，才使一年以后邓小平有机会得以再次复出。试想，如果当时毛泽东没有保留邓小平的党籍，邓小平的复出可能就会困难得多。从这个意义上讲，毛泽东决定保留邓小平的党籍，对我们的党、国家和人民来说，是不幸中的万幸。

1977 年 7 月，也就是粉碎“四人帮”后的第九个月，在全党和全

---

① 毛毛：《我的父亲邓小平——“文革”岁月》，中央文献出版社 2000 年版，第 482—483 页。

国人民的强烈要求下，在叶剑英、陈云、李先念、王震等老同志的推动下，中共中央决定恢复邓小平中央委员、中央政治局委员、常委，中央委员会副主席，中央军事委员会副主席，国务院副总理，中国人民解放军总参谋长的职务。经过中共十一届三中全会，邓小平成为中国共产党第二代中央领导集体的核心，成为中国改革开放的总设计师，领导党和人民成功地找到了一条中国特色社会主义道路。

# 主要参考文献

[1] 中共中央文献研究室：《建国以来毛泽东文稿》第三至第十三册，中央文献出版社 1989 年以来历年版。

[2] 中共中央文献研究室：《建国以来重要文献选编》第三至第十九册，中央文献出版社 1992 年以来历年版。

[3]《邓小平文选》第一卷、第二卷，人民出版社 1994 年版。

[4] 中共中央文献研究室编：《邓小平思想年谱（1975—1997）》，中央文献出版社 1998 年版。

[5] 中共中央文献研究室编：《邓小平年谱（1904—1974）》，中央文献出版社 2004 年版。

[6] 中共中央文献研究室编：《邓小平年谱（1975—1997）》，中央文献出版社 2004 年版。

[7] 中共中央文献研究室：《回忆邓小平》上、中、下册，中央文献出版社 1998 年版。

[8] 薄一波：《若干重大决策与事件的回顾》上，中共中央党校出版社 1991 年版。

[9] 薄一波：《若干重大决策与事件的回顾》下，中共中央党校出版社 1993 年版。

[10] 中共中央文献研究室：《毛泽东传（1949—1976）》上、下，中央文献出版社 2003 年版。

[11] 中共中央文献研究室编：《周恩来年谱（1949—1976）》上、中、下，中央文献出版社 1997 年版。

[12] 中共中央文献研究室：《周恩来传（1949—1976）》上、下，中央文献出版社 1998 年版。

[13] 中共中央文献研究室编：《刘少奇年谱（1898—1976）》下，

中央文献出版社 1996 年版。

［14］中共中央文献研究室：《刘少奇传》下，中央文献出版社 1998 年版。

［15］房维中、金冲及主编：《李富春传》，中央文献出版社 2001 年版。

［16］杨尚昆：《追忆领袖战友同志》，中央文献出版社 2001 年版。

［17］吴冷西：《十年论战——1956—1966 中苏关系回忆录》，中央文献出版社 1999 年版。

［18］穆欣：《办〈光明日报〉十年自述》，中共党史出版社 1994 年版。

［19］中共中央文献研究室：《关于建国以来党的若干历史问题决议注释本》，人民出版社 1983 年版。

［20］石仲泉等：《中共八大史》，人民出版社 1998 年版。

［21］《关于国际共产主义运动总路线的论战》，人民出版社 1965 年版。

［22］丛进：《曲折发展的岁月》，河南人民出版社 1989 年版。

［23］王年一：《大动乱的年代》，河南人民出版社 1989 年版。

［24］张化、苏采青主编：《回首"文革"》上、下，中共党史出版社 2003 年版。

［25］毛毛：《我的父亲邓小平——"文革"岁月》，中央文献出版社 2000 年版。

［26］林蕴晖：《共和国年轮·1953》，河北人民出版社 2001 年版。

［27］陈东林：《三线建设——备战时期的西部开发》，中共中央党校出版社 2003 年版。

［28］《杨尚昆日记》上、下，中央文献出版社 2001 年版。

［29］程中原、夏杏珍：《历史转折的前奏：邓小平在一九七五》，中国青年出版社 2003 年版。

［30］张广友、丁龙嘉：《万里》，中共党史出版社 2000 年版。

［31］中国青年出版社编：《20 世纪的巨人——邓小平与现代中国》，中国青年出版社 1999 年版。

［32］路甬祥主编：《邓小平与中国科学院》，江西教育出版社 1999

年版。

[33] 外交部档案馆：《伟人的足迹——邓小平外交活动大事记》，世界知识出版社 1998 年版。

[34]《余秋里回忆录》，解放军出版社 1996 年版。

[35] 李越然：《中苏外交亲历记》，世界知识出版社 2001 年版。

[36]《张承先回忆录——我亲历的党的宣传和教育工作》，人民教育出版社 2003 年版。

[37] 刘冰：《风雨岁月——清华大学“文化大革命”忆实》，清华大学出版社 1998 年版。

[38] 马齐彬等：《中国共产党执政四十年（增订本）》，中共党史出版社 1991 年版。

[39] 李君如主编：《细说邓小平》，河南人民出版社 2001 年版。

[40] 刘金田、张爱茹：《邓小平视察纪实》上，江苏教育出版社 2002 年版。

[41] 程桂芳等：《邓小平小道》，中央文献出版社 2002 年版。

[42] 黎之：《文坛风云录》，河南人民出版社 1999 年版。

[43] 吴德口述、朱元石整顿：《十年风雨纪事——我在北京工作的一些经历》，当代中国出版社 2004 年版。

[44] 郑谦、张化：《毛泽东时代的中国》（三），中共党史出版社 2003 年版。

[45] 中共中央党史研究室：《中国共产党的七十年》，中共党史出版社 1991 年版。

[46]《人民日报》《新华月报》等报刊。